普通高等教育管理科学与工程类“十一五”规划教材

管理信息系统

陈智高　刘红丽　马　玲　编著

化学工业出版社

·北京·

本书较全面和系统地讲述了管理信息系统的基本概念、技术基础、企业主流信息系统和信息化、信息系统的规划与开发、信息系统的管理与伦理、决策支持系统和知识管理系统等内容。

本书在基本概念的讲解上，既有相当的深入又通俗易懂，内容组织循序渐进，清晰地描述企业信息系统体系的发展演变过程和各类信息系统之间的关系。在企业信息化的讲解上，融合作者的研究成果和见解，较深入地论述背景和意义，结合实例阐述战略选择和原则策略。在信息系统规划和开发的讲解上，紧密结合企业变革的实际，构建新的内容框架，穿插有较多的实例。本书每章设有小结和习题，除第10章外，都安排有案例分析或综合讨论。

本书可作为高校管理学类学科专业和MBA的教材，也可作为企事业单位的管理人员、计算机应用类专业和其他相关专业师生的参考书。

图书在版编目（CIP）数据

管理信息系统/陈智高，刘红丽，马玲编著. —北京：化学工业出版社，2007.9（2020.5重印）
普通高等教育管理科学与工程类“十一五”规划教材
ISBN 978-7-122-01119-0

Ⅰ.管… Ⅱ.①陈…②刘…③马… Ⅲ.企业管理-管理信息系统 Ⅳ.F270.7

中国版本图书馆CIP数据核字(2007)第138231号

责任编辑：唐旭华　　文字编辑：赵爱萍
责任校对：徐贞珍　　装帧设计：潘　峰

出版发行：化学工业出版社（北京市东城区青年湖南街13号　邮政编码100011）
印　　装：三河市延风印装有限公司
787mm×1092mm　1/16　印张16　字数390千字　2020年5月北京第1版第12次印刷

购书咨询：010-64518888　　售后服务：010-64518899
网　　址：http://www.cip.com.cn
凡购买本书，如有缺损质量问题，本社销售中心负责调换。

定　　价：35.00元　　

前　言

自人类认识到信息是一类能够且应该加以开发和利用的重要资源，创造出电子计算机为代表的现代信息技术以来，有关信息和信息系统的研究与实践活动从未间断。为了把握信息的规律，更好地开发和利用信息资源，在过去的半个世纪里，人们在不同的领域从不同的角度探索采集、组织、管理和利用信息的理论、方法与技术，取得了一系列的成果，以计算机为工具的各类信息系统是其中最为突出的成果之一。信息系统在企业、政府机关等各类组织中得到越来越广泛的应用，对人们的经济发展和社会发展产生了显著的作用和深远的影响，以致成为现代组织必不可少的关键组成。

“管理信息系统”是一门管理视角的有关信息系统理论、方法及其应用知识的课程。由于信息系统的重要地位和组织管理的持续需求，我国已将该课程列为管理学类学科专业的必修课程和管理科学与工程学科专业的核心课程。在组织环境日益变化、信息技术迅速发展、信息化不断深入的今天，使学生掌握信息系统的基本知识，熟悉信息系统的应用技能，把握信息系统与组织和管理变革之间的关系，是管理类专业必然的教学要求。

本书根据教育部管理科学与工程学科类专业教学指导委员会提出的教学大纲编著。本书在主题和结构上力求反映信息系统研究与实践的最新进展，内容上侧重企业信息管理与信息系统的实际，并期望在同类教材中形成教学与科研互动、概念阐述清晰精练、方法讲述具体明了的特色。

本书共设 12 章，基本上涵盖了管理信息系统教材应有的经典内容，也加入了不少相关的前沿内容。第 1～3 章深入地讲述管理信息系统的基本概念，对一些模糊难懂的概念做了细致的辨析；第 4 章简要地讲述信息系统的技术基础知识，特别的还就一些信息技术的新进展做了概要的介绍；第 5、6 章着重讲述企业的主流信息系统和企业信息化，其中融入了作者的研究成果和观点；第 7～9 章较系统地讲述信息系统的规划、分析、设计和实施方法，内容的组织上构建了新的框架结构；第 10 章简要地讲述信息系统的管理，并对信息系统伦理问题做了一定的讨论；第 11、12 章作为提高内容讲述决策支持系统和知识管理系统，展现了信息系统的发展趋势。

本书内容已制作成用于多媒体教学的电子课件，并将免费提供给采用本书作为教材的相关院校使用。如有需要可联系：txh@cip.com.cn。

本书的第 4 章和第 12 章由刘红丽副教授撰写；第 11 章由马玲副教授撰写；陈智高教授撰写了其余章节，并对全书做了审稿工作。本书的组织、撰写、审稿和校对等工作得到了多位人员的支持和协作。牟援朝副教授和化学工业出版社对本书的定位和组织给予了重要的指导；常香云博士编写了第 8、9 章的课程设计；郭文婷和陈晓勤两位同学从读者的角度，阅读了全部书稿，给出了许多很有参考价值的修改意见。在此，向为本书做出贡献的各位同行和朋友表示真诚的感谢。

由于时间仓促和水平有限，本书难免存在不足之处，敬请读者批评指正。

编著者

2007 年 6 月

目　录

1 信息与信息技术

1.1 信息的观点与认识

信息系统是处理信息的系统，那么信息（Information）是什么？信息有什么价值？能起什么作用？这些是人们在学习信息系统之前先要明确和认识的基本问题。在这一小节，不仅要讨论信息的概念，还要对与信息密切相关的数据，以及目前越来越被看重的知识进行比较和区分。

1.1.1 信息是一类可以开发和利用的资源

对于“信息是什么”的问题，现在有很多种说法或定义。在钟义信的《信息与信息化》中列举了23种比较重要的定义，并指出这些定义都有“以偏概全”的不足，其关键原因是没有抓住“分清层次”这个要害。确实，信息是一种多属性的事物，从不同的角度看，见到信息的某一或某些属性，便给出一个信息的定义，就会“以偏概全”。

信息论创始人申农（C. E. Shannon）认为信息是用以消除不确定性的东西。当人们对某事物的认识处于不清楚或吃不准的状态时，得到有关该事物的一些信息，那么对于该事物的认识就会从不确定状态变为确定或比较确定的状态，因此信息具有消除不确定性的作用。例如，一位客户想要购买一部手机，由于手机的品种和档次很多，不知道它们之间各有什么特点和差异，很难做出选择。这时如果销售员向客户做介绍，对若干款式手机的特点及其异同给出解答，那么客户对面前的各款手机从不甚了解状态进入到比较了解的状态。这里，手机的特点及其异同就是信息，这些信息消除了客户对于手机认识的不确定性。

在信息系统领域，对于信息的解释更多的是“信息会对接受者的行为和决策产生影响，对决策者增加知识具有现实的或潜在的价值”。这种定义是从决策的角度解释信息的，源于诺贝尔经济学奖获得者赫伯特·亚·西蒙（Herbert. A. Simon）的“管理就是决策”，“信息支持决策”的观点。信息可以清晰问题的解，帮助人拿主意，为决策提供依据。例如，当一个企业获得市场信息、同行信息和客户偏好等信息后，管理者就会分析这些信息，加深对企业环境的认识，进而影响他们的决策，从难以取舍转为胸有成竹，对产品的研发、生产和销售做出更为正确和合理的计划安排。一些信息即使暂时用不上，但却会记忆在大脑中和有关报告等文档中，这对以后的决策会产生一定的作用。

钟义信给出了比较全面的信息定义，认为信息是有层次的，最重要的有两个层次：一是没有任何约束条件的客观的本体论层次，即“信息是事物运动的状态及其改变的方式”；二是受主体约束的认识论层次，即“主体感知或主体所表述的事物运动的状态及其改变的方式”。受人的认识能力限制，认识论层次的信息总是少于本体论层次的信息。在认识论层次的信息定义中再引入认识深度这一约束条件，认识论信息就可以进一步扩展为三个层次：语法信息、语义信息、语用信息。语法信息是信息的外在形式，由主体感知；语义信息是信息的逻辑含义，由主体理解；语用信息是信息的效用，由主体根据目的来判断。例如，交通红绿灯的信息，红灯信号点亮，是关于交通的语法信息；让人们停止前进的含义是语义信息；

为保证正常运行和安全是语用信息。又如二择一问题的择 0 或择 1 是语法信息，投硬币出现正面或反面的结果是语义信息，投硬币决定某一方发球的信息则是语用信息。

信息资源管理领域则将信息看作一种可以开发和加以利用的资源，这种观点将信息与物质、能量并称为三大资源，因此有了信息资源的说法。相对于物质和能量，信息有许多特有的性质，如普遍性、相对性、共享性和变换性等。事物普遍存在和运动不止，信息既普遍又无限，取之不尽用之不竭。信息对不同的人和组织因意识和行为的差异导致不同的作用即是信息的相对性。信息可以不断复制为大家所用而不受损耗，双方交流信息后就各有了一份信息。信息看似抽象，但通过正确合理和及时对口的利用，能开发和节约更多的有用物资与能源，能创造更丰富的财富。例如，以撰写和提供行业现状和发展趋势报告为主业的信息服务公司即是典型的通过信息来赢利的企业，目前这类企业发展迅速前景看好。

可见，信息是什么，信息有什么作用和价值，是相关的问题，而且回答也是多种多样的，但不同角度对信息的不同解释还是有一定的联系的。信息能消除不确定性是信息的作用，信息会对接受者的行为和决策产生影响也是信息的作用，本体论和认识论的信息定义对信息做了体系性的解释，主要描述其本质，而最后的语用信息表示了信息具有应用价值。资源观点从价值的角度解释信息为可以加以开发和利用的资源。消除不确定性的过程实际上是利用所获信息分析问题使问题清晰的过程，对问题有了更好的把握，自然也就能有更好的决策，这就是信息支持决策的基本道理。信息支持决策是体现信息资源价值的一个方面，除此以外，信息资源还有更多的价值。由于市场信息不畅造成产品积压已不是新鲜的信息，尤其是农副产品的生产者在信息资源方面处于劣势，常有报道说辛苦种植的水果销不出去而血本无归，又有先走一步的农民获得需求信息而使难以销售的蔬菜联系上了供销渠道而解难。

尽管信息的解释很多，但综合起来，还是能给出一个相对较为满意的定义：信息是能消除人们的不确定性，有助于决策的，可以开发和加以利用的一类资源。

在某些场合，某些信息还可以被认为是一种战略资源。对于这一观点，可以从两个方面给以说明。首先，市场如同无硝烟的战场，信息资源对企业而言同样具有战略意义。信息虽然取之不尽用之不竭，但信息的共享性和动态性使得信息具有显著的领先战略特性。谁先得到信息和利用信息，谁就具有主动权，谁的信息丰富和准确，谁就能从更高的层面思考和统筹全局。信息属性表明后来者的信息作用将大打折扣，难以获得主动权和主导权，在竞争中总是处于不利地位。这也是因人因组织而言的信息相对性特性的反映。其次，人们面临着物资和能源逐渐匮乏的重大社会发展问题，而信息的资源转化性质为人类社会的可持续发展增添了一条宝贵的途径，例如，信息可以使人们减少盲目性而改进生产和销售的绩效，一些具有知识含量的信息可以帮助人们研发新的节能技术和提高得率的技术，节省物资和能源的消耗。信息资源是一种战略性资源的观点，从信息的领先战略特性和对可持续发展的作用两个方面给出了一定的解释。

1.1.2 信息与数据和知识的关系

根据一般的理解，人们都知道数据库储存和管理数据（Data），信息系统处理和管理信息，近年来初露端倪的知识经济的主要生产要素是知识（Knowledge），知识管理的对象也自然是知识。信息系统的发展，在其处理和管理的对象上，从数据为主体到信息为核心，再到知识为焦点，是一个必然的趋势也是其规律所在。数据、信息、知识等词语及其概念与信息系统紧密相关不可分割，学习信息系统，不能从词面上来简单的直观的理解。数据、信息和知识三者既有区别又有联系，还容易混淆。作为本课程的基础概念，有必要对三者的区别与关系做解释。

几乎每一本信息系统的教材都会或多或少地对数据、信息和知识三者做一番界定和比较，给以一定的阐述，然而，各种解释有所差异，甚至矛盾。这三者的区别和关系，在理解上确有难度，要解释清楚也不是很容易。达文波特（Thomas. H. Davenport）和普勒塞克（L. Prusak）认为数据是有关事件的离散的客观事实，对数据加以背景、分类、计算、更正和精简等具有价值意义的处理后，数据就转变为信息，知识是相关信息以及经验、价值观和洞察力等的动态组合，是对信息的理解。该观点将数据、信息和知识之间的关系看作三个层次结构的关系。王众托在《知识系统工程》一书中界定数据为本身不具备意义的事物属性的抽象表示，信息是有目的、有意义和有用途的数据，能形成或改变人对事物的看法，知识则是对信息进行深加工，经过逻辑或非逻辑思维，认识事物本质而形成的经验与理论，与信息相比，对事物能形成更加深刻的认识。

以“企业 A 的产品 X 昨天降价 10%”这句话说明数据、信息和知识之间的区别和联系。这句话是一条信息，其中“企业 A”、“产品 X”、“10%”都是数据，它们是离散的客观事实，在没有背景的情况下只是抽象的标识和数值。这条信息是由这些数据加以有序的处理而有了价值，即说明了竞争对手 A 对产品 X 的价格进行了一个动作，是一个具体的事例。与其他相关信息（例如，产品 X 也是市场上竞争非常激烈的一个品种）、经验（例如，产品 X 降价的空间似乎已不大）、价值观（例如，必须参与竞争，在竞争中求发展）、洞察力（例如，企业 A 的降价动作会威胁本企业的市场地位）进行组合，经过推理思维，形成了有关通过产品价格进行市场竞争的知识。显然，该知识对上述信息所表示的事例有更深刻的认识。同时，这一例子也说明，知识起源于客观事实和人的已有知识，同样的信息会在不同的人脑中形成略有差异的知识。

数据、信息和知识三者的区别和关系，还有多种说法。比如，数据是信息的表达形式，信息是数据表达的内容，数据是对客观事物状态和运动方式记录下来的符号（数字、字符、图形等），不同的符号可以有相同的含义。只有经过处理和解释，数据才有意义，才能成为信息。知识是具有抽象和普遍品格的一类特殊信息。信息是知识的原材料，知识是信息加工的产物等。结合钟义信的语法信息、语义信息和语用信息的信息层次观点，作为一般的理解，语法信息近似于数据，语用信息近似于知识。特别要说明的是，在信息系统领域所指的数据不仅仅是数字，还包括文字、图片、图像、语音等多种形式。另外，无论怎样解释信息的含义，计算机内存和外存设备中存储的依然是数据，因为信息终究是由数据来表达的。

三者区别和关系的认识对信息系统处理、管理和应用的内容、信息系统的开发和发展的学习把握是重要的基础。本教材以下的章节还会再做更多的分析和阐述。

1.2 信息的特性与作用

信息具有很多属性，与其他资源相比，既有共同的属性，也有其特有的属性，即信息的特性（在上一小节已对信息的一些特性做了简要的介绍）。有关信息特性的研究，目的是更好地把握信息的特性，更有效的开发和利用信息。迄今，被认识的比较重要的信息特性有十余种，本小节就信息的普遍性和无限性、相对性、动态性和异步性、易传性和共享性、转化性等特性做简要的描述。

(1) 信息的普遍性和无限性

信息是客观事物状态及其变化方式的反映，事物的普遍性与动态性决定了信息存在的普遍性，物质的无限性、事物运动的无穷无尽决定了信息的无限性。能为人类所用的物资和能量等资源是有限的，不断的开发总会被消耗殆尽，但信息的普遍性和无限性，能为人们永无止境地开发和利用，开辟利用信息创造价值的可持续发展的道路。但另一方面，利用现代信息技术开发和传播信息，使人们能享用的信息成几何级数增长，浩瀚的信息造成了诸如“信息爆炸”和应接不暇等问题，需要人们花气力从信息的海洋中寻找所需的信息，而从信息中加工和提炼出更有价值的知识也成为当今的知识管理的重要工作。

（2）信息的相对性

由于人们的认识能力、认识目的及其所储备的先验信息各不相同，他们从同一事物中获取的信息及信息量也不同，对相同的信息也会有不同的理解，产生不同的作用。对于上述的信息例子：“企业A的产品X昨天降价10%”，同行企业会从竞争对手的动作、可能威胁自身已有的市场地位、要采取必要的对策等角度去理解和审视。企业A的下游企业或客户则会想到进价提高将使成本上升、进而如何影响自己产品的价格和销路、必要时做出新的供应商的选择。不相关的企业和客户，可能不会去关心这条信息，因此也不起什么作用。对于不熟悉市场和商务的人来说，可能不会消除什么不确定性。信息的相对性也告诉人们，信息的传递讲究在适当的时间送往正确的地方，送到真正需要的人。

（3）信息的动态性和异步性

事物变化使信息处于动态之中，过时的信息尽管仍有一定的价值，但会逐步减弱。信息的动态性也表现为时效性，例如市场行情和历史机遇等信息就具有很强的时效性，只有充分重视与发挥信息的时效性，才能将信息转化为时间与金钱。信息的异步性反映在滞后性与超前性两个方面。信息的效用发挥有一个输入、处理、传递和输出的过程，总是滞后于所反映的事物的当前状态，即这些信息总有一定的“过时”，例如新闻就是具有一定滞后性的信息。另一方面，根据反映事物变化方式的信息，推测和预测未来的状态，表示这些未来状态的信息即是超前于现实的信息，能为人们计划、安排等决策活动提供依据而产生有益的作用。这方面，有关客户喜好变化趋势预测的结果就是一类超前性的信息。

（4）信息的易传性和共享性

物资的传递要耗费较多时间和费用，能量的传递尽管迅速，但是会有损耗。相比之下，信息能在瞬间从地球的一个地方传递到遥远的另一个地方，而且不会有损耗，当然这主要依赖于现代的通信技术。信息的共享性是物资和能量不可比拟的特性，信息可拷贝复制，反复利用而没有损耗，双方交换信息后使各方的信息都有所增加而不会减少。信息的易传性和共享性给信息产品造就了独特的成本特性，那就是卡尔·夏皮罗（C. Shapiro）和哈尔·瓦里安（H. Varian）在《信息规则——网络经济的策略指导》一书中所描述的“高固定成本和低边际成本”规则，即信息的生产要花费较大的成本，但一旦生产出来，其复制的成本非常低。在企业各部门之间，员工之间，充分利用信息的共享性，有利于相互协作，提高工作绩效和客户满意度。对于信息的易传性和共享性，人们也要注意到其容易受到盗用和滥用的不利面，这需要人们在利用信息有利特性时做好信息安全保密和信息合法应用管理等工作。

（5）信息的转化性

通过正确合理而有效地利用信息，可创造更多更好的物质财富，可开发和节约更多的物质与能量，节省更多的时间，从辩证观点看，信息可转化为物质、能量、资金、人力与时间，这也是认为信息是一种具有价值的资源的理由。例如，一个企业在掌握了客户需求信息和市场行情信息后，就能研究和开发适销的产品，获取有关先进制造技术和节能技术的信息（这里更合适的说法是一类特殊的信息，即知识），同时能改造落后技术或采用先进技术，提高生产得率，降低能耗。及时掌握正确的信息，能使人们做出正确的决策，避免失误，减少人力和时间的开销。近年来兴旺起来的信息服务业则通过行业发展趋势报告、实用信息汇编等信息产品赢取利润，将信息转化为金钱。信息固然不像物资那样能直接的转化为有形的产品，也不像能量那样直接地产生作用和换来财富，信息的转化性是通过人的分析、判断和决策，改变物资和能量的使用方式，尔后间接的创造财富的。进一步地，信息的更大的间接作用需要被再加工为知识才能产生。

作为一种资源，信息的作用主要在于消除人们对于事物认识的不确定性，在于支持人们的决策和改变人们的行为。这些作用还是相互关联的。首先，当人们获得信息时，人们对事物的认识从不清晰到比较清晰，面对要解决的问题，随后自然在寻求解决方案的过程中有利于问题的分析，有利于解决方案的设计和比较。信息越充分和准确，求解决策便越能选出更好的方案，所谓信息支持决策即在于此。信息也能改变人们的行为，当一个人听到一条不利的信息时，表现出愤怒或沮丧的表情，进而发生一些过激或应对性的行动；当听到一条好信息时，表现出兴奋或快乐的表情，进而发生一些喜庆或再努力的行动，都是信息对人的行为产生作用的例子。

不仅对于个人，对于一个群体、一个组织，信息也都会产生不同程度的作用。一个信息系统服务企业在获得某公司要实施新的信息系统和招标选择外包单位时，如果该企业在这方面有一定的实力且需要在此拓展，那么就会做出是否要参与竞标的决策。如果决定竞标，那么就会进一步获取招标公司及其招标项目的更详细的信息，做好竞标方案的设计并开展一系列相应的活动。显然关于外部机遇的信息已作用于该企业，包括对招标公司及其信息系统要求等的清晰化的认识、支持行动方案的决策，以及一些具体行动的开展。同样，一个企业在月末发现成本上升和超出预计（得到成本上升的信息）时，要做进一步的原因分析，做出控制成本的解决方案的决策，而这又需要收集有关的信息，以支持原因分析，支持解决方案的设计和选择。

1.3 信息的分类与度量

信息是重要的资源，对企业具有重要的开发和利用价值。但不同的企业部门，不同层次的管理人员所需要的信息不尽相同。信息系统要为企业各个管理部门和管理人员提供相适配的信息，在他们的管理工作中也会产生不同类别的信息。因此，在信息系统的建设中有必要分门别类的组织信息。

信息的度量是信息成为科学的关键，通过度量，人们可以知道信息数量的多少，进而在一定程度上衡量其价值的大小。信息度量的思路和方法还能为人们开发、管理和利用信息提供富有启示意义的参考。

1.3.1 信息的分类

对信息进行分类是为了更有针对性地开发和利用信息，分类建立在某一能区分差异性的评判尺度基础上。就企业信息而言，人们从不同的角度来看待和区分，就有不同的划分方法。一般较常见的企业信息大致有按管理部门、按管理层次和按来源等多种划分方法，这些划分方法能划分不同类别的信息，将各种划分方法加以组合，则能区分出更加细分的信息类别。

(1) 按管理部门的信息划分

企业按管理职能划分有若干职能部门，或按产品、按地区划分有若干事业部门或分支机构。企业中各个部门所处理和应用的信息与所负责的工作内容有关，如财务部门主要有财务信息，营销部门主要有市场信息和客户信息等。按管理部门划分出的信息有专门的企业部门负责收集、处理、管理和利用，与部门的利益和职责密切相关，因此相对讲，这种划分比较明确，在信息系统中也大都如此对信息进行区分和管理。按部门划分的信息重在各部门之间的信息交流与共享，一个部门的信息输出，就是另一部门的信息输入，或以业务流程或以管理规程为主线，使信息在各部门之间流动，通过信息的交流与共享，各部门协作开展管理工作，实现企业的战略目标。哪些信息出现问题或流动不畅，能及时地被发现和找到责任部门，予以及时解决。

(2) 按管理层次的信息划分

企业通常划分有战略层、战术层和作业层等管理层面，不同管理层面具有不同的管理任务，使用和处理不同的信息，由此可以划分出战略信息、战术信息和作业信息等信息类别。战略信息包括有关企业战略目标，及其制定和实施的信息，有关为达到目标的资源水平以及针对资源获得和分配的决策的信息。例如，整体经济或行业经济的统计数据和发展预测数据，人财物可用资源状况，历年经营状况，中长期发展规划等都是企业的战略信息。战略信息更多为来于企业外部的信息，在精度上比较粗略，有效时间比较长久，结构性则较差，管理和处理难度也较大。战术信息是管理控制信息，是关于计划执行情况和资源利用情况，如何采取措施更有效地分配资源的信息，例如，销售计划、生产计划及其落实情况等。战术层次的信息主要是企业内部信息，也是名副其实的管理信息。作业信息是与组织日常活动相关，保证切实完成任务的相关信息，例如，库存进出明细账、生产台账、会计日记账等。作业层次的信息主要是内部信息，但随着以生产和产品为中心转向以服务和客户为中心，作业信息中越来越多的包括有关销售和采购的客户信息和供应商信息。作业信息大都是非常精确，反映具体事务的，结构化程度很高，管理也相对较容易。按管理层次划分的信息一般具有自下往上地归集的关系，上层的信息由下层统计汇总产生，例如，生产日报的月度汇总产生的月度生产统计表，会计日记账的月度汇集产生的会计报表成为战术层的控制信息，进一步归集产生的历年生产统计和资金运作情况等成为企业的战略信息。

(3) 按来源的信息划分

按来源的信息划分，可以分为企业内部信息与企业外部信息两类。企业内部信息是内部产生的反映企业经营活动细节和总体状态的信息，企业外部信息是来于外部的有关政策法规、国家和行业经济统计数据、市场信息、客户信息、同行信息、供货商信息与科技情报等信息。企业内部信息一般有预先设计的结构，体系完整规范统一，易于管理和应用；企业外部信息则源于外界，结构性差而形式多样，处理难度很大，但对企业的生存与发展，对于企业高层的战略决策是必不可少的。目前，我国企业的信息化建设已取得较大的进展，总体上，对内部信息开发和利用的重要性已有很好的认识，取得到的成效也不错，但在外部信息的开发和利用方面尚有很大的差距，企业之间也很不平衡。一些先进的企业非常重视外部信息的收集和处理，尤其是在市场信息和竞争对手信息方面，设立专门的机构加以开发、分析和利用，然而大部分企业还难以顾及或不予重视，如此，在市场竞争中就常处于被动地位。

组合信息分类方法，能使人们更深入地了解企业中信息的分布和不同信息的差异。按管理部门和管理层次两个尺度的信息划分，可以从纵向和横向两个维度考察企业内部信息的格局（图 1.1）。

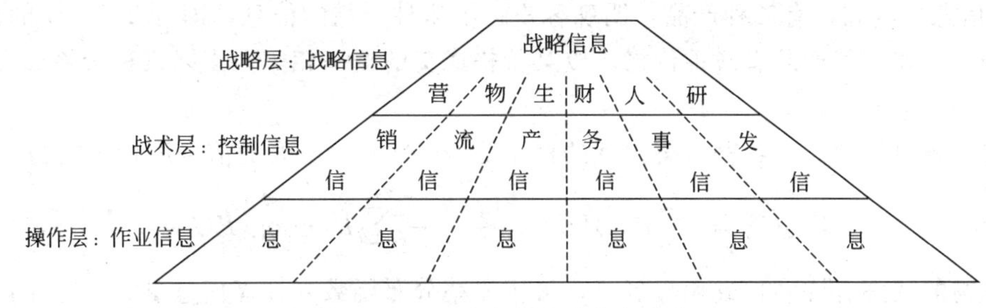

图 1.1 企业内部信息分类与分布

企业各管理部门的信息也有战略、战术和作业层次的区分，例如，有关“在一年内要研发和推出两个具有国际竞争力的新产品”即是研发部门的研发战略信息，也是营销部门的品牌战略信息，又如，有关“月度销售统计表”中产品销售情况和客户需求情况是可用来调整和控制下一轮销售活动的控制信息。在战略层，不仅有各部门的或各类经营活动的战略级信息，更为主要的是总体性的企业战略信息，如企业的中长期发展规划信息等。

从来源和管理层次两个尺度来考察企业信息，可以看到不同管理层次所涉及的企业外部信息和企业内部信息的差异性。图 1.2 中的两条曲线分别表示企业内部信息和企业外部信息在战略层、战术层和作业层三个层次中的比重差别，这种差别既表示数量上的多少，也表示重要程度的大小。由图可知，企业作业层主要处理和产生企业内部信息，战略层主要利用和处理企业外部信息。

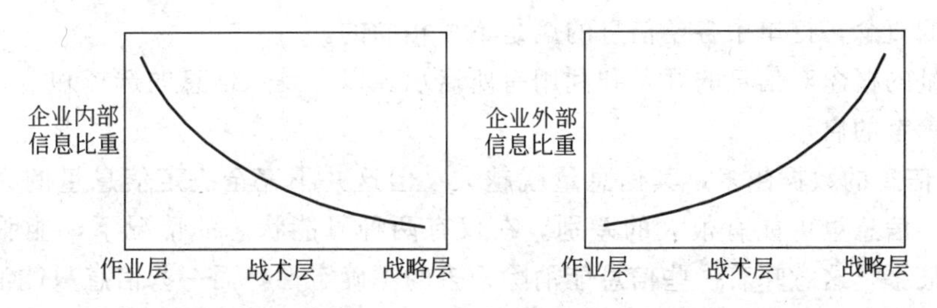

图 1.2 企业内部信息和企业外部信息在不同管理层次中的比重

1.3.2 信息的度量

现在信息系统的开发和应用似乎不再那么看重信息的度量了，这里有两个误点：一则可能由于计算机存储技术的快速发展，信息存储量的问题已不再成为主要考虑的因素了；二则可能没有很好的理解信息度量的原本含义。之所以需要讲述信息的度量这个概念，主要是为了从中学习将数学方法应用于信息的研究与实践的思路，从中得到如何更有效地开发和利用信息的启示。

信息的度量或信息的测度源于选择自由度的信息度量公式的推导，成熟于申农概率熵信息度量公式的确立。申农的信息度量公式为信息论乃至信息科学的出现奠定了坚实的理论基础。其基本思路是将收到某消息的信息量定义为：

获得的信息量＝收到信息前关于某事件发生的不确定性－收到信息后关于某事件发生的不确定性
＝不确定性减少量

设事物 A 有两种等概率出现的状态，用一位二进制数 0、1 即可表示，当人们得知 A 处于某状态，人们即获得了 1 个 bit 的信息。例如，经理问销售员，某客户洽谈订货了吗？是订还是未订，1 个 bit 的信息量即能表达清楚。设事物 B 有四种可能的等概率的状态，则要用二位二进制数 00、01、10、11 来表示，当人们得知 B 处于某种状态后，人们即获得了 2 个 bit 的信息。例如，有四种产品，明确客户订了哪种产品的信息，即为 2 个 bit 的信息量。以此类推。例如，某产品有八种价格，以某价格成交的概率相等，则以某种价格成交的信息有 3 个 bit 的信息量。

当有 n 种可能状态，各种状态出现的概率为 $P(i)$ 时，申农的信息度量公式为：

$$\text{信息量} = \sum_{i}^{n} P(i)\log_2 \frac{1}{P(i)} = -\sum_{i}^{n} P(i)\log_2 P(i)$$

当事物的状态有许多种或无穷多时，可用概率分布函数来计算信息量。

假定，某客户选购四种产品中产品 x_1、x_2、x_3、x_4 的概率分别为 0.1、0.1、0.3、0.5，则能确定该客户订购某种产品的信息的信息量为：

$$\text{信息量} = -(2\times 0.1\times \log_2 0.1 + 0.3\times \log_2 0.3 + 0.5\times \log_2 0.5) = 1.685$$

四种状态等概率出现的情况下，消除不确定性的信息量为 2，上例非等概率情况为 1.685，显然事物各状态等概率出现时需要消除不确定性的信息量最大。

信息描写事物多个状态中的某种状态，计算出的量为平均信息量，平均信息量被称为信息源的熵，表示事物不确定性的程度。事物越不确定，熵越大。熵本来用于表示能量分布均匀程度，能量分布越均匀，熵越大。信息的度量借用熵的概念，但必须用负熵。

要注意的是。人们平时讲的信息数量与信息源的熵是两个问题。例如要计算 1 年订单的信息数量，以便安排硬盘空间，实际上是信息载体量或信息表现形式的数据量。例如，设每张订单有 5 行，每行 100 个数字位，每年 1000 张。则有 5×100×1000＝500000 字节。但根据信息的熵的概念，订单中各条信息的熵是不尽相同的。

信息度量的概念对信息的开发和利用有所启示。以下是从信息的选择和信息的设计角度给出的可供参考的启示。

① 表示信息的数据越多，其信息量就越大，但这并不完全决定信息量的大小，同样载体量的信息，信息量可能有很大的差别。在仅有两种可能状态的情况下，能明确其一的信息，信息量最小。这意味着一些信息能消除很多的不确定性，而一些信息只能消除很少的不确定性。对于管理上的多因素复杂问题，为分析其原因或后果，往往需要很多的信息量，为此不仅要收集很多的形式上的信息——数据，也需要收集和选用信息量较大的信息。一般情况下，与问题越直接的、越接近的信息源信息的量越大，举例来说，这也就是人们在产品研发和营销策划等管理上为什么越来越重视客户（或者最终消费者）信息的主要原因之一。

② 信息能消除不确定性，信息量越大，就能消除越多的不确定性。将这一原理应用到信息的选择，有助于人们提高信息的效用。例如，企业广告的实质是向潜在的客户传递有关产品和服务的信息，要在极有限的时间内达到尽可能好的广告效果，广告信息的设计和选择极为关键。同样一句话，不同的内容有不同的效果。广告的效果在于客户所获信息量的多少，在于客户消除不确定性的程度的大小。

1.4 信息技术与信息化

迄今，几乎每一家企业，每一位员工都应用了现代的信息技术（Information Technology，IT），信息技术带来的好处已被普遍的认同和接受。然而，到底信息技术是什么，有哪些信息技术，信息技术与信息系统的关系如何，人们对这些问题的理解有很大的差别。一般而言，享用信息技术优越性的人不必去关心这些问题，但作为企业人员，准确理解信息技术的实质将能更好的开展信息系统的开发、管理和应用等活动。从事信息管理与信息系统专业的工作者，就更有必要掌握有关信息技术的基本知识。

从 20 世纪 80 年代开始，信息化（Informatization）及其相关词语频繁出现，但现在似乎不太提及了。实际上，我国国家层面的，各行各业的，各类组织的信息化工作一直在推进中。信息化是一项长期的多阶段的战略任务，而信息系统建设是其中最为重要的内容之一。

1.4.1 信息技术概述

大部分人听到或说起信息系统，就会联想到信息技术，进而再联想到计算机。当代的信息系统以计算机为基础，计算机是信息系统的主要组成，但非最关键的组成。计算机是一类主要的信息技术，但信息技术不全是计算机。

从最一般的也是最基本的观点，钟义信将信息技术定义为：能够延长或扩展人类信息器官功能的技术。在生产力和生产社会化程度很低的时候，人们仅凭自身的天赋信息器官的能力，就能满足当时认识世界和改造世界的需要了。但随着生产斗争和科学实验活动的深度和广度的不断发展，特别是自蒸汽机的发明和应用以来，人类的信息器官功能已明显滞后于行为器官的功能。这时，人类把自己关注的焦点转到扩展和延长自己信息器官的功能方面，于是发展信息科学技术就成了这一时期的中心任务。

根据这一定义，信息技术可以按照人的信息器官（或信息功能）种类来划分，对应于人的感觉器官、神经器官、思维器官和效应器官，信息技术划分为获取信息的感测技术、传递信息的通信技术、处理信息的计算机技术和施用信息的控制技术。根据各类信息技术的作用来看待其角色，计算机技术与通信技术是信息技术的核心，感测技术与控制技术是核心同外部世界的信源与信宿相联系的接口。四类信息技术的英文首字母都是 C（感测为 Collection、通信为 Communication、计算机为 Computer、控制为 Control），因此有所谓的“4C”技术，或者强调后三者的“3C”技术。

在信息系统领域，一般按照信息技术的不同作用来加以区分，如此就有如图 1.3 所示的信息技术分类。现代计算机技术的发展引发了半个世纪以来伟大的技术革命，信息技术可分有硬件技术和软件技术。数据库技术是迎合计算机储存和管理数据的需要而发展起来的信息技术，具体包括数据模式、数据库、数据仓库和数据存取技术等。通信技术的产生早于计算机，但更为重要的数字通信技术则是后来才出现的，通信技术细分有通信标准技术、有线通信技术和无线通信技术等。网络技术是最新发展起来的信息技术，也是使计算机得到广泛应用并能够相互连接产生聚集效应的信息技术，具体分有网络协议、局域网、内部网和互联网技术等。

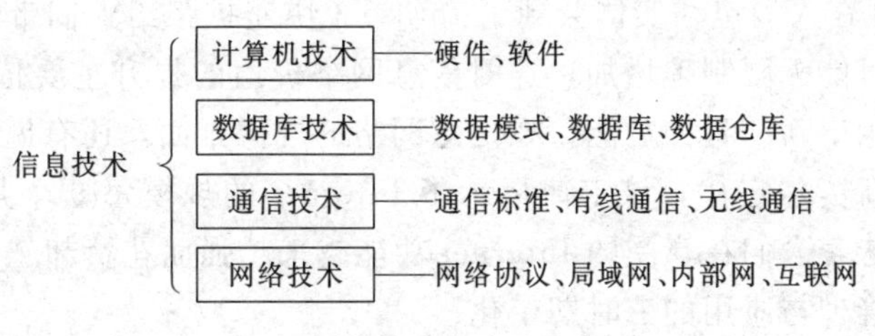

图 1.3 信息技术分类

各类信息技术各自具有不同的作用，但在实际中这些信息技术往往要相互组合起来才能发挥作用。现在在互联网上查找信息，至少要用到计算机技术、通信技术和网络技术三类信息技术，如果查找到信息还要保存起来的话，那么数据库技术也是不能或缺的。各类信息技术的组合，在信息技术的发展及应用的提升中显得越来越突出，越来越重要。

有关信息技术的认识，还有两点需要做一些说明。

① 基本观点的信息技术，不是有了计算机之后才出现的。古代的纸张、印刷术、指南针等都能够延长或扩展人类信息器官的功能，因此也是信息技术，只是与计算机和网络技术比起来，它们是传统的信息技术，后者则是现代的信息技术。办公自动化期盼的无纸化办公应该是现代信息技术淘汰传统信息技术的结果。人们现在使用的计算机是电子计算机，之前的机械计算机，以及电话、电报等早期的通信技术也是信息技术，相比之下，电子计算机、数字通信技术等可称为更为现代的信息技术。

② 计算机是一种设备，是一种有形的实物，因此称其为物化了的信息技术。诸如望远镜、电视机等也是物化了的信息技术。这种界定实质上的含义是这些实物嵌入了或体现了高含量的信息技术。

1.4.2 信息技术发展的规律

自 1946 年发明电子计算机以来，信息技术的发展异常迅速。关于信息技术的发展已有多种角度的研究，得出了相关的规律性或描述性结论。其中著名的有莫尔定律、梅尔卡夫法则和麦克法兰等人提出的信息技术环境三时期变化的表述等。

(1) 莫尔定律

INTEL 公司的创始人戈登·莫尔（Gordon Moore）在 20 世纪 70 年代发现了基于信息技术功能价值比的莫尔定律，这一著名的定律认为计算机芯片的功能每 18 个月就翻一番，而价格以减半数下降。莫尔定律在随后的计算机发展中得到证实。人们从微型计算机核心部件 CPU 的速度看，286 升级到 386 用了 4 年时间，而从 386 到 486 的更新换代仅用了 2 年时间，从 486 到 586 的过渡则不到 1 年时间。在价格上由于除 CPU 外还有其他功能的改进提高因素而较难以计算比较，但对目前流行起来的便携机而言，价格减半现象得到了证实。一台便携机在 20 世纪 90 年代前半期价值 10 多万元人民币，到 90 年代后半期下降到 5 万元，现在的价格则不到 1 万元。莫尔定律简洁明了的表述深刻地揭示了信息技术快速发展和更新的规律。

(2) 梅尔卡夫法则

3Com 公司的创始人鲍伯·梅尔卡夫（Bob Metcalfo）从网络价值与网络节点数之间的关系中，推测并发现网络价值等于网络节点数的平方的规律。这一规律被称为梅尔卡夫法则，它揭示了信息网络将随着网络接入点的增加而价值得以加速提升，即信息网络具有扩张效应。一段时期，Internet 的用户每隔半年左右就增加一倍，而 Internet 的通信量则每隔 100 天就翻一番，现在人们也切实体会到了 Internet 快速扩张给人们带来的好处。当然，信息网络的节点数不可能无限制地增加，这时信息网络价值的提升主要依靠所谓的增值功能，即利用信息网络派生出新的延伸功能。在信息网络的规律方面，还有说明 Internet 的规模与业务量两者关系的新莫尔定律，该定律揭示了 Internet 的规模每 9 个月翻一番而成本下降 50%的规律。这意味着人们在享受的 Internet 功能越来越强而花费却越来越低。

(3) 信息技术管理与应用的三时期变化

沃伦·麦克法兰（F. Warren McFarlan）、理查德·诺兰（Richard L. Nolan）和陈国青

在《IT战略与竞争优势》著述中提出现代信息技术在企业中的管理和应用有三个时期的发展变化，对于信息技术和信息资源，从早期的信息技术人员垄断管理和应用发展到今天的企业间合作管理与应用（表1.1)。20世纪50年代到70年代的时期1，企业的计算机管理与应用都依赖信息技术部门的专家，他们垄断了信息技术及其应用，真正的用户处于完全的被动和接受服务的地位。这时期信息技术应用的目的主要是提高企业的生产率和管理效率。从20世纪70年代到80年代末的时期2，由于个人计算机的出现和普及，企业内信息技术的应用转移到各部门的管理人员，他们直接在计算机上处理自己的管理事务，无须信息技术部门的代劳。信息技术的应用通过企业每位用户来提高管理的效用。自20世纪90年代开始的时期3，信息技术的应用开始讲究企业之间的合作和信息的共享，实现信息技术和信息资源的深层次价值挖掘，即发挥支持企业变革的和增强企业竞争力的作用，为企业创造新的增长点。

表1.1 信息技术管理与应用的三时期变化

分期	管理机制	应用机制	应用目的
时期1	垄断	组织	生产率/效率
时期2	自由	个人	个人/集团效力
时期3	合作	企业间的整合	价值创造

1.4.3 信息化概述

就一个国家而言，信息化的一般表述为“国民经济各部门和社会活动各领域普遍应用先进信息技术，从而大大提高社会劳动生产率以及大大改善人民物质与文化生活质量的过程”。信息化是一个长期过程，主要内容是普遍应用先进信息技术，开发和利用信息资源，其目的是大大提高劳动生产率和生活质量。

如果简单地将信息化看作计算机应用，则信息化实际运作已有半个世纪了。1993年，美国在其强大的信息技术优势基础上，率先提出国家信息基础建设NII（National Information Infrastructure，通常称为“信息高速公路”，Information Superhighway）计划，其目的是要保持和发展已有的信息技术和经济实力的绝对优势。信息基础主要是数字通信网络，对信息化建设的成败起着关键的作用。之后，欧共体、日、英、法、德也紧随着纷纷提出各自的类似计划。欧共体建设“欧洲信息空间”，日本实施“研究信息流通新干线”，英、法、德等国则同美国一样建起了“高速信息公路”。几乎同时，新加坡、韩国、巴西等国家也积极开展了各自的信息化基础建设，新加坡的“国家信息基础设施”旨在使只有300万人口的新加坡变成由计算机连接所有家庭、机关、工厂和学校的“智能岛”，韩国的“超高速信息通信网”要实现各部局的信息联网。1995年，西方七国首脑聚会布鲁塞尔，讨论建设全球信息基础建设——GII计划，提出了建设全球信息社会的目标。从而，兴起于美、日等少数发达国家的信息化建设浪潮开始波及全世界各个角落。

有了信息基础设施的支撑，许多国家的信息化建设一浪接一浪，信息技术的应用成果日新月异。从政府的常规内部业务处理系统到当前连接社会各界的电子政务，从企业的业务管理和决策支持到现在跨企业的供应链管理系统，从个人的网上信息交流和享用到今天自行安排的家庭办公与足不出户的消费等。所有这些人们都能感受或涉及的社会进步和经济发展均建立在信息基础设施之上，源于信息化建设的产出。

信息化是走向信息社会的过程，从对信息的新认识到信息社会大体上的过程如图1.4所示。

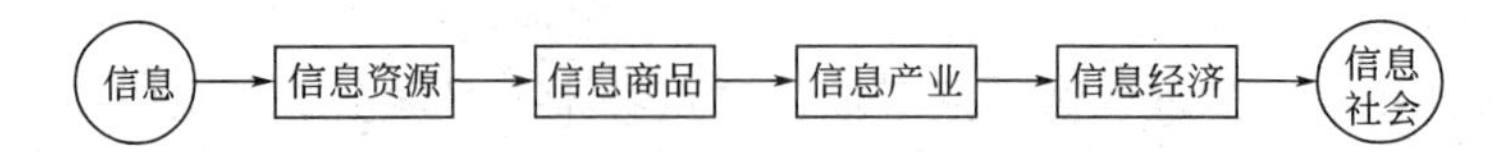

图 1.4　从对信息的新认识走向信息社会的过程

信息作为一种资源被人们认识和接受，对信息资源的认识和需求，自然就会产生信息商品和信息服务，随之就有了信息商品的生产与交换，有了信息服务的设计与提供，进而形成了信息产业。当信息产业在国民经济中占主导地位时，如信息产业人员在所有产业人员中比例超过 50%，信息产业产值在所有产业产值中的比例超过 50%，国民经济就转向信息经济，由此社会进入信息化社会。这就是人们从对信息的新认识开始走向信息社会的过程。乌家培在《信息社会与网络经济》中载文认为，从信息化这一概念出现与传播的历史来考证，可以证明“信息化的结果将导致信息社会的来临”。信息化将把工业社会引向信息社会。

目前，人们对信息是一种资源的观点已有较深入的理解，信息商品和信息服务已普遍存在并不断出新，信息产业在世界经济中的地位和比重日益提高，美国信息产业产值在总值中的比例，信息产业人员在所有产业人员中的比例都已超过 50%，因此认为美国已踏入信息社会。

为了衡量一个国家或一个社会的信息化发展水平，不少学者研究并提出多种定量测定方法，较有名的社会信息化发展水平测定方法见表 1.2。这些方法的应用不仅可以衡量信息化的发展水平，也能通过测定找出差距，以利于更好的开展信息化。

表 1.2　已有的主要社会信息化发展水平测定方法

方法	出处与年份	测定要点
指数法	日本学者，1965	四个要素共 11 个变量，与基准年相比得出指数
马克卢普-波拉特法	马克卢普，波拉特，1977	GNP＝C＋I＋G＋(X－M)
指标体系法	国际数据公司，1996	六大类 12 小类指标，如每百人计算机数、光缆公里数
信息社会指数法	国际电联，1995	四大类 23 小类指标，如报纸发行量、因特网主机数
我国的信息化指标	我国信息产业部，2001	20 个指标项，如电子商务交易量、信息产业产出比重

1.4.4　我国信息化概况

信息化已成为一个国家的战略任务，对国民经济的发展具有巨大推动和支持作用，对国家经济实力和竞争力增强有深远的战略意义，水平的高低已经成为衡量综合国力的重要标志。我国的信息化建设是在政府的倡导和推动下逐步开展起来的，早在 1983 年制定新技术革命对策时，就把发展信息技术纳入国家对策。20 世纪 80 年代中期以来，党和国家领导人先后发表了有关信息化的重要讲话，中央和地方政府陆续组建了信息化建设的管理机构。1996 年召开的中共十四届五中全会把信息化作为我国的战略任务，明确提出了“加快国民经济信息化进程”的要求。此后中共十五、十六届的多次会议再次重申了信息化的战略地位。

在国家信息化战略方针引导下，我国的信息化建设有计划地逐步开展起来，经过 20 余年的努力，取得了一系列的重要进展。综观我国信息化的过程，大致经历了三个阶段。

(1) 第一阶段：国家倡导和起步阶段，20 世纪 80 年代中期至 90 年代初期

1986 年我国批准建设国家经济信息系统，全国从中央到省、市地方陆续成立了信息中心，启动了全国性的信息化建设。该阶段的信息化概念和建设尚处于酝酿和探索层面，开发

了包括国家经济信息系统、电子数据交换系统、银行电子化业务系统、铁路运输管理系统和公安信息系统等一批大型应用信息系统。

（2）第二阶段：有序组织实施重大基础工程阶段，20 世纪 90 年代中期

1993 年成立全国电子信息系统推广办公室，同年，“金”字号国民经济信息化工程（金桥、金卡、金关、金税等）。该阶段相继建成了公用分组交换网（CHINAPAC）、公用数字数据网（CHINADDN）、公用计算机互联网（CHINANET）三大骨干网络组成的公用数据通信网。

（3）第三阶段：全面推进阶段，20 世纪 90 年代后期至现在

该阶段各行各业对发展和应用信息技术的热情普遍高涨。企业信息化大范围推进，信息系统方面相继开发、实施和应用 ERP、电子商务、客户关系管理等信息系统。基础设施方面主要建设企业内部网（Intranet）、企业外部网（Extranet）、企业信息门户（Enterprise Information Portal）等。这一阶段的信息化还拓展到了电子政务、电子社区、信息港、数字城市以及社会文献资源服务系统、社会信用评估系统等社会信息化的实施内容。

我国信息化的战略方针是“以信息化带动工业化；以工业化促进信息化，实行工业化与信息化互补并进”。我国工业化处于中后期，问题很多，需要在技术、时间、资金、劳动力等资源上依靠信息化的优势，通过改造和替代来带动工业化（升级）。我国信息化处于初期，同样需要在物资、装备、能源、资金、市场等条件上，依靠工业化的基础和空间来促进信息化（发展）。我国的信息化具有“后发优势”，可以实现“跨越式发展”。乌家培对“后发优势实现跨越式发展”的含义做了比较清晰的阐述，他认为一是可以以较短的时间和较少的代价实现先进国家原来走过的发展历程所具有的相同目标，例如，发达国家在工业化完成后开展信息化，而我们可以与其同时开展信息化建设；二是在发展过程中跳过先进国家曾经走过的阶段，例如，先进国家从模拟通信技术到数字通信技术经历了一二百年，而我们几乎可以与其同时进入数字通信阶段。

我国与发达国家相比，信息化还有很大的差距，用已有的测定方法来衡量，我国进入信息社会还有相当长的路要走，目前只能以“面临信息社会”来表示信息化的程度。在信息化建设的内容上，我国根据国情确定为六项，即开发利用信息资源、建设国家信息网络、推进信息技术应用、发展信息技术和产业、培育信息化人才、制定和完善信息化政策、法律和标准。其中开发利用信息资源和推进信息技术应用是信息化的重点，信息系统是目前开发和利用信息资源最有效和可行的方式。

本章小结

本章是管理信息系统的基础，主要讲授信息的概念、特性与作用，信息的分类与度量，在此基础上介绍信息技术的基本概念，然后对信息化做了概述。这些内容的要点和相互关系见图 1.5。

不同角度对信息有不同的解释。信息论定义信息为用以消除不确定性的东西；本体论将信息界定为事物运动的状态及其改变的方式，认识论则是主体对本体论信息的感知；信息系统领域的解释是信息会对接受者的行为和决策产生影响，对决策者增加知识具有现实的或潜在的价值；信息资源观认为信息是一类可以加以开发和利用的资源。信息与数据和知识三者密切相关，表现为三个层次结构的关系，即数据是有关事件的客观事实，对数据加工处理后

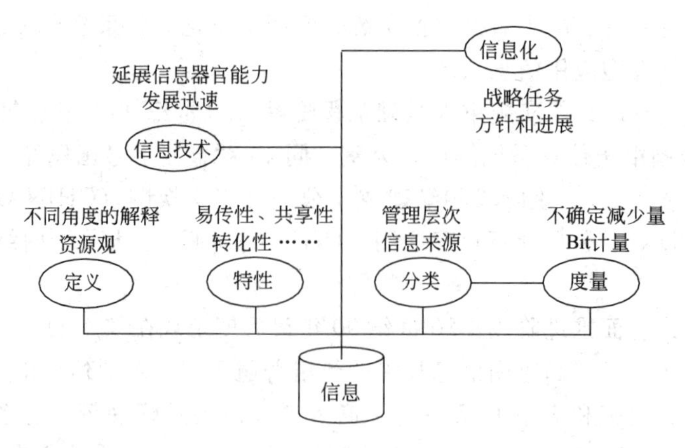

图 1.5 信息与信息技术

能产生信息，知识是相关信息，以及经验、价值观和洞察力等的动态组合，是对信息的理解。信息资源与其他资源相比表现出许多特性和特有的作用，其中主要有普遍性和无限性、相对性、动态性和异步性、易传性和共享性、转化性等。企业信息可以按管理职能、管理层次和来源等不同尺度进行划分。信息度量的基本思路是“不确定性减少量”，信息减少不确定性的作用越大，信息量就大。

所有能延长和扩展人类信息器官功能的技术都是信息技术，只有传统和现代之分。信息化是为提高劳动生产率和生活质量而普遍应用先进信息技术，开发和利用信息资源的长期过程，其结果将导致信息社会的来临。信息化已成为一个国家的战略任务，对增强国家经济实力和竞争力有深远的战略意义。我国的信息化建设是在政府的倡导、指引和推动下逐步开展起来的，其战略方针是“以信息化带动工业化；以工业化促进信息化，实行工业化与信息化互补并进”。经过20余年的历程，我国后发优势和超越发展的信息化建设取得了显著的成效，但与发达国家相比，尚有很大的差距。

案例分析：日益走红的产业报告服务业

服务业，尤其是信息服务业或知识服务业的发展与规模反映了一个国家现代经济发展的水平。随着信息技术的进步和信息化建设的推进，信息服务需求的递增正在催发信息服务产业的快速成长，信息商品开始显现出其应有的价值。2004 年 7 月 5 日《新民晚报》登载了秦武平的一篇题为“一份产业报告卖了 8 万元”的报道，叙说：最近日本博报堂寄来 72 万元账款，从上海一家企业手中购得汽车、白色家电、化妆品等 9 份产业报告书。日方在购得产业报告后，将向世界各大汽车公司推销，获利可不止 10 倍。而初尝甜头的信息制作方则表示，明年类似的产业报告将提价两倍。如此算来，每份 100 页的产业报告平均售价 8 万元，且价格还要看涨。报道还说国内已有二三家分类信息专业制作机构，最大的年产值已达 5000 万元，主要客户正从跨国公司、海外研究机构转向国内大型企业和个人投资者。

该报道形象地以吃草的牛能挤出牛奶来比喻产业报告类信息商品的低制作成本和高收益回报，信息服务企业在信息化背景下如同挖到“金矿”那样的幸运。确实，国外企业想要进入我国市场，想要到我国来抓机遇办企业，赚取利润，就要了解我国产业的现状与发展趋势，此为知己知彼方能百战百胜。产业现状与发展报告是典型的信息商品，更新的说法称其为知识产品，向客户提供产业报告的企业就是信息服务企业，信息服务产业是信息产业的一个分支，是信息化发展到一定程度后的必然结果。

按照目前的行情，我国的产业报告价格还数偏低的。购买我国产业报告的国外企业客户的数量还不多，但会越来越多。我国的企业在企业外部信息资源的开发和利用上还很滞后，发展空间巨大。另一方面，分析、制作和提供此类信息商品的企业还十分少见。我国的客户企业一旦在客观需求上和主观认识上真正起步，产业报告类信息产品的需求即大增，其价格自然也不菲，产业报告类信息服务产业日益走红自为必然。当然，与任何产业一样，信息服务产业发展到一定时候，信息产品的需求对于质量会提出新的要求，即真正能卖出好价钱的是货真价实的信息产品。

产业报告是一类信息商品，除此之外还有更多的内容，其中许多已经为我们知道和享用。例如，交通信息、旅游信息、医药信息、股票行情、气象报告等已成为我们很熟悉的信息商品或信息服务项目，行情也是非常看好的。信息化时代的信息商品还有一个特征是越来越多的基于现代信息技术的服务新模式。数字通信网络实现了全天候的全球范围的网络化在线信息服务，信息商品直接在网上试用（局部的和限时的）、传输和出售，信息咨询方与被咨询方的交互直接在网上进行。广泛普及的手机和逐渐多见的车载无线通信设施也被用作信息接受和发送终端。实现移动的信息服务。

产业报告等现代信息商品和相应的市场还刚刚兴起，潜力无限。相信不久的未来，信息服务业将发展为一个相当庞大的产业，成为国民经济的重要组成。

【案例思考与分析题】

(1) 国外企业为什么要花高价购买我国的产业现状与发展趋势报告？他们自己不能进行调研和撰写吗？

(2) 产业发展报告已成为一类信息商品，那么我国在这方面的市场前景如何？如果要进入该市场发展，应该注意哪些问题？

(3) 除了产业报告，结合自己的体验或所见所闻，列举还有哪些信息商品和信息服务，通过什么方式向客户提供？

(4) 信息商品、信息技术和信息化三者之间具有怎样的关系？

习　题

(1) 为什么人们对信息有不同的解释，其中主要的解释有哪些？这些解释是否存在矛盾？

(2) 信息被认为是一种能加以开发和利用的资源，甚至还认为是一种战略资源，其依据是什么？你认为这些依据能支持信息资源的观点吗？

(3)“一个对原有产品做了显著改进的新产品，上市获得成功，那么原有产品即将面临淘汰”这句话，是数据、还是信息，或是知识？请根据数据、信息和知识三者的区别和关系做阐述。

(4) 信息的易于传输和复制的性质，既有有利面，也有不利点，请解释该特性的利弊性，并叙述如何利用有利面，规避不利面。

(5) 企业不同的管理层次，所涉及的信息有许多不同的地方，请就此做比较分析。

(6) 信息度量概念能给信息资源的开发、管理和利用提供什么启示？

(7) 请解释信息产品的“高固定成本和低边际成本”的成本特性。

(8)“办公自动化提出实现无纸化办公，那么纸张将被淘汰，这归功于信息技术的应用。”请对这一说法做出你的评述。

(9) 请解释“后发优势和超越发展”的信息化建设思路的含义。

(10) 为什么说信息化的结果将导致信息社会的来临？

2 系统与信息系统

2.1 系统概述

信息系统是一类系统，具有系统的特征，信息系统的研究与实践离不开系统的思想、理论、方法和技术。因此在讲述信息系统之前有必要简要的叙述系统的一些基本概念。这些概念作为信息系统的基础知识，将在以后各章节中被应用。

2.1.1 系统的定义与一般属性

人们在长期的实践活动中逐渐认识到自然界和人类社会的许多事物都具有相互联系性和整体性，为了更好地探究事物，经过不断总结和提升，形成了系统思想。系统论的代表人物贝塔朗菲（L. Y. Bertalanffy）1945 年给系统（Systems）做的定义认为，系统是相互联系相互作用并具有一定整体功能和整体目的的诸要素（或元素）所组成的整体。

按此定义，为共同的目的，由若干要素有机地组织起来的一个整体就是一个系统。企业由人、财、物、信息以及规程等要素构成，这些要素相互联系和作用，按照预定的规则，人与人之间进行协作，合理配置和使用资金和物资，将生产要素转换为社会财富，产生经济效益，并从中获取一定的利润，因此企业是一类系统。再如，一部机器是由若干零部件按照某种结构被组装起来的，它们为加工某器件或产生某种功能而协调地运作，因此机器也是一类系统。

从企业和机器的例子中，我们发现系统是多种多样的，它们都符合系统的定义，但在某些方面具有差别。根据系统的某些特征差异，系统可以区分为若干类型：自然系统和人造系统、实体系统和概念系统等。

自然系统是由自然物自然形成的系统，如太阳系、海洋系统、消化系统等，这些系统没有明确的目的，但有确定的功能。人造系统是人为地构造出来的系统，如企业、机器、计算机操作系统等。人造系统由人设计、构建、管理和应用，具有明确的目的。人造系统中历来为人们称道的都江堰是一个典型的例子。公元前 256 年从排水、防洪和灌溉为目的而建造的都江堰，由负责分流的鱼嘴、负责分洪排沙的飞沙堰和负责引水的宝瓶口三大设施组成，整个系统协调有序，功效显著，至今 2000 多年来仍在发挥重要作用。凡由有形的实物为基本要素组成的系统称为实体系统，这类系统有自然形成的，也有人造的。特别的，人也是实物，也能成为实体系统的要素。由概念、原理、原则、方法、制度和程序等概念性的非物质要素构成的系统称为概念系统，例如，一个学科的知识体系，国家的法规体系，一套应用程序的开发工具等都是概念系统。

实际中的系统多见上述诸类系统的复合系统。如煤矿开采系统是由矿藏（自然系统）和作业系统（人造系统）构成的复合系统。人和概念的整合构成实物与概念系统的复合系统——社会系统，企业便是一类复合的社会组织系统。有人参与的系统往往是比较复杂的系统，信息系统有人参与，因此也是一类复杂的复合系统。

系统可被更抽象地认为是由若干要素及要素之间的关系（相互联系和相互作用的关系）构成的，见图 2.1。不同的要素可能有相同的要素关系，相同的要素也可能有不同的要素关系。例如，茅草房和钢筋水泥房的要素相差很大，但要素之间的关系基本相同；又如，家族型企业和社会型企业的要素基本相同，但要素关系却不同。研究还发现，系统中的要素关系比要素复杂，要素关系比要素更重要，要素关系处于更重要的地位。一些系统的要素和要素关系比较简单，而一些系统的要素和要素关系非常复杂。例如，人作为要素时是非常复杂的，制度作为要素关系（如人与人之间的关系）时也是非常复杂的，企业系统和信息系统之所以复杂，是由于其要素和要素关系的复杂。

系统 { 要素 1、要素 2、要素 3……
　　　 要素关系 1、要素关系 2……

图 2.1　系统要素及其关系

系统具有整体性、目的性、关联性和环境适应性等一般的属性，了解系统的属性能更好的分析和设计、管理和应用系统。

（1）整体性

整体性是系统最本质的属性，系统由两个或两个以上的要素结合而成，具有整体功能不等于各组成部分的功能之和的原则。考虑系统与要素的某些可比的特性（如集体的智慧与个体的智慧），即有以下系统整体性的基本原则：整体不等于部分之和，或 1+1<>2；当要素关系优化时，整体大于部分之和；当要素关系劣化时，整体小于部分之和；当要素无关时，整体等于部分之和，即不成为系统。“三个臭皮匠，赛过一个诸葛亮”体现了系统的整体大于部分之和的整体性属性；“一个和尚挑水吃，两个和尚抬水吃，三个和尚没水吃”则表现为系统的要素关系劣化，整体小于部分之和。

（2）目的性

人造系统有预期的目的，系统必然具有特定的功能，通过这些功能的发挥实现预定的目的。目的决定设计和构造怎样的系统，包括需要哪些要素，要素之间应该设定怎样的关系。当目的难以实现或实现的不理想时，往往要调换要素和调整要素关系。企业系统的目的是创造财富和获取利润，为实现这一目的，企业的组成和组成之间的关系就要经过刻意的设计和选择。

（3）关联性

所谓关联性即系统要素之间存在相互联系和相互作用的关系，这种关系是系统的特性，也是系统的基本内容。系统的整体性建立在系统的关联性之上，没有关联性也就没有整体性。以企业系统为例，其中人财物的关联性是通过体制和机制等制度来表现的。

（4）环境适应性

系统处于一定的环境之中，与环境之间存在物质、能量或信息的交互。环境会影响系统，系统也会影响环境，环境和系统中一方的变化都会引起另一方一定程度的变化。但一般情况下，环境对系统的影响更大。有时，环境的变化会导致系统结构的变化而影响功能的发挥，影响严重时，系统甚至会崩溃而遭到淘汰。因此，系统要生存与发展就必须适应环境，及时地改变自己的要素或要素关系，提高自己的环境适应能力。企业系统的主要环境是市场，包括市场中的客户和竞争对手，客户需求的变化，竞争对手竞争策略的变化都会对当事企业产生压力，企业只有通过不断的变革才能使自己适应变化的市场，否则就无法生存。

2.1.2　系统的结构与功能

系统要素相互之间有一定的联系和作用，即要素之间的关系。系统都具有一定的组织形式，即系统的结构。系统通过结构将要素组织起来，这个结构就是要素关系。系统的结构是立足于系统角度的，要素关系是着眼于要素的，但两者的实质一样。实物系统的结构一般是可见的，即使是非常复杂的实物系统的结构，通过某些工具，终归能清晰的解析。由人参与的系统的结构客观存在，但不能为人们直观的彻底的观察，需要通过间接的方法予以揭示，这种揭示不可能是完全的和彻底的。

系统的结构有严密和松散、复杂和简单等不同的形式，不同的系统有各不相同的性质和功能。研究表明，系统的性能与系统结构和系统要素有关，但系统的性能主要由系统结构决定，系统要素起次要的作用。金刚石与石墨的要素都是碳原子，但碳原子的结合方式，即结构很不相同，因此它们的性质迥然不同。私有制企业与公有制企业，要素大同小异，人财物的关系或系统结构却不同，因此他们的性质就不同。国有企业实行股份制是要通过结构的改变来寻求更好的功能——提高企业绩效。结构与功能的关系也存在一构多功和异构同功的现象，例如，家庭既可以是生活单位，也可以是劳动集体；电脑能实现人所具有的功能，但其结构截然不同。

系统要素是活动的，要素的变化使系统运动和发展，但这是量变；系统的结构是相对稳定的，结构的变化将使系统发生质的改变——转化为新的系统或彻底瓦解。所谓量变引起质变是先导致结构的变更而后再引起的。一个企业系统的员工流进流出、生产设施的更替等，一般不会有实质性的影响，然而，企业制度的改变，甚至企业业务流程的变革，都会引起企业的震荡，运作的不好反而使企业倒退。

当一个系统比较复杂时，其中的要素可能处于不同的地位或层次，存在上下级关系，这样系统内部就有了层次性，相应地表现出层次结构。层次结构是系统结构的一类形式，系统越复杂，结构层次就越多，越重要。一个国家是一个系统，国家之下有省市，省市下有区县等。即使到了个人的层面，仍然可以再有更下层的精神要素与物质要素。考虑系统层次结构的相对性，作为整体的系统和作为局部的要素，是相对而言的。若干个系统按某种结构构建起来时，形成了一个更大的系统，原来的系统成为大系统的要素（或子系统）；要素由更小的要素构成时，相对于更小的要素，该要素即是系统。

可见，在设计、构建、管理或改造一个系统时，为使系统具有预期的功能，就要考虑采用怎样的要素，更要考虑选择怎样的结构，包括结构层次、层次幅度、要素联系和作用的规则等。

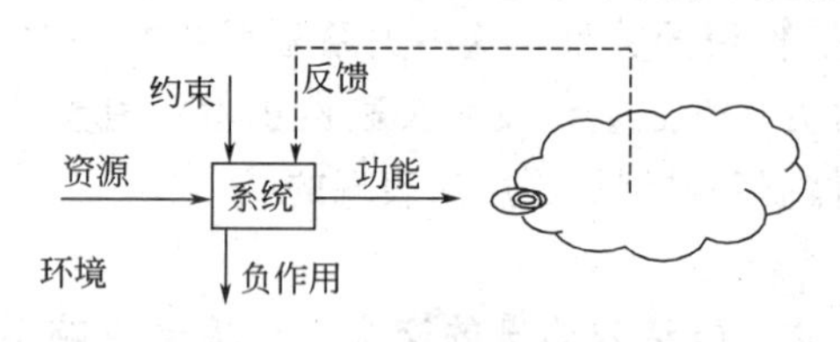

图 2.2　系统与环境的关系

系统功能由系统要素、系统结构、系统环境三方面决定，三个决定因素中结构是内在的最为关键的决定性因素，环境是外在的作用性的决定因素。系统与环境之间有物质、能量和信息的交互，有相互的影响，因而存在环境适应性问题。系统与环境的关系见图 2.2。

如图 2.2 所示，系统功能作用于环境，作用结果反馈回系统，系统据此调节要素，必要时甚至更改系统结构来改善功能，以期实现预定的目的，如此循环。在环境不变时，系统不作调整就能稳定地运行，并保持原有功能的有效性。如果环境发生变化，系统对环境的作用会偏离预期，这时如果系统不做相应的要素或结构的调整，系统的作用将逐渐减弱甚至失效，最终导致淘汰。另外，很多系统对环境还有预期外的不利于环境的作用，即负作用。环境对系统有常规的资源输入（物质、能量和信息等）也有一定的约束，以鼓励和限制系统的某些行为和输出，这种约束会随功能的输出和负作用的输出情况而做调整。显然，环境通过对系统输出的反馈和约束作用系统影响系统。除了巨系统、非常稀有的不可再造系统或者有着特殊使命的系统，环境一般不会顾及单个系统的存在与否。因此，系统要生存与发展，只能靠自己识别能反映环境变化的环境输入，并以此为依据，及时调整自己的构成要素或结构，这就是所谓的环境适应性。

系统与环境有交互，那么系统对环境是开放的，否则就是封闭的。所有的系统几乎都是开放系统，没有绝对的封闭系统。图 2.2 的系统的输出有反馈，如此形成一个回路，构成闭环系统；相对的，没有回路的系统是开环系统。凡要素或结构随时间而变的系统称为动态系统，反之称为静态系统。极大多数的系统为开放的动态的闭环系统。

企业系统是典型的人造的开放动态闭环系统，是一类复杂的社会系统。人们建造以人为主体的企业系统处于市场环境中，受市场机制、国家政策、上游企业、下游企业或客户，以及众多相关机构等外界的作用和影响，企业系统要生成发展，就要适应环境，进行必要的要素改变和结构变革。例如，我国改革开放后，市场发生巨大变化，国家政策做出重大调整，国有企业唯有改变体制和机制、改善管理方法、提高员工素质、改进技术和装置，才能得以生成和发展，否则只能倒闭消失或被兼并改造。

2.2 信息系统概述

信息系统（Information Systems，IS），顾名思义即是一类有关信息的系统。一般的定义认为信息系统是由人、规程、数据、输入、输出和处理等要素组成的，由人按规程收集数据、加工数据和产生信息的系统。这里特别强调人的参与和人在系统中的地位（包括信息系统的管理维护人员和使用人员），由此信息系统也被称为社会技术系统，是一类有需求，有目的，有代价，有收获的人-机系统。

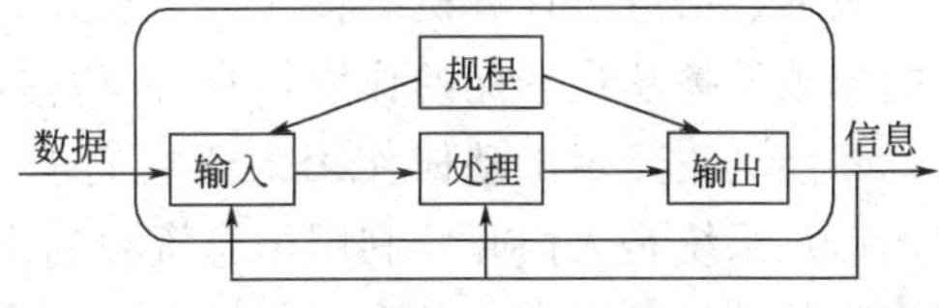

图 2.3 信息系统概念结构

信息系统是复杂的系统，抽象出一般的特征，可用图 2.3 表示。如 1.2 小节所述，对数据加以背景、分类、计算、更正和精简等具有价值意义的处理后，数据就转变为信息。信息系统与环境有数据和信息的交互，在人的操作或控制下，按照预定的规程（规则和程序），从外部有选择的输入数据或原始信息，对数据做一定的处理，产生信息，然后有选择的向外部输出信息，输出的信息有反馈，如果输出不符合外部的要求，就要对输入和处理环节，甚至对规程做调整，如此构成一个开放的闭环系统。图 2.3 所示的信息系统只是一个笼统的概念，显示的是系统的主要构件及其一般的关系，没有表示系统的全部要素，如人和存储设备等。

从信息系统的基本原理可知，信息系统与计算机没有必然的联系，并不是出现了电子计算机之后才有信息系统。只要有数据或信息的输入，经过一定的处理，有信息的输出，并能为人们所用，就是一个信息系统。古代的烽火台就是一个典型的信息系统，烽火台系统的前端由人观察敌方的动向，发现有入侵的迹象时就在山头等高处点燃烽火，表达危急信息，接下去相距的其他烽火台逐一通过点燃各自的烽火传递这一信息，直至信息传送到后方总部。烽火台系统将敌方入侵信息以烽火的形式从前方传递到后方，符合信息系统的基本原理，虽比较简单和原始但作用和意义非常重要。再说，真正意义上的企业已有两百多年的历史，企业自然与环境有信息的交互，那么就客观存在企业信息系统，当然，那时的企业信息系统也是非常简易的且功能很有限。

现在所说的信息系统是指以计算机为工具的或以信息技术为基础的信息系统，过去许多想做而无法实现的功能在强大处理能力的计算机的支持下得到了实现，甚至一些过去难以想象的功能也实现并得到实际应用了。以计算机为工具的信息系统在构成要素上，在要素关系上比以往的信息系统复杂得多，功能强大得多，种类也丰富多彩，几乎难以计数。

根据信息系统的所在领域、被处理数据或信息的内容、目的和用途，可以划分出不同的信息系统种类。参照黄梯云主编的《管理信息系统》教材，整理出如表 2.1 所示的信息系统分类，如政府机构的信息系统、企业的信息系统和医院的信息系统等。企业信息系统可再划分出生产控制信息系统、管理信息系统、产品研发信息系统等。不同类别的信息系统的构成及其关系有所差别，需要进行专门的研究。但所有的信息系统，无论其规模庞大或细小，结构复杂或简单，功能多样或单一，都有图 2.3 所示的基本要素和一般结构，也都具有上一小节所描述的系统的一般属性。

表 2.1　信息系统分类与特征

分　类	特　征	应用对象
国家经济信息系统	规模大、区域大	经济运行统计、经济建设规划、经济风险预警……
一般企业信息系统	最复杂、最典型	生产控制、经营管理、产品研发……
特殊企业信息系统	重安全可靠、实时	铁路、电力、银行、民航……
专门服务信息系统	求效率、逻辑特殊	医院、餐饮、学校、法律……
政府机关信息系统	求效率、公正透明	行政办公、公众服务、网上采购、税务管理……
专业领域信息系统	专业性强、规模大	人口、科技、人才、气象……
……	……	……

数据、信息、计算机、程序、信息人员和用户都是信息系统的要素，但其中任何一个都不能单独发挥超过本能的作用，只有将其按一定的结构配置组成一个有机的整体——信息系统，才能真正显示出整体作用大于它们能力之和的效应，才能更有效的利用信息资源的价值。信息系统是人们开发利用信息资源的系统化手段，也是目前最好的普遍采用的形式。当前实际的信息系统大多具有层次结构，一个信息系统往往由计算机系统、数据库系统和事务处理系统等若干子系统构成。实际的信息系统的结构远比图 2.3 所示的复杂，多层的、分布的、动态的、智能的信息系统越来越多见。

国家经济信息系统是有关经济信息的采集、汇总、统计和分析的系统，数据量极其庞大，经过处理的经济信息能为经济发展的控制和调节，为经济建设规划的制定等提供依据，还能从众多的数据和信息中发现经济发展异常的种种迹象，发出预警。国家经济信息系统一般以经济统计分析报告的形式输出信息，对国家的宏观经济管理具有重要的作用。

其他各类信息系统都有各自的特征、应用范围和应用对象，专业服务类企业的信息系统的特点主要在于提高服务的效率，有其专门的特殊的逻辑。例如，医院的医疗服务信息系统重点是病人的诊断和医疗等信息的处理和管理，基本上是以医疗服务流程来构建信息系统的。政府机关的信息系统又称为电子政务系统，主要目的是提高办公和服务的效率，政务对民众的公开和透明。专业领域的信息系统有很强的专业性质，相互差别很大，一般规模也相当庞大。人口信息系统分有国家和地方等不同层次，主要用于统计和分析人口的分布和构成情况，人口增长和变化趋势等。在各类信息系统中，一般企业和特殊企业的信息系统是最复杂和最典型的信息系统。本教材讲述管理信息系统，侧重企业的管理类信息系统，在未做专门说明时，默认信息系统为企业信息系统。

说到信息系统的旨意，要特别注意国外和国内在界定上的差异。薛华城编写的《管理信息系统》一书中指出国外的信息系统在一般情况下就是指管理信息系统，因为管理信息系统是最复杂最典型的信息系统；国内电子技术专业抢先使用信息系统一词，他们主要侧重硬件与软件技术，与管理类的信息系统有差别，因此国内不能简单地认为信息系统就是管理信息系统。

情况确实如此，实际上，国外的信息系统还默指企业信息系统，在书籍、期刊和会议论文中大都用信息系统概指企业各类信息系统，而管理信息系统一词却反而很少再出现。本教材认为管理信息系统的研究与实践对象不断在扩大，原先的界定已不能包括其全部内容，因此一般情况下以信息系统称谓较贴切。管理信息系统作为一门学科和研究领域，应该得到发展和延伸，习惯上总体的叫法可以沿用，只要明白其发展过程和具体含义就行。

为更好的理解信息系统，以下举一个学生比较熟悉和容易理解的教学信息系统的例子，对信息系统的构成和工作机理做简要的介绍。

学校的教学系统是一个由教师、学生、教学目标、计划和大纲、教学设施和教材等一系列要素以一定的有利于教学的结构组织起来的一类专门服务系统。图 2.4 表示的教学系统与外界不仅有信息的交互，也有人（学生和教师）的流进流出，还有教材、教学设施等实物的输入。学校的目的是培养学生，传输给学生的是各类知识，输出的学生与刚输入的学生相比，增加了专业知识和相关的技能。按照知识是一类特殊的信息的说法，教学系统向环境（社会）输出了有用的信息。来到学校的教师，输入学校的教材都带有教学所需的知识，这就是教学系统的输入。因此，教学系统是一类典型的信息系统。

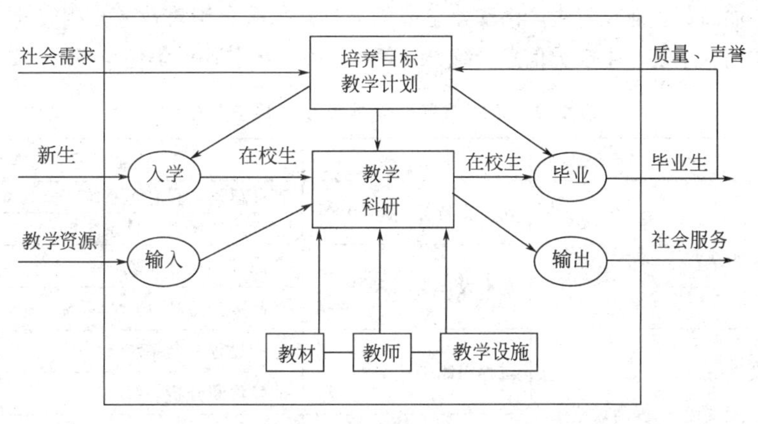

图 2.4 教学信息系统概念结构

近来随着知识经济的兴起，知识管理和知识系统的研究与实践成为新的热点，将含有知识或含有可以认为是知识的内容的处理系统称为知识系统，这样，称教学系统是一类知识系统可能更准确些。但为了便于解释和学习，这里暂且仍将其称为教学信息系统。

教学信息系统除了新生入学的输入之外，还有社会对人才的需求信息、培养学生所需的教材和教学设施等教学资源、社会各界对科学研究的需求信息、毕业生走向社会后产生的学校声誉和教学质量的反馈信息等输入。社会对人才的需求信息和反馈信息一般会作用于培养目标和教学计划，系统根据这些信息对其做阶段性的调整和修订，以适应环境的需求和保持自身的生存与发展。

教学信息系统是一个多层次的复杂的大系统，其中有许多子系统，如培养目标与教学计划是概念系统，每门课程的教学构成相对独立的课程教学子系统，教室和教学设备构成教学设施系统，每一本教材都是一个专门领域的概念系统等。这些子系统相互联系和相互作用，为培养人才的总体目的协调地运作。教学信息系统的信息处理表现为调集和整合专门领域的知识，并将这些知识传授给在校学生。

2.3 企业信息系统概述

系统、信息系统、企业信息系统，一个比一个更具体，企业信息系统是企业开发、组织、管理和利用信息资源的手段。企业的活动不仅仅是管理，企业信息也不限于有关管理的信息，在下一章讲述管理信息系统之前，我们将先对企业所涉及的各类信息系统做一些必要的基本叙述。

2.3.1 企业信息系统的类别与特征

以计算机为工具的企业信息系统随企业环境的变化和信息技术的进步而发展，先后已有50余年的历史，产生了许多不同应用领域和不同特点的信息系统。企业围绕创造财富获取利润的目的，开展多种多样的活动，如产品和服务品种的研发、产品的制造生产、物资的采购、储存和运输、产品营销和客户服务以及人力资源、财务和行政事务的管理等。有活动就必然有信息的交互，各种不同类别活动的信息输入、处理和输出形成了不同类别的企业信息系统。这些企业信息系统分支为着企业的共同目的，各司其责，相互协作，成为企业系统不可或缺的重要组成。

企业信息系统的类别可以根据企业活动的区别来划分。企业活动大体上有研究、生产、管理和作业（服务及事务性的作业）四大类。不同行业企业具有各类或部分类别的活动，如制造企业涉及所有四类活动，而商贸企业没有生产活动，主要的活动是采购和销售业务。相应地，企业信息系统可以分成研发类信息系统、生产类信息系统、管理类信息系统和作业类信息系统（表2.2）。

表2.2 企业信息系统的类别、特征与举例

大类	特征	小类	企业信息系统举例
研发类	偏重技术、支持创新	研发支持类(R&D)	产品研发项目管理系统
			生产工艺研发支持系统
		辅助设计类(CAD)	产品辅助设计系统
			产品数据管理(PDM)系统
生产类	侧重优化、提高效率	过程控制类	生产过程控制系统
			故障诊断分析系统
		辅助制造类(CAM)	车间辅助制造系统
			工艺数据管理系统
管理类	提升绩效、支持企业战略实现	过程管理类	企业资源计划系统(以过程为主线)
			工作流管理系统(WFMS)
		决策支持类(DSS)	统计分析系统
			决策支持系统(问题分析、管理决策)
		行政办公类	办公自动化系统(OAS)
			档案管理系统
		跨组织管理类	供应链管理(SCM)系统
			客户关系管理(CRM)系统
作业类	追求便捷、要求准确	服务业务类	金融交易系统
			电子商贸(e-Commerce)系统
		数据处理类	会计账务处理系统
			生产台账系统

企业信息系统发展迅速，不断演变，各类别的边界越来越模糊，相互重叠和交错成为必然，表 2.2 对企业信息系统的分类是大致上的和不完全的，这些分类说明企业信息系统种类繁多，几乎无所不包。本教材侧重企业管理类信息系统，研发类和作业类信息系统为次，生产类信息系统只在与这些系统有所牵涉时做简要介绍。

企业研发活动主要是新产品和服务新品种的研究与开发，这类信息系统偏重技术因素，支持产品和服务的创新，与企业的竞争战略和竞争优势密切相关。产品研发一般以项目形式开展，相应的信息系统结合专业领域知识管理和项目管理的方法与技术，对项目的计划、新产品的构思、参数的选择、样品的研制、研发成本控制、项目组（或团队）成员、跨企业组织的交互协作等活动进行管理，提供信息和知识的交流与共享，以期缩短新产品研发周期和有效利用研发资源。制造类企业的新生产工艺研发和老生产工艺改造也是非常重要的创新活动，其目的在于提高产品质量，降低成本和能耗。较先进的信息系统应用数学建模和模拟分析等技术，对工艺路线和生产过程做综合性的分析与选优，能显著的提高工艺创新的成效。对新创产品和客户定制产品，交付生产前都要进行详细的产品设计，产品结构比较复杂和产品变化频繁时，图纸的绘制和物料的测算相当费时费力，基于高档计算机和绘图仪的辅助设计系统在此能成为好帮手。产品数据管理系统是有关产品结构、产品参数和规范的信息系统，对研发活动和产品设计起支撑作用，同时，也能为生产制造和物料计划等活动提供基础数据。

制造类企业，特别是产品工艺错综复杂或更新频繁的企业，生产的控制和调节难以或根本无法依靠人工或一般的仪器仪表实现。以计算机为工具的生产类信息系统适应了日趋复杂化的生产制造活动的控制需求，在生产优化和提高效率方面显示了无比的优越性。生产过程控制系统通过过程建模和模拟，优化生产过程，提高得率降低消耗，已成为化工、冶金等流程型制造企业生产控制的关键技术。一些装置安全风险较大或集成度相当高的生产企业，故障诊断分析系统能用于及时发现安全隐患，分析故障原因，给出排除故障或规避风险的解决方案，以致能直接自动实施预防措施，解除故障和恢复生产。辅助制造系统大都针对离散型制造企业，在依靠精密的、大型的、集群的机械或电子生产设备制造产品的场合，辅助制造系统能快速地优化安排工艺路线和配置生产设备，实现半自动化或全自动化的生产。工艺数据管理系统是工艺路线的优化安排和设备及工具的配置活动的基础，主要提供支撑依据。

管理类信息系统是企业最为重要的信息系统，处于企业的中心地位，其主要特征或目的是为了提高管理绩效，支持企业战略的实现。按照 Laudon 等学者的定义，管理类信息系统是组织、管理和技术三要素相结合应对环境挑战的解决方案。管理活动有管理层次和管理职能之分，但表 2.2 的管理类信息系统是按管理活动的性质和类别划分的。过程管理类信息系统管理内容最多，管理幅度最宽，几乎包括了企业所有的常规管理活动以及一部分结构化的分析决策活动。企业资源计划系统即 ERP 系统，是以人财物等资源为管理对象，以资源计划管理为核心的综合性企业级信息系统。工作流管理系统是用于定义、实现和管理工作流（被有序地组织起来并应用计算机来处理的工作流程）运行的一套软件系统（工具平台），管理的是工作流程而非工作。工作流管理系统能起到改进和优化工作流程、增加流程柔性、提高工作效率和质量的作用，主要用于管理具有流程特点的管理工作和业务工作，如 ERP、OAS 和 CAD 等。决策支持类信息系统是面向决策问题分析和求解支持的企业高端信息系统，行政办公类信息系统是实现个人和组织的办公文件、日程安排、往来活动、上报下批等工作自动化（或半自动化）的系统。跨组织类信息系统是对应于协作共赢理念下发展起来的供应链管理和客户关系管理等活动的信息系统，供应链管理系统目前还不成熟，真正实现尚需时日。

在一些教材中，不区分作业类和管理类信息系统，然而所谓作业实际上是被管理的对象，而非管理本身。例如，向客户提供服务，对生产或管理活动做客观的数据记录等是一类操作性的作业，不含有管理的内容。当然操作性的作业是有管理的必要的，而这就是管理工作了。20 世纪 50 年代应用计算机的工资计算、对账、预约订票等事务处理系统实质上都是作业类信息系统，如此看，企业作业类活动最先应用计算机，作业类信息系统也是最早的以计算机为工具的企业信息系统。诸如股票和证券交易的自动撮合服务，电子化的买卖交易服务等都是在互联网和数字通信技术高度发展并进入实用阶段后才得以构成相应的作业类信息系统的。服务类信息系统能使服务和被服务方的操作更为便捷，数据处理类信息系统则能提高作业的效率和准确度。

鉴于 ERP、CRM、e-Commerce、DSS 等系统的重要性，本教材将为其安排专门的章节做更详细的讲述。

除了表 2.2 所列举的信息系统之外，还有许多其他类别的和综合性的企业信息系统。例如，港口的集装箱管理系统、金融企业的稽核系统、咨询企业的网上信息和知识服务系统，以及目前综合程度最高的集管理类信息系统、计算机辅助设计系统和辅助制造系统为一体的计算机集成制造系统（Computer Integrated Manufacturing Systems，CIMS）。

企业信息系统的种类之繁多已经难以清晰区分和全部罗列，一个企业不可能也没有必要全部囊括。每个企业都有自己的特点和问题，在财力物力有限的情况下，应该按轻重缓急选择和建设所需的信息系统。

2.3.2 企业信息系统的形成与发展

企业有生产经营等活动，那么企业与外部环境之间，企业各部门之间就必然有信息的交互与流动，就有信息的输入、输出和处理，这样企业即存在信息系统。本小节将从企业信息流的角度分析和解释企业信息系统的形成与发展。

企业与外界有物资和能量的交互，以及表现物资和能量价值的资金的交互，这些交互形成了企业与外界之间的物流和资金流。供应商向制造企业提供原材料和零部件，制造企业向销售商和客户提供产品，形成企业间的物流，在一些情况下企业间还存在双向的物流。伴随物资的流动，客户和销售商向制造企业支付货款，制造企业则向供应商支付采购应付款，形成了相应的表现物资价值的货币资金的流动。在企业内部，围绕研发、生产和管理等各类活动也发生有物资的流动，如加工件从一个车间流向另一个车间。企业内部的物流主要是原材料、半成品和成品的流动。企业的活动有流程，涉及多个部门或多个员工的工作必然要以一定的程序做交接或传递，如此形成了工作流或事务流。

物流、资金流和事务流是客观事物，伴随这些流，有反映它们所处状态和变化趋势的信息，物资、资金和事务的运动与变化不断的产生新的信息，并随它们的运动而流动，形成企业与外部之间的信息流和企业内部的本体论层面的信息的流。企业人员获取这些信息，通过这些信息了解和掌握物流、资金流和事务流的状态及其变化趋势，在此基础上，依照一定的规程对这些认识论层面的信息做加工处理，产生控制和调节物流、资金流和事务流的信息，这些信息同样在企业与环境之间，在企业内部各部门或人员之间形成信息流（图 2.5）。没有或少有物流的服务企业，如金融、咨询等服务企业，有其特殊的商务流，以及反映商务活动起始、进程和终结等情况的信息流，在信息系统形成的基本成因上是相同的。

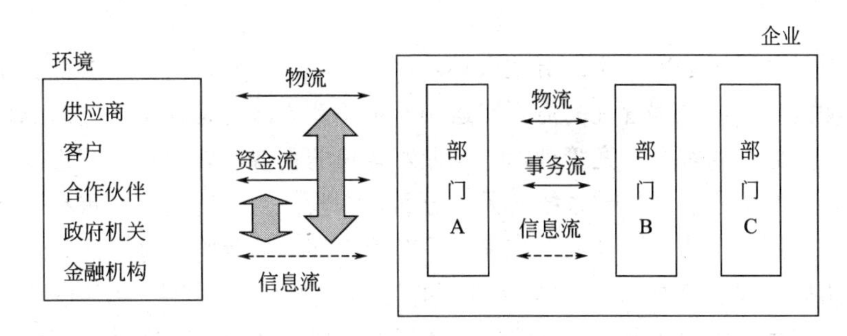

图 2.5 企业信息流的形成

流动中的信息既是其他各种流的表现和描述，又是用于掌握、指挥和控制其他流运行的软资源。一个企业存在各种各样的信息流，不同的信息流控制不同的企业活动。多种信息流交织在一起，用于管理和控制企业的各种活动，就形成了信息流的网络（图 2.6）。为更好地开发、组织、管理和利用这些信息，采用系统化手段，加上信息处理工具与方法，以及规则和程序即构成了企业的信息系统。

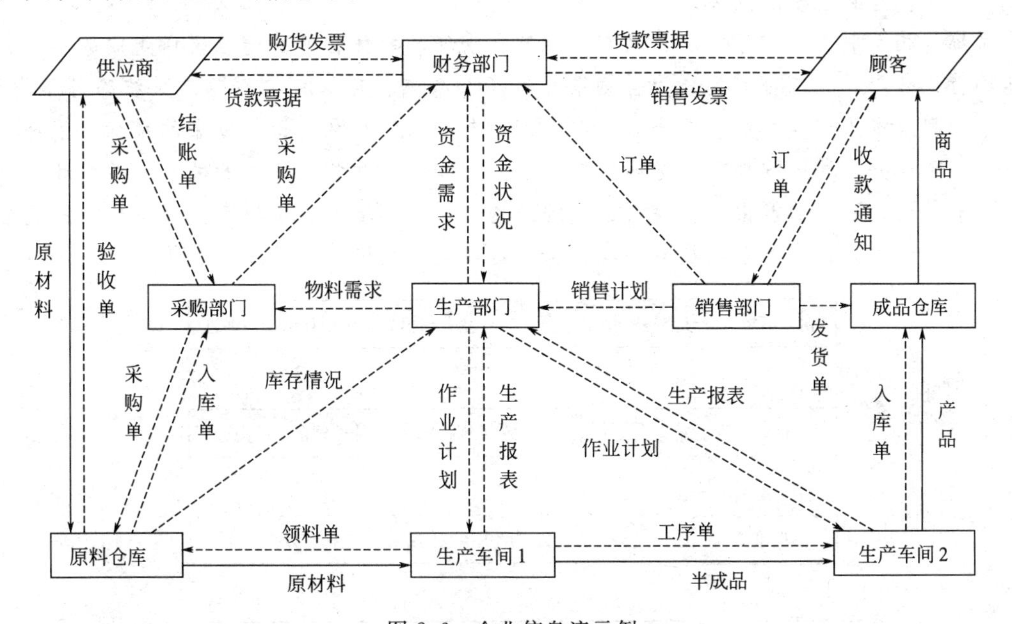

图 2.6 企业信息流示例

例如：反映客户基本情况和变化趋势的信息流，反映客户订购活动和付款活动的信息流，以及客户关系处理的信息流等构成客户关系管理系统；反映原材料消耗和生产得率的信息流，反映成本状态和变化趋势的信息流，以及成本控制方案制定与落实情况的信息流等构成成本控制信息系统等。

图 2.6 描述的只是管理活动的信息流，足见企业各类信息流构成的将是一个多么复杂的信息流网络体系，仅仅依靠人力已难以应付。随着人们对信息资源认识的加深，企业信息资源的开发和利用越来越受到重视，应用计算机等现代信息技术建设和应用企业信息系统逐渐在企业推开。当企业的结构与活动较简单时，信息系统只是作为一种伴随物存在，但随着企业的结构与活动变得复杂，企业环境的竞争日趋激烈、客户需求多样化，企业对信息系统的要求越来越高，依赖性也越来越大。由此企业信息系统迅速发展，出现了许多各有特色和面向各种应用的信息系统。反过来，信息系统的进展对企业结构和管理活动的变革发生了重要

的作用。

企业信息系统的发展表现出不断分化又逐步综合的双重变化趋势，一方面，某类信息系统的某个局部的功能项呼应精细管理的需要和运用新思想新方法，延伸出一类新的信息系统，例如营销管理系统中原来的客户档案管理随着企业对客户的重视和客户关系管理思想的出现，形成了一类颇为热门的客户关系管理系统；另一方面，一些信息系统的交错重叠，逐渐聚合成综合性的信息系统，例如企业资源计划系统综合了企业内部大部分管理过程的系统，甚至还在继续向企业外部拓展，包容诸如客户、供应商等的管理。又如，以产品为中心转向以客户为中心，客户的需求和喜好成为产品创新的源泉，使得产品研发系统跨向营销管理系统，纳入市场趋势分析和客户行为分析等功能，甚至还要邀请客户参与新产品的研发活动。

本 章 小 结

本章按图 2.7 所示的抽象到具体的过渡，分别讲述系统、信息系统和企业信息系统的基本概念、分类与特征及其发展。

系统是相互联系、相互作用并具有一定整体功能和整体目的的诸要素所组成的整体，根据某些特征差异，系统可以区分为自然系统和人造系统、实体系统和概念系统等若干类型。实际中的系统多为诸类系统的复合系统，有人参与的系统往往是比较复杂的系统。系统具有整体不等于部分之和、预期的目标和功能、要素相互联系和相互作用的关系、适应环境则生存等一般属性。系统功能由系统要素、系统结构、系统环境三方面决定，但主要由系统结构决定。现实中极大部分的系统是与环境有交互，输出有反馈的开放闭环系统。

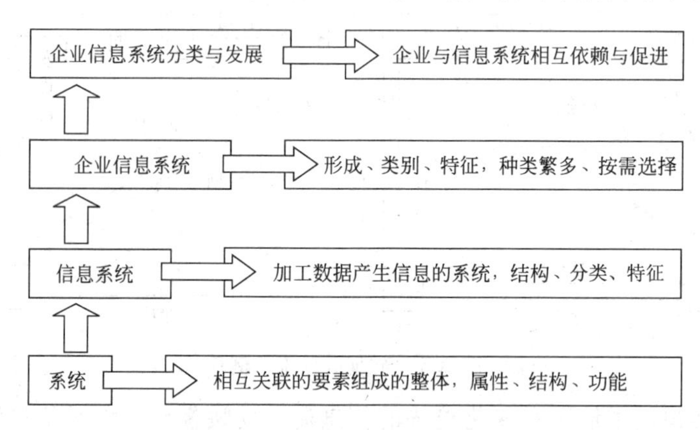

图 2.7　系统与信息系统

信息系统是由人、规程、数据、输入与输出、处理等要素组成，按规程收集、加工数据，产生信息的系统，是一类人造的开放闭环的人-机系统或社会技术系统。信息系统是开发利用信息资源的系统化手段，也是目前最好的普遍采用的形式。企业的多种信息流交织在一起，形成信息流的网络，再加上信息处理工具、方法与手段，以及规则和程序即构成了企业的信息系统。企业信息系统大体上可分为研究、生产、管理和作业四大类，以及更多小类，小类下又有许多各有专门功能的各司其责的具体系统。

随着企业的结构与活动变得复杂，企业环境的竞争日趋激烈、客户需求多样化，企业对信息系统的要求越来越高，依赖性也越来越大。由此企业信息系统迅速发展，出现了许多各有特色和应用领域的信息系统。反过来，信息系统的进展对企业结构和管理活动的变革发生了重要的作用。企业信息系统的发展表现出不断分化又逐步综合的双重变化趋势，一方面，某类信息系统的某个局部的功能项呼应精细管理的需要和运用新思想新方法，延伸出一类新的信息系统；另一方面，一些信息系统的交错重叠，逐渐聚合成综合性的信息系统。

案例分析：品种繁多中企业如何选择各自所需的信息系统

许多企业在信息系统的建设上有跟风模仿的盲目行为，你有我也要有，什么信息系统热门就跟着搞什么信息系统，系统的功能也大同小异，以至常见千篇一律的面孔。企业搞信息化，自然要建设和应用各类信息系统，但由于财力和人力等条件的限制，不可能同时铺开。到底建设哪些信息系统，重点在哪里，先上什么后建什么，是首先要搞清楚的问题，而这就是所谓的要先有IT战略规划。

造成这一现象的原因主要有两个：一是这些企业对信息系统的"应对环境挑战的解决方案"的实质不甚了解；二是信息系统提供和服务商没有很好的考虑用户的特点，商品软件的差异化和可塑性不够理想。每个行业各有其特殊性，每个企业都有各自的特点，包括企业类型、经营特色和管理特征，更显然的是每个企业所要解决的内部问题和源于外部的机遇与挑战也不尽相同。要使信息系统获得成功，发挥应有的作用，各个企业应该根据自己的特点、面临的实际问题选择相适应的类型、品种和功能，确定实施和应用的先后顺序。

另一方面，我国还是有不少企业在信息系统的建设和应用上取得了很好的效果，总结起来，可以发现他们的信息系统都结合了自己的特点，与要解决的实际问题相吻合，轻重缓急把握的比较妥当。

香精行业进入门槛比较低，改革开放以来，竞争对手的数量增长到原来的10倍以上。香精客户的要货时间越来越短，订单的稳定性和确定性越来越低，客户的变化和竞争的加剧导致原材料涨价、生产成本上升、流动资金增加、产品更新频繁。

STU是一家中外合资的有著名品牌的香精制造企业，面临着客户需求日趋苛刻和多样化、市场竞争日益加剧的环境挑战。粗看起来，新产品研发支持系统、电子商贸系统都有建设和应用的必要。但经过分析，STU确认客户订单的不稳定性和不确定性是引发一系列绩效问题的关键因素之一，已使用多年的原有信息系统已难以应对。订单、原材料和流动资金都是企业的重要资源，作为制造业，STU面对环境压力，首先考虑建设以资源计划和过程管理为特点的ERP系统，并将系统的重点放在客户订单管理和原料库存管理上。

STU为订单从意向约定到正式确定、再到销售计划和生产计划、直到原料采购和车间作业安排等一系列过程设计了过程的状态变量，每个订单的每一个过程都有状态变量记录该过程进入与否、完成与否、进入时间、完成时间、处理人员等信息，并在管理人员处理订单时自动赋值刷新。由于公司相关部门和管理人员能够在第一时间共享这些信息，原来串行的订单处理变成并行的处理，订单处理的灵活性和响应速度得到显著提高。该系统经过3年的运行表明，客户订单数量和金额逐年增长，而原料库存的资金占用却明显的下降。

CY是一家中资香精制造企业，同样面临市场竞争和客户多变的环境压力。这家企业的特点是组建时间短，规模较小，知名度较低。其发展战略是通过品牌创建来提高知名度，逐步争夺市场份额。显然公司的首要任务是掌握客户对香精的喜好规律，开发出符合他们需要的新产品，而且还要加快新产品的研发速度，应对客户多变的特点和趋势。尽管ERP系统也是需要的，但相比之下，迫切需要着重建设的是新产品研发管理系统，订单管理、生产计划和原料库存管理等工作的矛盾还不突出，原有的简易的信息系统能够应付。为此，CY 在新一轮的信息系统建设上，将主要资金和精力投向新产品研发管理系统，并且还同时设立了名为“主导客户协同的香精产品研发模式研究”的软课题，着实做好品牌创建工作。

【案例思考与分析题】

（1）企业在信息系统建设与应用中出现跟风模仿行为的原因何在？会造成什么不利影响或危害？

（2）请分析 STU 公司信息系统选择与重点功能定位的决策依据，以及采取的相应措施。

（3）请分析在信息系统选择上，CY 公司为什么做出与同行业的 STU 公司不相同的决策？

（4）一个你所知的或假设的企业，假定该企业即将筹建信息系统，请你根据其特点和所面临的问题，在表 2.2 所列的企业信息系统例子中做出你的选择。

习　　题

（1）请依据系统的基本概念，解释企业何以构成一类系统，企业系统属于什么类型的系统？

（2）整体性是系统最基本的特性，请举例描述企业信息系统的整体性。

（3）系统功能由系统要素、系统结构、系统环境三方面决定，请解释这三个方面的作用及其不同点。

（4）图书馆可以看作是一类信息系统，请就你所了解的图书馆，从信息系统的角度做其构成和运作过程的描述。

（5）企业信息系统有很多种类，管理类信息系统是其中最为主要和复杂的信息系统。对于这种说法，你认为理由是什么？

（6）企业的作业类信息系统不列入管理类信息系统的原因何在？请各举出一例作业类的活动和管理类的活动，然后比较它们的区别，分析它们的关系。

（7）通过信息流能掌握、管理和控制物流、资金流和事务流，也说明了信息的重要性。假定你到旅游服务公司预订一张火车票，并就该事例描述信息流与物流、资金流和事务流的关系。

（8）请解释“企业信息系统的发展表现出不断分化又逐步综合的双重变化趋势”的观点。

（9）请简述企业信息系统的进展与企业组织结构变革和管理变革之间相互促进的关系。

（10）企业信息系统是一类信息系统，信息系统是一类系统，对这三个层面的事物的联系，你将从什么切入点去理解和把握？

3 管理信息系统概述

管理信息系统一词由管理、信息、系统三个词组合而成，因此其含义必然包括这三者及其相互关系的内容。第1章和第2章对信息和系统，以及信息系统等内容做了基本的论述。有关管理的知识在大多数管理类课程中，尤其是《管理学原理》课程中有专门的讲述。本章将重点讲述管理信息系统的基本概念，简述与管理信息系统密切相关的管理信息和决策支持。在此基础上，再论述管理信息系统的发展、功能及其作用。

3.1 管理信息系统的基本概念

3.1.1 管理信息系统的产生与定义

2003年《管理科学学报》第6期发表了W. Huang、K. K. Wei和R. Watson等学者的题为“管理信息系统：背景、核心课程、学术流派及主要国际学术会议与刊物评介”的文章，该文回顾了管理信息系统的产生过程，用一个例子形象地描述了管理信息系统的含义，很值得一读。文中说道：“当电子计算机于20世纪50年代迅速成为支持现代工业发展的有力的自动化工具时，美国明尼苏达大学会计系的教授高登·戴维斯（Gordon B. Davis）敏锐地认识到，计算机技术将不仅是工业生产及操作自动化的工具，还将对现代管理、企业组织结构及运作等产生深远而重大的影响，这些影响却是传统计算机科学及当时的管理科学都不研究的对象。于是，Davis于1967年创立了世界上第一个管理信息系统学科的博士学位课程，宣告了管理信息系统的创立并奠立了他作为这一学科之父的基础。”

管理信息系统（Management Information Systems，MIS）是一门横跨计算机、管理学和行为科学等学科的交叉学科，《管理信息系统》成为这一学科的代表性课程。在实际中，管理信息系统又是一类有关组织和管理的以计算机为工具的信息系统，本课程所指也是此意。

经过40年的发展，实践证明MIS对组织和管理产生了巨大的影响，为计算机等现代信息技术开辟了一块潜力无限的应用领域。在MIS的发展过程中，人们对MIS的认识不断加深，先后给出了不少关于MIS的定义或解释，其中比较重要的有如下几种。

① 1970年瓦尔特·肯尼万（Walter T. Kennevan）给出的最早的定义：管理信息系统“以书面或口头的形式，在合适的时间向经理、职员以及外界人员提供过去的、现在的、预测未来的有关企业内部及其环境的信息，以帮助他们进行决策。”

② 1985年Davis和Olson给出的被MIS界普遍接受的定义：“MIS是一种利用计算机硬件和软件、手工作业，分析、计划、控制和决策模型，以及数据库的用户-机器系统，它能提供信息支持企业或组织的运行、管理和决策功能。”

③ K. C. Laudon和J. P. Laudon在《管理信息系统》教材中为MIS分别从技术角度和商务角度给出了两个定义，技术角度认为信息系统是“为支持组织的决策和控制，收集、处理、储存和分配信息的有关单元的组合，能帮助管理者和操作者分析问题、清晰复杂主题和创造新产品”。商务视角认为信息系统是“基于信息技术的组织和管理应对环境挑战的解决方案”（这里所说的信息系统即是一般意义上的管理信息系统）。

从这些定义，容易归纳出管理信息系统的基本特征：以计算机为代表的信息技术为工具，有人参与的人机系统，开发、处理和利用企业内部与外部信息，以模型、程序和规则体现先进管理思想和方法，帮助分析管理问题，支持企业或组织的运行、管理和决策，提供应对环境挑战的解决方案。

计算机是MIS的一类工具构件，没有计算机，管理的信息系统也是存在的，但计算机还有信息网络和数字通信技术，在技术上为管理信息系统带来了无比的优越性。MIS是一类人机系统，一类开放闭环的动态社会技术系统，人与机器合作，承担目前信息技术还无法替代的分析和判断等复杂工作。MIS与环境发生信息的相互交流和作用，收集、处理、储存和分配反映环境、组织与管理的状态及其变化趋势的信息，让各层次管理人员和操作人员共享统一的信息。

可以将MIS理解为是一个盖指所有管理类的信息系统的总概念。以学校这个概念来比喻说明，当我们谈起“学校”时，都知道是什么意思，但却不知道具体指哪一所学校，只有说理工大学、师范学院、金融职业学校时，才会明确知道是指怎样的学校。同样，不同的管理信息系统，在规模上、功能上可能会有很大的差别，但其基本的性质是一样的。本课程是一门讲述管理信息系统的基本性质和共性方法技术的课程，为形象教学和便于理解，各章节中将穿插列举一些具体的管理信息系统。

图3.1列出的包括销售、生产、作业、物流等计划管理的信息系统简例，能够大致的了解实际管理信息系统的构成及其作用。销售管理子系统根据市场行情、同行信息和客户订单（包括网上订单）制订销售计划。生产计划子系统根据销售计划、设备可用情况、原材料情况、上期计划执行情况、人掌握的信息和经验、计算机中的分析和决策模型，人机分工合作制订生产计划（月或旬）。物流管理子系统根据生产计划，按产品结构数据算出物料需求，再比较已有原料库存，制定原料采购计划，发出采购单。生产作业管理子系统根据生产计划，制订详细的生产作业计划（周或日），送交生产车间执行，执行过程和结果及时输入计算机，为生产调度控制和下期生产计划的制订提供参考依据。

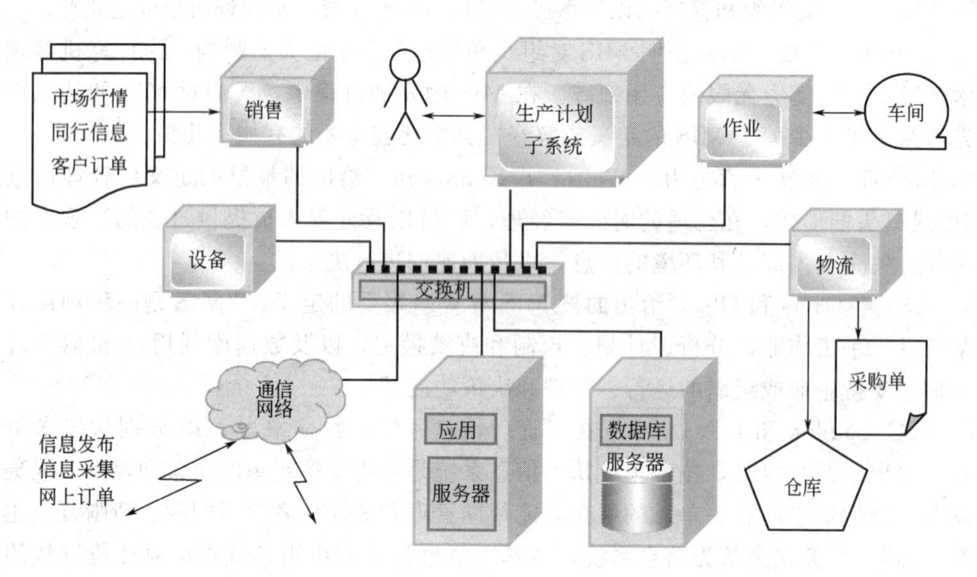

图3.1 一个实际管理信息系统的简例

生产计划子系统的人机操作界面大致上如图 3.2 所示。系统的功能往往以多层次的菜单方式供用户选择，从该界面可以知道这一系统有六个一级功能项，“生产需求”功能项下设有销售年度计划、销售月度计划等二级功能项，这些数据来于销售或营销管理子系统。“生产计划”功能项下设有产品结构、工艺流程等子项，其中月度生产计划制订是整个系统的核心功能，该功能下的三级功能实质上是制订月度生产计划各步骤的操作项。计划打印操作项按照预设的格式打印如同表 3.1 的书面月度生产计划表。信息系统中各子系统所涉及的数据主要存放在共享的数据库中，计划下达操作项只是对月度生产计划设置正式确认并进入生产落实阶段的标志，物料和车间等有关部门的管理人员和操作人员能就此标志查看具体的计划数据。

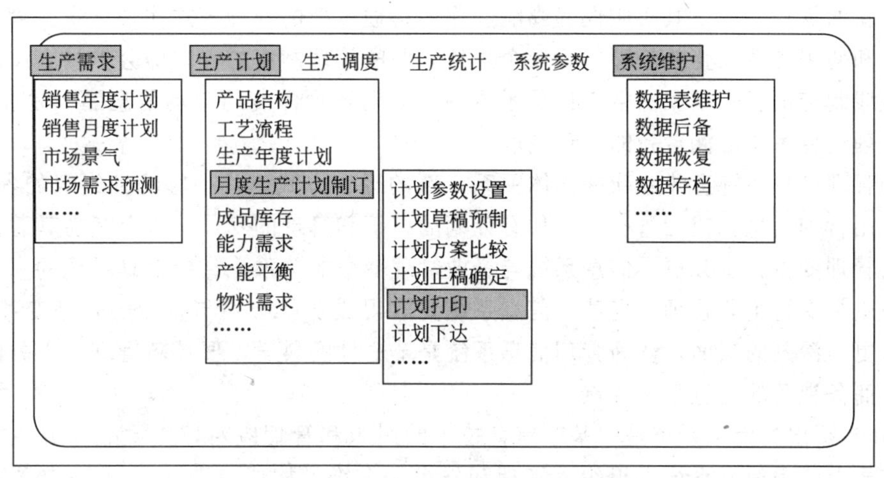

图 3.2 生产计划子系统操作界面示例

表 3.1 月度生产计划表示例

品　　名	3月计划/台	上月计划/台	下月预计/台	3月产值/万元	备　注
电动机 927	30	31	35	6210.00	上旬 12 台
齿轮箱 3#	10	8	11	5900.00	
液压泵 251	20	15	23	3700.00	
……					
合计				15810.00	

3.1.2 管理信息系统的观点

除了给出定义和解释以外，不少学者还从不同的角度研究管理信息系统的实质、作用和意义，提出了各自的观点。这些不同视角的观点在指导思想层面上有助于 MIS 的学习、开发和应用。

(1) 管理信息系统对组织和管理变革的使能作用

有关管理信息系统对组织和管理的作用，已有较多的论述，大体上可分为业务流程、组织结构、管理模式和管理制度等一个比一个更深刻的四个方面。M. Hammer 在其论著《Business Process Reengineering》（业物流程再造）中指出“信息系统是业务流程再造（BPR）的使能器。”Hammer 认为许多企业的业务流程已不能适应变化的环境，强调要对企业的业务流程做彻底的重建，而信息系统的特征和优势是能在手段上对 BPR 发挥强大的促进作用。信息系统支持BPR已有很多成功的案例，其中比较典型的要数Fort公司采购付款业务流程再造的例子。在组织结构方面，管理信息系统的使用将使部分决策权下移，中间管理层作用减弱，组织对外联络的渠道增多。按此作用的推理，管理信息系统的使用会导致企业组织结构趋向扁平化，自然也要影响一部分管理人员的既得利益，因而会遇到阻力。但不管实际的效果如何，可以认为管理信息系统承担了新的组织结构的设计，或者说设计新的管理信息系统的同时也重新设计了组织。

管理信息系统的本意是要采用管理新思想、新方法、新手段，否则只能是用计算机模仿人的传统管理方法，用现代技术加固旧方法，使管理变革更加困难。采用管理新思想、新方法、新手段，就必然要对原有的管理模式或运作方式进行变革或重新设计。因此管理信息系统蕴涵着新的管理模式，其实质性的影响和作用将通过新的管理模式体现出来。管理信息系统的采纳和使用将涉及企业管理的每一个角落，旧的管理制度的弊端即会被暴露出来，如集权制和直线制与信息共享和网络协作是矛盾的，计划管理体制与市场信息驱动是相抵触的。显然，管理信息系统蕴涵着新的管理制度。

新的管理信息系统意味着新的群体关系、新的运作方式，几乎影响到组织的各个方面，建设和应用管理信息系统的过程是一种有计划的组织和管理的变革。王众托在其著作《企业信息化与管理变革》中分析了信息系统与企业管理变革的关系，指出信息系统的一个极其重要的方面就是支持企业管理的变革，信息系统要取得成功就必须与企业的管理变革相结合。薛华成从更为深刻的层面，认为管理信息系统是革命性的科学，要革新管理的方方面面。

(2) 商务视角的信息系统观点

Laudon给出的信息系统是“基于信息技术的组织和管理应对环境挑战的解决方案”的定义，实质上认为信息系统由组织、管理和技术三个维度构成（图3.3)。该定义强调管理者不应该从计算机角度，而应该从更宽阔的信息系统角度，理解系统的组织、管理和技术维度，以及它们提供应对商务环境挑战和问题解决方案的能力。基于这一商务观点的定义，可以导出图3.3右侧的描述组织、管理、信息技术、信息系统和环境挑战五者之间关系的概念架构图。

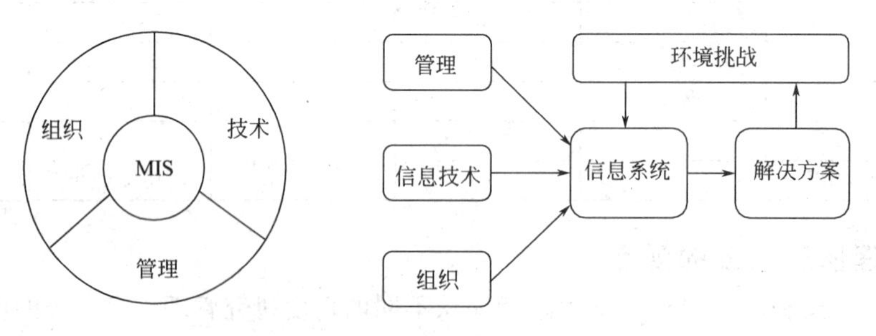

图3.3 商务视角的信息系统观点

基于商务视角的信息系统概念架构不仅可以用于解释信息系统的实质，还能用于设计分析具体的企业信息系统。图3.4示出了一个企业从组织、管理和信息技术三个维度构造信息系统，给出应对环境挑战的解决方案的概念架构。该企业在竞争对手和客户多样化的挑战下，在市场份额下降和库存资金占用上升的压力下，力图通过订单流程再造、采购计划改进、R&D过程重组和实施IT知识管理等管理变革来应对。为了实现这些管理变革举措，准备在组织上推出相应的配套变革，重新制定相应的职责规范、部门之间的合作机制。同时企业高层对信息系统的开发、实施和应用给以有力的支持，组建由本企业、系统开发单位和

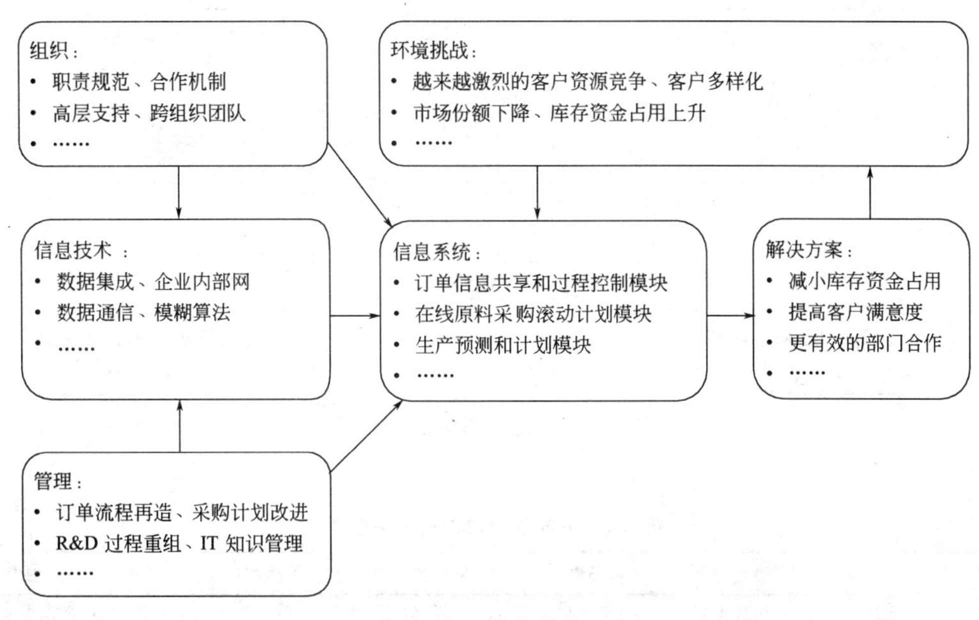

图 3.4 商务视角的某企业信息系统概念架构

项目监理单位等有关人员共同参与的跨组织项目团队。管理和组织的变革，再加上现代信息技术的支持，在原有信息系统的基础上，构建新一代的 ERP 系统，配置订单信息共享和过程控制、在线原料采购滚动计划和生产预测和计划等模块，期望由此开展更有效的部门合作，减少库存资金占用和提高客户满意度，进而提高自己的竞争力。

3.2 管理信息与决策支持

3.2.1 管理信息及其特性

信息是人们认识和改造客观世界的中介，据此来考察管理信息可以更好地理解管理信息的含义和作用。管理信息是加了管理约束的一类信息，是关于管理对象与管理活动的状态和变化方式的反映。管理信息客观存在，它对管理对象的把握和管理活动的支持有着重要的作用。

管理信息源于管理对象和管理活动，管理对象有企业内部的，也有企业外部的，如人、财、物、客户关系、供应商、同行关系等；管理者根据管理对象的现状和趋势等信息，以及自身的发展需要制定战略、目标和计划，开展管理活动，落实预定的计划。管理活动还包括分析和评估活动的绩效，对活动和管理对象进行控制和调节，以及做出新的决策。认识和把握管理对象，分析、评估、控制和调节管理活动既产生管理信息也依靠管理信息，如此不断循环推进，实现管理的意图（图 3.5）。

管理信息具有信息的基本特性，也有其自己的特性。这些特性主要是范围广泛、数量庞大、来源渠道多而差别大、相互之间关系复杂。

（1）范围广，特点差别显著

管理中不同的信息在特性上有显著的差别，这些差别能在管理信息的层次和来源两种划分上看出。管理信息的层次性说明了管理信息与管理层次密切相关，不同管理层次的信息差别很大（表 3.2）。战略管理层的信息主要来于外部，具有高度概括性和非结构化的特点，

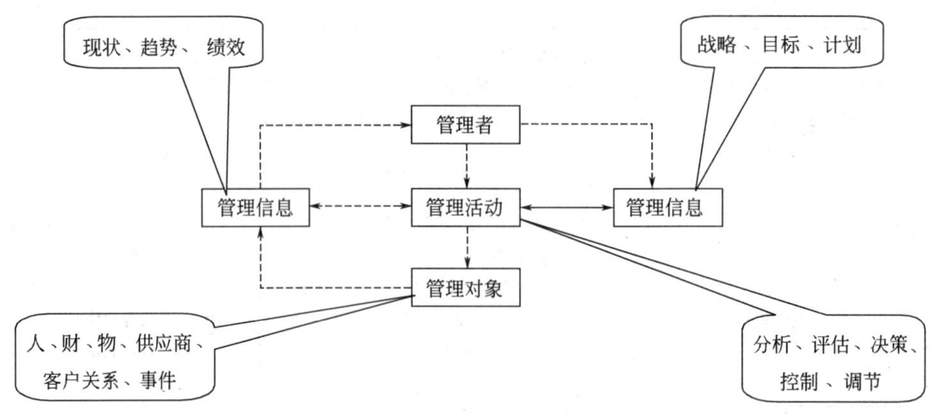

图 3.5　管理信息的产生与作用

表 3.2　不同管理层次的信息差别

管理层次	来源	涵盖时期	精确性	结果可预见性	概括性	频繁性	性质
战略层	主要是外部	预计未来	高度主观	大多意外	概括	个案为主	高度非结构化
战术层	内部与外部	比较性	部分主观	部分意外	较概括	多半定期	部分非结构化
作业层	内部	过去	高度精确	可预见	详细	定期重复	结构化

例如，市场需求增长趋势、国家5年发展规划、公司年度产值利润、竞争对手扩建项目方案和国家政策法规等。作业层的信息源于内部，具有高度精确和结构化的特点，例如，成品库存、原料进出仓明细账、职工考勤记录等。战术管理层的信息处于这两者之间，兼有外部和内部来源，具有计划与实际的比较等特点。

（2）渠道多，形式差异大

管理信息的企业内部和外部来源是总体的划分，外部信息源又有许多渠道，如市场调研、政府机关、行业协会和竞争对手等。由于各渠道的信息都有各自的主题和口径，信息的结构、时段、载体有很大的差异，必须经过筛选、转换、分类、关联等处理才能进入可用状态（表 3.3）。

表 3.3　不同来源管理信息的形式差异

来　源	信　息	形式差异
政府机关	政策法规	文字、条文式、非周期性、需解释
统计部门	统计年鉴	表格、数字、周期性、按行业口径
客户	付款能力	数字、文字、定期刷新、需人工判断
供应商	履约可信度	数字、文字、定期刷新、需人工判断
报刊杂志	消费变化趋势	文字、数字、图形、不定期、可比性差

（3）数量大，关系复杂

有关管理的信息非常庞大，企业中每一个管理对象、每一项管理活动、每时每刻都在产生信息，信息的流动和信息的处理又产生新的信息。管理信息不仅量大，而且关系复杂。管理信息的关系复杂性是由管理性质决定的，管理对象千丝万缕的联系，管理活动相互作用的牵制，形成了关系复杂的信息流网络。

管理信息的这些特性使得光靠手工已经难以应对，要真正的开发和利用好这些信息资源，只能借助现代信息技术，依靠管理信息系统。

3.2.2 信息支持决策

诺贝尔经济学奖获得者赫伯特·亚·西蒙认为“管理就是决策”，充分表达了决策的重要性，这里的决策是管理上的决策，指的是决策贯穿于管理的全过程，实际上说的是管理工作的成败取决于能否做出有效的决策。拿企业的计划职能为例，计划要决定做什么(What)？什么时候做（When)？如何做（How)？在哪里做（Where)？由谁做（Who)？显然这些都是管理的决策。

现代社会环境使管理活动向大范围、多因素、快节奏发展，人类面临的决策问题也随之趋于复杂化。管理活动的范围越来越广，远远超出企业内部和周围，扩大到跨地区、跨行业和跨国界；管理活动牵涉的因素越来越多，不仅要考虑内部的资源，还要综合考虑市场、消费者、同行、政府部门和各地的人文风俗等因素；管理活动的节奏越来越快，市场机会有限，参与者又多，要把握机会就应当机立断。在此背景下，仅凭人的经验往往不能胜任，寻求新的决策途径成为必然。另一方面，管理学、运筹学、计算机和信息系统的发展为管理决策提供了先进的方法与手段。实践的需要、科学技术的支持，逐步形成了决策科学。

管理决策本身是一种管理活动，是在对管理对象和其他管理活动认识的基础上，为下一步更好地把握和控制管理对象和其他管理活动的活动，显然管理决策需要信息，信息支持决策即由此而来。决策科学先驱赫伯特·亚·西蒙 1977 年在著名的决策过程（The Decision-Making Process）模型论著中抽象地揭示了决策活动的规律，提出了决策过程的三阶段模型。后来赫伯特·亚·西蒙又为他的决策模型增加了实施阶段，该阶段评价所选方案的实施过程，检查决策效果，用以指导进一步收集信息，修正方案。如此即可构成一个决策循环(图 3.6)。赫伯特·亚·西蒙的三阶段决策过程模型中的每一个阶段都需要信息的支持。

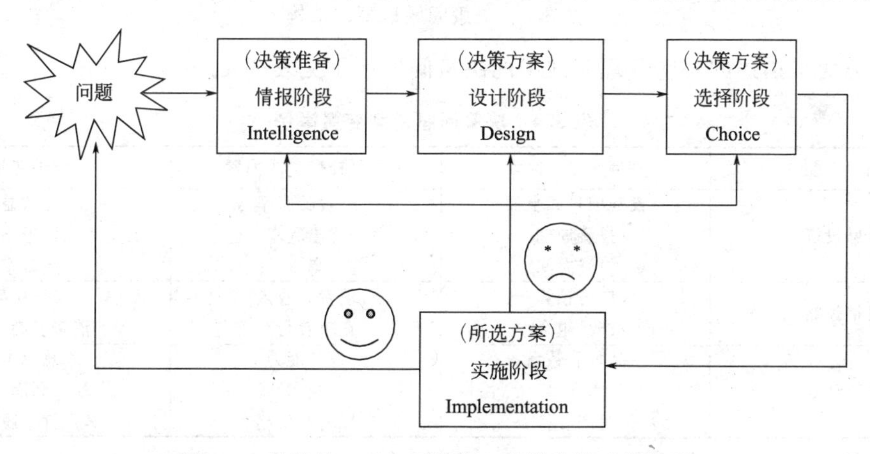

图 3.6 赫伯特·亚·西蒙的三阶段决策过程模型

(1) 情报活动阶段

该阶段需要把握环境现状和趋势，获取决策所需的有关信息，明确决策问题。工作内容包括情报（信息和数据）的收集与整理、决策问题的识别和描述、问题类型的判别（结构化程度)、决策目标的确定和决策环境的分析等。情报阶段的活动有两种出发点，一是为解决面临的问题，例如，企业外部发生了不利于企业的事件，内部生产成本上升等问题需要寻求应对方案——问题求解；二是为发现问题和寻找机会，例如，某些方面明显偏离预计，要找出原因，又如在本行业难以发展，要寻找新的增长点等。

为解决面临的问题就要清楚地表达问题，构成决策问题。为抓住问题的实质，就要制定决策目标。为明确尚不确定的未来决策因素，就要做一些发展趋势的预测。构成决策问题、制定决策目标、预测决策因素等都需要大量的信息。发现问题是为了提前制定对策，做好准备，尽可能地规避风险，寻找机会是为了能领先于竞争对手，及时抓住有利的发展机遇。发现问题与寻找机会都要有及时的深入的环境（包括环境事件、环境条件、环境状态与变化）分析，这就要求有大量的环境信息。

（2）设计活动阶段

在上一阶段的基础上，构建决策问题的模型，发现、设计和分析各种可能的解决问题的备选方案，预计各种方案的后果，并确定决策准则（求最优解还是求满意解），为决策方案的选择做好准备。设计解决方案、预计方案后果等都需要大量的信息。决策问题的模型有定量的、半定量的和定性的，但都有类似于 Efraim Turban（1995 年）在《决策支持和专家系统》(《Decision Support and Expert Systems》）一书中描述的结构（图 3.7）。模型是由三类变量，即决策变量、结果变量和不可控变量所构成的某种逻辑关系，决策求解即在不可控变量的约束下，通过调节或选择决策变量的值，以获得满意的或最优的结果变量值。图中所谓的因素是相对于变量的更为抽象和概念化的说法，一般用于定性分析。

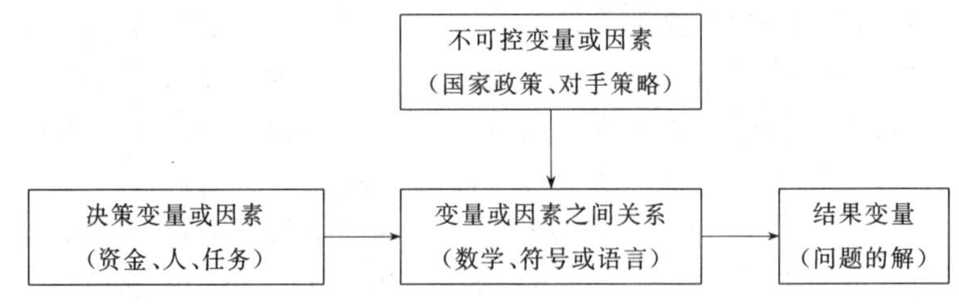

图 3.7 决策问题模型的结构

由三类变量描述的一些管理实践中的决策问题例子见表 3.4。

表 3.4 决策问题模型变量举例

问 题	决策变量或因素	不可控变量或因素	结果变量
金融投资	投资项目和金额 投资周期 投资时间	通货膨胀率 优惠利率 竞争	总效益 回报率 周转率
推销策略	广告预算 产品组合	消费者收入 竞争者行为	市场份额 消费者满意度
生产计划	品种和数量 库存量 时间安排	设备能力 技术 原材料价格	总成本 利润 客户订单履约率

决策方案的设计，原则上要包括所有可能的方案，除了明显不可取的方案。决策方案的设计是一种创造，是一种发现，因此要开放设计，多探索挖掘。决策方案的执行会带来有利的后果，也会带来不利的后果，方案设计要估计各方案的后果。决策方案是有利有弊的，可在利弊分析中进一步设计取长补短的组合方案。采用数学模型求解时，问题的解是由模型确定的，有时会有无穷多个解。

（3）选择活动阶段

分析、比较和评价各种备选方案，从中选出最优的或满意的方案，形成决策结论。备选方案比较判断需要大量的参考信息。为比较方案的优劣，必须对各方案做分析，包括在不同条件下的对比分析，定性与定量相结合的分析。在多目标情况下，方案的评价难度较大，各种方案优缺点的综合是比较的关键。方案的选择较多地受决策者的意志和风格等个性的影响，尤其是一些定性分析比重较大的决策，如企业新技术开发计划的制订。

赫伯特·亚·西蒙的三阶段决策过程模型，各阶段本身也是复杂的决策过程，也有内部循环，因此构成了环套环的多重循环过程。该模型较之人们一般认识的决策活动，在决策的开头与结束两头作了延伸，将决策的各环节构成了循环过程，使个案决策活动发展为递进的、效果不断改进的系列决策活动。赫伯特·亚·西蒙的三阶段决策过程模型对后来的管理决策理论和实践产生了巨大的影响，至今仍对人们的决策活动有重要的意义。

信息对决策的支持，不仅表现在决策过程中，也反映在各个管理层次和管理职能中，各管理层次的决策与信息支持。战略层制定战略目标和中长期规划，需要诸如国家经济走势、行业动态、政策法规和经济分析报告等半结构化或非结构化的外部信息，财务会计报表、销售月报、人事报告等高度概括和汇总的内部信息。战术层监测和控制作业层业务，合理配置资源，保证计划实施，需要市场行情和客户动态等半结构化的外部信息，以及财务会计报表、生产周报、人事考核等概括的、汇总的和分析性的内部结构化信息。作业层日常业务中的决策主要是常规的结构化的决策，如销售员在有限范围内的产品销售价格优惠程度决策、质量检验员对不符合规定要求的原材料或产品的处理意见等，这些决策需要应收账、应付账、质检报告、库存情况等日常的、详细的和记录性的结构化信息。

如前所述，管理信息系统的应用将推进企业组织和管理的变革，信息共享，决策权下移，企业基层的决策活动会越来越多，信息对这些决策的支持也越来越频繁和重要。

3.3 管理信息系统的构成与结构

管理信息系统的构成遍布企业的各个层面各类职能，从管理层次和管理职能可以大致的描述其构成和分布。另外，人们也能从一般结构上略见管理信息系统内部的构成情况。

3.3.1 管理信息系统的体系构成

从管理层次来看，分布于战略层、战术层和作业层的各类管理信息系统，在目的上和功能上有所不同。管理信息系统在战略层的目的是支持企业的战略性的决策，系统的功能主要为全局性、方向性，或关系企业竞争能力的重要问题的分析与决策。战术层和作业层的主要目的分别是提高工作效用和工作效率，管理信息系统为战术层提供资源配置、运作绩效等经营状态的分析评估和计划落实的控制优化等功能，为作业层提供准确便捷的数据收集处理功能。图3.8描述了管理信息系统在各个管理层次的目的、功能及其相互关系。

各管理层次之间的数据和信息有着密切的关联。下层密集企业运作的事实数据，经过加工处理产生各类信息，这些信息被上传，支持中层的经营计划和控制功能，中层的数据和信息进一步加工汇总生成概括性的企业经营状态信息，上传给战略层，战略层根据这些内部信息和企业外部信息，支持战略上的和全局性的分析决策功能。管理信息系统各个层次从上往下的信息起到向下约束的作用。战术层依据战略层的导向信息实施战略意图，按管理职能的划分，产生各项经营业务的计划和控制信息，作业层则按照这些信息分解成非常具体的业务，按部就班地予以落实。如此上下各层通过数据和信息的联系，经由各类系统功能的协作，实现企业的目标。

管理层次是纵向划分的，管理职能是横向划分的，因此一个管理层次上分布有不同的职能，一类管理职能中也有不同的层次。两者结合并参照安东尼（R. N. Anthony）的三角形

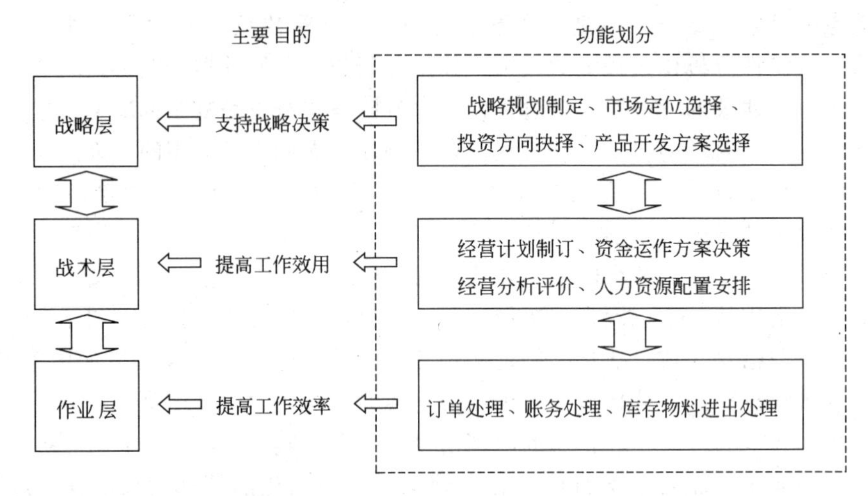

图 3.8 管理信息系统在各管理层次上的目的、功能及其相互关系

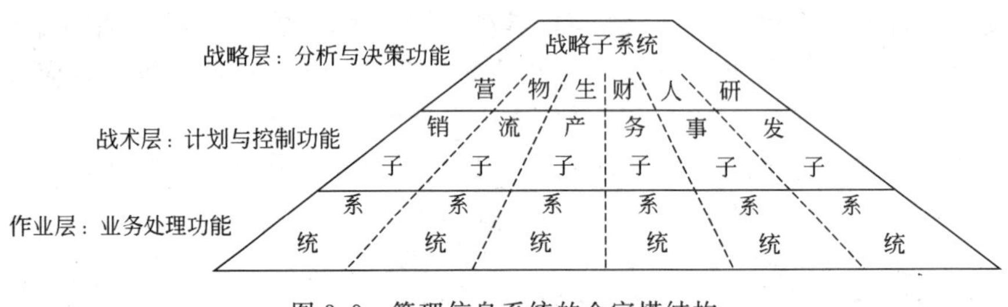

图 3.9 管理信息系统的金字塔结构

组织模型，就构成一个管理信息系统的金字塔结构（图 3.9）。本教材第一章的图 1.1 描述了企业内部信息在各管理层次和管理职能中的分类与分布情况。管理信息系统的构成与信息的分类与分布相一致，该图示也能用于表示管理信息系统的体系构成。

一般而言，各管理职能的信息系统要比下层复杂和重要，但就目前的研究和实践进展来看，上层的决策支持类信息系统还不是很成熟，应用还不普遍。作业层的信息系统已相当成熟，应用非常普及，战术层信息系统的应用也很常见。

管理信息系统以现代信息技术为工具，所涉及的数据和信息存储于计算机系统中，上传下达的数据和信息通过数字通信网络传递，给企业带来了极大的便利。如前所述，企业信息系统的决策功能逐渐下移，决策支持信息的共享和随即可得，导致企业组织结构趋于扁平化，相应地，管理信息系统的体系构成也发生变化。组织结构扁平化主要表现在企业管理的中层，不少企业在应用信息系统之后，已经出现机构精简和人员减少的变化。据报道，AT&T、IBM 和通用汽车等公司在一次性的裁员中就减少了 3000 多名中层管理人员。

管理信息系统的应用和发展从附和企业组织结构，到促使改造组织结构，其自身的构成也随之发生变化。目前，实际中的信息系统越来越多的出现跨层次多职能的产品及其应用，以至还有横跨企业大部分职能，包括战术层和作业层管理的企业级的信息系统。例如 ERP 系统就是此类系统的典型代表。管理信息系统族群中各类系统的边界越来越模糊，相互交叉重叠是一个总的趋势。但无论如何发展变化，在体系上，管理信息系统的功能必须包括支持、处理和替代企业组织各个管理层次各类职能，与以前的人工管理或简易设施帮助下的管理相比，应该更有效更便捷，甚至在本质上有所不同。

3.3.2 管理信息系统的一般结构

前面从企业的角度对管理信息系统体系的构成做了描述，以下再从一般结构了解管理信息系统的构成。总体上，管理信息系统是由如图 3.10 所示的应用系统、计算机系统、通信与网络系统、数据库系统、用户和系统管理人员六个部分有机地构成的。

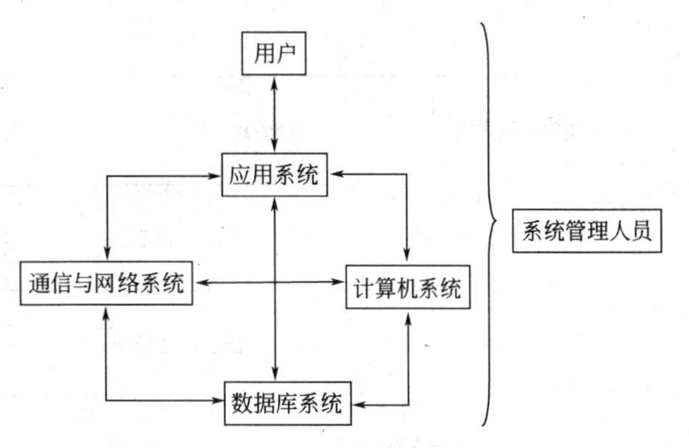

图 3.10 管理信息系统的一般结构

（1）应用系统

应用系统是管理信息系统的核心和实质性构件，由一系列实现管理职能和支持管理职能的应用软件构成，一般安装于应用服务器或客户端计算机。人们平时所说的需要开发或购置，在计算机上使用的信息系统，实际上指的就是应用系统。应用系统有两个主要来源：一是根据企业的具体情况与需求做专门的开发；二是从软件供应商那里购买，这两种方式的特点和区别，以及具体的步骤将在以后的章节中做较详细的阐述。

应用系统种类繁多，规模大小不一，一般多以具有某一专门管理职能项或业务项的功能模块（或子系统）为相对完整和独立的单元，例如订单管理模块、销售管理模块、账务处理模块等。若干模块的整合可以构成较大的应用系统，如财务管理系统包括有账务处理、会计报表和财务分析等功能模块，而 ERP 系统则包括了企业大部分管理和业务功能。一个应用系统，无论其功能项是多还是少，都共享统一的数据库系统，各模块之间通过信息交互和某种规程进行相互配合的运作。图 3.11 描述了某企业应用系统主要子系统的构成及其相互关系。

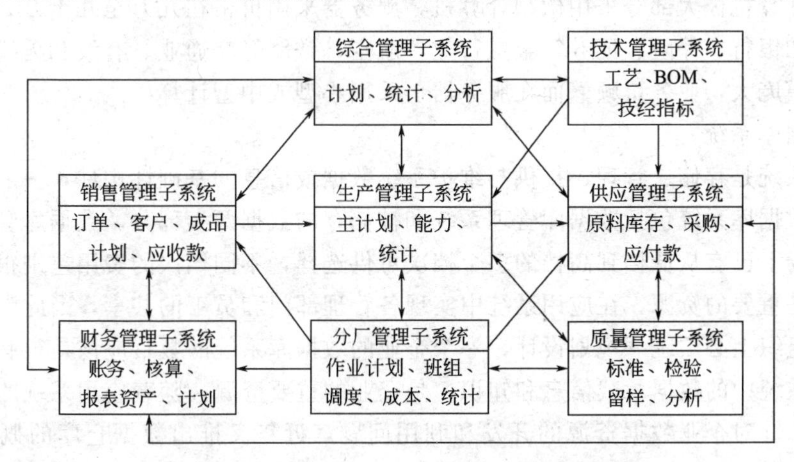

图 3.11 企业应用系统构成及其相互关系示例

按系统划分的思路，应用系统的模块也被称为子系统，对于一个规模较大功能项较多的应用系统，可以按“系统—子系统—模块—功能项—操作项”的层次结构来组建。一个物料供应管理系统的层次结构见图 3.12。

（2）计算机系统

计算机系统是管理信息系统的工具构件，负责具体解释和执行应用系统的程序指令，构成包括计算机硬件和系统软件，通过购置方式获得。有关计算机系统的原理和技术将在第 4 章做专门的介绍。目前流行的计算机系统的结构主要有客户端/服务器（Client/Server,

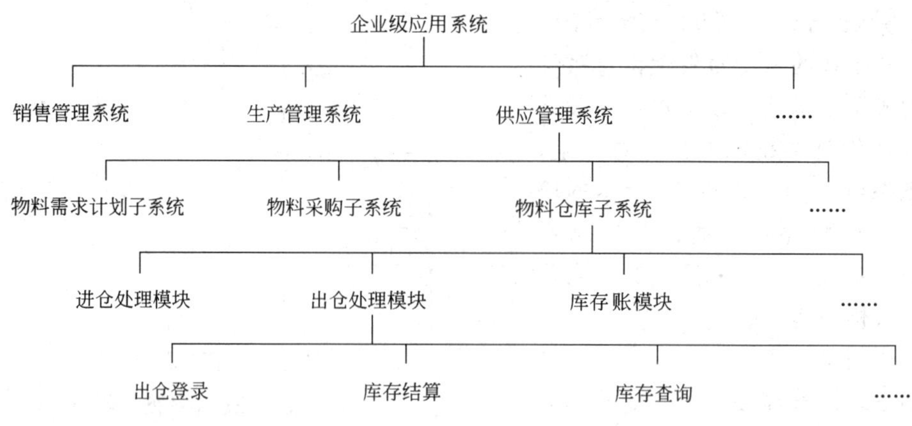

图 3.12 物料供应管理系统的层次结构示例

C/S)、浏览器/服务器（Browser/Server，B/S）等结构。对于 C/S 结构，应用系统主要安装在由用户直接使用的客户端计算机，也有部分装在后台的服务器，共享的数据库系统基本上都安装在服务器（数据库服务器）。B/S 结构是目前比较推崇的形式，客户端计算机只安装在大家已经比较熟悉的浏览器，应用系统和共享的数据库系统被安装在服务器。现在越来越多的采用数据库系统和应用系统分层配置的形式，即所谓的客户端/应用服务器/数据库服务器的三层结构。

目前，几乎每个企业都配置了计算机，少则几台，多则数百台，信息系统应用比较先进的企业，能在每一个管理人员和业务人员的办公桌上看到各自的客户端计算机，一些大型企业的大型应用系统，客户端计算机的数量可能达到数千台，服务器也达百台之多。在机型上，客户端计算机极大部分采用微型计算机，服务器采用价格在几万至几十万元的专用服务器，只有诸如银行、保险、证券等金融行业，航空、铁路等交通业、有线和无线通信行业的企业，因规模庞大，业务量频繁而在服务器上采用小型或中型计算机。

(3) 数据库系统

数据库系统是存储、管理、提供与维护系统数据或信息的基础性构件，一般安装于数据库服务器。数据库系统包括数据库管理系统和被储存的数据两大部分。数据库管理系统需购置，现在市场上已有从低档到高档的多个档次可供选择，不同档次的费用差别很大。企业的数据或信息是重要的资源，在应用系统中实现各管理部门和员工的共享，因此数据库的数据在结构上和组织上必须统一规划设计，一个企业的数据库系统的数目应该是很有限的。

数据库系统中的数据承载信息和知识，是企业的重要资源。随着应用系统的运行，数据会逐步积累，针对企业数据资源的开发和利用问题，近年又推出数据仓库的概念和实用系统。数据仓库不是日常管理和业务的工作库，而是一类储存历史数据的“档案库”，一般采用预定周期转存的方式，把数据库中积累的数据转存到数据仓库，然后对数据仓库中的数据加以开发和利用。目前的数据挖掘等技术主要用于数据仓库。由于数据仓库投资较大，技术复杂，需要一定规模的数据量才能获得有效的开发和利用，我国企业在这方面的应用尚不理想。有关数据库系统、数据仓库的原理和技术将在第 4 章做专门的介绍。

(4) 通信与网络系统

通信网络系统是企业信息化的基础设施，两者与计算机系统结合构成计算机网络系统。企业一般以租用公用通信线路的方式连接分布于异地的计算机，构建自己的企业内部网

(Intranet)，与供应商和客户的计算机系统连接则能构建合作伙伴之间的企业外部网（Extranet），开展商务活动。通信与网络系统需要配置通信设备，网络设备以及相关的软件。通信线路的租用方式有多种选择，比较多见的有数字数据通信网络（Digital Data Network，DDN）、综合业务数字网（Integrated Services Digital Network，ISDN）、非对称数字服务网（Asymmetric Digital Subscriber Line，ADSL）等。费用按月定额支付或按传输量支付。通信和网络系统的基本原理和主要技术将在第 4 章再做专门的介绍。

前面所述的计算机系统中的 C/S 结构和 B/S 结构实际上也是计算机网络结构，这些结构描述了客户端计算机与数据库服务器和应用服务器之间的关系。除此之外，对跨地区的计算机网络系统还配有 Web 服务器、邮件服务器、防火墙等安全控制服务器。一个常见的企业计算机网络系统见图 3.13，该系统由两个处于不同地区的局域网组成一个企业内部网，公司本部局域网采用客户端/应用服务器/数据库服务器的三层结构，分支机构局域网采用客户端/应用与数据库服务器的两层结构，两者通过租用的通信线路相互交互数据和信息。公司本部局域网配有 Web 服务器，对外通过防火墙和路由器接入 Internet，与客户和供应商等合作伙伴进行数据交换，开展商务活动。

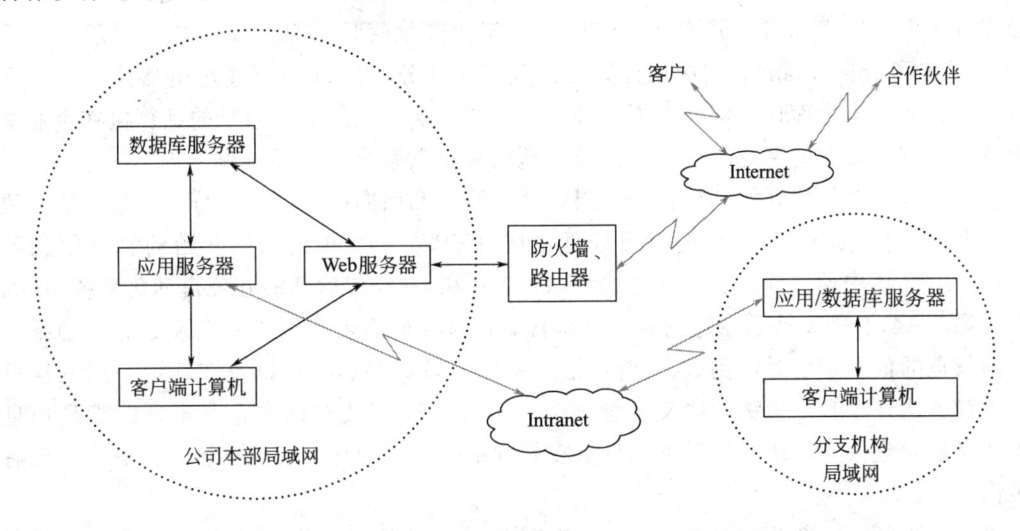

图 3.13 一个常见的企业计算机网络系统示例

(5) 用户和系统管理人员

如前所述，管理信息系统是一个人机系统，人包括用户和系统管理人员。用户之所以包括在系统中，一是因为系统的许多功能要由用户与机器交互运作，不同的用户会有不同的应用效果和产生不同的结果，二是一些目前还无法由计算机实现的管理和业务工作必须由人来完成，尤其是比较复杂和高度非结构化的决策工作，而这些工作与系统的功能密切关联。将用户纳入管理信息系统也意味着机器不可能完全替代人，用户的经验和能力永远是企业最为重要的资源。系统管理人员负责系统的管理和维护，保证系统的正常运行和适时更新。

现代的企业一般都设有信息管理部门，该部门或大或小，或直属总经理领导或设于某部门之下，承担管理信息系统的规划、建设、管理和维护等工作。信息管理部门是向企业其他部门提供信息服务的机构，由于掌管着几乎全部的数据和信息资源，在企业中具有重要的地位和作用。该部门设立称为 CIO 的信息主管职位，全面负责企业的 IT 应用和信息管理工作。

3.4　信息系统的发展与优越性

3.4.1　信息系统的发展与体系

管理信息系统的产生源于以电子计算机为代表的现代信息技术的发展，以及管理科学的新进展。自 20 世纪 60 年代以来的 40 多年时间里，企业界信息系统的应用又从需求的角度进一步促使信息技术的进步，推动管理新思想新方法的研究与实践。同时，企业环境也发生了深刻的变化。如此，企业管理的需求与技术和方法的支持相互推进，管理信息系统在逐步普及和深入应用中得到了快速的发展，不断有新的类别和品种推出。今天，几乎每个企业都建有不同规模与档次的信息系统，管理信息系统已发展成类别、品种和功能相当丰富，适用领域非常广泛的信息系统体系。

从发展历程，能看到管理信息系统是如何从简单到复杂，从单项数据处理到多项业务的综合管理，从单机到网络再到人机协作，从部门的管理系统到企业级的管理系统，从企业应用到政府机关再到社会各界的应用，直至现在的跨组织跨国界的分布式系统。就计算机在企业数据处理中的应用而言，其实在 20 世纪 60 年代产生管理信息系统之前就出现了。早在 1952 年，美国 John Plain 公司应用计算机处理对账业务，1954 年，通用电器公司用计算机进行工资计算。为全面地了解和把握管理信息系统的实质，人们从最早的计算机在企业中的应用开始，按代表性的系统为线索，分阶段地回顾信息系统的发展历程。

从 20 世纪 50 年代开始到现在，如果以时间段落和面向的问题来划分，信息系统大致可以分为 50 年代中期至 60 年代的事务处理系统（TPS）、70 年代初期开始的管理信息系统（MIS）、70 年代中期出现的决策支持系统（DSS）和 70 年代后期的办公自动化系统（OAS）四类（图 3.14）。需要特别注意的是，管理信息系统在概念上有狭义和广义之分，当泛指各类面向管理的信息系统时，例如，《管理信息系统》教材的名称，以及在谈论一般的信息系统原理和方法技术时，总称为广义的管理信息系统。70 年代初期在企业出现的管理信息系统为狭义的管理信息系统。如果从计算机在管理中的应用起算，信息系统的发展应该已有半个多世纪了。

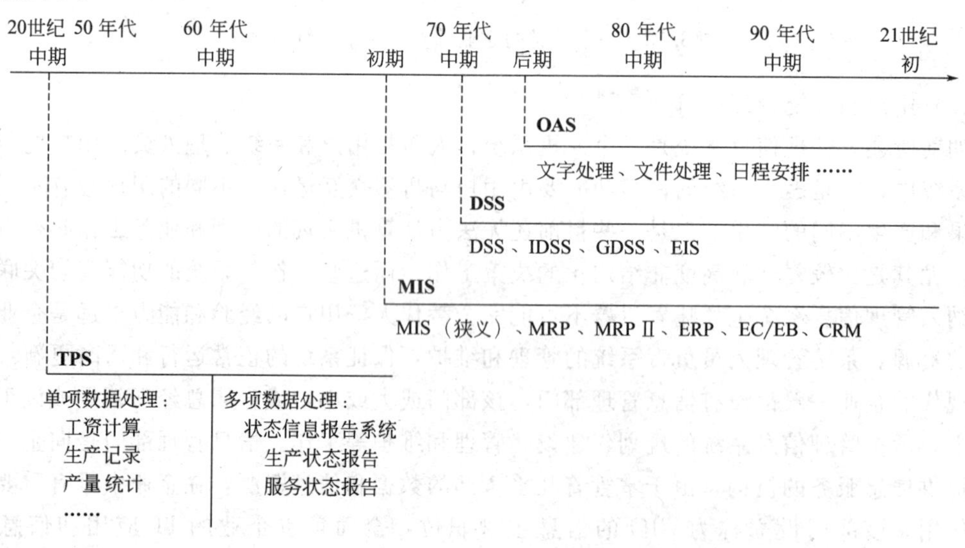

图 3.14　信息系统的发展历程

一些文献和教材从发展角度或组织角度将信息系统划分为五类或六类，如 Laudon 将面向工程师等的知识工作系统（KWS），经理支持系统（ESS）或经理信息系统（EIS）各列作单独的类别。严格意义上的工程师知识工作不属于管理范畴，经理支持系统实质上也是一种决策支持系统，因此本教材不按此划分。

(1) 事务处理系统

20 世纪 50 年代出现的以电子计算机为工具的事务处理系统（Transaction Processing Systems，TPS）是记录和处理日常事务的信息系统，这些事务是组织中基本的和重复性的活动，具有数据量大、处理步骤固定、结构化程度高、要求详细和精确的特点。例如，工资计算、物料进出仓凭证的登记、车间生产记录、财务凭证的记账、客户订单的登记与预处理等。

因为日常的事务是企业最频繁和最基本的作业，面向这些作业的 TPS 也是企业最基本的信息系统。在计算机的支持下，TPS 能提高事务处理的速度、效率和准确度，改进客户服务的质量和响应度等。根据事务性工作的特点，TPS 主要以自动化的面貌出现，因此在节省人力和时间、降低成本和误差等方面能产生很好的效果。

尽管当前流行的信息系统的能力已远远超出了 TPS，但 TPS 在作业层起着无法替代的重要作用，对于作业层的业务操作人员来说，TPS 至今仍是最为主要的自动化工具之一。由于 TPS 是企业内部基础数据的主要来源，那些后来产生的上层的或高级的信息系统离不开 TPS 的数据支持，它们或直接包含 TPS 的部分，或建立在 TPS 基础之上，与 TPS 有密不可分的协作关系。20 世纪 60 年代末 70 年代初产生的管理信息系统，其实在一定程度上也是受到了 TPS 的启示。

20 世纪 50 年代和 60 年代占据信息系统主角的 TPS，大致上可以分为两个阶段，即单项数据处理阶段和多项数据处理阶段。多项数据处理依靠大容量存储器和多终端计算机，对多个单项业务的数据进行综合处理，以输出状态信息报告为主，例如，生产状态报告和服务状态报告。当时一些典型的 TPS 如下。

1950 年，美国统计局用计算机进行人口统计（单项数据处理）。

1952 年，美国 CBS 电台用计算机进行总统选票分析（单项数据处理）。

1954 年，通用电器公司用计算机进行工资计算（单项数据处理）。

1964 年，IBM 公司的公用制造信息系统（状态报告系统）。

经过不断的改进和提高，现在的 TPS 在技术上和性能上已有很大的进步，但其基本运作过程没有发生太大的变化（图 3.15）。TPS 的运作方式有批处理、实时的联机处理和延迟联机录入三种方式。

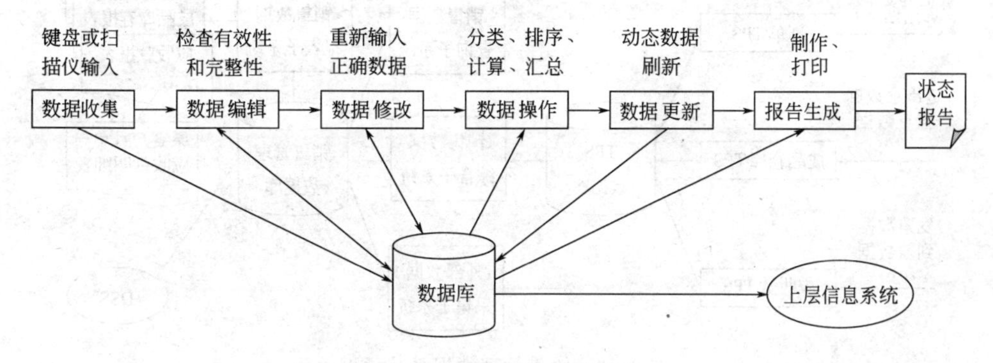

图 3.15 TPS 基本运作过程

现在以一个原料仓库的进出仓事务处理为例描述 TPS 的运作过程和运作方式。当发生原料入库和出库时，库存保管人员要根据入库单或领料单通过键盘输入原料的代号（一般情况下系统会根据原料代号从原料目录中找出原料名称和单价）、数量、入库或出库的缘由、时间等数据，系统对这些数据做有效性和完整性检查，如果发现有遗漏或错误的数据项，提示出错信息要求修改。然后系统根据数量和单价计算出金额和新的库存结余数，并对库存表做库存结算，同时，进仓或出仓数据被记入原料库存明细账。在需要时或定期地打印原料库存报告。如果进仓和出仓凭证被集中起来，在另一时间一起输入和处理，那么这就是批处理的方式；如果采用扫描技术，对进出仓的原料的条形码进行扫描，系统依据扫描所产生的数据做及时的自动处理，那么就是联机处理；所谓延迟联机则是实时输入进出仓数据，过一段时间后再集中处理这些数据的方式。

（2）管理信息系统

20 世纪 60 年代末 70 年代初产生的管理信息系统（MIS）是一类面向战术层管理人员的信息系统，其特点是数据高度集中，快速处理和统一使用，有中心数据库和计算机网络系统，追求管理的综合效应。当时的 MIS 应用大容量存储器和多终端计算机，预测、优化、调节控制等定量化的管理方法，汇总和分析来于 TPS 的事务数据，定期或随时向管理者提供综合性的报表和报告。这时的 MIS 在战术层的功能上还较薄弱，其主要功能并不是替代，而是通过加工基础数据产生信息，制作反映生产和经营状况的各类报表和报告来帮助或支持中层管理人员的工作，因此被称为狭义的管理信息系统。

显然，TPS 的输出数据是 MIS 的输入，也可以把 TPS 看作是 MIS 的一个子系统。MIS 输出信息报告，为后来产生的支持战术层和战略层决策的信息系统——决策支持系统提供输入信息。因此那时的 MIS 也被称为数据报告系统，大多以某某管理数据系统为名，例如，销售管理数据系统、财务管理数据系统等。MIS 要支持中层管理人员的计划制订、资源分配、控制和调节等管理职能，主要依靠源于 TPS 的企业内部的数据，但也需要企业外部的数据，如有关客户、供应商、市场和竞争对手状况的基本数据。

MIS 的主要功能是根据支持中层管理人工作的要求，对输入数据进行分类、汇总、排序、计算等处理，制作和输出各类综合报表。这些报表主要有预定的常规性的周期报表、专门要求的定制报表、需要引起特别关注的异常报表以及某项内容的详细报表四类。因为具有综合性的特点，一般的 MIS 都由若干子系统构成。图 3.16 是一个销售管理数据系统的例子。

该示例由四个子系统构成，三个 TPS 向销售管理数据系统提供企业内部数据，销售数据综

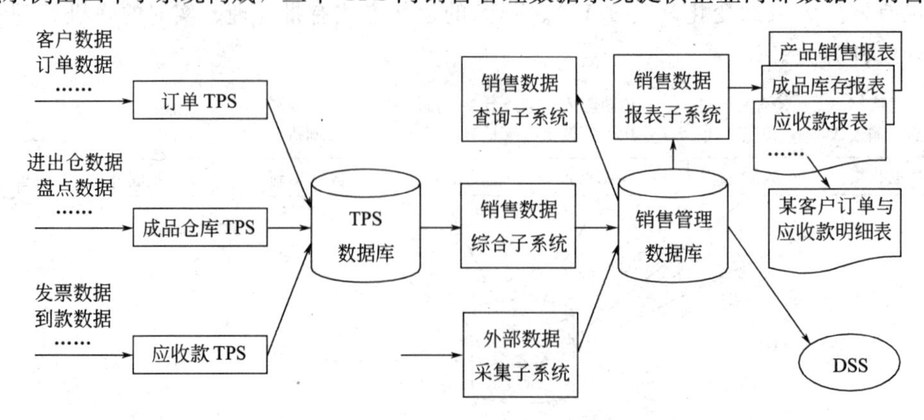

图 3.16 销售管理数据系统示例

合子系统负责对这些事务数据做分类、汇总、排序和计算，存入销售管理数据库，外部数据采集子系统负责输入有关销售管理的外部数据，也存入销售管理数据库。销售数据查询子系统向中层管理人员提供综合后的和TPS的原始事务数据，销售数据报表子系统则制作和提供有关销售管理的综合性状态数据。该销售管理数据系统向决策支持系统输送有关销售管理方面的信息。

MIS前端连接TPS，后端连接DSS等决策支持类系统，在企业信息系统的体系中起着承上启下的重要作用。MIS是一个不断发展的概念，自产生以后，先后发展出了物料需求计划（MRP）、制造资源计划（MRPⅡ）、企业资源计划（ERP）、电子商贸（EC）、电子商务（EB）和客户关系管理（CRM）等功能更系统全面或更细致深入的多种信息系统。这些信息系统在作用上远远超出了原来的预期，但在内涵上依然符合早期MIS的定义，因此，人们将其看作MIS的延续和发展。目前，ERP系统、EC/EB系统和CRM系统已成为企业的主流信息系统，为极大部分企业所闻所见，在很多企业得到建设和应用，为此，本教材将安排专门章节对这些系统予以详细讲述。

（3）决策支持系统

针对当时的MIS没有直接的决策支持功能，或半结构化和非结构化问题的决策支持功能，20世纪70年代中期产生了决策支持系统（DSS）。1978年Keen和Scott-Morton首次提出“决策支持系统”一词及其概念，标志着利用计算机与信息支持决策的研究与应用进入了一个新的阶段，并形成了决策支持系统新学科。一般认为，DSS是结合人的灵活的定性分析能力和计算机的强大的定量计算能力，在人机交互过程中帮助决策者探索可能方案，求解半结构化或非结构化决策问题的信息系统。所谓决策问题的结构化程度是指问题求解过程和求解方法的清晰程度或规则化程度，例如，有关商品优惠价格的决策，企业一般有明确的规则，销售员可以按此规则做出决定，这就是结构化程度较高的决策问题；而一些诸如企业发展方向的抉择则没有明确的规则可遵循，即为结构化程度很低的决策问题；介于两者之间的则是半结构化问题。

DSS的特点在于人机交互地辅助人的决策，而不是替代人的决策，其目的是提高决策的科学性和有效性，而不一定是求得最优解和高效率。为此目的，DSS融入了运筹学、人工智能、管理科学、决策科学等学科的方法和技术。与MIS相比，在构成上增设了管理和储存求解模型的模型库，为模型提供算法的方法库，以及能拉近人和机器的人机对话接口。DSS主要面向中高层管理人员，支持结构化程度不高的问题的决策。由于决策问题的多样性和差异性，一个企业往往需要多个DSS，例如，为制定出尽可能好的生产安排的生产计划决策支持系统、使有限的资金取得尽可能好的效益的财务分析与决策支持系统、根据战略意图测算和分析合理价格的产品定价支持系统等。这里还要特别指出的是DSS的功能不仅仅是决策的支持，也包括对决策问题的预测和分析，回答诸如多个解决方案之间的优缺点，各解决方案可能会带来怎样的不同后果等问题。DSS的一般结构见图3.17。

本章3.2节从多个角度讲述了信息对于决策的支持作用，同样，DSS的运作建立在大量的企业内部和外部信息的基础上，这些信息主要来源于能产生大量信息和数据的MIS和TPS。一般的DSS本身也带有数据库，用于储存那些经常使用的或经过重新组织的数据和信息，不重复保存能从其他信息系统获取的数据。DSS、MIS和TPS都有各有的作用，前者离不开后者的信息和数据支持，后者的输出在前者那里得到进一步的充分利用。

与MIS一样，DSS也处于不断的发展之中。为使DSS更接近人，提供更有智慧的决策

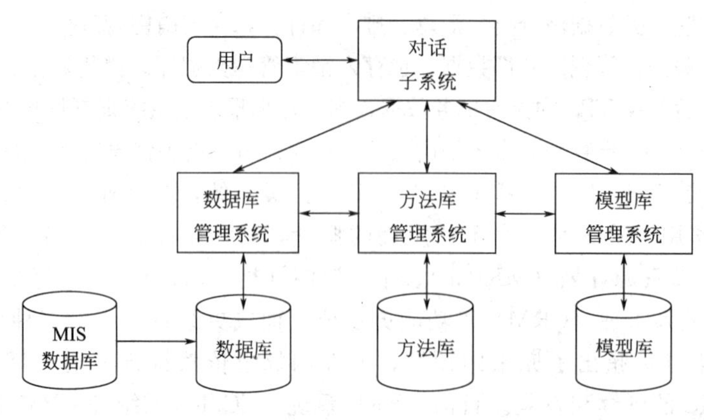

图 3.17 DSS的一般结构

支持能力，DSS引入人工智能领域的专家系统知识库、推理机、神经网络等技术，形成了智能决策支持系统，结合办公自动化和网络技术形成了群体决策支持系统，以及面向高层管理人员的经理信息系统（EIS）。鉴于DSS在信息系统体系中的重要地位，本教材另设章节做专门的讲述。

(4) 办公自动化系统

办公自动化（Office Automation Systems，OAS）是随着管理工作方式的转变，机关常规办公事务工作节奏跟不上发展的背景下提出的。OAS利用现代信息技术帮助承担办公人员处理和管理办公事务，实现办公事务的自动化或半自动化，其主要目的是提高工作效率。办公室中有许多日常的不同于作业事务和管理职能事务的工作，例如，各职能部门定期工作总结报告和通知通告的编写、上下级之间传递的公文和往来于相关组织之间的函件的收发与处理、会议和接待的日程与事项安排、需要长期保存的文档的组织与保管、个人工作所需的备忘录、通信录和过程文档的管理等。办公事务常被认为是秘书和文档员等专业人员的工作，其实极大部分的管理人员和作业人员都有不同分量的办公事务。OAS就是一类帮助各类组织成员处理和管理此类办公事务的信息系统。

办公事务工作属于综合性的间接性的服务性的工作，是围绕常规管理职能和作业事务开展的工作，因此有其特殊性，OAS与TPS、MIS和DSS在功能上也有很大的不同。从用户的角度看，OAS的软件大体上有单用户、多用户和专门用户三大类，其中单用户软件是OAS必备的基本的软件，多用户或群体性的软件有越来越多见功能越来越强大的趋势。最为常见和典型的个人办公自动化软件是Microsoft的Office，其中Word、Excel、PowerPoint和Outlook等已被普遍采用，成为个人办公事务的好帮手。多用户软件及相应的硬件为办公人员提供群体工作的平台和协作支持功能，如电子邮件、电子公告板、电子会议、工作流管理等群体性交流与协作办公的主要技术，也得到了广泛的使用。面向专门用户的办公自动化软件有明确的专门功能，如公文（包括文件、函件、报告等）处理系统、档案管理系统和活动项目（包括会议、接待、庆典等）管理系统。

办公事务异杂而繁多，既有大型的活动也有细小的活动，但这些活动之间存在一定的相互联系，因此形式多样功能各异的办公自动化软件也需要进行集成，构成一个相对完整的信息系统。图3.18描述了一个功能比较全面的OAS例子。

该例子中的公文处理子系统包括各类公文的收发登记、领导批阅和意见签署、部门处理

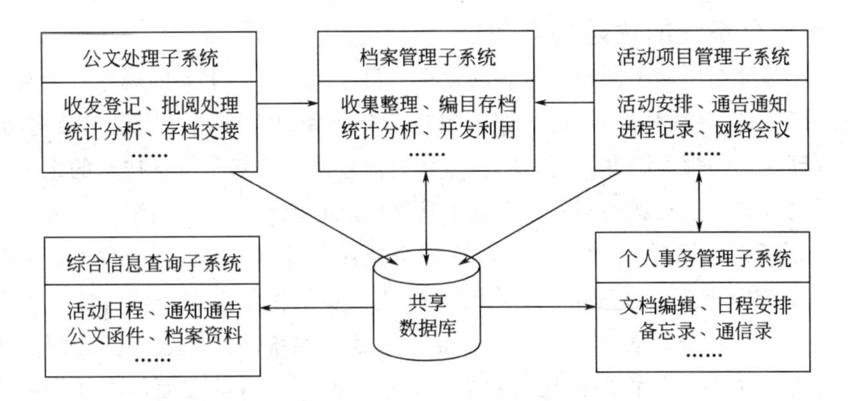

图 3.18 一个功能比较齐全的 OAS 例子

记录和反馈、存档处理等功能等，大部分功能都能在计算机网络上传输和并行运作，其中领导批阅和意见签署可以采用数码技术。活动项目管理子系统对会议、接待、洽谈、庆典等活动进行日程议程的统筹安排、及时提示时间和重要事项，发布通知和通告、记录活动进展，有的系统还能提供网上会议的支持功能。公文及其处理结果、活动内容和记录都将作为历史档案存档，档案管理子系统除了接受、编目、储存和保管各类档案外，还具有档案的查询、统计分析和开发利用等更深层次的功能。个人事务管理子系统提供文档的编辑和整理、待进行事项的日程安排、备忘录和提示、交往联系单位与个人的通信录和交互记录等功能，一般安装在各自的客户端计算机上。得到很好集成的 OAS 配有共享的数据库和工作流管理软件，在用户之间实现相关数据和信息的交流与共享，对需要跨部门或多人合作进行的办公事务进行流程上的协同管理。

OAS 产生以来得到不断发展和普及应用，但由于功能种类多而差异大，在各组织应用的面和深度差别也很大，对 OAS 造成了两个误解，一是简单地理解为只是文档的字处理，二是夸大地认为无所不包无其不能。目前很多有效的办公自动化软件和工具尚未得到充分的应用，而曾经经常说起的“无纸化办公”还相当遥远。OAS 具有如上所述的多种多样的支持、帮助和自动处理办公事务的功能，但不涉及或少有 MIS 和 DSS 等信息系统的功能，OAS 与 TPS、MIS 和 DSS 在庞大的信息系统体系中各有分工。

从计算机进入作业层的事务处理开始起算，信息系统的发展已有 50 多年的历史，狭义的管理信息系统产生以来也有了 40 年的历程。回顾以计算机为工具的信息系统的发展过程，可以确认，企业管理的需要、先进技术和科学方法的支持是信息系统得以产生和持续发展的根本动因。信息系统从作业层的事务处理起步、然后向组织的战术层和战略层拓展，从组织的部分管理职能向所有职能蔓延。如今的信息系统已建立起比较完整和全面的体系，涵盖了组织方方面面的业务和管理活动。对应于图 3.14，我们用表 3.5 来描述各类信息系统在企业组织各层面的拓展和分布情况。

表 3.5 各类信息系统在企业组织各层面的拓展和分布

<table>
<tr><td>管理层次</td><td colspan="8">企业信息系统类</td></tr>
<tr><td>战略管理层</td><td></td><td></td><td rowspan="2">DSS</td><td rowspan="3">OAS</td><td></td><td rowspan="2">ERPS</td><td></td><td></td></tr>
<tr><td>战术管理层</td><td></td><td rowspan="2">MIS</td><td rowspan="2">MRPⅡ</td><td rowspan="2">EBS</td><td rowspan="2">CRMS</td></tr>
<tr><td>作业操作层</td><td>TPS</td><td></td><td>ECS</td></tr>
<tr><td></td><td colspan="8">50 年代中期 ————————————————————〉现在</td></tr>
</table>

3.4.2 管理信息系统的优越性与效益

本章3.1小节介绍了从不同角度考察的管理信息系统观点，主要的观点认为管理信息系统对组织和管理变革具有使能作用，这些作用包括支持业务流程再造、使组织结构趋向扁平化、蕴涵着新的管理模式和管理制度。还有的观点认为信息系统是基于信息技术的组织和管理应对环境挑战的解决方案。这些观点实际上表达了管理信息系统到底能对组织产生怎样的作用。

企业由许多子系统组成，管理信息系统是企业的一个子系统，其目标与企业目标相一致。管理信息系统向企业各管理部门、各层次管理人员提供信息服务，具体实现大部分事务处理和部分管理职能，支持管理决策，促使企业其他子系统的协同运作。为深入地理解管理信息系统的作用，本小节从管理信息的集成、管理职能的支持等方面讨论其优越性，以及可以取得的定性和定量效益。

（1）管理信息的集成方面

① 信息的系统组织：整个企业的信息统一组织，使其规范、唯一、完整。规范即信息的格式标准和口径统一，一种信息的含义只有一种解释（如应收款合计或某一客户的应收款、库存结余数量与金额）；唯一即各种收集获得的信息或加工产生的信息都唯一地存在，各使用者使用的信息都来于相同的信息源（如销售凭证数据）；完整即信息的层次之间，同层的信息之间的关系明确，该有的信息不留空白（如产品规格、客户地址）。信息的系统组织是开发与利用信息的重要基础。

② 信息的全体共享：在保证安全保密的前提下，企业的信息能同时为整个企业共享使用（如原材料库存、计划完成情况），对同一信息，各部门不必重新登录，而可直接从系统中读取（如销售发票在销售部门输入，财务部门做账可读取，不必重新输入）。信息的全体人员共享是提高各职能部门协同效应和加快客户响应速度的重要基础。

③ 信息的时空超越：计算机网络使企业的信息传递克服时间与空间的限制，分布于不同区域的企业分支机构不再有技术上的合作障碍，新产生的信息可无滞后地供各部门使用，在外出差的人员可通过便携机接上电话线等通信线路与企业信息系统的数据库连接和交互信息，显然管理工作的效率将有大大提高。

（2）管理职能的支持方面

① 对计划管理的支持：借助计算机，企业的各种信息处理可以实现比较复杂的计划制订中的计算，而这些计算靠人工是难以实现的（如市场趋势预测、物料需求计划等的计算）。强大的计算能力还可以对计划编制进行反复的计算，通过计划变量的调节比较各可行方案，选择最优的或满意的计划。

② 对组织和领导职能的支持：信息的全体共享和随时可读取，能有效地改善部门之间、成员之间的工作协调性，职责之间的矛盾和冲突能尽可能的避免或及时解决。决策支持功能的应用使一些管理职能下移，在组织扁平化、高层领导管理幅度加宽的情况下，组织和领导职能反而更直接和有效。

③ 对控制职能的支持：包括计划执行的控制、质量、库存、成本和预算等的控制，其中最为主要的是计划执行的控制。在生产经营信息全面和随手可获得的条件下，需要控制的对象的状态和偏离能被及时的掌握，这时依靠强大的计算能力，就可以动态地分析原因，迅速地施以调节和控制，减少不必要的损失。

（3）效益改善和提高方面

企业从经济角度思考，在投资建设管理信息系统时都会提出到底会产生多少效益的问题，然而现实却是极大多数的管理信息系统并没有为企业的大量投资带来多少可以计算的效益回报。尽管如此，为何还是有那么多的企业执著地投入大量资金建设和应用管理信息系统，显然，原因在于管理信息系统能产生难以计算的但具有重要意义的定性效益。

① 管理信息系统既对内也对外。今天，一个没有管理信息系统的企业在与其他企业或客户开展商务活动时会处于什么地位是可想而知的。没有网站的企业无法使人相信是一个有实力的企业，依靠手工管理的企业难以让人相信是一个具有服务优势的企业。从这层意义上说，管理信息系统是企业对外商务活动越来越重要和必不可少的工具，对于客户和供应商而言，也是企业外在形象上一个有实质含义的象征。

② 管理信息系统的实施和应用对企业的规章制度、岗位工作规范、各种定额与标准、计量与代码等基础管理有最起码的要求，同时也会对基础管理的改善产生很大的促进作用，使其提高到一个新的水平，进而使其他管理工作有一个扎实的基础。这样的基础管理改善促进是其他途径难以比拟和替代的。

③ 管理信息系统的应用对管理人员提出了新的要求，同时也可使管理人员学到许多新知识、新技术与新方法，进而提高他们的技能素质，拓宽他们思路，进入学习与掌握新知识的良性循环。另外，数据输入与处理的严密性还能促使管理人员加强责任心，提高他们的综合素质。

④ 管理信息系统的业务集成和信息集成，以及新的管理模式，实质上是一种加强企业部门之间和员工之间协作的机制。在这样的科学的机制下，可以大量减少部门之间、人员之间的扯皮、冲突和矛盾现象，对管理人员的协作精神和协作能力的提高产生积极的影响和作用，同时也能改进客户服务的质量而提高客户的满意度。

⑤ 管理信息系统的运行将积累起庞大的电子形式的信息资源，从这些信息资源中，企业能开发出大量的规律性知识，用以指导管理战略和策略的制定；能发现存在的问题，及时地予以消除或克服；能把握有利用价值的机遇，顺势做出反应。

尽管管理信息系统的定量收益一般不会大于投入，人们还是可以而且有必要进行测算。管理信息系统的收益应该是应用之前和应用之后各项相关生产经营收益之差的合计减去系统的投入。系统的投入相对讲比较容易计算，但由于收益的变化不可能全是管理信息系统的功劳，到目前为止，管理信息系统收益研究中提出的不少计算方法仍然是近似的估算方法。常用的测算方法主要是成本和利润两个方面为基数的经验比例法，例如通过一定数量的应用管理信息系统的企业的实证调查，得出大致的平均收益比例，然后按此推算其他企业的收益情况。

管理信息系统的定量效益主要反映在降低库存占用资金、加快流动资金周转、减低生产经营成本、增加销售利润等方面。特别值得一提的是，我国以前一直很少进入议事日程的人力投入成本问题，随着员工薪酬的增长和在总开销中比例的提升，该问题越来越受到重视而被列入管理信息系统的收益之列。

管理信息系统的效益计量是一个比较复杂的问题，本教材不做更多的探讨。有兴趣的读者可以参考有关的文献。

本章小结

本章讲述了管理信息系统最为相关的五个方面的内容，包括管理信息系统的产生背景与定义，几种主要的表达管理信息系统深远作用的观点，管理信息的特征和信息支持决策的理论。在此基础上，进一步描述了管理信息系统的体系构成、一般结构和发展历程，以及到目前已有的类别、系列，最后就管理信息系统的优越性和可能的效益进行了简要的讨论（图 3.19）。

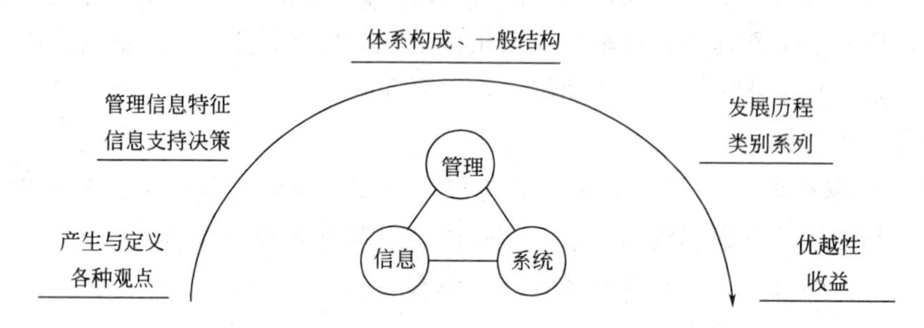

图 3.19　管理信息系统概述

管理信息系统是有关组织和管理的以现代信息技术为工具的信息系统，是一类人机系统。从商务的角度看，管理信息系统是基于信息技术的组织和管理应对环境挑战的解决方案。管理信息系统蕴涵着新的管理模式和新的管理制度，承担了新的组织结构的设计，或者说设计新的管理信息系统的同时也重新设计了组织。因此，管理信息系统对企业的管理变革是一个难以替代的使能器。赫伯特·亚·西蒙认为“管理就是决策”，提出了“信息支持决策”的理论。在他的三阶段决策过程模型的每一个阶段的活动都需要信息的支持。管理信息具有范围广泛、数量庞大、来源渠道多而差别大、相互之间关系复杂等特性，与设计支持和生产控制等信息系统相比，管理信息系统更复杂和更重要。

管理信息系统的体系构成可以从管理层次和管理职能两个维度描述。但信息系统越来越多的出现跨层次多职能的产品及其应用，体系各构成的边界越来越模糊，相互交叉重叠是一个总的趋势。管理信息系统是一个不断发展的概念，狭义的管理信息系统产生以来陆续发展出了 MRP、MRPⅡ、ERP、EC/EB 和 CRM 等企业信息系统。今天的管理信息系统已发展成类别、品种和功能相当丰富，适用领域非常广泛的信息系统体系，几乎涵盖了组织方方面面的业务和管理活动。

企业由许多子系统组成，管理信息系统是企业的一个子系统，其目标与企业目标相一致。管理信息系统向企业各管理部门、各层次管理人员提供信息服务，具体实现大部分事务处理和部分管理职能，促使企业其他子系统的协同运作，支持企业战略目标的实现。管理信息系统的优越性体现在管理信息的集成、管理职能的支持、效益改善和提高等诸多方面。之所以越来越多的企业执著地投入大量的资金来建设和应用管理信息系统，主要原因在于它能产生难以计算的但具有重要意义的定性效益。

案例分析：一个结合管理和组织变革的企业信息系统建设项目

近十几年来中国香精市场随着经济的持续高速增长呈现出客户需求多样化、规模不断扩大，进入企业增多和竞争日益加剧的局面，市场占有份额被不断拆分和再分，处于显著的调序阶段。香精企业普遍地面临着成本上升和利润下降的压力。香精行业的客户需求也变得越来越苛刻，要货周期缩短并更严格，订单的不确定性和不稳定性也明显增强。香精配方的原料富于变化，香精原料的种类常达数千，甚至上万，采购周期长短不一，导致香精企业需要储备的原料种类多、数量大，资金占用随之增大。

STU公司本部设于上海浦西，在浦东建有一个承担生产任务和物料管理职能的工厂。该公司虽有知名品牌和广泛的营销渠道，但也感受到了前所未有的市场竞争压力，面临了竞争对手增多、客户流失和市场份额下降等严峻的环境挑战。在企业内部，客户订单响应和处理、库存积压处理和原料采购的管理等方面面临诸多棘手的问题。2003年公司决定启动全面提升企业信息系统，构建新一代的企业级ERP系统的项目，以图通过管理变革和新的组织措施，并借助IT的支持来改进内部管理、降低生产成本、提高客户服务水平，进而加强竞争能力，在市场竞争中取胜。

STU的ERP系统建设项目采用与一家信息系统研究单位合作专门开发的方式。他们坚持IS是应对环境挑战的基于IT的组织和管理的解决方案的观点，在整个ERP系统的分析、设计、制作和实施过程中，紧密结合企业的管理变革和组织新措施。应用Laudon的商务视角的信息系统概念框架可以清楚的理解STU-ERP系统的实质，同时也可以综合性地分析STU-ERP系统的成功因素（图3.4）。

通过图3.4可以看到，STU的ERP系统是基于信息技术的管理和组织应对竞争加剧、客户变化、市场份额下降等环境挑战的解决方案。订单处理流程和原料采购计划等管理变革得到了岗位职责规范和部门协作机制等组织措施的成功保障，同时也得到了数据集成、计算机网络、数据通信和模糊处理等信息技术的实现支持。

根据市场竞争的新局面和客户需求的变化，STU首先从管理上对客户订单处理业务流程进行变革，将原来刻板的处理环节串联结构，重组为销售、计划、采购、生产、发货等环节的并行结构，使有关部门的管理人员和业务人员在客户订单处理周期的起始点就能同时掌握订单信息和订单处理进程信息，以期提高客户订单的响应速度和处理效率。然后在组织上对客户订单处理相关部门和人员的协作规程做变革，重新界定了客户订单处理岗位的职责，制定各部门和人员协作处理客户订单的新规则，以支撑新订单处理流程的实际运作。例如，在客户订单上设置了处理流程各环节的状态变量，每个环节的状态变量包括进入与否、完成与否、进入时间、完成时间、处理人员等，这些状态变量在管理人员处理订单时自动赋值刷新，供相关部门和管理人员共享。在技术上，采用数据集成、广域网和通信等技术，设计订单信息共享和订单协作处理的进程控制模块，支持订单处理流程和组织措施的变革，为公司提供应对市场竞争和客户变化挑战的解决方案（图3.20）。

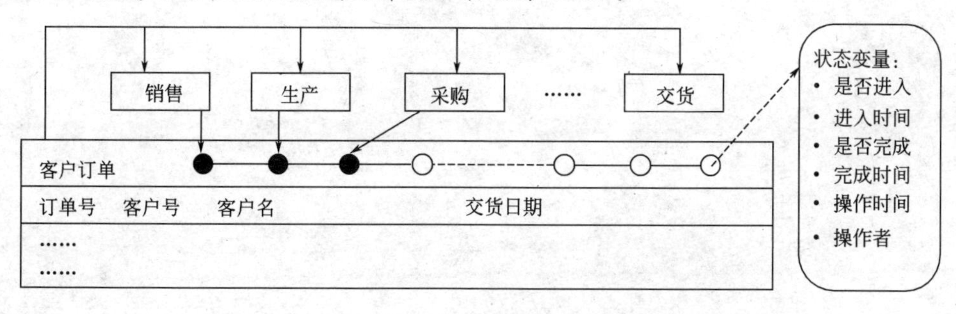

图3.20 变革后的STU-ERP客户订单处理流程

ERP系统使STU取得了理想的实际效果，达到了预期的目的。这些效果表现在部门之间和管理人员之间协作更为有效，客户订单响应速度和客户满意度的提高，生产成本下降，原料采购更加精确和适时等很多方面。通过2002～2006年的数据比较分析，可以证明STU-ERP系统取得的效果是明显的。从客户订单年度成交数量和金额，年末原料库存数量和金额两个方面的四组数据的对比中，发现2002～2006年期间，客户订单成交数量和金额，总体上逐年递增，而原料库存数量和金额却逐年下降或维持不变。

【案例思考与分析题】

(1) 案例公司构建新一代企业级ERP系统的动因是什么？

(2) 该ERP系统的实施，在管理上和组织上有哪些变革与之相呼应？

(3) 为什么说新的订单处理流程变为并行结构了？

(4) 结合该案例，讨论Laudon的基于商务视角的信息系统概念架构的意义。

习　题

(1) 请对三个管理信息系统的定义做综合性的表述。

(2) 从不同角度表达的管理信息系统的观点，是比较抽象和概括的，请用具体的事例来解释其中的一个观点。

(3) 管理信息有许多特点，请描述企业外部信息与企业内部信息的区别和各自的特点。

(4) “信息支持决策”在赫伯特·亚·西蒙的三阶段决策过程模型的每一个阶段都有所体现，但最能体现的是哪一个阶段？为什么？

(5) 管理信息系统有很多类别或品种，但为什么说这些类别之间的界限越来越模糊？

(6) 人在管理信息系统中处于核心地位，那么管理信息系统的应用能否减少员工人数？为什么？

(7) 50多年来，信息系统发展迅速，不断出新。请结合图3.14和表3.5的特征和数据，尝试讨论信息系统发展有什么规律。

(8) 请简要描述办公自动化系统的特点和内容，你自己的学习是否也涉及了部分的办公自动化的内容，并回答你是如何确定的。

(9) 关于“无纸化办公”的说法有许多种理解，请你就该说法给出你的理解。

(10) 能做到信息共享是管理信息系统的一个主要优势，请简述信息共享到底能带来什么好处。

(11) 管理信息系统的投入并不能获得相当的收入回报，但为什么依然有那么多的企业建设和应用管理信息系统？

(12) 即使你不在企业工作，管理信息系统其实也就在你身边。请就你涉及的或接触到的管理信息系统，谈谈你的体会。

4　信息系统技术基础

4.1　计算机系统

4.1.1　计算机的产生与发展

1945年，美国数学家冯·诺依曼博士发表了论文《电子计算工具逻辑设计》，提出了二进制表达方式和存储程序控制计算机构想。1946年，美国宾夕法尼亚大学研制成功世界上第一台电子数字计算机ENIAC，该计算机重28吨，耗电150千瓦，占地170平方米，用电子管18800个，每秒计算5000次加法。

计算机随着硬件技术的发展，经历了如下发展阶段。

第一代的电子管时代（1946～1958年）：计算机的特点是耗电高，体积大，定点运算，程序设计语言为机器语言和汇编语言。

第二代的晶体管时代（1958～1965年）：计算机的特点是变集中处理为分级处理，浮点运算，程序设计语言为高级语言。

第三代的中小规模集成电路时代（1965～1970年）：计算机的特点是存储容量大，运算速度快，一般为几十至几百万次/秒。

第四代的大规模集成电路时代（1971年至今）：计算机的特点是运算速度快，存储容量大，体积小。

根据计算机的计算能力，可将计算机分为巨型机、小巨型机、大型机、小型机、工作站、微型机六类。目前计算机已广泛应用于科学计算、过程控制、辅助设计/分析/制造/教学、数据处理、智能模拟和管理决策等领域。现代计算机将朝着巨型化、微型化、网络化、智能化、多媒体化的方向发展。

4.1.2　计算机的运算基础

（1）计算机的体系结构

目前计算机广泛采用冯·诺依曼计算机体系结构，其基本思想是计算机由运算器、控制器、存储器、输入设备和输出设备五个部分组成；数据以二进制码形式在计算机内表示并存储在存储器中；计算机操作由指令控制，指令由操作码和地址码组成，指令在存储器中按执行顺序存放，由指令计数器指明要执行的指令所在的单元地址。

冯·诺依曼计算机体系的计算机工作原理可概述为：“存储程序”＋“程序控制”，计算机的体系结构如图4.1所示。

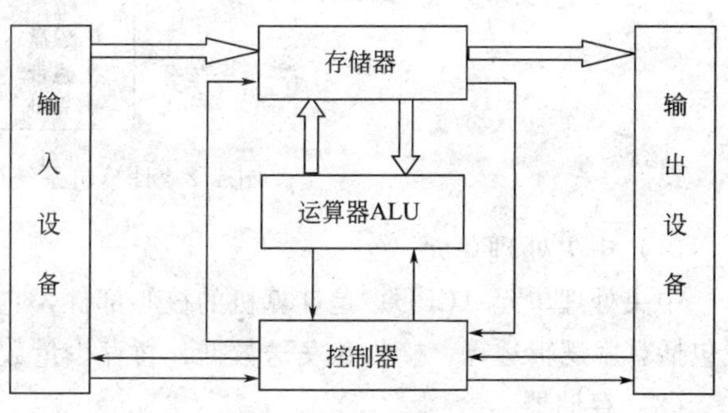

图4.1　计算机体系结构

（2）计算机中的数据表示方法

在计算机内一切信息必须进行数字化编码（即用二进制代码形式表示），才能在机内传送、存储和处理。

数值的表示：数值本身就是数字类信息，比较容易在计算机内表达，但计算机只能表达0、1数字，因此平常用到的十进制数据必须转化为二进制数据才能存储在计算机中。

字符的表示：字符必须数字化后才能存储在计算机中，计算机中通常用ASCII码（美国标准信息交换码）来表达字符。每个字符用7位二进制数表示，在机内占一个字节（最高位为0）。例如，字符“A”的ASCII码为 $(65)_{10}$，字符“0”的ASCII码为 $(48)_{10}$。

汉字的表示：汉字常用编码的方式在计算机内表示，国标码（国标GB 2312—80）共对6763个常用汉字的二进制编码做了规定，其中：一级汉字3755个，二级汉字3008个。国标码规定每个汉字用两个七位二进制代码表示，因此汉字在计算机内存储需要占用两个字节。汉字的编码根据用途不同，又分为用于机内存储的内码，用于汉字输入的外码和用于显示的汉字点阵。

（3）程序的运行

程序是指用户在使用计算机时，用一条条指令编写的指令序列。构成程序的指令在存储器中一般都是顺序存放，要改变这种顺序性，必须由转移指令来实现。

计算机能够执行的各种不同类型指令的总和称为计算机的指令系统。计算机的指令系统决定了计算机的功能，指令越多，计算机功能越强，线路也就越复杂。一般来说，计算机有以下几类基本指令：数据传送指令、算术运算指令、逻辑运算指令、程序控制指令、输入/输出指令和其他指令。

4.1.3 计算机系统硬件结构

计算机系统硬件由中央处理单元、存储器、输入/输出设备等构成（图4.2）。

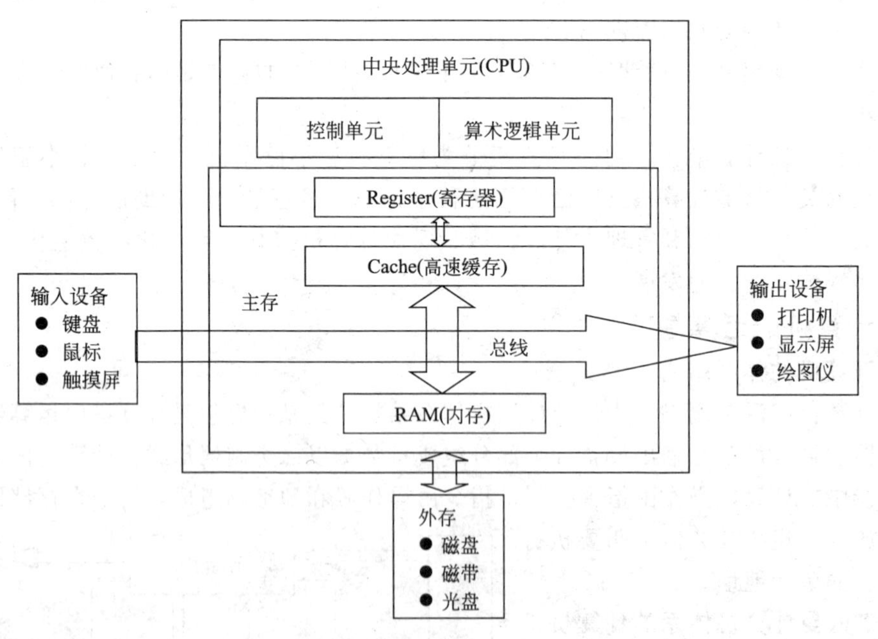

图4.2 计算机系统硬件结构

（1）中央处理单元

中央处理单元（CPU）是计算机的核心部件，它是计算机的心脏。中央处理单元的功能一般包括算术逻辑运算、接收和发送数据、暂存少量数据、提供控制信号、对指令解码等。

（2）存储器

存储器是计算机的记忆部件。存储器一般分为主存储器和二级存储器。主存储器又分为只读存储器（ROM）和随机存储器（RAM）。二级存储器包括磁盘、磁带、光盘等。

（3）输入/输出设备

输入/输出设备是计算机与外界进行数据交换的设备。输入设备一般有键盘、扫描仪、鼠标、条形码阅读器等。输出设备一般有打印机、显示器、绘图仪等。

计算机硬件的发展趋势是处理速度更快，存储容量更大，价格更低，体积更小。

4.1.4 计算机软件

在计算机系统中，软件是相对于硬件而言的另一类必不可少的组成部件。软件包括了使计算机运行的各种程序及其有关的文档。只有硬件的裸机是不能运行的，必须要有软件的支持，计算机才能去执行应用任务和从事信息处理。

计算机软件分有系统软件和应用软件两大类（图 4.3）。

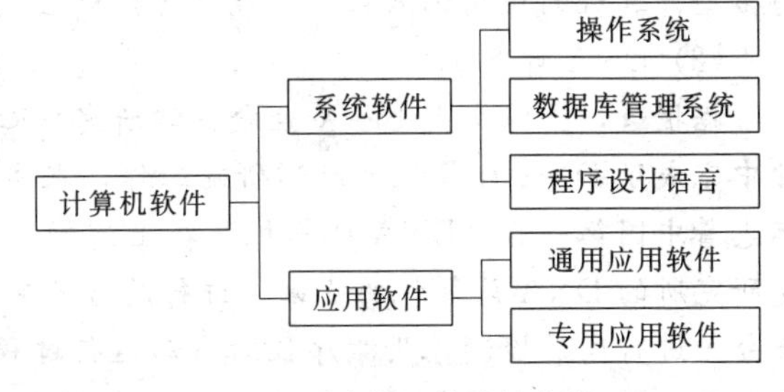

图 4.3 计算机软件的分类

（1）系统软件

系统软件是管理与支持计算机系统资源的程序，是计算机硬件和应用程序之间重要的接口。系统软件主要有操作系统软件（如 Windows XP、Windows 2000、Windows NT、Unix）、数据库管理系统（如 Oracle、DB2、SQL Server）、开发工具和程序设计语言（如 Jbuilder、C、Delphi）等。

（2）应用软件

应用软件是指适用于各类不同应用领域的应用程序及其文档。应用软件一般包括通用应用软件和专用应用软件。通用应用软件是具有通用信息处理功能的商品化软件。它的特点是通用性，因此可以被许多类似应用需求的用户所使用。典型的通用应用软件有文字处理软件、电子表格软件、绘图软件、数值统计分析软件等。

专用应用软件是指满足用户特定要求的应用软件。典型的专用应用软件有会计处理系统、销售管理系统、人力资源管理系统等。

专题阅读：计算机的发展

据大洋网-广州日报报道，如果要把计算机的历史划分为两个不同的阶段，那么，1981 年无疑是个分界线。这一年的 8 月 12 日，蓝色巨人 IBM 公司的个人电脑（简称 PC）5150 初次登上历史舞台。8 个月内，这种个人电脑就卖出了 5 万台，人类社会从此跨进个人电脑的新纪元。

事实上，并非 IBM 发明了台式电脑——最原始的台式电脑由苹果公司推出；IBM 也不是最早提出“个人电脑”这个术语的公司——HP 声称是它于 1968 年首先提出的。不过，到了今天，25 年过去了，IBM 5150 被普遍视为现代个人电脑的祖先，为电脑发展成为现代商业和许多人的生活中不可缺少的工具做出了关键性的贡献。在 1982 年，IBM 5150 这台里程碑式的 PC 机甚至被美国《时代》周刊评选为“年度封面人物”。

现在的个人电脑已经不仅仅是一种工具，它很大程度上已经成为一种高端技术的枢纽，可以说社会中任何个体、任何组织都不能脱离电脑而独立运营。随着技术的增长，“个人计算”的概念涵盖了更为广阔的范围。现在的个人计算概念已经包含了一个“个人电脑生态体系”，从基于个人电脑的数据中心到笔记本，再到服务器、便携设备、手机，“个人计算”的概念可谓无所不在。

时至今日，计算机已经改变了整个世界。许多专家预测，未来的计算机将更快、更小、更聪明、更时尚。近年来，随着材料学和生物技术的发展，一些新型的计算机和用于计算机硬件的新型材料不断出现。

(1) 句号大小的超微型计算机

康奈尔大学和哈佛大学分别开发出有开关功能的纳米晶体管，体积比现有晶体管小 100 倍，相当于单个分子大小。这一突破将有利于开发在单个分子上装配电子器件的化学技术。还有可能使计算机电路再缩小 6 万倍，造出仅有句号大小的超微型计算机，进而开发出携带超微型计算机的医用纳米机械（摘于上海科技网站 2003 年 1 月 7 日报道）。

(2) DNA 计算机

据报道，上海交大 Bio-X 生命科学研究中心和中科院上海生科院营养科学研究所已在试管中完成了 DNA 计算机的雏形研制工作，在实验上把自动机与表面 DNA 计算结合到一起，标志着中国第一台“DNA 计算机”在上海问世。据悉，这一 DNA 计算机是在以色列魏茨曼研究所的 DNA 计算机的基础上进行改进后完成的，其中包括用双色荧光标记对输入与输出分子进行同时检测，用测序仪对自动运行过程进行实时监测，用磁珠表面反应法固化反应提高可控性操作技术等，以致最终在一定程度完成模拟电子计算机处理 0、1 信号的功能，并可能将来通过计算芯片技术把电子计算机的计算功能进行本质上的提升。

科学家们预测，在不久的将来，DNA 计算机可被用来开发新一代的基因分型技术，处理基因组的信息，或用注入到人体内的 DNA 计算机进行基因治疗（摘于新浪网 2004 年1 月 28 日报道）。

(3) 细菌有望成为纳米结构的“装配工”

据《科学时报》报道，在纳米尺度上对微小物体进行组装，可不是一件容易的事，现有的平版印刷等技术基本上无计可施。不过，细菌也许是一个理想的“装配工”，因为美国科学家最新研究发现，某些细菌产生的蛋白质可以用作模板，将纳米微粒等组装成次序井然的结构，形成特定的纳米结构，其中金微粒的直径不超过 10 纳米，半导体微粒的直径约为 5 纳米，整个纳米结构仅相当于头发丝的 1/5000，有望成为未来微型计算机内存和逻辑器件等的基础。如果该技术能得到改进和完善，那么将来制造超微型计算机芯片，说不定就像“酿造啤酒”那样便宜和简单。纳米结构的装配过程见图 4.4（摘于上海科技网站 2002 年 12 月 6 日报道）。

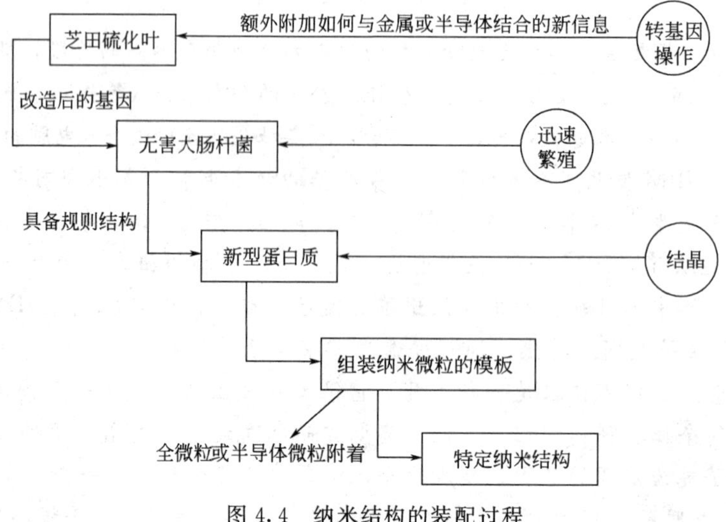

图 4.4　纳米结构的装配过程

4.2 数据库技术

数据库技术主要研究如何科学合理地组织数据以及如何高效地访问数据。随着计算机软硬件的发展，计算机用于数据管理经历了人工管理阶段（20 世纪 50 年代中期以前）、文件系统阶段（20 世纪 50 年代后期到 60 年代中期）和数据库系统阶段（20 世纪 60 年代后期以来）。

4.2.1 数据库系统构成与数据库管理系统

（1）数据库系统构成

数据库系统主要由计算机硬件、计算机软件（包括数据库管理系统、应用开发工具、数据库应用系统等）、数据库、人员（包括数据库管理员和用户）等构成《数据库系统管理教程》（王珊，陈红．2000）一书中描述了数据库系统的构成，见图 4.5。

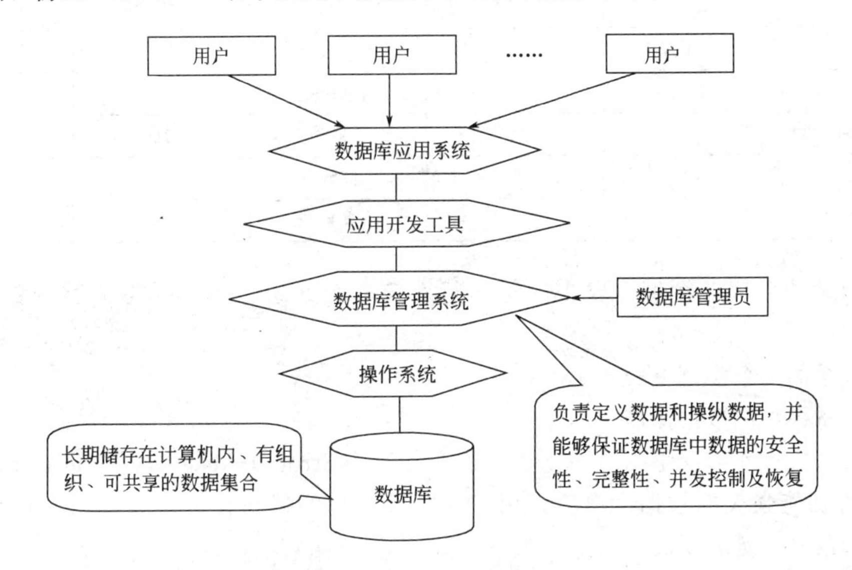

图 4.5 数据库系统的构成

（2）数据库管理系统

数据库管理系统（Database Management Systems，DBMS）是数据库系统的核心，是为数据库的建立、使用和维护而配制的软件，是位于用户与操作系统之间的一层数据管理软件，它为用户及应用程序提供访问数据库的方法，包括数据库的建立、查询、更新及各种数据控制。目前典型的数据库管理系统有 Oracle、Sybase、DB2、SQL Server 等。

数据库管理系统负责对数据库进行统一的管理和控制，用户发出的或应用程序中的各种操作数据库中数据的命令，都要通过数据库系统来进行。数据库管理系统的功能主要包括定义数据库的模式和子模式及各种模式间的映射；对数据库进行更新和查询等基本的数据操纵操作；数据组织、存储和管理，优化数据库的数据存储；数据库的建立和维护，包括数据库中的数据加载、数据转换、数据库的重组织与重构造，数据库性能的监视与分析等；对数据库运行中的安全性、完整性、并发控制、数据库恢复等进行管理。

4.2.2 关系模型

（1）关系模型数据结构

关系模型的数据结构是个二维表，表的名字即是关系的名字，表中的每一列对应一个属

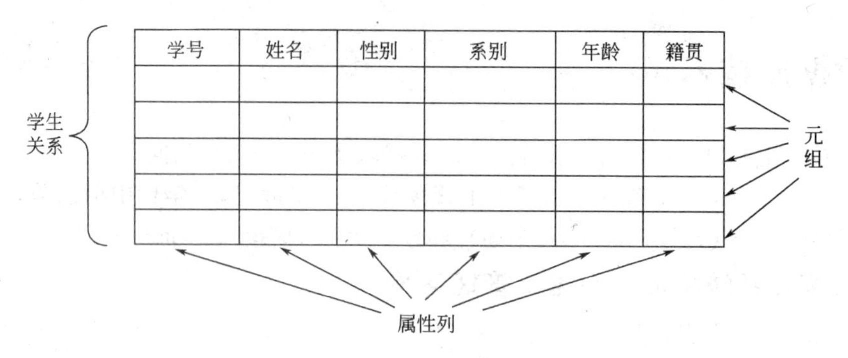

图 4.6 学生关系的数据结构

表 4.1 学生登记表

学号	姓名	性别	系别	年龄/岁	籍贯
20060102	李佳名	男	工商管理	20	陕西
20060103	刘晨	女	信息系统	19	山东
20060104	王勇	女	金融学	18	北京
20060105	张立	男	工商管理	19	天津
20060107	王楠	女	信息系统	20	陕西

性，每一个属性对应一个域，表中的每一行对应一个元组，一个学生关系的数据结构见图 4.6。

学生关系的一个实例见表 4.1。

(2) 关系模型的数据操作

目前关系的操作广泛采用结构化查询语言 SQL (Structured Query Language) 来完成，SQL 是一种功能强大的数据库语言，用于执行数据库的操作任务，如数据更新、检索等。结构化查询语言一览表见表 4.2。

表 4.2 结构化查询语言一览表

SQL 功能	SQL 命令	SQL 功能	SQL 命令
数据定义	CREATE,DROP,ALTER	数据查询	SELECT
数据更新	INSERT,UPDATE,DELETE	数据控制	GRANE,REVOKE

利用结构化查询语言可以操纵数据库，例如，要对学生登记表中的数据进行如下操纵：查询工商管理系的学生信息，将学号是“20060103”的学生的年龄设为 20 岁，将学生王英的信息(“20060108”，“王英”，“女”，“金融学”，“19”，“浙江”)插入学生登记表。用 SQL 语言表达如下。

SELECT * FROM 学生登记表 WHERE 系别=“工商管理”

UPDATE 学生登记表 SET 年龄=20 WHERE 学号=“20060103”

INSERT INTO 学生登记表 VALUES (“20060108”，“王英”，“女”，“金融学”，“19”，“浙江”)

(3) 关系模型的完整性约束

完整性约束用于保证数据库中数据的正确、有效和相容。关系模型有如下三类完整性。

① 实体完整性：若属性 A 是基本关系 R 的主属性，则属性 A 不能取空值。如学生登记表中学号是主属性，学号不能取空值。

② 参照完整性：若属性（或属性组）F 是基本关系 R 的外码，它与基本关系 S 的主码 Ks 相对应（基本关系 R 和 S 不一定是不同的关系），则对于 R 中每个元组在 F 上的取值或者取空值（F 的每个属性值均为空），或者等于 S 中某个元组的主码值。

例：学生实体和系实体可以用下面的两个关系表示，其中主码用下划线标识。

学生登记表（<u>学号</u>，姓名，性别，系别，年龄，籍贯）

系（<u>系别</u>，系主任）

这两个关系之间存在着属性间的引用，学生登记表中引用了系关系的主码“系别”。按照参照完整性的要求，学生登记表中的系别值或者取空值，或者取系关系中系别值的某一个值。

③ 用户定义的完整性：针对某一具体数据库的约束条件，反映某一具体应用所涉及的数据必须满足的语义要求。如在学生登记表中，要求学生的年龄大于等于 18，小于等于 50。

4.2.3 关系规范化理论

关系规范化理论是指导关系数据库设计的一个非常重要的理论，它致力于解决关系模式中不合适的数据依赖问题，使得关系模式在操纵时不会出现插入异常、删除异常、修改复杂等问题。关系规范化理论定义了六种规范化模式（Normal Form，NF，简称范式），这六种范式分别是第一范式（1NF）、第二范式（2NF）、第三范式（3NF）、BC 范式（BCNF）、第四范式（4NF）、第五范式（5NF）。范式表示的是关系模式的规范化程度，某一级别的范式是符合某一级别的关系模式的集合。在六种范式中，通常只用到前三种。

（1）第一范式（1NF）

第一范式（1NF）要求，在一个关系模式中，元组中每一个分量都必须是不可分割的数据项。一个学生关系的例子见表 4.3 所示。

表 4.3 学生关系表

学号	姓名	年龄/岁	系别	系主任	课程成绩	
					课程号	成绩
S1	赵亦非	18	工商管理	刘伟	C1	90
S1	赵亦非	18	工商管理	刘伟	C2	82
S2	钱平	19	信息系统	张屹	C3	84
S3	刘思佳	18	信息系统	张屹	C2	68

因为要求元组中的每一个分量都必须是不可分的数据项，所以该关系模式不满足第一范式，人们对该关系模式进行如下的规范化，使该关系模式满足 1NF（表 4.4）。

表 4.4 满足 1NF 的学生关系表

学号	姓名	年龄/岁	系别	系主任	课程号	成绩
S1	赵亦非	18	工商管理	刘伟	C1	90
S1	赵亦非	18	工商管理	刘伟	C2	82
S2	钱平	19	信息系统	张屹	C3	84
S3	刘思佳	18	信息系统	张屹	C2	68

（2）第二范式（2NF）

第二范式（2NF）要求，一个关系模式不仅要满足 1NF，而且所有的非主属性必须完全依赖于码。

例如，一个学生关系见表 4.5 所示，该关系的码是“学号”和“课程号”，由于该关系中存在属性“姓名”，它仅依赖于“学号”一个单一的属性，部分依赖于码（学号，课程号），因此该关系模式不满足 2NF。

表 4.5 不满足 2NF 的学生关系表

学号	姓名	年龄/岁	系别	系主任	课程号	成绩
S1	赵亦非	18	工商管理	刘伟	C1	90
S1	赵亦非	18	工商管理	刘伟	C2	82
S2	钱平	19	信息系统	张屹	C3	84
S3	刘思佳	18	信息系统	张屹	C2	68

将该关系模式进行模式分解，分解为表 4.6 和表 4.7 所示的两个关系模式，就可将该关系模式规范化为满足 2NF 的关系模式。

表 4.6 学生关系表

学号	姓名	年龄/岁	系别	系主任
S1	赵亦非	17	工商管理	刘伟
S1	赵亦非	17	工商管理	刘伟
S2	钱平	18	信息系统	张屹
S3	刘思佳	17	信息系统	张屹

表 4.7 学生成绩表

学号	课程号	成绩
S1	C1	90
S1	C2	82
S2	C3	84
S3	C2	68

（3）第三范式（3NF）

第三范式（3NF）要求，一个关系模式不仅要满足第二范式，而且不存在非主属性对码的传递依赖。

例如，在表 4.6 的学生关系表中，学号是主码，非主属性系主任传递依赖于主码“学号”，因此该关系模式不属于 3NF。将该关系模式分解为表 4.8 所示的学生关系表和表 4.9 所示的系别表。就可将该关系模式规范化至 3NF。

表 4.8 学生关系表

学号	姓名	年龄/岁	系别
S1	赵亦非	17	工商管理
S2	钱平	18	信息系统
S3	刘思佳	17	信息系统

表 4.9 系别表

系别	系主任
工商管理	刘伟
信息系统	张屹

4.2.4 数据库运行管理

（1）数据库的安全性

数据库的一大特点是数据可以共享，但数据共享必然带来数据库的安全性问题。数据库的安全性是指保护数据库防止非法使用造成数据的泄漏、更改或破坏。

在数据库系统中，安全措施一般是层层设置的。系统首先要根据用户输入的用户名和口令进行用户身份的鉴定，只有合法的用户才允许进入数据库系统，对已进入数据库系统的用户，DBMS还要进行存取控制，只允许用户执行合法操作。对于特别敏感的数据，可以以密码的形式存储在数据库中。除此而外，亦可以同时利用数据库的审计功能保障数据库的安全性。

（2）数据库的完整性

数据库的完整性指数据的正确性和相容性。加在数据库中数据之上的语义约束条件称为完整性约束条件。DBMS必须提供一种机制来检查数据库中的数据，看其是否满足语义规定的约束条件。数据库的完整性控制主要包括提供定义完整性约束条件的机制；检查用户发出的操作请求是否违背了完整性约束条件；如果发现用户的操作请求使数据违背了完整性约束条件，则采取一定的动作来保证数据的完整性。

（3）并发控制

数据库是个共享资源，为了提高数据库的利用率，应允许多个用户并行地同时使用数据库，但这样就会产生多个用户程序并发存取同一个数据的情况，如果不加以控制就可能破坏数据库的一致性。并发控制就是在多用户并发使用数据库时，保障数据的正确、有效和相容。

（4）数据库恢复

数据库运行过程中因可能发生的事务故障，系统故障，介质故障而使数据库遭到破坏。在数据库遭到破坏时可用恢复技术恢复数据库。数据库恢复所用的技术有转储和记录日志文件。转储是指数据库管理员（Database administrator，DBA）将整个数据库复制到磁带或另一个磁盘上保存起来的过程。转储的数据文件称为后援副本。日志文件是指用来记录事务对数据库的更新操作的文件。

4.2.5　数据仓库技术

（1）数据仓库的产生背景

数据库系统作为数据管理手段，主要用于事务处理。尽管数据库在事务处理方面的应用获得了巨大的成功，但它对分析处理的支持一直不能令人满意。联机事务处理（On-Line Transaction Processing，OLTP）面对的是操作人员和低层管理人员。联机分析处理（On-Line Analytical Processing，OLAP）面对的是决策人员和高层管理人员，因而数据的特点和处理方式明显不同，OLTP与OLAP的应用见图4.7。事务处理与分析处理具有极不相同的性质，直接使用事务处理环境来支持OLAP是极其困难的。

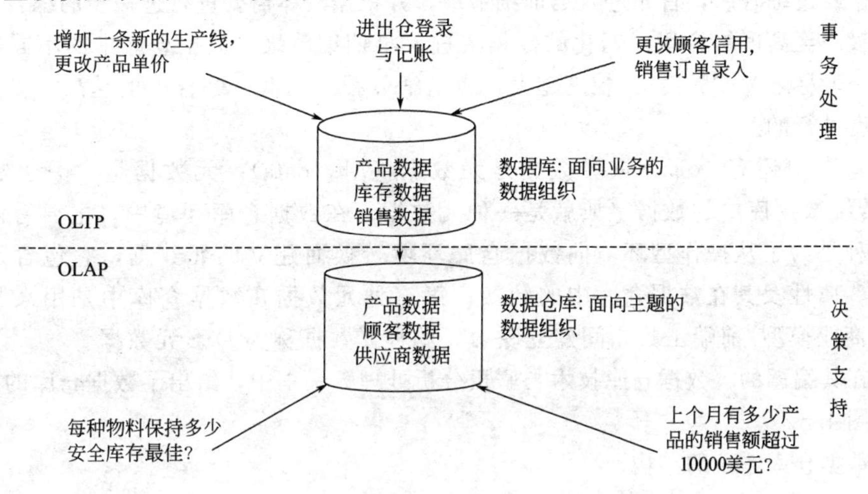

图4.7　OLTP与OLAP应用

如前所述，传统的数据库系统面向以事务处理为主的OLTP应用，不能满足决策支持系统对数据分析处理的要求。事务处理和分析处理对数据有着完全不同的要求。支持事务处理的操作型数据与支持决策的分析型数据之间的区别见表4.10。

表4.10 OLAP与OLTP数据比较

OLTP数据	OLAP数据	OLTP数据	OLAP数据
原始数据	导出数据	一次处理的数据量小	一次处理的数据量大
细节数据	综合性或提炼性数据	面向应用，事务驱动	面向分析，分析驱动
当前数据	历史数据	面向操作人员，支持日常操作	面向决策人员，支持管理需要
可更新	不可更新，但周期性刷新		

(2) 数据仓库的定义

W. H. Inmon在其《建立数据仓库》(《Building the Data Warehouse》) 一书中，给出了数据仓库的定义：数据仓库是一个面向主题的、集成的、不可更新的、随时间不断变化的数据集合，用来支持管理人员的决策。

与传统数据库面向应用进行数据组织不同，数据仓库中的数据是面向主题进行组织的。主题是一个抽象的概念，它对应企业中某一宏观分析领域所涉及的分析对象。面向主题的数据组织方式，就是在较高层次上按分析对象对数据进行一个完整、一致的描述，它可以深刻的刻画各个分析对象所涉及的各项数据，以及这些数据之间的联系。

数据仓库中的数据是集成的，体现在数据从源数据进入数据仓库之前，必须经过统一与综合。对数据的统一指要对源数据中的矛盾之处，如字段的同名异义、异名同义、单位不统一、长度不一致等进行一致化处理，对数据的综合指源数据要进行相应的统计汇总后才能进入数据仓库。

数据仓库中存放的数据是历史数据，数据仓库中所涉及的数据操作主要是查询操作，一般不能对数据仓库中的数据作直接的插入、删除、修改等更新操作，可定时刷新数据仓库，使数据仓库中的数据满足决策需要。随着数据仓库的不断刷新，数据仓库中的数据便随着时间不断变化。

(3) 数据仓库中的数据组织

数据仓库中的数据分为四个级别：早期细节级、当前细节级、轻度综合级、高度综合级。源数据经过综合后，首先进入当前细节级，并根据具体需要进行进一步的综合从而进入轻度综合级乃至高度综合级，老化的数据将进入早期细节级。数据仓库中的不同的综合级别，人们一般称之为“粒度”。粒度越大，表示细节程度越低，综合程度越高。级别的划分是根据粒度进行的。

数据仓库中还有一部分重要数据是元数据（Metadata）。元数据是“关于数据的数据”，如传统数据库中的数据字典就是一种元数据。在数据仓库环境中，主要有两种元数据，第一种是为了从操作型环境向数据仓库环境转换而建立的元数据，它包含了所有源数据项名、属性及其在数据仓库中的转换；第二种元数据在数据仓库中是用来与终端用户的多维商业模型/前端工具之间建立映射，此种元数据称为DSS元数据。

王珊在其编著的《数据仓库技术与联机分析处理》一书中，给出了数据仓库的数据组织结构，见图4.8。

(4) 数据仓库系统的结构

数据仓库系统（Data Warehouse System）以数据仓库为基础，通过查询工具和分析工

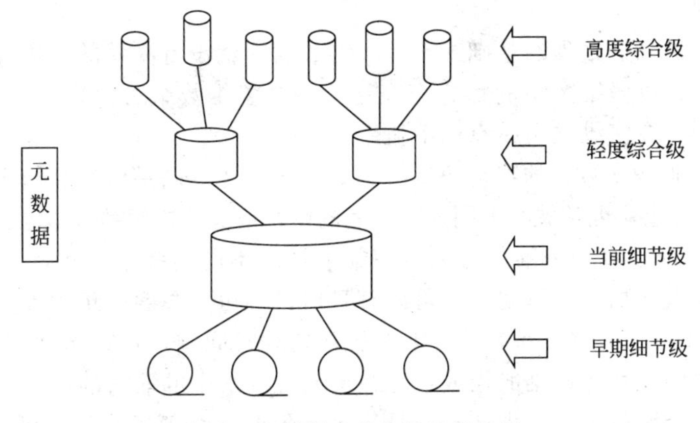

图 4.8 数据仓库中的数据组织

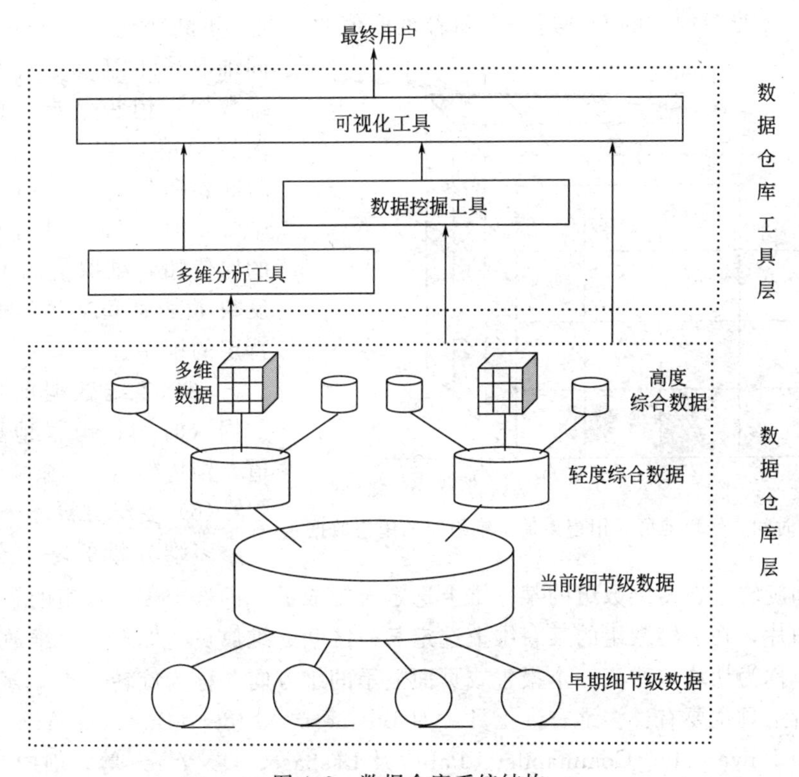

图 4.9 数据仓库系统结构

具，完成对信息的提取，满足用户的各种需求。王珊在其编著的《数据仓库技术与联机分析处理》一书中提出了数据仓库系统结构，见图 4.9。

由图可见，数据仓库系统由数据仓库层和数据仓库工具层构成。在数据仓库层，数据包括早期细节级数据、当前细节级数据、轻度综合级数据和高度综合级数据四个级别。在高度综合级数据中，除了使用传统的关系型的二维数据，还采用了便于联机分析处理的多维数据。数据仓库中的数据是信息分析和数据挖掘的基础，在整个系统中，数据仓库是大量集成化数据的集合，居于核心地位。数据仓库工具层包括多维分析工具、数据挖掘工具和可视化工具，数据仓库工具是整个系统发挥作用的关键，只有通过高效的工具，数据仓库才能真正发挥出数据宝库的作用。

(5) 多维数据

多维数据是联机分析处理的基础，没有多维数据，就没有高效的联机分析处理。在数据仓库中，多维数据常以多维数组的形式来表达。一个多维数组可以表达为：数组名（维 1，维 2…维 n，变量）。在多维数组中有以下概念。

① 维：维是人们观察数据的特定角度。例如企业关注不同月份产品销售的情况，这时时间就是一个维。另外企业也常关心不同地区产品的销售情况，这时销售地区也成为一个维。

② 维的层次：对于每一个维，可以存在细节程度不同的多个描述，称每一个细节程度的描述为一个维层次。如对于时间维，可以有日期、月份、季度、年度等多个维层次。

③ 维成员：维的一个取值称为一个维成员。如对时间维，1998 年便是一个维成员。如果一个维是多层次的，那么该维的维成员是在不同维层次上的取值的组合。例如，假设时间维有日、月、年三个维层次，分别在日、月、年上各取一个值组合起来就构成一个维成员，如 1998 年 10 月 12 日。

④ 变量：多维数组中的变量是一个随着维取值的不同而不断变化的一个值。它反映不同维取值下某参数的值。如在多维数组：销售情况（时间、销售地区、销售渠道、销售额）中，时间、销售地区、销售渠道是三个维，而销售额是变量，销售额的取值随着维取值的不同而不同，反映了某时间某地区某销售渠道特定的销售数量。

一个多维数据的例子：销售数据（时间、销售地区、销售渠道、销售额），见图 4.10。

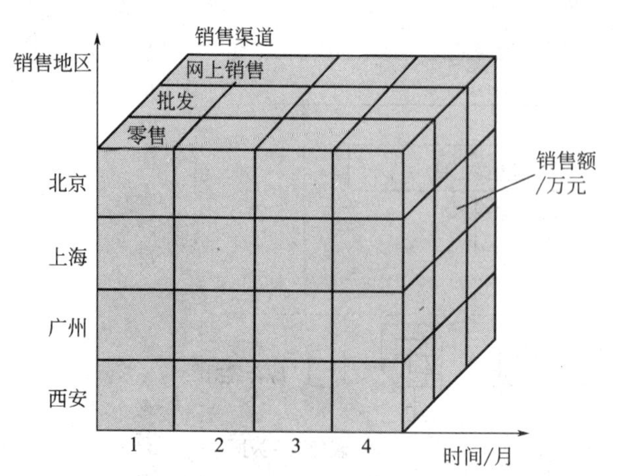

图 4.10 按时间、销售地区、销售渠道三维组织的销售数据

(6) 多维分析

多维分析的基本分析动作有切片、切块和旋转。在多维数组的某一维上选定一维成员，即选定多维数组的一个二维子集的动作称为切片；在多维数组的某一维上选定某一区间的维成员，即选定多维数组的一个三维子集的动作称为切块；改变一个报告或页面显示的维方向，称为旋转。

多维分析工具主要有：多维查询工具，如 Business Objects（Business Analyzer）；多维处理工具，如 Powerplay、Commander、Pablo 及 Essbase、Dss Agen 等；面向对象的产品，如 Information Advantage 等。

(7) 数据挖掘

数据挖掘是从数据中发现有用的信息或知识的技术。1995 年在加拿大召开了第一届知识发现和数据挖掘国际学术会议。在这次会议上，对于数据挖掘和数据库中的知识发现的概念进行了描述。数据库中的知识发现被认为是从数据中发现有用知识的整个过程，知识即意味着数据元素之间的关系和模式。数据挖掘被认为是知识发现过程中的一个特定步骤，它应用具体算法从数据中提取模式和知识。

数据挖掘，就是应用一系列技术从大型数据库或数据仓库的数据中提取人们感兴趣的信息和知识，这些知识或信息是隐含的、事先未知而潜在有用的，提取的知识表示为概念（Concepts）、规则（Rules）、规律（Regularities）、模式（Patterns）等形式。

数据挖掘作为知识发现过程的一个特定步骤，它是对大容量数据及数据间关系进行考察和建模的方法集。它的目标是将大容量数据转化为有用的知识和信息。数据挖掘是从大型数据库或数据仓库中发现并提取隐藏在其中的信息的一种新技术，可帮助决策者寻找数据间潜在的关联，发现被忽略的因素。这些信息和因素对预测趋势和决策行为是至关重要的。

数据挖掘过程见图 4.11。在数据挖掘过程中，首先要进行数据的清理和集成，消除数据的噪声和不一致，将多种数据源有机地组合在一起；然后从清理集成形成的数据库中选择与分析任务相关的数据，通过汇总或聚集操作，将数据变换成适于挖掘的形式；在此基础上，使用数据挖掘算法，提取数据模式；最后对提取出的数据模式进行评估，将评估后有价值的模式用可视化技术表达出来。

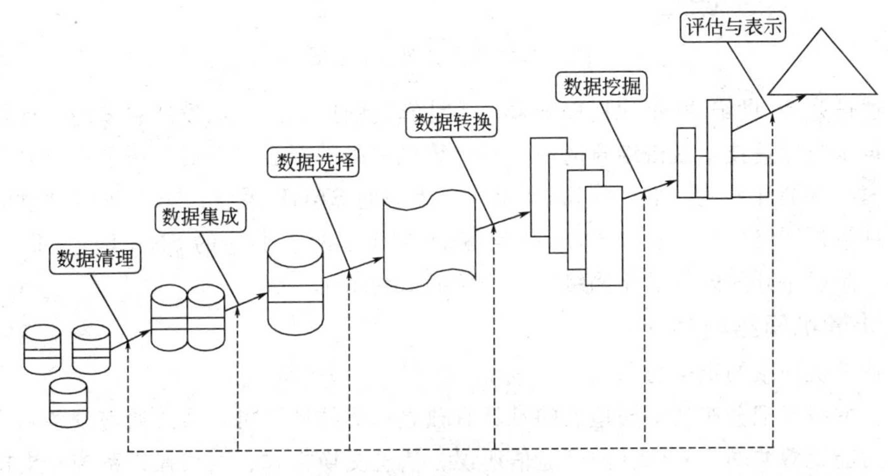

图 4.11　数据挖掘过程

(8) 数据仓库技术的应用

当今世界充满了激烈的竞争，正确及时的决策是企业生存和发展的关键。企业要在竞争中取胜，至关重要的是必须利用计算机和网络技术并结合数据仓库技术等，深层次的挖掘和分析当前及历史的经营数据信息，以及相关环境的相关信息，自动快速获取其中有用的决策信息，为快速、准确的决策提供支持。

近年来许多软件公司推出了数据仓库系统，数据仓库技术在具有大量业务数据的金融业、通信业、制造业、医疗保健业等均得到较多的使用。目前数据仓库技术已在产品销售情况分析、客户关系分析、促销活动效果分析、财务分析、退换货分析、采购成本分析等方面获得了成功的应用。但因为数据仓库投资大，技术复杂，建成后还有一个调整和完善的过程，如提高性能、主题扩展、应用深化等。因此企业对数据仓库的投入要做慎重的必要性和可行性分析。

4.3　通信与网络技术

如今几乎所有的组织都在努力运用数据通信和计算机网络技术，在组织员工中达成信息共享与信息沟通。也有一些组织利用数据通信和计算机网络技术打破组织边界，与分布在世界各地的顾客、供应商、分销商、零售商联系在一起。一个计算机网络的示意图见图 4.12。

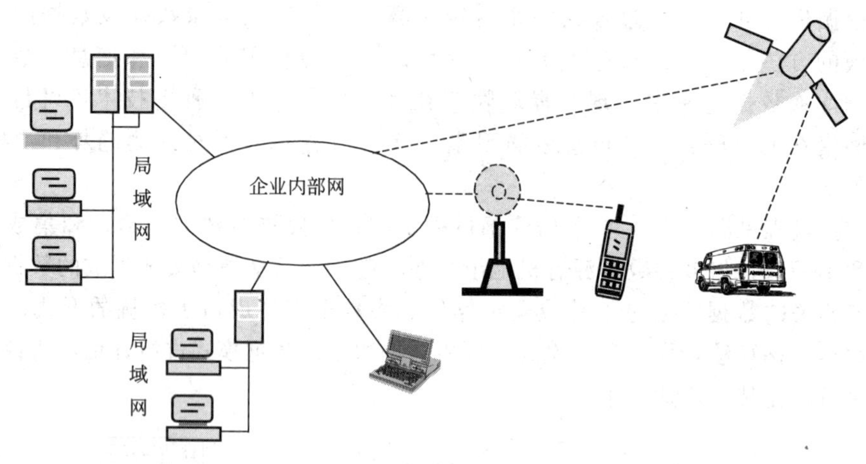

图 4.12 计算机网络示意图

数据通信是 20 世纪 50 年代后期随着电子计算机的广泛应用而发展起来的。计算机网络是计算机技术与通信技术紧密结合的产物。计算机网络的形成与发展经历了三个阶段：第一阶段是面向终端的计算机网络，例如 50 年代初美国的 SAGE 系统；第二阶段是以资源共享为目标的计算机网络阶段，例如 60 年代美国的 ARPA 网，IBM 的 SNA 网，DEC 的 DNA 网等；第三阶段是开放式标准化网络阶段，例如 Internet。

4.3.1 计算机网络概述

(1) 计算机网络的定义与功能

计算机网络指把分布在不同地点的且具有独立功能的计算机，通过通信设备和线路连接起来，在功能完善的网络软件（网络通信协议、信息交换方式、网络操作系统）支持下，实现网络中信息传递和资源共享的系统。

计算机网络的功能主要有数据通信，共享硬件、软件、信息和知识等。除此，利用计算机网络可进行分布式数据处理，提高系统的可靠性。

(2) 计算机网络的组成

计算机网络由资源子网和通信子网构成，资源子网负责全网的数据处理及向网络用户提供网络资源及网络服务等，一般有主计算机系统、终端、各种硬件和软件资源和数据资源；通信子网为资源子网提供信息传送服务，是支持资源子网上用户之间相互通信的基本环境。一般由通信控制处理器、集线器、调制解调器、网络通信媒体等组成（图 4.13）。

(3) 计算机网络的分类

计算机网络按网络覆盖的地理范围可分为局域网（local area network，LAN），城域网（metropolitan area network，MAN）和广域网（wide area network，WAN）。按网络拓扑结构可分为星型网、总线型网、环型网等；其他还有按交换方式分类、按传输媒体分类等分类方式。

(4) 计算机网络的体系结构

根据信息共享方式的不同，计算机网络体系结构有对等网络和基于服务器的网络。对等网络指网络中没有专用的服务器，网上所有的计算机地位是平等的网络。基于服务器的网络是指网络中有专门的服务器的网络。

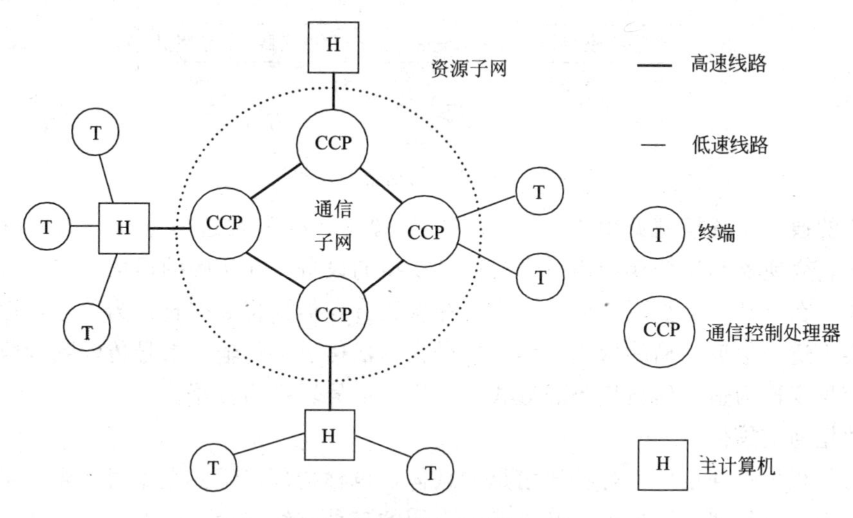

图 4.13 计算机网络的组成

对等网络的特点是网上所有计算机都既是客户机又是服务器；每台计算机的用户自己决定将其计算机中的哪些数据共享到网络中去；没有负责整个网络管理的网络管理员。对等网络的优点是规模小、成本低和实现简单。

基于服务器的网络的特点是网络中计算机的地位不平等，网络中的计算机分为专用服务器（或主机）和客户机；有网络操作系统和网络管理员对网络进行统一管理。基于服务器的网络的优点是易于管理共享资源，安全性好，数据备份方便，网络规模基本不受限制。基于服务器的网络结构又可分为 Client/Server 结构（胖客户机）和 Browser/Server 结构（瘦客户机）。

（5）计算机网络拓扑结构

计算机网络拓扑结构指网络中的计算机、电缆和其他部件的几何排列或物理布置。目前计算机网络有总线型、星型、环型、网型四种基本的拓扑结构。

总线型拓扑是较简单的一种拓扑，它由一根被称为“主干”的电缆，将网络中所有的计算机连在一根电缆上，这根电缆也称为“总线”。在星型拓扑结构中，计算机通过电缆连接到一个称为“集线器”的中央部件上，在星型拓扑结构中，信号通过集线器从一台计算机发送给网络中的其他所有计算机，星型拓扑提供集中式的网络管理，中央部件的工作负荷较重。环型拓扑结构用一个电缆环连接所有计算机，信号在环中沿着一个方向发送，经过每台计算机。在环型拓扑结构中，每台计算机都可作为中继器，用来增强信号并将信号传送给下一台计算机。环型拓扑结构中，任何一个计算机出现故障都会导致整个网络瘫痪。网型拓扑结构提供较好的冗余性和可靠性，在网型拓扑结构中，每台计算机分别通过电缆与其他所有计算机相连。网型拓扑结构的网络可靠性高，但网络的连接成本较高。

4.3.2 数据通信基础

（1）数据通信中的几个重要术语

数据、信息、信号、信道是数据通信中四个重要的术语。数据是对客观事实描述与记载的物理符号；信息是对数据含义的解释；信号是数据的电磁波表示形式；信道是信号传输的通路。

（2）点到点的通信系统模型

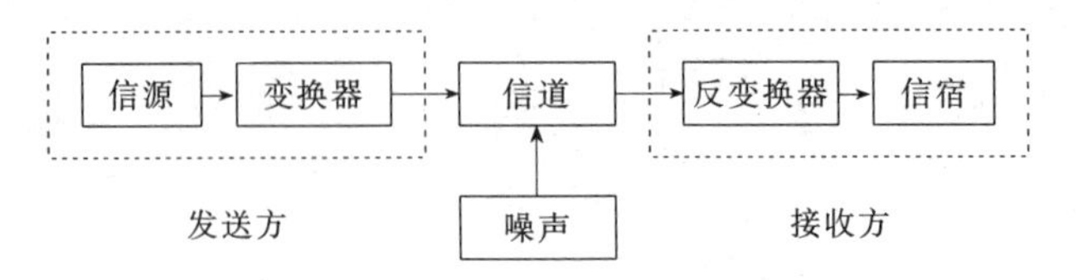

图 4.14　点到点的通信系统模型

点到点的通信系统模型见图 4.14。图中，信源是产生和发送信息的一端，信宿是接受信息的一端。变换器和反变换器均是进行信号变换的设备，在实际的通信系统中有各种具体的设备名称。在点到点的数据通信系统中，在发送方，信源将数据转换为信号，信号经过变换器被变换为适合信道传输的形式，然后信号在通信信道上传输，信号传输到接收方后，反变换器将信号变换为适合信宿接收的形式，信宿将信号转换为数据。

(3) 数据通信媒体

数据通信媒体是通信中实际传送信息的载体，也称物理信道。数据通信媒体可分为有线和无线两大类。双绞线、同轴电缆和光缆是常用的三种有线媒体。微波、红外线、激光等都是无线媒体（图 4.15）。

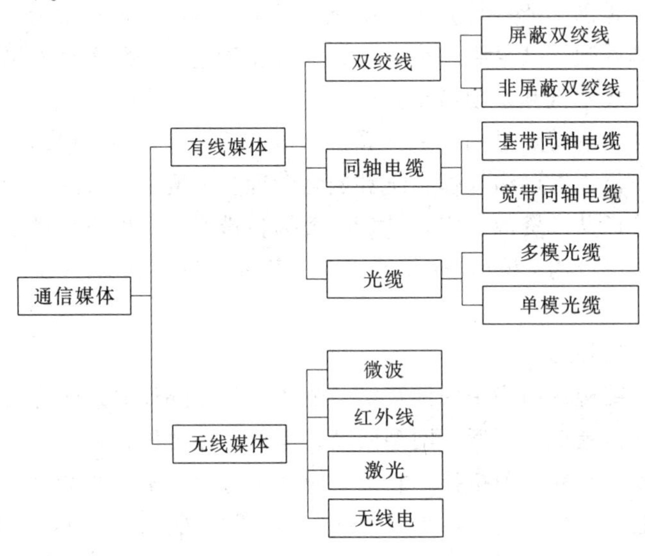

图 4.15　数据通信媒体

(4) 网络标准和协议

目前的网络标准和协议主要出自三个著名的组织：ISO 国际标准化组织，由美国国家标准学会及其他各国的国家标准化组织的代表组成，主要贡献是 OSI 参考模型；IEEE 电气电子工程师协会，由电气电子工程师组成，主要贡献是 IEEE 802. X 协议；ARPA 美国国防部高级研究计划局，由美国国防部高级研究计划局组成，主要贡献是 TCP/IP 通信标准。

1978 年，国际标准化组织（ISO）发布了一套规范，用于规定不同的设备间连接的网络体系结构。1984 年，ISO 发表了该模型的修订版，并称之为开放系统互联（OSI）参考模型，该模型成为国际标准，并被用作网络互联的指导原则。

OSI 参考模型将网络通信分成七层，这七层从低到高依次为物理层、数据链路层、网络层、运输层、会话层、表示层、应用层。每层涉及不同的网络活动、设备和协议。各层通过称为“接口”的边界互相隔离，每层都利用下层的服务向相邻的上层提供服务并向上层屏蔽实现服务的细节。

20世纪70年代末期，当局域网开始作为一种有潜力的商业工具出现的时候，IEEE意识到有必要定义一些LAN标准，为了完成这些任务，IEEE启动了802工程。802工程定义了一套用于网络物理部件（接口卡和电缆）的网络标准，相当于OSI模型中的物理层和数据链路层。IEEE 802标准包括IEEE 802.1（与网络管理相关的网络互联标准）；IEEE 802.2（定义用于数据链路层的一般标准）；IEEE 802.3（CSMA/CD访问方法及物理层规范）；IEEE 802.4（令牌总线访问方法及物理层规范）；IEEE 802.5（令牌环访问方法及物理层规范）等。

网络协议指通信双方必须遵循的控制信息交换的规则之集合。Internet中用的协议是TCP/IP协议。TCP/IP协议即传输控制协议/Internet协议，是一种工业标准的协议簇，它提供用于异种机环境的协议簇。由于其通用性，已经成为事实上的网际协议标准。

4.3.3 局域网与网络互联

（1）局域网

局域网指覆盖地理范围很小的网络，覆盖的距离一般不超过10km。局域网一般为一个单位所拥有。局域网的特点主要有：覆盖的地理范围较小，通常属于某个单位或部门所有，传输速率高，管理方便，适用性强、使用广泛，易于安装、组建和维护，具有较好的灵活性。

（2）网络互联

网络互联主要是为了实现更大规模的信息共享。网络互联需要解决的问题主要有：在物理上如何把两种网络连接起来；一种网络如何与另一种网络实现互访与通信；如何解决他们之间协议方面的差别；如何处理传输速率与带宽方面的差别。

网络互联设备主要有：调制解调器、网络接口卡、中继器、集线器和交换机等。调制解调器用于在通信过程中将数据信号转换成模拟信号或者将模拟信号转换成数据信号的设备；网络接口卡简称网卡，用来负责计算机和网络之间的集中数据转换；中继器用于连接两个同类网络的网段；集线器（HUB）是一个具有多个连接端口的设备，每个端口可连接一个节点；交换机用来连接多网段的中等规模以上的局域网。

4.3.4 互联网、企业内部网与企业外部网

（1）互联网（Internet）

互联网（Internet）是一个覆盖全球的、开放的信息互联网络，它将成千上万个计算机网络互联在一起，因此又被称为网络的网络或网络的集合，是世界上规模最大用户最多的信息网络系统。Internet无所有者也无主管，是全新的信息超级市场。

Internet是一个利用TCP/IP协议将分散在世界各地的计算机连接起来而形成的覆盖全球的网络。Internet示意图见图4.16。

互联网的应用主要有：WWW浏览、电子邮件（E-mail）、远程登录（Telnet）、文件传输（FTP）、BBS和新闻组（BBS & News Group）、网上聊天（Online Chatting）、网上购物（Online Shopping）等。

Internet已经并将继续影响社会的各方面，具体表现在：为企业外部信息的开发利用提供强有力手段；加强企业之间、企业与客户及供应商之间的联系；促进业务开展，加速业务处理，增加商业机会；对人类工作和生活方式的改变产生了深远的积极的影响；为企业的经营与管理带来了极大便利和无限商机；使企业不论大小，都能平等地进入国际市场宣传自己，参与国际合作和竞争。

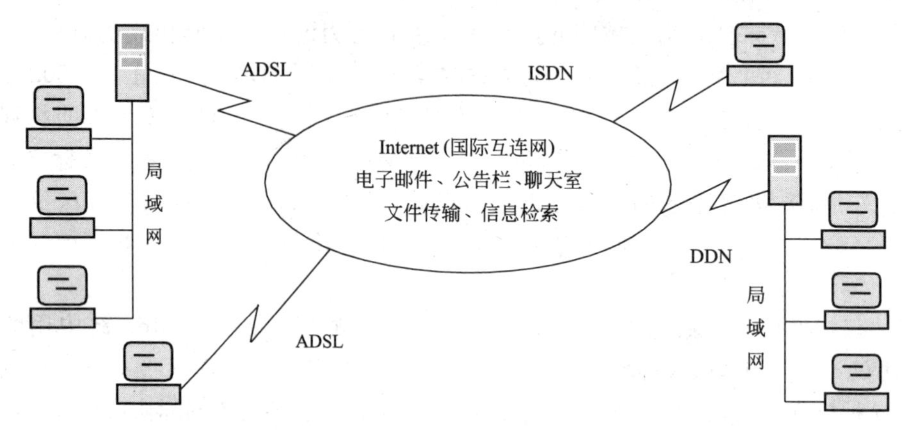

图 4.16 Internet 示意图

(2) 企业内部网 (Intranet)

Intranet 是利用 Internet 技术构建的企业内部网络。它提供企业内部的网页检索浏览、交互式讨论、文件传输、公告栏及电子邮件等。Intranet 是企业信息基础设施的重要组成，Intranet 示意图见图 4.17。

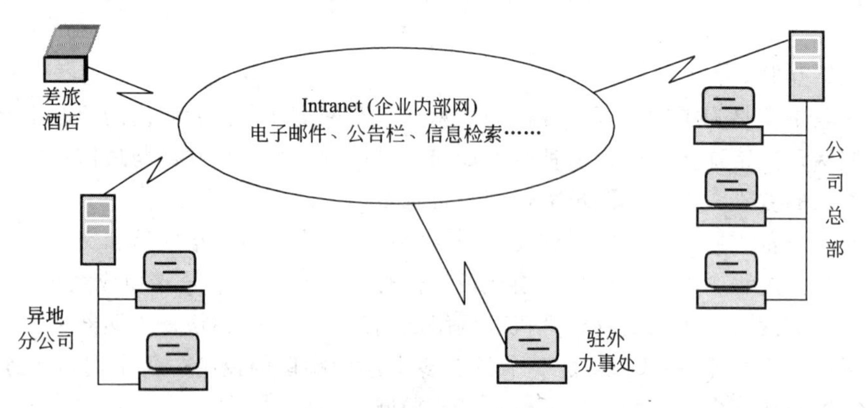

图 4.17 Intranet 示意图

Intranet 对企业的作用主要有：可使企业突破地域与时间限制，为国际化战略的实现创造有效且廉价的途径，当企业的部门、分支机构越多，分布越广时，这种优越性越显著；基于 Intranet 的企业管理信息系统，使信息交流与共享的方式发生很大变化；不同地点的企业分支机构能方便迅速地掌握每笔交易或服务的动态，加强相互之间的协作，缩短各部门对客户的响应与处理时间，明显改进销售与服务的质量；Intranet 的技术开放，支持多种机型与系统软件，具有良好的系统集成能力，能解脱各类信息系统发展不协调难统一的困境；Intranet 建筑在已有局域网的基础上，只需添置少量设备及廉价的 Web 软件，可保护已有资源并充分发挥其潜力，投资效益理想；Intranet 能为企业信息共享提供总体框架。

Intranet 应用的重点是信息资源的组织，要树立信息广泛交流与共享的观念，打破部门之间、企业与环境之间的信息隔阂，信息必须作为一种资源加以利用，如此才有可能发挥好 Intranet 的作用。

(3) 企业外部网 (Extranet)

Extranet 是 Intranet 的扩展，是企业之间的互联网，即企业外部网 (图 4.18)。企业可通过 Extranet 与供应商、客户和业务合作伙伴建立联系和信息沟通。Extranet 也是企业信息基础设施的组成之一。

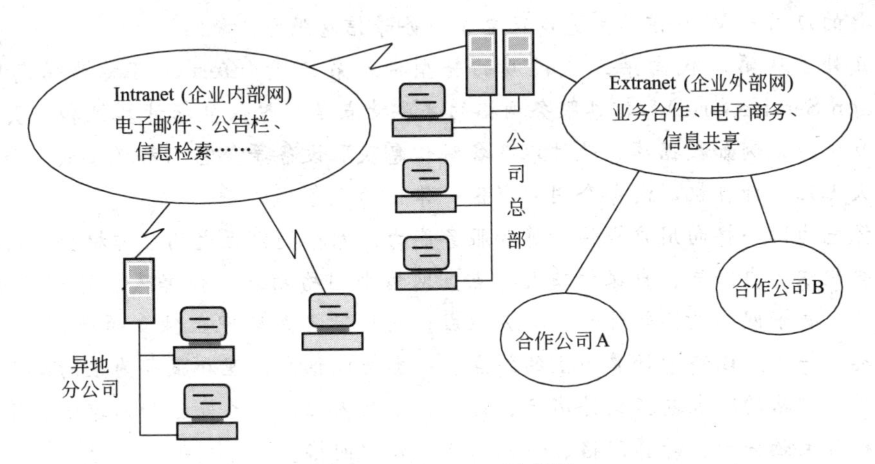

图 4.18 Extranet 示意图

Extranet 可在相关企业之间交流信息，下游企业的原材料库存情况和生产计划与执行情况可通过 Extranet 向供应商开放，使供应商能及时生产和供货；上游企业的订单执行情况亦可通过 Extranet 向客户开放，使客户能更好地服务于再下游的客户；Extranet 为供应链、电子商务提供了可行手段；Extranet 是 Intranet 向外的延伸；Extranet 的开放程度界于 Intranet 和 Internet 之间。

Extranet 的成效必须具备两个基础条件：其一是合作企业之间的信任，保证开放信息的真实性；第二是企业内部信息的安全，必须采取相应的安全技术措施。

（4）无线通信

在 Internet 日益普及的今天，信息技术又开辟了无线通信的新天地。无线移动通信（Wireless/Mobile Communication）是其中最被看好和具发展前途的，是移动通信技术与 Internet 技术的结合，如移动上网技术、无线寻呼技术。

无线通信的作用主要表现在：能使信息系统功能的机动性有根本性提升。例如，公共交通的诱导和疏通、社会治安的预防和处置、灾难的抢救抢修等。物流系统运输工具的无线移动通信能确定其每时每刻的空间位置，实现实时跟踪、物流动态掌握、物流控制和调度；电子商务交易各方使用无线移动通信可在移动状态中查询和提供交易的相关信息，洽谈和签订交易合同；金融交易和金融服务的无线移动通信以手机渠道进入网上银行和证券交易所，目前一些银行已建立了“手机银行”。

我们的社会将很快进入无线信息时代，预测到 2008 年无线 Internet 的数据通信将占据主导地位。可以预计不久的将来，极大部分的交流信息将通过无线网络发送和获取，大部分社会活动和家庭生活将在无线网络上运行。

无线移动通信基础上的各种信息系统，能真正实现“Anytime，Anywhere”的信息传送，可随时获得信息和开展各种活动，给社会带来极大的便利。

专题阅读：信息服务网格

从 20 世纪 60 年代末开始研究计算机分组交换（Packet Switch）技术到今天，Internet 已经走过两代历程：第一代是 20 世纪 70～80 年代，把世界各地的计算机用 TCP/IP 协议连接起来，主要的应用是 E-mail；第二代是 20 世纪 90 年代，把成千上万个网站上的网页连接起来，主要的应用是Web信息浏览以及电子商务等信息服务。

目前正处于从第二代向第三代过渡的转型期。第三代Internet可称为信息服务网格(Information Service Grid)。信息服务网格的主要特点是不仅仅包括计算机和网页，而且包括各种信息资源，例如数据库、软件以及各种信息获取设备等。它们都连接成一个整体，如同一台巨大无比的计算机，向每个用户提供一体化的服务。

网格像电力网一样向用户提供计算和服务能力；网格提供巨大的合作机会。网格体现出自优化、自组织、自修复、自保护四大特点。网格由网格结点、数据库、贵重仪器和设备、可视化设备、宽带网和网格软件六个部分组成。网格结点是地理上独立的计算和信息中心，可分为两类，一类是以科学计算为主的结点、一类是以信息处理和服务为主的结点。

信息服务网格的服务包括文件消息、计算、信息内容、事务处理和知识服务等。因此信息服务网格可大致分为：计算网格、信息网格、知识网格。

网格计算关心的是如何在动态的、多机构的虚拟组织中协调资源共享和协同解决问题，随着Web Services技术和服务网格理念的逐步成熟，以“服务”的方式来包装网格资源已经成为了一种趋势，并得到了网格界的一致认同（资料来源：温有奎．网格技术将推动知识管理革命．情报学报，2004.）。

本章小结

本章介绍了信息系统的技术基础：计算机系统，数据库技术和通信与网络技术。本章的主要内容见图4.19。

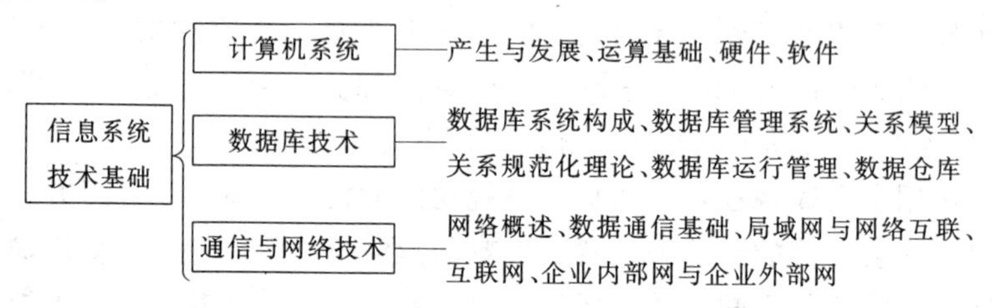

图4.19 信息系统技术基础

目前计算机系统广泛采用冯·诺依曼计算机体系结构。在计算机中所有的数值均以二进制形式存放，所有的字符和汉字以相应的编码存储在计算机中。计算机硬件系统由中央处理单元（CPU）、存储器、输入/输出设备等组成。计算机软件可分为系统软件（如操作系统、数据库管理系统等）和应用软件（如文字处理系统、各类应用系统等）两大类。

数据库系统由计算机硬件、软件（包括数据库管理系统、开发工具、应用系统等）、数据库、人员（包括数据库管理员和用户）等构成，数据库管理系统负责对数据库进行统一的管理和控制。关系模型的数据结构是个二维表，数据操作通常用结构化查询语言SQL来完成，有三类完整性。关系规范化理论中定义了关系的六种范式，通常人们只用到前三种范式。数据库运行管理包括安全性管理、完整性管理、并发控制和恢复。数据仓库技术主要用于支持组织的数据分析和数据挖掘，为决策服务。

计算机网络是指把分布在不同地点的且具有独立功能的计算机，通过通信设备和线路连接起来，在功能完善的网络软件支持下，实现网络中信息传递和资源共享的系统。在点到点的数据通信系统中，信源将数据变换为信号，变换器将信号转换为适合在信道上传输的形式，反变换器将信号变换为适合信宿接受的形式，信宿将信号转换为数据。局域网指覆盖地理范围较小的网络，通常属于某个单位或部门所有，传输速率高，管理方便。网络互联可实现更大规模的信息共享。Internet 是一个全球的、开放的信息互联网络。Intranet 是利用 Internet 技术构建的企业内部网。Extranet 是企业外部网，是企业之间的互联网络。

习　题

(1) 冯·诺依曼计算机体系的计算机工作原理可概述为："存储程序"＋"程序控制"，请详述冯·诺伊曼计算机的工作原理。

(2) 计算机的硬件组成一般有哪几部分？各自的功能是什么？

(3) 什么是计算机软件？试举例。并简要阐述计算机硬件和软件之间的关系。

(4) 什么是数据库管理系统？有哪些基本功能？

(5) 关系模型的数据结构如何？

(6) 简述数据库的安全性及保障数据库安全的措施。

(7) 支持联机事务处理（OLTP）和联机分析处理（OLAP）的数据有很大的不同，试分析两类数据的主要区别？

(8) 什么是数据仓库？数据仓库的数据组织形式如何？

(9) 什么是计算机网络？它的主要功能有哪些？

(10) 简述网络的三个著名标准化组织。

(11) 网络的常用连接设备有哪些？各自的用途是什么？

(12) 请比较 Internet、Intranet 和 Extranet 三种网络的异同。

5 企业主流信息系统

企业信息系统有很多种类，在这些信息系统中有一些被广泛的应用，认知度很高影响很大，这样的信息系统可以称之为主流信息系统。目前，ERP、CRM 和电子商务等信息系统就是企业的主流信息系统。深入了解这三类信息系统，对企业信息系统的学习可以达到事半功倍的效果。

5.1 企业资源计划系统

企业资源计划（Enterprise Resource Planning，ERP）是一种综合管理企业资源的现代管理理论，依据该理论，应用先进的信息技术手段，研究与开发出了相应的企业资源计划系统（ERP 系统）。ERP 系统是当今企业界中涉及面最广、最为复杂和最为热门的一类信息系统。目前 ERP 系统已在各类企业得到了广泛的采用，对企业的管理产生了深刻的影响。但总体上，ERP 系统的实施与应用效果尚不尽如人意，另一方面，ERP 思想及其系统仍在继续拓展，其前景依然开阔和深远。

5.1.1 ERP 的背景与思想

20 世纪 90 年代初，美国的 IT 分析公司 Gartner Group 根据当时企业对供应链管理的需要和对制造业管理信息系统的发展趋势所做的预测，在早期 MRP Ⅱ的基础上，提出了 ERP 的概念。ERP 的核心思想是把企业的人力、资金、物资、技术、时间和信息，以及外部的客户和供应商等合作伙伴看作企业的资源，要对这些资源进行综合的平衡管理，通过科学的技术和方法，高度集成企业的信息，制订一系列递推的计划，使企业各管理部门围绕市场的导向和客户的需求，开展紧密的协同管理，提高整体绩效和竞争能力，实现企业的战略目标。

ERP 概念的提出有其必然的起因。从 20 世纪 90 年代开始，现代信息技术得到空前的发展，数字通信和计算机网络开始进入普及阶段，为信息系统的再创新提供了必要的技术基础。在市场和客户方面，需求多样化，竞争愈加激烈。面对新的环境挑战，企业不得不重新审视过去的管理模式和组织模式存在的缺陷，进而寻求新的应对策略和解决方案。这一时期，企业为生存与发展，经营理念从以“产品”为中心转向以“客户”为中心，纵向一体化的组织模式向横向一体化模式转变，臃肿和反应迟缓的业务流程重组为精练和响应敏捷的业务流程，这些新的管理模式和组织模式从理论走向实践。企业通过管理和组织的变革，在内部，以期提高业务流程的效用和效率，加强各职能部门之间的协作，降低生产经营的成本，加快对客户需求的响应速度；在外部，与供应商、销售商和客户等建立多赢机制的供应链。

在此背景下，产生了适应企业变革需求的 ERP 概念，并在信息技术的支撑下，开发出了 ERP 系统。“综合”、“集成”、“整体”是 ERP 的基本特征，根据 ERP 产生的起因及其核心思想和基本特征，可以给出 ERP 系统的定义：“ERP 是现代市场环境下全新的企业经营理念，包含着一系列管理思想和方法的变革。据此实现的 ERP 系统是一类企业级的管理类信息系统，集成了企业范围内所有有关业务流程的资源的信息，提供了系统地处理信息，全面地管理和控制企业业务的成套功能，对企业管理水平的提高能产生显著的作用。”

ERP系统是企业级的信息系统，也是迄今为止企业界功能模块最多、集成度最高的信息系统。高度集成主要表现在信息集成和管理业务集成两个方面。信息集成几乎要囊括企业作业事务、职能管理和经营规划等各个组织层面的信息，以及市场营销和销售、生产计划和车间作业、库存和采购、财务和人力资源等各个管理过程的信息，这些信息被高度地集成为能供企业所有部门和全体员工共享的集合，对管理决策提供全面和完整的信息支持。在管理业务的集成方面，以客户订单处理、物料采购或物流管理、产能平衡、资金和人力等过程为主线，进行综合集成，实现各主线，各子过程之间的无缝连接和高效协同。ERP系统把管理信息系统推进到了一个新的高度，成为管理信息系统体系中最为先进的代表。

ERP的核心思想和主要特点可以由以下四个方面加以概括。

(1) 面向业务过程，支持业务流程再造

ERP系统是企业级的面向业务过程的信息系统，系统中的模块和模块中的功能项对应于企业各项具体的管理业务和业务操作项，这些模块和功能项被系统地集成起来，形成有机的整体。ERP系统不是简单地照搬原来的模样，而是将称为“最佳实践”的先进管理模式嵌入到软件中，由此推动用户企业的流程变革，在删去不产生价值的过程环节后重组业务流程，即支持所谓的业务流程再造（BPR）。很多企业的BPR没有成功，也有不少企业的ERP系统遭到失败。关键的原因之一就是未能将两者很好的结合起来，其背后的原因则是没有理解ERP的这一核心思想。

(2) 高度集成信息，全体共享一致的信息

在企业层面，ERP系统要对所有的数据和信息进行全局性的总体规划和设计，对应于业务过程的系统集成，构建高度集成的企业级数据库。这样，企业的各个部门和各个员工就能够共享一致的规范的信息，在统一的信息支持下做出正确和相互一致的管理决策。在实践中，很多企业购置或开发ERP系统时只选择其中的部分模块，因此带来了如何与其他系统的数据进行交互或集成的新问题。尽管目前已有不少技术上的解决方案，但大都不甚理想。旨在消除信息“孤岛”现象的ERP思想没有得到应有体现，同时也是不少ERP系统用户不能获得满意的效果的一个主要原因。

(3) 面向客户需求和市场趋势，支持各职能部门的高效协同

以客户需求为导向，以市场趋势为依据，通过“最佳实践”的管理模式，支持各职能部门的高效协同，达到快速响应客户，抓住市场机遇，是ERP的又一主要思想。在业务过程和相关信息高度集成的基础上，即能做到以客户为中心，遵循市场机制，各职能部门和员工紧密合作，获得显著的协同效应，提高客户的满意度。显然，客户订单管理和市场需求趋势预测是ERP系统的主要功能，如果没有配置这些功能模块，那么ERP的核心思想也不能得到很好的体现。

(4) 全面计划和调控，精细配置各类资源

ERP的另一个思想（也是主要特色）在于全面的计划和调控，从以客户订单和市场趋势预测为依据的销售计划到主生产计划和车间作业计划，再到物料采购计划和生产能力计划，以及资金调配计划和人力资源计划，环环相扣步步递进。企业资源计划是全面的科学推算产生的资源计划，通俗的说法是需要多少准备多少，不多不少刚刚好。在全面计划的指导下，人、财、物等资源能够精细化和平衡地配置，进而降低成本。数字化的计划还能很便捷的根据变化的情况加以调整和控制，真正实现精益生产、敏捷制造、并行工程和系统柔性等

现代生产经营思想。

5.1.2 ERP 系统的原理

ERP 思想和 ERP 系统不是从一片空白中走来的，而是从当时已进入企业实际应用的 MRP Ⅱ系统的基础上发展起来的。早期为解决多品种的物料库存控制问题，提出了物料需求计划（Material Requirements Planning，MRP）的概念，产生了 MRP 软件。此后，针对制造企业整个制造流程业务的集成管理，又发展出制造资源计划（Manufacturing Resource Planning，MRP Ⅱ）系统。20 世纪 90 年代初，呼应企业应对环境挑战和内部变革的需要，以及 MRP Ⅱ的进一步发展，形成了将企业所有的资源都集中起来加以管理的企业资源计划思想，推出了相应的 ERP 系统。

ERP 是在 MRP Ⅱ的基础上发展起来的新一代管理思想和方法，其基本架构和基本逻辑与 MRP Ⅱ没有本质上的不同。因此人们对 ERP 系统原理的了解可以从 MRP 和 MRP Ⅱ入手。在叙述这些系统的原理之前，有必要对一些相关的概念先做简要的介绍。

（1）物料清单

物料清单（Bill of Material，BOM）是描述产品构成的原材料和零部件数量，及其相互关系的技术文件，一般由构成数量的明细表和构成关系的结构树图表示，有的还包括原材料和零部件的成本数据和工艺数据。BOM 是安排生产计划时计算所需原材料和零部件的数量和费用、采购或自制所需时间的基础数据。

（2）物料的独立需求与相关需求

产品由组件构成，组件由零部件构成，零部件又由原材料构成，将产品、组件、零部件和原材料都看作物料，那么生产中对物料的需求有必要做区分。依据客户订单和市场预测算出的直接的物料需求称为物料的独立需求，依据独立需求物料的构成推算出的其他物料的需求称为相对需求。例如，客户订购和市场趋势预测的台式计算机需求是独立需求，为制造这些计算机所需的内存条、显示器、插件等组件的需求是相对需求。

（3）主生产计划和物料需求计划

根据独立需求制订的一段时期（如月度）的生产计划为主生产计划（Master Production Schedule，MPS），主生产计划是经过生产能力平衡后的可行的生产计划。物料需求计划（MRP）是根据主生产计划计算出的相对需求，明确这些物料需求是采购还是自制，需求数量和时间的安排。

MRP、MRP Ⅱ和 ERP 都起源于制造业，制造企业过去最主要的管理活动是“供、产、销”。在供大于需的市场环境中或计划经济体制下，生产处于重要地位，销售地位不突出。在市场经济体制下企业以“以销定产”的模式运作，客户需求什么、需求多少就生产什么、生产多少，然后决定采购什么、采购多少。

MRP Ⅱ的基本思想是：“根据产品的需求情况和产品结构，确定原材料和零部件的需求数量及订购时间，在满足生产需要的前提下，有效降低库存和生产成本。”MRP Ⅱ的逻辑可以用图 5.1 表示。在企业经营计划和生产计划大纲的指导下，依据客户订单需求和市场需求趋势预测，并在保证按期供货的前提下，制订主生产计划，提出最终产品品种、数量和完成日期；在主生产计划和生产能力（设备、人力、原材料、资金等）之间作平衡，使主生产计划可行。在生产能力不足时，还要制订能力需求计划。对于生产日常消费品的企业，也有客户订单，但依据历史数据所做的市场需求趋势预测数据是主生产计划的重要依据。

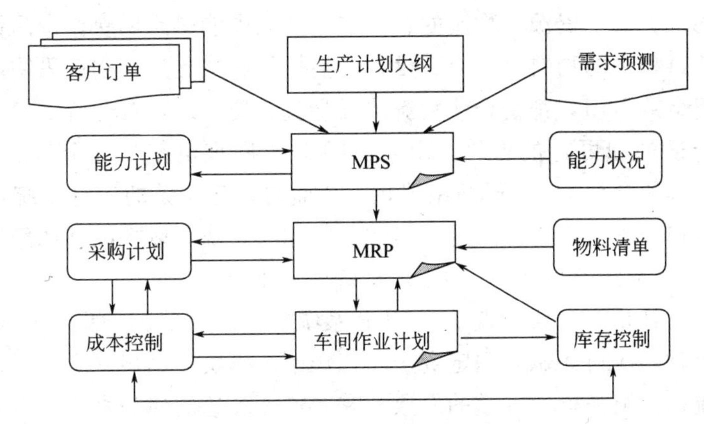

图 5.1 MRP Ⅱ的基本逻辑

根据主生产计划与物料清单以及工艺流程等数据，制订零部件和材料在品种、数量和时间上的需求计划——物料需求计划，以保证主生产计划的完成；根据物料需求计划确定哪些物料要采购、哪些零部件要自制，制订出物料采购计划和车间作业计划。物料需求计划的安排还要考虑物料库存情况，如果库存已有一定数量的物料，那么可以减少采购数量或生产数量。

MRP Ⅱ还有库存和成本的管理环节。库存管理采用经济订购量和上下限控制等管理方法，使库存在满足生产需要的前提下，资金占用尽可能减少。成本管理测算整个生产过程和采购的开销，为财务系统提供基础信息。

MRP Ⅱ的核心是有机关联和依推的各级计划，主要的计划依次是：经营计划、生产计划大纲、主生产计划、能力需求计划、物料需求计划、物料采购计划和车间作业计划等。通过精细的计划安排，将生产制造管理过程各环节与营销、销售、成本的部分管理过程紧密联系起来，实现 MRP Ⅱ的目标。

MRP Ⅱ还只限于企业内部的制造资源，决策支持主要针对结构化的问题。随着市场的国际化，客户需求的个性化和多样化，MRP Ⅱ已不能满足先进企业的需要。因此又发展出了涉及面更广的 ERP。ERP 仍以 MRP Ⅱ为核心，在管理内容上基于 MRP Ⅱ向企业内部和外部两个方向有许多延伸。

在企业内部，ERP 几乎延伸到各个角落。

① 将企业全体员工（MRP Ⅱ仅考虑车间工人）以人力资源来管理，不仅是使用，还包括培训、激励等更长远考虑的管理。

② 将企业整体发展战略纳入系统，不仅是经营计划，还包括高层次的战略管理。

③ 将成本控制扩展为全面成本管理，而不仅仅是生产制造成本的管理，同时还延伸到会计财务的管理。

在企业外部，ERP 延伸到有密切合作关系的相关企业和客户。

① 加入敏捷物流（Agile Logistics）管理，改进与供应商、零部件加工企业等合作伙伴的协作，提高物料供应的敏捷度和柔性能力。

② 加入供应链中合作企业关系的管理，如供应商经营状况、信用、合作质量等信息的管理。

③ 加入下游企业或客户关系的管理，如有关客户的信息，客户的价值和客户的满意度的管理，让客户随时了解订单的执行进展情况等。

资金是企业的一类重要资源，物流的状况在资金流中能得到反映。产品销售业务向客户的收款、反映生产过程中的物料、人力、设备等消耗的成本支出、物料采购业务向供应商的付款、物料库存资金的占用，都是企业物流的资金流表现。通过资金流来集成企业生产经营管理活动是一个合适的和可行的思路。由此，ERP 的原理也能从资金流的角度加以阐述。美国生产与库存管理协会认为："ERP 系统是一个面向财务会计的信息系统，其主要功能是将企业用于满足客户需求所需的资源进行有效的集成与计划，以提高整体经营绩效和降低成本。"这一观点从资金流的角度描述了 ERP 的基本原理。

图 5.2 从财务会计角度简要地表示了 ERP 系统的原理。从图可见，ERP 系统的财务管理一般设有应收账款、应付账款、固定资产和总账四个模块。销售、生产、采购和库存等管理业务过程的物流，由财务模块传递的发票和有关单证表达的伴随发生的资金流来反映，这些物流信息通过资金流信息汇集到财务管理的各个模块中，因此财务会计模块能反映出整个企业物流的状况。

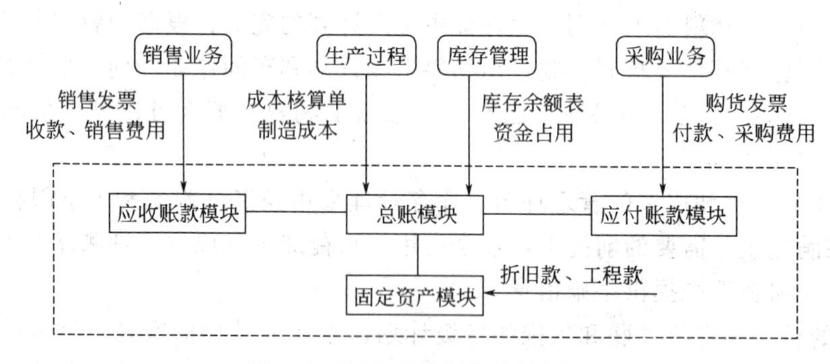

图 5.2　ERP 系统财务会计原理

ERP 也是一个不断发展的概念。目前的 ERP 已出现第二代，即所谓的 ERP Ⅱ。第二代 ERP 进一步延伸到与供应商和客户等合作伙伴的商务协同，向供应链管理的方向发展。另一个发展趋势是纳入知识管理，将知识作为一类重要的资源加以开发和利用，与各个业务过程的管理进行更全面的集成。

如今，不仅制造业普遍引入了 ERP 系统，甚至银行、通信、商贸等服务业也开始引入 ERP。ERP 本来源于离散型制造企业，基本逻辑以物料需求计划为核心。服务类企业与制造类企业在此有很大的区别，如果服务业应用 ERP 系统，那么其物料需求计划、生产和作业计划等核心模块将失去意义，除非根据服务业的服务流程对这些模块做全面的改造或重新设计和开发。当然，ERP 面向客户和市场需求、基于业务流程的全面精细的计划管理、以财务会计的资金流来集成的思想还是值得服务业借鉴的。将离散型制造业的 ERP 拓展到连续型的制造业，如石油、化工、冶金等过程制造企业，则应该是可行的，实践中也已经取得很大的进展。

5.1.3　ERP 系统的构成与功能

ERP 思想和方法在信息技术的支持下以信息系统的形式表现，以系统软件的形式存在。ERP 系统由一整套功能模块构成，可向软件供应商购买，也可专门开发。那么 ERP 系统到底有哪些模块，这些模块之间的关系又是怎样的，本小节要做简要的讨论。

不同的软件开发商推出的 ERP 系统，在模块的数量和命名上都是不一样的，但在总体是大同小异的。世界著名的 SAP（System Application Product）公司推出的 ERP 系统命名为R/3，因功能模块非常齐全和组合多样，号称航空母舰。R/3由财务、物流和人力资源三类相关领域的模块，以及称为“行业解决方案”的行业专用构件构成。SAP公司最近对R/3模块的介绍如图5.3所示，R/3采用开放式的系统设计方案，C/S的客户端/应用服务器/数据库服务器的三层系统架构和最佳的企业数据模式，适应不同国家的企业和网络化的企业经营环境，还提供集成解决方案、特定行业解决方案和实时的整合功能。

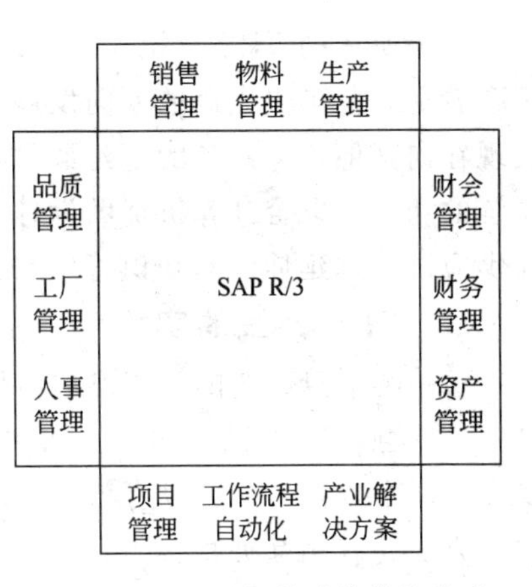

图5.3 SAP R/3的功能模块构成

图5.4是某软件公司推出的ERP系统的模块系列及其相互关系，从中可见ERP系统是如何的庞大和复杂，所能提供的功能是多么的齐备和强大。该公司将这些模块称为系统，其功能与一般的ERP模块相当。那么多的模块并不是每个企业都必须的，在购置时用户企业可以根据自己的生产经营特点从中遴选，但一些核心的模块，如订单管理、主生产计划、物料需求计划、库存管理等模块是应该选择的。

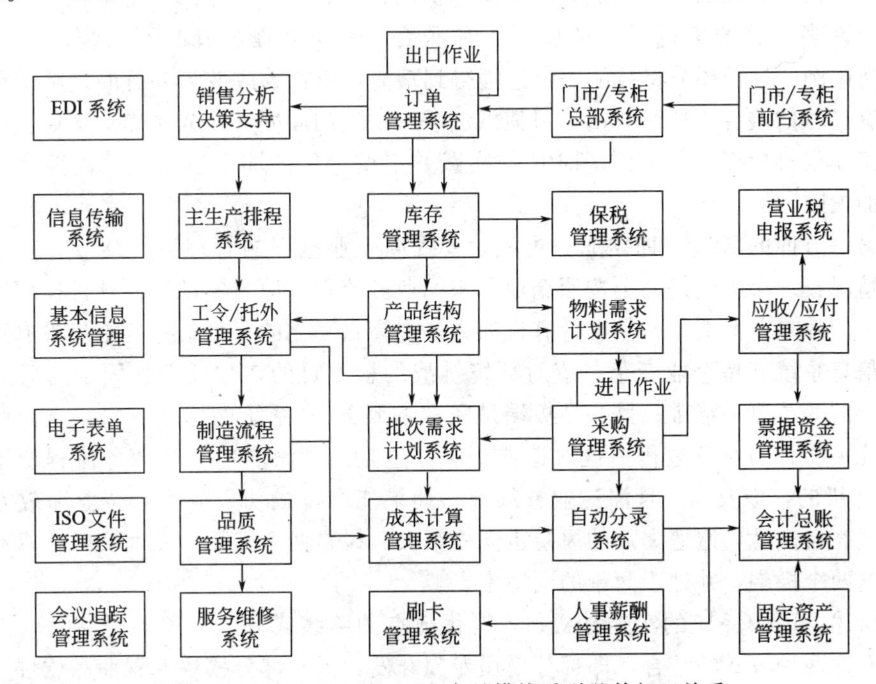

图5.4 某软件公司的ERP产品模块系列及其相互关系

刘仲英主编的《管理信息系统》一书将ERP系统的模块划分为财务管理、生产管理、物流管理和人力资源管理四个部分17个主要模块（表5.1）。

表5.1 ERP系统模块构成的又一种划分

财务管理部分	应收/应付账管理、固定资产管理、成本核算、财务管理
生产管理部分	主生产计划、物料需求计划、能力需求计划、车间控制、制造标准、质量管理
物料管理部分	分销管理、库存管理、采购管理
人力资源管理部分	组织管理、人事管理、工资核算与薪资管理、工时管理

以上所述的ERP系统模块是以应用软件形式存在的，目前可以预计，ERP系统的软件正朝着更大范围更先进的方向发展，已有的功能模块逐步成为标准的配置。新的扩展将主要表现在向其他信息系统的蔓延或融合，如加入决策支持、办公自动化、客户关系管理等信息系统的功能，融合计算机辅助设计（CAD）、计算机辅助制造（CAM）等系统的功能，继续向供应链管理延伸，向知识管理和智能系统拓展等。

5.1.4 ERP系统的实施

每一类信息系统的不同发展阶段都有其特殊的重点问题，现阶段ERP系统的重点问题是实施问题。ERP系统的实施问题表现在过高的失败率和效果不令人满意，问题的原因主要在于两个方面：一是没有与企业的变革紧密相结合；二是未能很好地遵循实施方法论，这两个方面还有相互关联。

ERP系统面向业务过程，相关的企业变革主要是业务流程再造或再设计（BPR）的变革。BPR的出发点是为了提高企业业务过程的绩效，推倒原来的业务过程，评估各个过程环节产生的价值大小，评判这些环节是否有存在的必要，它们之间的关系是否合理，然后重新设计和推行新的业务流程。企业实际情况中，确实存在不少没有价值的多余的业务环节，环节之间的衔接不合理的地方，例如，大量单证的核对，客户信用的反复审核，具体业务的逐层审批，许多过程的串行运作造成积压和滞后，不少过程没有必要的绕圈子等。经过BPR，很高比例的过程环节将被删去，过程得到精简，串行的改变为并行的，整个业务流程的绩效会有显著的改善。然而，由于习惯做法具有一定的顽固性，人工作业下误差的困扰使一些复核工作很难舍弃。据统计，BPR的实践并不像想象的那么容易成功，很多企业遭到不同程度的失败。

再看另一方面的ERP，面向业务过程，要提高企业范围的管理运作绩效。现在讨论两个极端的情况：一个极端是完全按照企业原来的业务流程，原封不动地用软件模仿实现，看起来有一定的效果，但那只是借助计算机的力量提高自动化的程度，这样不仅没有达到信息化和应用信息系统支持企业变革，应对环境挑战的根本目的，却反而加固了落后的传统做法，使今后的变革更为艰难；另一个极端是完全依照ERP系统的标准逻辑，全面照搬地引入，凡与此不吻合的业务过程一概改造或删除。这是最为激烈的企业业务流程变革，因为ERP是企业级的，涉及面广且深达业务细节，如果能取得成功，那么对企业绩效方面的收益相当可观，自然地，遭遇失败的风险也同样很大。说是两个极端，然而实际中真有不少企业进入了这两个极端，并处于两难的困境中。

如前所述，ERP系统的实施有两条各有优缺点的路线或方式，即购置商品软件和专门开发，还有这两种方式的结合，即部分模块专门开发，另一部分模块购置商品软件。专门开发又有用户企业自主开发、委托开发或合作开发。一般情况下，专门开发的方式比较照顾原有的习惯做法，容易走向单纯的业务流程自动化，商品软件嵌有先进的管理模式，购置方式下业务流程不得不进行大范围的变革。

ERP系统是迄今最为全面和重要的企业信息系统，对企业变革的支持力度最大，实施也最为困难。信息系统实施的成败问题已有较多的专门研究，信息系统要取得成功就要与企业的变革紧密结合是研究的结论之一。因此如何结合ERP和BPR，借助ERP系统的实施，趁势精简业务过程，按照BPR的要求，选择和实施ERP系统，既是对ERP系统的考验，也是对BPR的挑战。本教材以后的章节，将对信息系统和BPR的关系问题再做讨论和举例说明。

ERP系统实施中的方法论问题也是非常值得人们关注的。ERP系统的实施要经历许多环节，即使是购置商品软件的方式，也并不像购置其他商品那样简单。由于越来越多的企业采用商品软件实施 ERP 系统，以下我们就沿着该方式的实施步骤做简要的讨论。

购置商品软件方式的 ERP 系统实施大致包括系统分析、可行性分析、选型选购、安装上线与流程变革、用户培训等主要内容。

(1) ERP 系统的系统分析与可行性分析

实施 ERP 系统前首先应该进行系统分析，即描述和分析生产经营上面临的问题，提出一个包括业务流程再造和其他所需变革的逻辑上的解决方案。然后对该方案进行经济、技术、可操作性等方面的可行性分析。ERP 软件的价格比较昂贵，安装实施、咨询、培训和其他有关服务上还要花费数倍于 ERP 软件的费用。在国外，一个中等规模企业的 ERP 系统投入平均在 1000 万美元左右，我国稍成规模的 ERP 系统建设的总费用也要数百万到数千万元人民币。据统计，按有形的成本和收益计算，平均后每个企业的 ERP 系统都是亏损的。问题是 ERP 系统有许多无形的收益很难估计，如客户的满意度提高而留住客户，员工合作基础的改善而减少矛盾和冲突等。所以经济分析要考虑这些无形的收益。在技术方面，由于 ERP 系统非常庞大和复杂，信息高度集成，对数据库管理系统和硬件要求很高。大型企业的 ERP 需要最先进的信息技术，而中小企业的信息技术要求可以放低。在可操作性问题上，特别要注意的是 ERP 基于标准化流程，很不利于倡导和保持“个性化和差异化服务”、“企业文化特色”、“员工间竞争氛围”等企业个性。

(2) ERP 系统的选型选购

目前 ERP 系统软件市场已有相当丰富的品种，这些品种基本涵盖了各种类型的制造企业，具有多种管理模式和管理方法上的配置。用户企业要根据自己的企业类型、管理变革的内容和程度做出适当的系统品种和功能模块搭配的选择，如果 ERP 软件的过程管理模式与本企业差别较大，实施起来就困难，风险也大。ERP 系统的软件商在数量上非常多，市场份额占有上极其的不均衡，竞争也异常的激烈。加之商品软件提供的是使用权，没有源代码，软件的改进和维护唯一地依靠供应商。因此 ERP 系统的实施应特别关注软件供应商的选择，原则上服务的水平和可持续性以及信誉等应该是重要的选择评价指标。据报道，在众多的研制和提供 ERP 系统的软件公司中，SAP 公司占了全球约 50%的市场份额，其次是 Oracle 公司，市场份额约占 20%，其他公司的份额相对很小。国内提供 ERP 软件的主要厂商有用友、金蝶和浪潮等。

(3) ERP 系统的安装上线与流程变革

ERP 系统的软件选购后就要安装上线，在此之前或同步还要进行预定的业务流程再造的工作。一旦切换到新系统，企业的管理业务流程也同时开始新模式的运作，因此安装上线也是一个难点和瓶颈，ERP 系统的失败往往会发生在这个节骨眼上。为顺利地和尽可能平滑地从旧系统切换到新系统，切换工作一般不宜一步到位，而应采用阶段式切换或并行切换等策略。ERP 系统的安装上线工作，用户与企业应该一起参与，而不是完全由系统实施商来承担，因为流程变革过程中会出现事先没有估计到的情况。例如，客户订单的取消、采购的原材料未能按时到达等例外情况的处理，在新系统里没有周全的考虑或与其他过程环节没有很好的衔接等。ERP 系统的安装上线与流程变革是管理模式变更的转折点，对用户企业是一个严峻的考验。

(4) ERP 系统的用户培训

用户培训的成效也将影响 ERP 系统的成功率。在系统安装上线之前或同时，有必要对用户进行IT知识、信息系统知识和即将运行的ERP系统知识的讲解培训，使用户掌握必要的基础知识，熟悉自己相关的功能模块，尽可能使用户学会更多的ERP特性以便更好地应用ERP。一般情况下，用户培训在购置商品软件的协议中做出约定，具体加入培训的对象、时间和内容等条款。

ERP系统不仅需要很大的投入，而且还有失败或勉强成功的风险。因此，ERP系统的实施是ERP建设中相当重要的工作内容，企业对ERP建设必须给以高度的重视和谨慎。除了以上所述的内容和需要注意的问题以外，最近的研究表明，ERP系统实施中用户企业和软件实施商、咨询商等机构之间的相互知识转移也是非常重要的成败影响因素。

案例：某企业的ERP系统构成与实施

图5.5是某香精制造公司的ERP系统主要模块的构成图，从图中可以看出该ERP系统的模块分布于新品研发、客户订单处理和物料采购三条主线上（由实线表示）。客户订单处理主线围绕从接受客户的订单开始到向客户发货的过程，安排了要货计划（相当于主生产计划）、测方计划（相当于作业计划）、车间作业任务、发货和季度滚动销售计划等模块。新品研发和物料采购两条主线对客户订单处理主线提供信息支持（由虚线表示）。该系统暂未包括车间内部的生产管理功能。

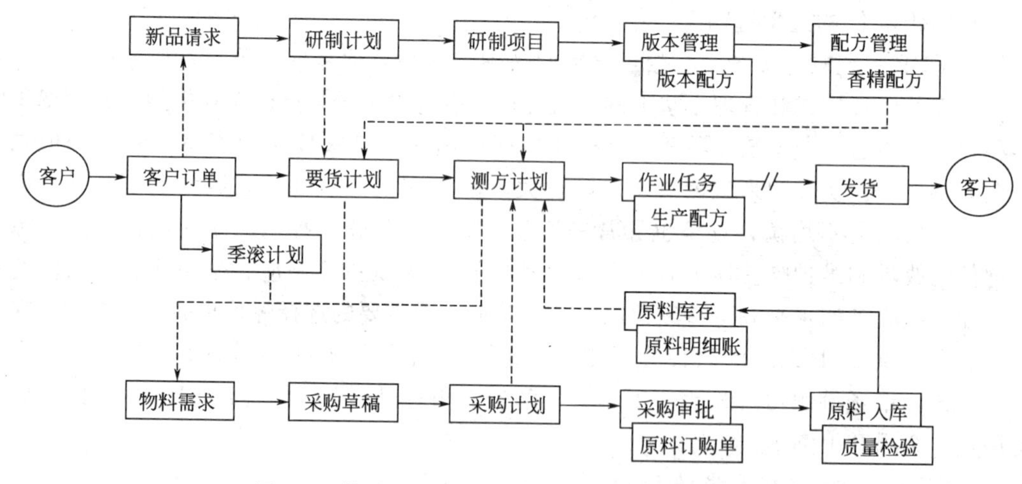

图5.5 某香精制造公司的ERP系统主要模块构成

客户需求触发新品研发主线，新品研制计划包括研发落实情况的信息，香精配方相当于物料清单，前者为要货计划的制订提供新品研制进展的动态信息，后者为要货计划和测方计划的制订及时提供详细的产品数据。订单处理主线的季度滚动销售计划、要货计划和测方计划分别以常规、应时和紧急三个等级向物料需求计划模块提供依据信息。物料采购主线的采购计划包括物料在途数据，原料库存模块输出动态的原料可用信息，两者为测方计划模块提供及时的物料供应信息。三条主线如此紧密协同，面向客户实现企业的价值。

香精行业的业务流程和生产方式有其一定的特殊性，该公司有良好的信息系统应用经验，因此与一个有长期合作关系的信息系统研发机构合作，采用专门开发方式研制新一代的ERP系统。根据图5.5所示的模块构成方案，对部分业务流程进行了重新设计，并与系统上线同步实行新的业务流程。其中主要的业务流程变革有销售员直接录入和确认客户订单、滚动生成要货计划和测方计划、物料需求计划的动态更新等。与原来的业务流程相比，新的业务流程精练、大部分过程改为并行推进或动态跟进。系统的安装上线采取先订单处理主线，再物料采购主线，最后新品研发主线的三个阶段的并行切换策略。

实践证明，该香精公司 ERP 系统的模块构成和实施结合了生产经营的特点、信息系统应用的实际背景和业务流程再造的管理变革，系统方案和具体实施得当有效。

5.2 客户关系管理系统

客户关系管理（Customer Relationship Management，CRM）是在企业由“以产品为中心”转向“以客户为中心”的过程中产生的管理新思想，意在使企业的经营理念从“提供什么产品和服务”引导到“怎样使客户满意”上。由此研发推出的客户关系管理系统已经成为当前企业信息系统的主流之一。客户关系管理系统在很多企业得到应用，但总体上，应用的深度与预期相比尚有较大的差距。

5.2.1 CRM 的基本概念

在市场竞争日益激烈，客户需求变为主导，企业与客户的关系发生显著变化的背景下，20 世纪 90 年代初 Gartner Group 提出了客户关系管理的概念，其核心思想是以客户为中心，提高客户满意度，改善客户关系，从而提高企业的竞争力。CRM 一经提出就自然而然地被企业界所接受，许多学者也对此进行了大量的研究，提出了各种客户关系管理的方法和技术，推出了许多各有特色的客户关系管理系统。

企业要赢利就要有市场，而市场竞争的作用点是客户，企业有大量优质的客户才能在市场上占有竞争优势，实现利润。据统计报道，一般公司每五年就失去一半客户，而建立新客户的难度是保持老客户的 5～10 倍。客户带给企业的价值符合二八定律，即 20%左右的客户为企业创造 80%左右的利润。由此可知，市场竞争是如何的激烈，客户的开发和优质客户的保持对企业是多么的重要。

客户关系管理的一般理解是：根据客户是重要资源的观点，利用现代信息技术，集成与客户相关的业务和管理过程，开发和利用与客户和客户服务相关的信息资源，分析并掌握客户的属性和价值，进而优化和吸引客户，与客户建立相互信任和稳固的关系，在与客户和谐的关系中为企业创造利润的一系列活动。

企业的客户可分为个体消费者和团体客户、单个客户和客户群等，其中客户群指具有类似基本属性、偏好或实力、价值或信用等特征的客户群体。客户关系指客户与企业的相互关系，大体上可分为狭义和广义的两类，前者仅包括企业直接与客户接触而发生的关系，如服务与被服务、提供与接受产品、信息交互等；后者包括一切与客户相关的活动之间的关系，如直接与客户接触的销售业务、与客户间接有关的市场营销、产品研发等。

CRM 系统通过相关信息的有机集成和深入分析，要获得以下能指导企业更有针对性和更有效地开展客户服务的信息。

① 各类客户，每位重要客户的属性和需求特点。

② 各类客户，每位重要客户过去、现在和未来对公司带来的价值。

③ 各种客户服务渠道和方式方法的效果及优缺点。

④ 客户的赞扬、抱怨、意见和建议。

⑤ 潜在客户，有可能从小变大的客户，有流失倾向的重要客户的定位。

⑥ 以及其他可以发现的有关客户和服务的模式与规律。

更具体地说，CRM 系统要回答诸如：一位特定客户的终生价值是什么？谁是我们最忠实的客户？谁是我们获利最高的客户？获利最高的客户想要购买哪些产品？等问题。

根据上述目的，客户关系管理的内容主要有数据集成、数据分析和决策支持三个逐级向上支撑的层面。

① 客户关系数据的全面开发与合理组织：采集企业所有能够获得的客户和客户相关活动的数据，采用先进的信息技术手段集成和管理客户关系数据，让承担客户相关活动的部门和人员共享。

② 客户关系数据的科学分析与规律探寻：基于客户关系数据，采用各种数学方法、数据分析技术和工具多角度多层次地分析客户与客户群的属性、现状和趋势，评估客户的价值和风险、分析客户与产品、服务、成本和利润之间的相互关系及其作用规律，以了解客户和掌握客户关系。

③ 客户关系分析结果对管理决策与业务过程的支持：充分利用客户关系分析结果，支持销售、营销和产品研发等管理决策与业务过程，以便更好地吸引和服务于客户，优化、扩展和巩固客户关系。

客户关系管理理论和方法的应用能使企业有关客户服务的活动更有针对性，在为客户提供满意的产品和服务的同时，以尽可能低的成本获取尽可能大的利润，提高市场竞争能力，扩大生存和发展的空间。

5.2.2 CRM 系统的构成与功能

企业信息系统的产生都有其理论背景和实际需求驱动的性质，客户关系管理系统也不例外，它是在 CRM 思想的基础上，应用先进的信息技术予以实现的。与 ERP 等横断系统相比，CRM 系统应该是一类纵向深入的系统。其主要特点不在于规模庞大，而在于数据分析的深入和精细。

对于 CRM 系统的构成，一般都认为包括营销、销售和客户服务三个领域中企业与客户交互进行的所有业务流程，及其集成。图 5.6 是 Laudon 描述的客户关系管理模型，该模型基于三个领域简要地刻画 CRM 的构成及其主要功能。CRM 利用现代信息技术多角度观察

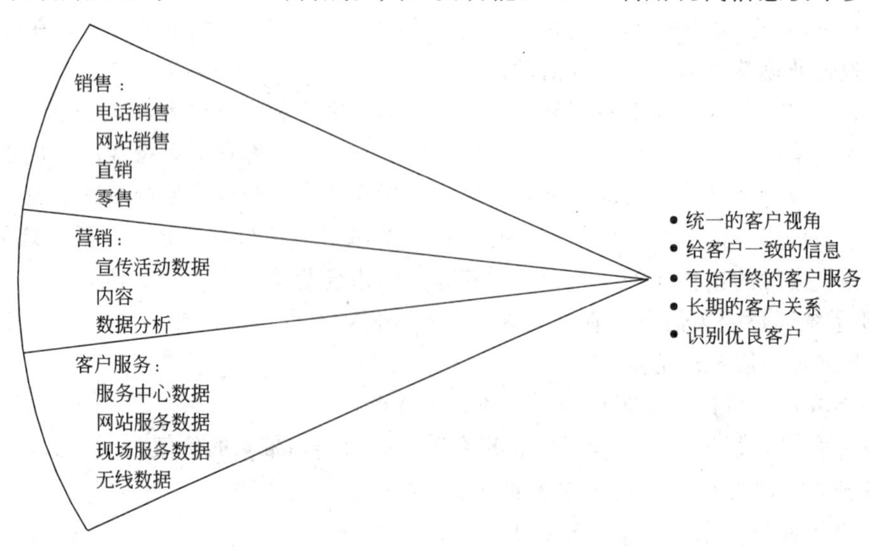

图 5.6 Laudon 描述的客户关系管理模型

客户，通过整合应用系统，从营销、销售和客户服务等多方面维护客户关系。

一些文献甚至认为 CRM 系统应该包括从开发客户和接受客户订单开始直到为客户提供预定服务后的整个业务流程，例如，订单处理和电子商务等。但这种观点过于扩大 CRM 的范围，在客户相关活动的直接性和间接性的区分度上过于宽松。本教材认为营销、销售和客户服务三个领域也只是 CRM 系统的作用范围，而非核心部分。

CRM 系统主要以软件形式存在，目前软件市场上已有多种规模和各有特色的 CRM 系统可供选择，不少企业也已在应用或实施大大小小的 CRM 系统。根据上一小节三个逐级向上支撑的层面的讨论，以及涉及三个领域的一般观点和实践中的软件系统，人们可以给出如图 5.7 所示的 CRM 系统基本构成框架。从该框架可见，CRM 系统总体上由上述的三个层面的核心功能、三个领域与客户的交互功能、客户与企业交互渠道的管理以及客户关系数据库及数据与系统维护功能四个部分组成。

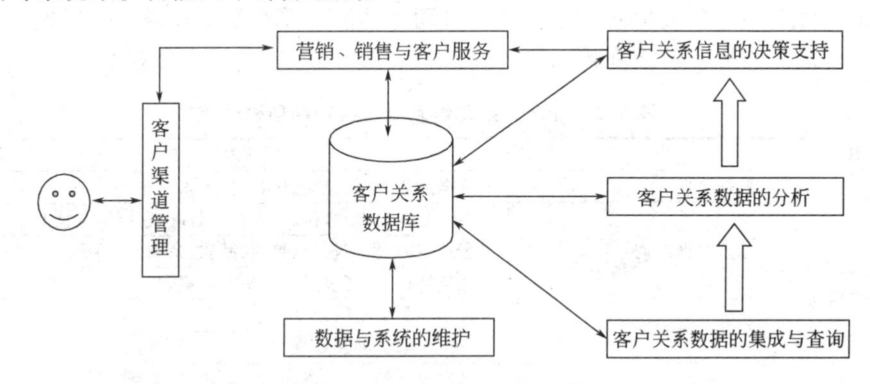

图 5.7 CRM 系统基本构成结构

(1) 三个层面的核心功能

CRM 系统的核心是客户关系数据的集成与查询、客户关系数据的分析和客户关系信息的决策支持三个功能层面。客户关系数据的收集与组织是 CRM 的基础构成，负责集成企业与客户交易中发生的交互数据和客户的属性数据，在此层面之上是客户关系数据的分析，这一层面的功能是 CRM 系统中难度颇大的组成，涉及许多定量模型和算法，能得出一系列很有价值的有关客户与营销、销售和服务之间关系的模式和规律。再向上，就是应用客户数据和客户关系分析结果来支持营销、销售和客户服务活动的功能层面，其中最为重要的是对有关客户的活动方案的决策支持。

(2) 三个领域与客户的交互功能

CRM 系统不单纯是客户数据的管理、分析与决策支持，其功能还延伸到了营销、销售和客户服务的具体业务和事务，例如，市场营销活动的策划与事后评估、自动化的或客户自助式的产品销售和服务。CRM 系统的数据主要来于营销、销售和客户服务三个领域，反过来，也受惠于三个层次核心功能的信息支持。

(3) 客户渠道管理功能

在信息技术环境下，目前已有形式多样的客户与企业的交互渠道（具体的渠道及其管理请见下一小节），这些渠道的分析和管理也被纳入到 CRM 系统中，实现了 CRM 延伸到客户的想法。

(4) 数据及系统的维护功能

所有三个层面和三个领域的数据都被有机集成、统一组织和集中存储于客户关系数据库中，CRM系统一般都设有专门用于维护系统软件和客户关系数据的功能模块或子系统，由于客户关系数据分析功能建立在数学模型的基础上，该子系统也包括对这些模型的管理功能。

表5.2列出了CRM系统的客户关系“数据集成与查询—数据分析—决策支持”三个层面的部分功能及其内容，该列表以子系统为单位划分三个层面，对客户关系数据分析子系统做了比较突出的表示。从表5.2可以看出，CRM系统的功能相当的深入和细化。决策支持方面的功能与营销、销售和客户服务的业务及管理有交叉重叠，边界较难清晰划分，一些功能还需要结合电子商务和网络营销等技术手段。

CRM系统还有不少比较重要的功能没有在表5.2中列出。决策支持方面，依据客户关系数据分析的结果支持新产品和新服务的研发，销售业务中的自动化销售和客户自助服务等也是目前研究和应用的重点内容。产品和服务研发支持功能主要有产品结构优化、产品创新、新品定位和新品投放模拟测试等；销售自动化功能主要有客户需求自动匹配、人工智能问题解答、产品故障自动诊断和排除等。

表5.2　客户关系管理系统主要功能项列表

子系统	功能		内容
客户关系数据集成与查询	数据集成		数据采集、整理、规范化处理、录入或转入
	原始数据查询		客户基本属性：身份、个人基本状况、家庭基本情况
			客户实力：资产规模、类别、品质、余额、流动额
			客户特性：偏好、性格、交易产品集
	交易记录查询		每笔产品交易的记录
			每次异常交易及处理的记录
	服务记录查询		每次服务的记录（咨询、宣传、建议、关怀等）
			客户投诉及处理记录
	分析结果查询		参见客户数据分析子系统
客户关系数据分析	属性分析	指标分析	价值指标：客户贡献度、余额和交易增长率计算等
			信用指标：客户和客户群的信用度评价
			风险指标：客户交易风险度、盈亏点比较
			关系指标：稳定度、忠诚度、热衷度、事件响应度
			交易指标：客户交易频率、最大交易额、最小交易额、平均交易额
		客户细分	单因素细分：按价值、年龄、职业、信用度等划分
			综合因素细分：按综合诸因素的总价值划分
	综合分析	分布特征分析	产品/客户关系分析
			交易量/交易方式/客户关系分析
			利润/成本/客户关系分析
			以上诸要素的组合分析
		客户反馈分析	客户投诉分析、客户响应分析
		潜在客户分析	潜在客户分布/可得度分析
		客户分析报告	客户分析报告、客户简报
	预测分析	客户增减预测	注册客户预测
			客户流失预测/客户流失预警
		分布特征预测	参见综合分析功能类
		客户风险预测	客户欠款预测/客户风险预警
客户关系信息决策支持	销售支持		呼入客户相关信息/特征/群属/控制等的定位
			建议产品与服务方案提示、呼出业务内容的组织
	客户服务支持		客户进入渠道分析/客户服务调度
			客户关怀计划管理/个性化与差异化服务设计
	营销支持		市场需求分析
			营销活动计划制作/营销活动记录与成效分析

另外，制造业和服务业在与客户的交互内容和运作模式上有一定的差别，因此不同行业的 CRM 系统在构成和功能上也有各自的特点。即使同属于服务业的银行、电信和商贸等企业，由于服务内容、服务方式的不同，CRM 系统也不尽相同。例如，银行有贷款服务，CRM 系统需要包括依据客户关系分析结果支持贷款与否的决策功能，电信企业有上门维护和维修通信设备的服务项目，对 CRM 系统的客户服务调度功能有较高的要求，商业企业的营销活动比较频繁和重要，因此 CRM 系统的相应功能也就比较突出。

5.2.3 CRM 系统的重点内容

图 5.7 表示的系统基本构成框架和表 5.2 所列的功能项中可以看到 CRM 系统丰富的内容，为进一步了解 CRM 系统，本小节就客户渠道、呼叫中心、数据挖掘和客户细分四个重点内容再做叙述。CRM 系统的重点内容显然还不止这些，我们期望能通过这四个重点内容建立起了解 CRM 系统其他内容的桥梁。

(1) 客户渠道管理

客户渠道是企业与客户联系的途径或交易的接口，目前可用的客户渠道有服务柜台、邮局、电话机、手机、传真机、自动服务机（如 POS 机、ATM 机）、计算机与通信网络（如邮件、呼叫中心、网站）等。通过客户渠道，企业为客户提供服务、与客户开展交易，向客户发布信息和接受客户的反馈意见等。客户渠道管理是 CRM 系统的重要组成部分，其水平与效果直接影响客户的满意度。

客户渠道管理的主要目的是通过对各类渠道的运行与客户分布情况的统计分析，支持渠道的优化配置、有效宣传和均衡调度，使企业与客户的联系保持尽可能的便捷与畅通。客户渠道统计分析的对象主要有各类渠道的利用率、负荷分布、平均占用时间、联系成功率、使用适配性等指标。另外，对渠道内容的分析还可以间接地了解客户的偏好和产品与服务的受欢迎程度，为产品和服务的研发决策提供依据。客户渠道的配置与企业类型有关，但总的趋势是服务柜台和邮局等传统的渠道将逐步退化，基于现代信息技术的客户渠道的比重将逐步上升。

(2) 客户呼叫中心

呼叫中心（Call Center）是充分利用通信与计算机集成（CTI），如交互式语音应答系统（IVR）、自动呼叫分配系统（ACD）等现代信息技术，将营销、销售、技术支持和客户服务等商业活动的交互接口统一起来的一个系统平台。简单来说，呼叫中心就是可以自动地处理大量各种不同的电话或其他方式呼入和呼出的场所，是一个集中应答电话的地方。

呼叫中心起源于发达国家企业对服务质量的需求，也是客户服务中提高应答效率和降低应答成本的需要。世界上第一个具有一定规模的、可提供 7×24 小时服务的呼叫中心是由泛美航空公司在 1956 年建成并投入使用的，其主要功能是可以让客户通过呼叫中心进行机票预订。今天，呼叫中心已在许多行业推开应用，这些呼叫中心或自建、合建或外包，或人工坐席或全自动，大多取得了预期的理想效果，也为客户带来了很大便利。最为大家熟悉的呼叫中心要数电信部门的“114”查号台。

CRM 系统与呼叫中心的关系非常密切，广义的角度，呼叫中心作为销售和客户服务的前端被列入 CRM 系统，狭义的角度，认为呼叫中心的很多工作依靠 CRM 系统的支持。现在从后一种观点，描述 CRM 系统如何支持呼叫中心坐席业务。

首先，在客户呼叫并进入中心的同时，CRM 系统根据呼入客户的标识（如电话号、客户号，对新客户则以客户类别为标识）提供相应的客户基本信息和历史信息、特征描述、客户所属群体信息和安全控制信息，完成具体客户的具体定位，为坐席的应对服务做好知彼的准备。其次，当客户明确需要提供服务或进行交易时，CRM 系统在客户定位信息的基础上从“产品/

客户关系分析”、“交易量或交易方式/客户关系”等分析结果集中提取最恰当的产品品种与服务内容，并按适合度排序，以建议方案的形式提示给坐席，坐席据此向待应客户提供咨询或建议等帮助。在客户自定交易产品或服务内容的情况下，这些信息可用于交易和服务细节的引导。再次，CRM系统还能向坐席组织许多其他服务呼出内容，包括咨询应答、宣传资料、引导提示、客户意见的回复等。总之，CRM系统能成为快捷、聪明和即席的坐席助手。

（3）客户关系数据的挖掘

数据挖掘（Data Mining）是从大量历史数据中探寻潜在的有价值的信息和知识的技术，因为有如同采矿和淘金那样的含义而得名。数据挖掘技术涉及较多的数学方法和智能方法，如数理统计、概率分析、人工神经网络、回归分析、遗传算法、近邻算法、规则推导等，在数据挖掘建模方面，常用分类、聚类和关联分析等方法。目前，数据挖掘的实践已有较多的软件工具可供选用，如SAS/EM（Enterprise Miner）、SPSS、IBM/Intelligent Miner、Oracle/Darwin等。

企业在与客户长年累月的交往过程中，积聚了大量的客户信息，交易和服务数据，在这些数据中隐含了许多具有重要价值的信息和知识，值得加以开发，因此数据挖掘技术在CRM系统中得到了普遍的应用。

通过数据挖掘，企业能够获得事先未知的，但确实客观存在的一些有关客户行为、客户分布、产品和服务的潜在关系、市场需求发展趋势等对企业生产经营具有参考和指导价值的规律或模式。举例来说，年青客户群偏好某种款式的产品、某种产品的销路受服务质量的制约、利润中的极大部分是由某些少数客户所创造的、具有某些特征和征兆的优质客户容易流失等。常被提起的“小孩尿布销售量增加的时候，啤酒的销量也同步上升”的故事则是一个典型的数据挖掘成果的例子。

数据挖掘的实现必须建立在相当规模的数据之上，对数据的存储和管理有特殊的要求，常规的数据库在存储空间和组织方式上大多难以胜任。目前数据挖掘的研究基本上是基于数据仓库的。数据仓库的数据从常规的工作数据库中定期地转载而来，按面向问题的多维主题组织数据，数据仓库在一定程度上类似于历史档案库。

Microsoft SQL Server的Analysis Services的软件中给出了一个消费者收入和婚姻状态与所持消费卡类别之间关系的数据挖掘例子（图5.8）。

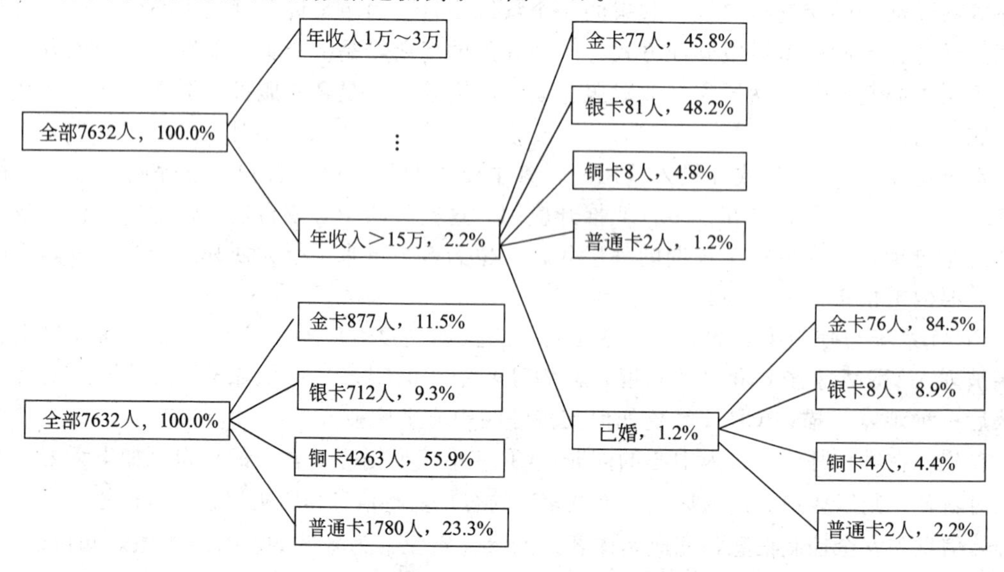

图5.8 消费者属性与消费特征之间关系的例子

该例子表明在全部7632名消费者中过半数使用铜卡，在占总消费者2.2%的年收入15万元以上的消费者中，使用金卡和银卡的约占94%，年收入15万元以上的消费者已婚的比例非常低，但约85%使用金卡。由此可以得出结论，收入比较高且已婚的消费者基本上都选择使用金卡。该结论的意义在于能用于支持消费卡产品改进方案的设计和决策。

(4) 客户细分

客户细分是最能体现CRM系统特色的内容之一，也是研究的比较多且很有实际价值的功能。所谓客户细分是按照客户的属性（如个体客户的年龄、职业、偏好和信用度等，机构客户的所在行业、规模、管理水平、信用度等）、交易的产品特点、服务的需求，以及过去、现在和将来的价值等指标将客户划分为若干类别，这些类别称为客户群，同一客户群中的客户具有相同的特征。客户细分对于企业更好地设计针对性强的产品和服务，将有限的资源科学合理地配置到最有效的地方，具有重要的参考和指导作用。如果客户细分越细致，那么越有利于个性化和差异化服务方案的设计和实施。

不同的企业和不同的目的，会有不同的客户细分依据或细分指标。目前比较常见的一种方法是按照客户为企业带来的价值大小来细分客户，即所谓基于客户价值的客户细分。细分的结果可能有大客户群、小客户群、具有发展潜力的客户群、没有发展潜力的客户群等。还有多见的是按客户的喜好或消费习惯来划分客户群的，这样的划分的结果可能是高档次消费客户群、实惠型客户群、固定型消费客户群、偶然型消费客户群，再有，银行客户的细分，可能会有诸如高端优质、成长型、投资型、储蓄型、理财型、生活便利型或综合型等客户群的细分结果。

有多种客户细分的方法，但都需要建立客户细分模型，然后采用某种算法对客户关系数据进行聚类或分类，获得细分结果。图5.9描述的是一个基于客户价值的期货业客户细分中测算客户总价值的模型（指标体系）实例，预测结果作为客户细分的依据待用。应用SQL Server 2000的Analysis Services平台，按照K-Means方法建立数据挖掘模型，对客户的当前价值和增值价值做两维交叉聚类，产生8个初步划分的客户群。再对该划分进一步的做划分参数的调整，可以获得如表5.3所示的价值特征比较显著的5个客户群。

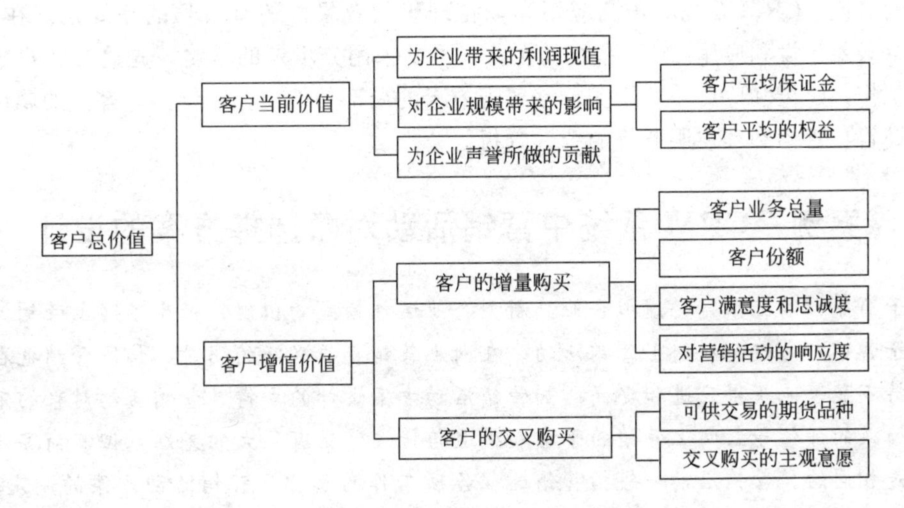

图5.9 某期货公司客户总价值预测模型

表 5.3 某期货公司基于价值的客户群细分

客户群号	当前价值上限	当前价值下限	增值价值上限	增值价值下限	客户数量占比
1	99.98	21.49	100	75	21%
2	45.2	12.336	51.90	16.47	31%
3	0.634	0	2.4	0	9%
4	97.35	35.21	15.36	4.31	22%
5	18.35	5.21	92.36	33.54	17%

5.2.4 CRM 系统的建设与应用

CRM 系统的建设是一项复杂的工程，其中主要的难点有三。其一，涉及的数学方法和智能方法，以及客户关系数据分析建模等，需要较深的专业知识，且当前的 CRM 系统还没有达到足够的用户友好程度。其二，与其他信息系统集成而引发的品种选择，目前软件市场上的主业型和非主业型两大类 CRM 系统产品各有特点，前者功能全面和相对独立，与用户的其他信息系统异构而集成难度较大，后者只含核心功能（即数据的集成、分析和决策支持三个层面），但与其他信息系统集成的能力较强。其三，要求有规范的客户关系数据集成和足够的数据积累，这对信息系统应用时间不长、历史数据没有很好保存或数据结构差异大的企业，搞 CRM 系统如同无米之炊。

这些难点使得绝大多数的用户企业选择购置商品软件的方式建设 CRM 系统，CRM 系统的软件产品面向的行业也有侧重，如金融业、商业、制造业等，不同行业的 CRM 系统略有差异，选购时应考虑这一因素。与 ERP 系统相比，CRM 系统更由经营理念左右，即如果没有很好树立起以客户为中心的经营理念，那么 CRM 系统不会达到预期的效果。另外，不是所有的企业都有必要应用 CRM 系统，对一些客户数不多或客户相对稳定的企业，ERP 系统中的客户管理功能就能应付。

20 世纪 90 年代提出 CRM 概念以来，已有一段时日，但我国企业的 CRM 应用尚不理想。究其原因，主要是专业知识要求高，企业难以深入应用，以及没有足够的客户数据资源来满足一定信度要求的分析。数据仓库投资大、难度大也是一个导致 CRM 系统应用不佳的主要原因。目前，只在银行、通信、商贸等大型服务企业中 CRM 系统得到相对而言比较理想的应用，这也要归因于这些企业有大量的客户和比较雄厚的资金实力。

总的来说，CRM 系统的普及应用和取得理想的效果，还有较长的路要走。在现阶段，有意和有必要建设和应用 CRM 系统的企业，不妨采用分步走的策略，先搞好客户数据集成等基础工作，建设和应用一些切实能够实现效果的局部功能模块，例如，客户的属性和信用分析，销售、营销和客户服务等的统计分析。

案例：CRM 系统中营销活动对象选择方案的设计

电子商务、网上银行、虚拟企业等新型企业运作模式的出现，产生了网上营销（网络营销或电子营销）的概念和网上营销活动。在网上营销日益兴旺的同时，传统营销也在信息技术的支持下显著地获得改进和提高。如营销活动方案设计的支持、营销活动对象的定位、营销活动绩效的评估等。网上营销的平台和渠道与传统营销有巨大的差别，但其商务活动的本质依然是相同的。营销活动一般指营销过程各项工作的总称，营销活动方案的制定是 CRM 系统中高度非结构化的决策问题，网上营销活动对象的选择是其中的一个问题。

网上营销活动的对象选择主要是活动与客户的匹配，是使活动具有最好的客户群体针对性，进而取得最大活动绩效的决策。从活动目的和客户保持的角度看，活动对象的产生思路如图5.10所示。

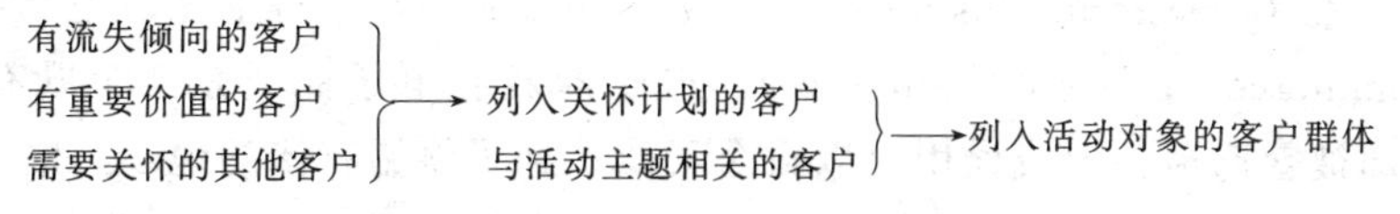

图5.10 网上营销活动对象的客户群体构成

营销活动对象的选择建立在客户数据分析的基础上，从分析结果信息中能够识别出有利于提高活动成效和达到预期目的的客户群体。营销活动对象客户的匹配性及其成效可以从信息系统中这些客户交易记录的变化获知，匹配性和成效的分析结论可以用来调节下一次活动的对象客户选择。如此，我们就能构成一个带反馈控制的网上系列营销活动中对象选择与评估不断改进的回路。

结合图5.10的网上营销活动对象的客户群体构成和选择与评估的循环过程，可以构建如图5.11所示的功能架构。网上营销活动对象选择的各项功能相互依赖与支持，围绕活动对象的事前选择和事后评估，这些功能构成了可以持续改进和提高网上营销对象选择成效的多路闭环架构。

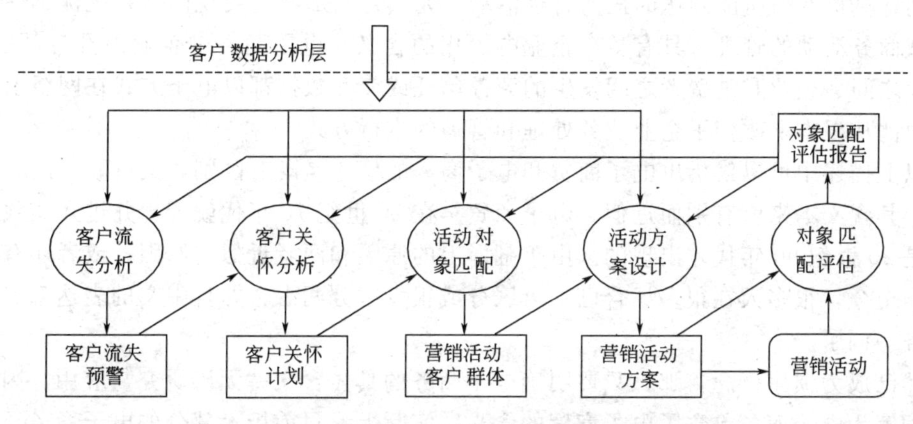

图5.11 网上营销活动的客户群体对象选择功能架构

客户流失分析是CRM系统中以客户保持为目的的主要功能。该功能能预估客户今后一段时间内的发展趋势，发现可能的客户流失征兆，并按流失可能性大小和客户价值排列，作出客户流失预警预报。客户流失分析所发现的可能流失客户是客户关怀的对象，在客户关怀对象识别的基础上定期自动生成群体客户或个别重点客户的关怀计划。该计划是营销活动对象选择的主要依据。从客户关怀计划中可以按照营销活动的目的和主题选择相匹配的客户对象。

营销活动方案的设计是高度非结构化的决策问题，可以采用半自动化的人机交互方式来实现，即先根据活动主题生成营销活动草案，再通过人机交互方式修改草案，然后形成正式方案，这里客户匹配功能可为方案设计提供局部的支持。客户匹配评估是营销活动绩效评估的一个组成部分，可以较方便地围绕活动主题和事后交易记录实现匹配度和活动成效的评估。匹配度反映所选客户中受活动影响而交易值变化达到一定范围的客户的比例，匹配客户的活动成效可以用面向这些客户的活动的投入产出比来表示。

5.3 电子商务系统

说到电子商务（Electronic Business，EB 或 e-Business），不得不先说先产生的电子商贸（Electronic Commerce，EC 或 e-Commerce）。电子商务和电子商贸是两个既有联系又有区别的概念，但却被普遍地相混或误用，以致今天似乎到了将错就错的地步。电子商务不仅已被企业界普遍接受，也为寻常百姓喜闻乐见。电子商务系统已成为企业的主流信息系统之一。

5.3.1 电子商贸与电子商务

电子商贸是利用 Internet、企业外部网、EDI 和其他数字技术，以电子方式进行商品交易与服务的过程，也包括支持这种市场交易的广告、营销、客户支持、交付和结算等活动，其实质就是网上的电子化的交易模式。电子商贸依靠计算机网络所特有的强大的通信功能和处理能力，建立起连接商贸活动相关企业和消费者的通信网络平台，在该平台上，交易各方通过通信网络传递商业文件，在各自的信息系统中处理这些文件，实现快速有效的商业交易。与传统的人工交易相比，在降低交易成本和提高交易效率方面具有显著的优势。

电子商务是 Internet 和其他数字技术在企业业务流程管理和控制方面的应用，其涉及范围宽广到计算机网络所能到达的任何管理活动，尤其是指那些能突现网络系统优越性的跨组织跨地域商务活动的管理，具有整个企业电子化的含义。电子商务中企业内部各部门之间、相关企业之间、企业和消费者之间发生的商务单证或交互数据都以电子方式在网络上传输和处理，由此从根本上改变了企业业务处理和管理的进行方式。

从以上描述中可以辨析出电子商贸和电子商务的概念是既有区别，又有联系的。按字面的理解，其含义本来就有别而近似。电子商贸早在 20 世纪 70 年代就产生并进入实践，电子商务则是 20 世纪 90 年代才出现的。由于翻译上的原因和两者近似的原因，或者还有其他什么原因，至今，很多人在很多场合已不再区分或很少区分两者，并且中文的表达都习惯地用电子商务一词了。

既然已成为惯用概念，那么只要明确电子商务的具体含义就无碍研究与应用。因此，我们可以理解为电子商务包含了电子商贸的含义。实际上，目前极大部分的电子商务还处于电子商贸，即电子化的买卖交易上。因此本教材在以后的讲述中只用电子商务一词，概念上也持习惯的理解。

电子商务也是一类信息系统，在内容上与 ERP 系统和 CRM 系统存在一定的重叠之处。ERP 系统的重点在业务流程，但涉及客户订单处理、向供应商订购原材料的管理等，CRM 系统的重点在客户或消费者，也涉及销售、营销和客户服务等活动。这些内容与电子商务的交易活动显然是重叠的，但在概念上和侧重点上电子商务与其他信息系统有所不同。首先，电子商务突出的是电子化的交易处理手段，这与 ERP 系统侧重交易流程管理不同；其次，电子商务突出交易相关企业之间、企业和消费者之间的电子交互方式，这与 CRM 系统侧重相关方的关系管理不同；最后，电子商务突出不受地域和时段限制的交易与合作，其他信息系统侧重的是业务的处理和管理问题的解决。

按商业交易参与方的性质划分，电子商务有以下五种交易模式。

企业与企业之间（Business to Business，BtoB 或 B2B）。

企业与消费者之间（Business to Customer，BtoC 或 B2C）。

消费者与消费者之间（Customer to Customer，CtoC 或 C2C）。

企业与政府之间（Business to Government，BtoG 或 B2G）。

消费者与企业之间（Customer to Business，CtoB 或 C2B）。

B2B 是电子商务中份额最大的网上交易模式，据统计，目前 B2B 交易模式的交易额是 B2C 的 100 倍以上。B2C 好比网上商店或虚拟商店，是消费者直接在网上购买商品或提出并接受服务的模式，其发展空间非常巨大。B2C 主要面向个体消费者，因此是人们比较熟悉和了解的网上交易模式，例如，当当书店的网上书籍购买。C2C 是一种消费者之间在网上开展的商品交易活动，主要以个人物品的拍卖为主，比较著名的 C2C 网站有易趣网（www. ebay. com. cn）和淘宝网（www. taobao. com）。B2G 主要用于政府的网上采购，由于这种交易模式往往先由政府在网上发布采购意向和内容，然后企业投标竞争供应方，也被称为 G2B 模式。C2B 交易模式是一类新兴的由客户为先导的网上交易模式，先由消费者提出需求，再由企业提供商品或服务，这种交易模式的理念符合客户为中心的思想，具有可观的发展前景。

电子商务都在一个称为交易平台或虚拟市场的环境中开展，该平台一般以商务网站的形式存在。商务网站有自建和第三方提供两种模式，大企业或交易量较大的企业可以自建商务网站，小企业或没有实力建设和维持的企业可以借助第三方专业商务网站开展电子商务活动。

电子商务的交易有与实际交易很相似的运作模式（图 5. 12）。以上所述的五种交易模式在该基本运作模式的基础上各有特点。其中为安全可靠起见的交易各方的身份认证是一个重要的环节。电子商务无论如何在网上运作，不用手工和不要纸张，如果交易的是物质商品和需要物质为载体的信息商品，那么商品的交付最终还是要靠手工或交通运输工具运送到消费者手上。电子商务离不开物流，物流的水平是影响电子商务发展的重要因素之一。

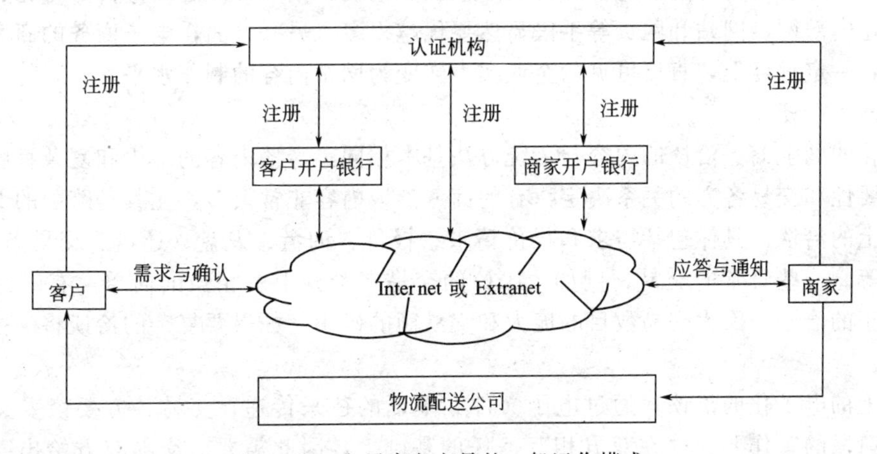

图 5. 12 电子商务交易的一般运作模式

5. 3. 2 电子商务的运作流程

一般的电子商务交易流程可以按照售前、售中和售后的传统销售流程来划分，售中再做进一步的区分，那么大致可以分为交易前准备、商务洽谈、签约与执行、结算支付、售后服务五个阶段（图 5. 13）。

(1) 交易前准备

交易双方都有交易前的准备工作。商家的准备主要是通过商务网站向外发布自己的商品

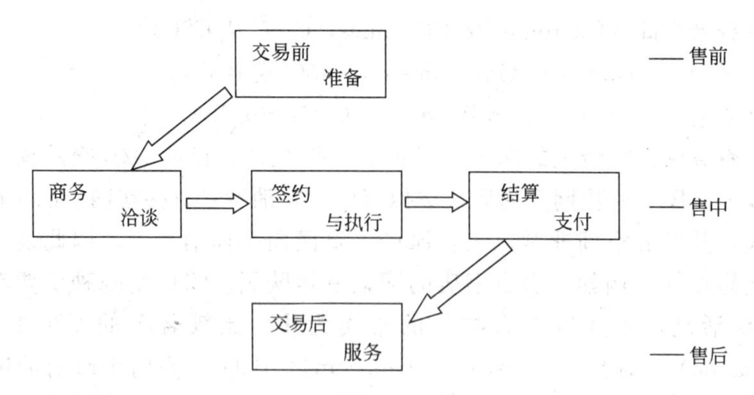

图 5.13 按售前、售中和售后划分的电子商务运作流程

和服务信息，利用网络的优越性为自己做宣传。一些比较主动的商家还在互联网上搜索客户的需求信息，与自己可能提供的商品和服务进行匹配，发现交易机会。客户的准备工作主要是在网上搜索自己所需的商品或服务，要经过多个电子商务网站的检索和比较。随着计算机和数字通信网络应用的普及，最终消费者越来越注重交易前的准备，对多个商家的信用、商品质量和价格、服务水平等做比较分析，表现出越来越挑剔和苛刻，个性化、差异化的需求越来越显著。客户方还可以在网上发布自己的商品或服务需求信息，供商家发现和匹配。同样，客户也可以自己将需求与可能的提供进行匹配。对于商家的交易前准备，还可以再向前推移到网上营销目标的定位和策略的制定，尤其是 B2C 的交易模式，因受众面广而应该有所侧重和特色的考虑。

现在，互联网的网页上随处可见琳琅满目和多姿多彩的商品与服务的广告信息，一些网站还从需求与供给两个方面提供成千上万的商品和服务信息。可以说，商务网站的商品和服务信息已应有尽有无所不包。与传统的通过报纸、电视、招贴等渠道的宣传广告比起来，互联网、企业内部网、网站和网页等手段显然要优越得多。另一方面，电子商务的商家竞争越来越激烈，一定程度上，直接可见的企业实力转变为网站内容的制作水平。

（2）商务洽谈

电子化的网上商务洽谈的内容与传统方法基本相同。洽谈内容的多少和复杂程度依交易内容的重要性和交易各方的关系决定，有的商务洽谈内容非常繁多，尤其是跨国的 B2B（国际贸易）上的洽谈，具体包括需求和报价请求、报价、询盘、发盘、还盘、交易条款商谈、订单草拟等。一些日常的交易，例如，B2C 的交易在洽谈上就相当的简单，有时甚至谈不上什么真正的洽谈。因为交易数目的庞大和交易额的碎小，如果要复杂的洽谈将失去电子商务的优势。

网络上的电子化的洽谈，通过电子文件和单证的往来传递，交易各方要谈妥义务和责任。这一阶段的工作要建立在双方相互信任的基础上，因此需要对交易双方给出身份合法性、可靠性的权威认定，承担这一认证工作的机构就是所谓的认证机构或认证中心。认证机构的数量非常有限，一般都有政府背景和相当高的可信度。VeriSign 是国际上的著名认证机构（www.VeriSign.com），上海市数字证书认证中心是我国的认证及其管理机构（www.sheca.com）。在这些认证机构的网站上有身份认证等知识的介绍，有兴趣和需要的读者可以上网查看。

洽谈内容越多越复杂，就越能体现电子商务手段的优越性。传统方式的电话也比较方便，但不精确和不能确认；传真方便精确，但不安全不可靠，无法律依据；邮寄能克服以上缺点，但费时，处理周期长。电子商务手段能实现交易所需的各种单证文件，并且快速、准确、安全和可靠。当然，电子商务的这些优越性建立在先进的信息技术基础之上，目前的水平能做到基本的安全可靠，但还不能说绝对的安全可靠。

（3）签约和执行

经过洽谈，交易双方愿意承担应尽的义务和责任，并得到认证的确认后，即进入签约和执行阶段。B2B 模式有规范的标准的合同文本，手续齐全和严谨，但一些 B2C 模式的交易并不一定有那么的严肃，一般情况下只是在网上的电子订单上按下确认按钮即可。签约的做法与货款或服务费用支付方式有关，在货到后支付现金的情况下，签约就比较简单。复杂些的合同签约一般采用电子签名技术。

电子商务的签约同样具有法律效力，所有的洽谈过程文档和合同都要以电子日志和数据文件的形式记录与保存起来。一旦签约后，交易双方不能抵赖或随意撤销，不能轻易更改或毁约，所有的电子资料也要采取加密等安全保护措施，不让篡改和失密，这些方面与传统的书面合同的性质是一样的。

签约后的执行，除了交易双方外，还要涉及许多的相关机构，最复杂的国际贸易的电子商务，同样要有中介、银行、海关、商检、税务、保险、物流等机构的参与。这些机构也采用电子化手段与交易平台连接，那么这样的电子商务就是完整和全面的。随着交易合同执行的推进，这些机构陆续参与进来，对各个环节进行电子形式的处理，直到客户获得商品或接受服务。对于需要根据合同再进行生产和制造的商品，或需要采购备货的商品，就牵涉到商家内部的事务，这也是电子商务被延伸到企业内部的原因。如果电子商务与企业的相关信息系统连接，那么就构成了更为理想的电子商务。

电子商务交易的执行中，电子化的信息能供交易双方和有关机构共享，客户可以通过计算机网络查询合同落实进程，及时跟踪、了解和掌握合同执行情况。例如，是否已经进入生产安排或进入采购备货阶段，是否已经装箱发货，是否准时或脱期等。这些信息反映的合同执行情况，对于客户来说是非常重要和有意义的。

（4）结算支付

电子商务的交易采用电子支付方式进行结算和交付货款或服务费用，电子支付是电子商务中最为复杂和难度最大的环节。所谓的货款和费用也是以电子形式来表示的，目前电子支付主要有信用卡、电子现金和电子支票三种，其基础是金融电子化的网络。电子支付是以电子数字形式从一个账户经由计算机信息网络传送到另一个账户的过程，该过程以电子化方式由客户启动、再由银行等金融机构的信息系统传送和控制，最后由商家在其电子化的账户上确认。

信用卡是由金融机构为客户或消费者签发的一种电子支付工具，同时也具有一定的货币存储功能和透支消费功能，一般为最终消费者所采用。电子现金或数字现金是一种以一系列加密的数字形式流通的货币，具有与现金相同的可交换性、存储性和匿名性等性质，但必须经由授权和担保等金融机构通过软件系统来传输。电子现金的性质决定其一般只是用于小额的支付。电子支票是模拟纸质支票的电子货币表现形式，具有一次性的定额支付的功能，需要在注册、开具、背书和认证等操作后才能生效，自然，这些操作都以电子数字的方式进行。

电子支付与传统的纸质货币或凭证支付相比，具有显著的简单、便捷和高效的优点，电子支付的将来最终会全面替代传统的支付方式。电子支付中最为突出的问题是安全、可靠和有效性等问题，目前所采用的应对技术主要是数字加密、数字签名、数字认证或验证等。

（5）售后服务

有的交易合同带有售后服务的条款，一些商品和服务按照法规或习惯做法也带有一定的售后服务的内容。如果这些售后服务也在网上进行，或售后服务的管理在网上进行，那么这也是电子商务过程中的一个阶段。通过现代信息网络，商家跟踪服务情况，客户提出商品存在的或服务后续产生的问题，商家提供技术支持和解决方案，客户提送反馈意见等，都是电子商务售后服务的内容。

与传统的电话或书面询问、上门解决问题等比较，电子商务自有其优势。但一些售后服务还是需要用传统的方式进行，不可能全部地由电子化方式实现。

为能更好地理解电子商务的交易流程，现以一个消费者持信用卡在网上购物的例子做简要的描述（图 5.14）。

① 持卡人（购物人）使用浏览器在商家的 Web 页上的商品目录中查找和选择所需要购买的商品。

② 持卡人填写 Web 页上的电子订单，选择付款方式、数字签名并确认订单。

③ 电子商务系统为订单加密。

④ 商家接受订单，向持卡人发送订单确认信息。

⑤ 所有交易日志和文件存档，以备将来查询。

⑥ 商家向持卡人的金融机构请求支付认可。

⑦ 发卡机构确认，发出交易批准。

⑧ 商家直接或请物流企业给持卡人（购物人）运送商品。

⑨ 商家接着或以后请银行从持卡人账户划转购物款。

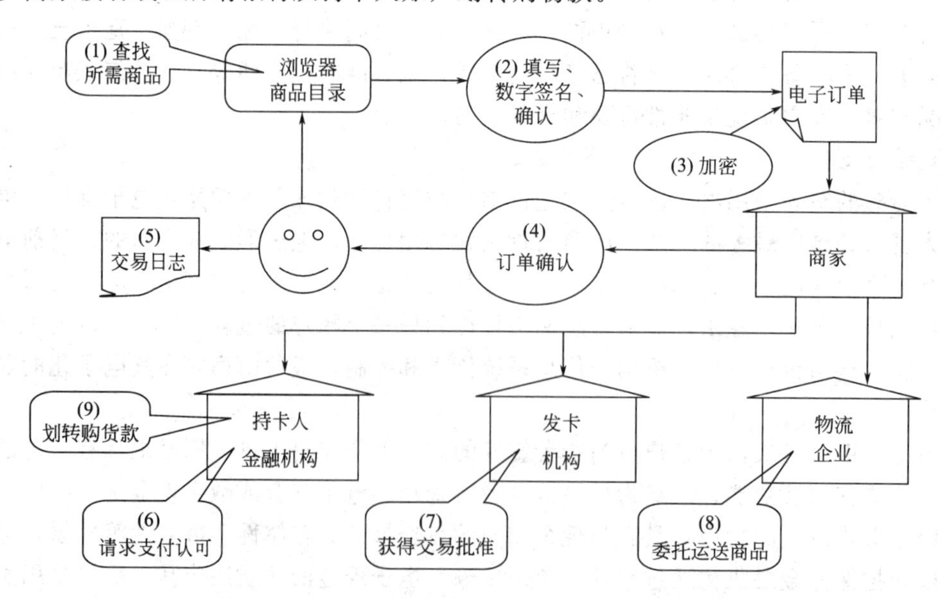

图 5.14 一个消费者持信用卡在网上购物的例子

5.3.3 电子商务的相关技术

电子商务有很多的优越性，但由于电子商务在较开放的网络环境中进行，客户与商家不见面，整个过程可见却摸不着，给客户和商家带来了安全和可信的问题。这些问题成为电子商务进入实际应用的瓶颈，必须予以有效的解决。电子商务的优越性和安全可靠问题的解决都依靠现代信息技术，技术问题是电子商务的特殊问题。

电子商务的关键技术主要是计算机网络技术和安全技术，安全技术解决交易的安全与可靠问题，如交易文件的机密、完整和不可抵赖，交易各方身份的合法和有效等。目前应用较广泛的电子商务安全技术有防火墙、非对称加密技术、数字签名技术、身份认证技术和安全电子交易协议（SET）等。

（1）计算机通信网络

早期的电子商务在专用的计算机通信网络中通过约定的电子文件交换格式 EDI 互传交易文件。现在的电子商务已主要在 Internet 或 Extranet 环境中使用电子邮件等方式传输交易文件。商家内部的交易文件的传输和处理则利用自己的 Intranet 或局域网实现。

（2）防火墙技术

防火墙是一种通过硬件或软件实现的，安装在企业内部网入口处的信息流通核查和控制系统。防火墙对流入或流出的信息做判断，对于未授权的非法信息流通予以截止。应用防火墙，可以防止外界的非法用户的入侵和访问，免使企业内部信息被破坏或盗取。防火墙技术对电子商务来说是一道外围的关卡。

（3）非对称加密技术

非对称加密技术是采用数码对需传输文件加密，以防泄密的技术，该技术由商家将密钥分设为一把公开密钥和一把私人密钥。公开密钥向客户等其他交易有关各方公开，客户用此密钥对商业文件加密，然后传给商家。商家用私人密钥对接受的文件解密。非对称加密技术的公开密钥也可用于电子文件的数据签名，以供接受方识别原始文件的真实性和保证不可抵赖。

（4）数字签名技术

通过一串称为数字摘要的短小密文来代表身份的技术即为数字签名技术。该技术先将对待发送的文件编码加密产生 128bit 的数字摘要，然后用发送者的私用密钥再对该摘要加密，形成数字签名。接受方收到文件后用公共密钥解密，同时再对文件用发送方采用的同样方法编码加密产生数字摘要。解密后的摘要与该摘要如果一致，则说明该文件在传送过程中没有被破坏或篡改。

（5）身份认证技术

一般的身份认证有口令、磁卡等技术，但要求较高的身份认证需要采用由第三方审核并确认，给出身份证明的技术。电子商务中的身份认证由权威的认证中心（Certificate Authority）负责交易各方身份的查证和认证事务，发出数字证书来确保客户和商家的合法和可靠。

（6）安全电子交易协议

安全电子交易协议（Secure Electronic Transaction，SET）是一套保证在线交易中信用卡支付安全的规范或规则。该规范涉及商家、持卡者、商家开户银行、电子货币发行机构和认证中心等交易相关对象，内容有安全技术规范和交易信息格式规范等。所约定的技术主要是交易文件的加密技术和交易对象的认证技术。根据该规范所实现的软件安装于浏览器和 Web 服务器，能在线地对交易文件加密，对客户信用和商家身份提供认证，并确保交易各方信息相互隔离而不泄露私密。在交易的过程中，电子文件的传输和确认行为都由 SET 协议约定的认证机构进行持卡人和商家的身份认证，确保通信对方不冒名顶替。

5.3.4 电子商务系统的优势与发展

由于计算机网络特有的时空优点，电子商务在提高商务效率、减少交易环节、缩短交易周期、改善企业形象、降低管理成本、密切企业之间和企业与客户之间的关系等方面有较显著的作用。电子商务能使企业价值链的各个环节增值，同时给客户也带来了很大的便利与实惠。电子商务的兴起无疑将会对整个社会商业体系的结构和市场格局、企业的营销理念、策略和方式，对消费者的消费观念和行为都会产生巨大且深远的影响。无纸化、个性化、理性化、电子货币、虚拟体验等交易新特点或新方式成为必然的趋势。电子商务不受企业规模的限制，给企业提供了重新争夺市场份额的机遇，也引来了更富有市场竞争的挑战，同时也给消费者带来了全新的消费市场，便捷多样的消费途径。

除了对原有的商业环节有显著的增值外，电子商务还延伸出许多新的交易方式，如24小时网上服务、个性化产品与服务组合、虚拟商店、信息产品直接在网上发送等。而纯粹的电子商务企业Dot-com，即完全按电子商务模式运作的企业，如网上银行、网上书店、网上服务公司等，更是充分体现了电子商务的优越性。Dot-com所有的商务活动都在网上开展，客户进入Dot-com网站，浏览网页，点击鼠标，进行交易或接受服务。Dot-com的运营成本低廉，掌握丰富的客户信息，能轻装走向市场，具有显著的竞争优势和发展潜力。

电子商务的发展从起步到现在也有过起伏。在2000年春天网络泡沫破灭后，电子商务由热转冷，企业对电子商务系统有了更清晰的认识而慎重对待，大批电子商务企业或倒闭或停滞不前，消费者对电子商务从好奇转向常态。造成这一波折的主要原因是人们过高地估计了信息技术的优势，忽视了网络脆弱的一面。

综合来看，电子商务的发展还有一些一时难以克服的瓶颈问题。首先，目前比重相当低而发展空间巨大的B2C模式，受人们消费习惯难以短期改变的影响很大。传统的消费有看得见摸得着的有利面，而电子商务总给人一种虚无缥缈的感觉。再者，良好的信用是电子商务所必需的基础，现代技术已解决了许多安全和可靠性的问题，但“道高一尺，魔高一丈”，只靠技术是不可能从根本上解决这些问题的。在我国，整个信用体系尚不够健全和完善，这对交易双方都造成小心谨慎的心理，有碍于电子商务的推广应用。还有，物流配送是电子商务最终得以实现的一环，如果物流配送体系不健全，也会制约电子商务的迅速发展。此外，还有法律法规问题，诸如合同有效性、税收、知识产权等，在电子商务环境中，这些问题带有很大的特殊性而难以用传统的办法予以解决。

然而，电子商务毕竟是先进的商务模式，电子商务企业是先进的企业组织模式，代表着企业发展的方向。随着信息技术的不断发展、人们观念的更新，以及相关条件的改善，相信电子商务在经过一个起伏的过程后很快会再次进入高速发展期，其前景一定相当可观，不远的将来会普遍地流行起来。

案例：电子商务运作模式——当当网上书店

于1999年开通的当当网（www.dangdang.com，图5.15）是著名的中文网上商城，该网站提供以图书为主的36类商品，这些商品除了图书以外还包括音乐、影视、教育音像、游戏、软件和杂志、百货等门类。当当网提出的使命是坚持“更多选择、更多低价”，在实际中，其图书的种类确实在国内数一数二，通过折扣等优惠做法，图书的价格低到国内少见。当当网坚持“诚信为本”的经营理念，是我国首家提出“顾客先收货，验货后才付款”、

图 5.15 当当网首页界面

“免费无条件上门收取退、换货”以及“全部产品假一罚一”等诺言，当当网的使命和诺言给消费者带来了实惠和便利，得到了普遍的认同和欢迎。迄今已有 1560 万顾客光顾该网站选购过所需要的商品，当当网的知名品牌地位已牢固地被确立起来。

当当网实行称为“鼠标＋水泥”的运营模式，即消费者无论是购物还是查询，无论在何时何地，只要轻点鼠标，就能获得所选中的商品，而这些商品的储存、配送和运输则由耗时七年修建的强大的物流体系所支撑。

当当网的经营在 Internet 上通过电子商务软件运作，网上提供操作简便的商品选择、订单填写和确认功能，发布营销活动、排行榜、顾客评论等丰富的信息内容。在提交订单后，顾客选购的商品，当地的能在当天送达，外埠的能在 3～5 天内送达。期间，顾客还能从网站上查看自己订单的执行情况。付款方式上，顾客有信用卡支付、预付款支付和货到现金支付等多种形式可选。

当当网是一个相当成功的网上商店和电子商务企业，很值得人们去分析和学习该企业的信息系统的建设和应用的经验（根据当当网网页资料整理）。

本章小结

本章较深入地讲述了当今企业中应用最为普遍和重要的 ERP、CRM 和电子商务三类主流信息系统，它们的重点内容列于图 5.16 中。

ERP 系统是管理信息系统体系中最为先进的代表。它面向企业业务过程，将企业各个层面各类事务和业务管理职能，以及相关数据高度地集成起来，构成企业级的信息系统，对

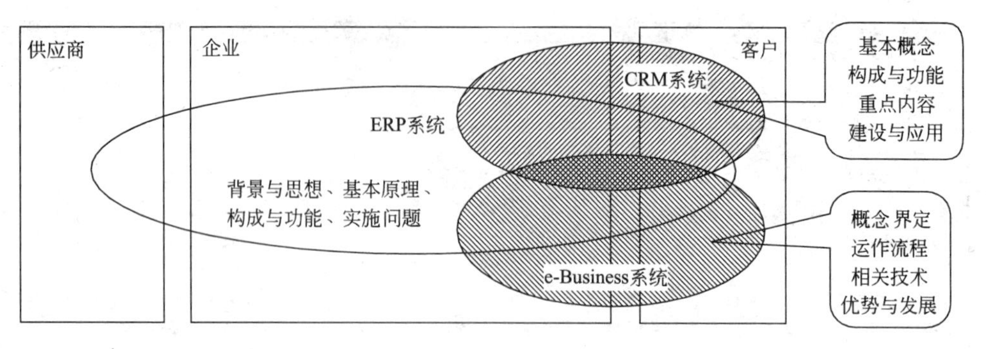

图 5.16 企业主流信息系统

企业业务流程的变革具有重要的促进作用。ERP 系统以各类企业资源的计划管理为主线，由一整套功能模块构成，其基本架构和基本逻辑起源于 MRP Ⅱ。现阶段 ERP 系统的重点问题是实施问题，主要表现在过高的失败率或效果不令人满意，问题的原因主要在于没有与企业的变革紧密相结合和未能很好地遵循实施方法论。

CRM 是在企业由“以产品为中心”转向“以客户为中心”的过程中产生的管理新思想，意在使企业的经营理念从“提供什么产品和服务”引导到“怎样使客户满意”上。CRM 系统的目的是要通过客户资源及其与企业有关的管理使企业获得最大化的和持久的经济效益。CRM 系统的构成主要包括客户关系数据的全面开发与合理组织、客户关系数据的科学分析与规律探寻、客户关系分析结果对管理决策与业务过程的支持三个逐级向上支撑的层面，以及营销、销售和客户服务三个领域中企业与客户交互进行的所有业务流程。数据挖掘技术和客户细分是 CRM 系统的主要技术和特色内容。

电子商务和电子商贸是两个既有联系又有区别的概念，目前有混用为电子商务的趋势。电子商务有 B2B、B2C、C2C、B2G、C2B 五种交易模式，一般的交易流程可以按照售前、售中和售后的传统的销售流程来划分，售中再做进一步的区分，这样大致可以分为交易前准备、商务洽谈、签约与执行、结算支付、售后服务五个阶段，其中电子方式的结算支付是电子商务中最为复杂和难度最大的环节。目前采用的安全和可靠性技术主要有防火墙、非对称加密技术、数字签名技术、身份认证技术和安全电子交易协议（SET）等。

综合讨论：主流信息系统之间的关系与集成

本章比较详细地讲述了 ERP 系统、CRM 系统和电子商务三类企业主流信息系统，本教材将这些信息系统归为管理类信息系统或管理信息系统。除此之外，DSS 和 OAS 也是企业的主流信息系统，而 TPS 则是企业的基础的信息系统。这些信息系统相互之间有着密切的关系，它们的部分功能存在相互重叠交错的现象。

从第 3 章的企业信息系统发展历程看，企业的主流信息系统的产生有递进的规律，即新生的信息系统总是与已有的信息系统有某种依托关系。为从总体上了解企业信息系统的发展情况和把握它们之间的相互关系，勾画了图 5.17。

从该图可以清楚地看到，很多信息系统都是在最早的事务处理系统 TPS 的基础上发展起来的。TPS 为狭义的管理信息系统 MIS 提供事务数据，MIS 进一步将 TPS 集成进来。在 MIS 的基础上产生了面向非结构化和半结构化决策问题的决策支持系统 DSS，几乎与此同

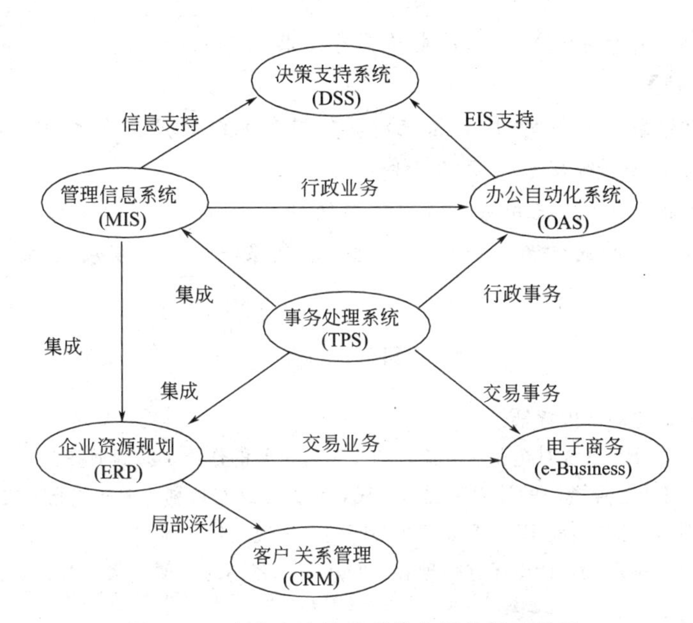

图 5.17 企业主流信息系统之间的相互关系

时产生了办公自动化系统 OAS，OAS 则为 DSS 进一步发展的经理信息系统 EIS 提供办公事务功能的支持。

企业资源计划系统 ERP 则是在 TPS 和狭义的 MIS 基础上以集成的形式形成和完善起来的，之前还经历了 MRP 和 MRP Ⅱ 的过渡。电子商务可以理解为是在 TPS 的交易事务和 ERP 的交易业务功能的基础上发展起来的，是企业对外的交易活动的集成。客户关系管理系统 CRM 是对 ERP 系统中客户管理的深入和细化。

企业信息系统发展规律的探讨，可以发现它们主要沿着这么几条途径演变。

① 以已有的信息系统为基础，构建上层的信息系统。

② 对已有的信息系统进行集成，形成新的规模更大的信息系统。

③ 在已有信息系统的某些地方深入和细化，产生精细的信息系统。

事务性的和管理上的信息系统起源于企业，现在正向企业外部拓展。一些前锋已推进到政府和社会，产生了电子政务、社会信用管理系统、社会文献服务系统等。面向外部企业的信息系统，也是一个积极的发展方向，这方面的典型就是正处于热点之中的供应链管理系统。

供应链（Supply Chain）是由供应商、制造商、分销商、零售商和最终消费者通过业务流程连接起来的一个企业网络，供应链有一个处于相对中心位置的核心企业，该核心企业的上游为供应商、供应商的供应商等，其下游为分销商、零售商和顾客，一个复杂的供应链上的企业可能达到上千，甚至上万家。建立供应链的目的是紧密连接和协调物料采购、产品制造、产品运送中涉及的活动，将其整合为一个连贯的舒畅的流程，使链中的企业形成更有效的合作伙伴关系，进而减少库存积压，避免缺货情况、降低成本、加快对客户的响应速度，提高市场的竞争力。供应链的思想是将企业过去“大而全、小而全”的纵向一体化的模式，转变为抓好核心业务，把非核心业务外包给专长的其他企业，通过企业间取长补短的合作实现多赢的模式。

供应链管理系统是依靠反映供应链中物流、资金流和事务流的信息流来协调、调度和控制供应链活动，使供应链管理更为有效的信息系统。供应链管理系统是跨企业的信息系统，建立在企业外部网（Extranet）之上，电子商务是其基础之一。

【思考和讨论题】

（1）分析和讨论最早产生的TSP系统对其他信息系统的产生发展所起的作用。

（2）举例说明信息系统发展演变的三条途径。

（3）讨论和比较ERP系统和供应链管理系统的区别。

（4）请以5位左右的同学为一个小组，讨论信息系统的未来发展趋势，然后在小组之间进行相互交流。

习　　题

（1）请简述ERP思想的产生背景。

（2）请解释为什么ERP系统对企业业务流程的变革有重要的作用，原因何在？

（3）ERP系统以各类企业资源的计划管理为主线，请回答这些计划有哪些，它们之间的关系是怎样的？

（4）为什么说实施问题是当前ERP系统的主要问题，表现在什么地方？

（5）CRM系统是一种理念，请简述这一理念。并从一个客户的角度，谈一谈企业应用CRM系统后会对你产生什么影响？

（6）请简述CRM系统的构成和主要的功能项。

（7）数据挖掘与客户细分在CRM系统各有什么作用？它们之间存在怎样的联系？

（8）电子商务有哪五种交易模式，你最早或最有可能体验的交易模式是哪一种？

（9）电子商务的安全问题是通过哪些技术手段来得到保障的？这些技术是否能够做到万无一失？并请你说明其理由。

（10）以你自己的亲身体验来描述卡消费的全过程（例如食堂用餐、乘坐公交车等的卡消费），其中电子货币的支付环节的描述要求尽可能的具体。

（11）电子商务的发展趋势包括哪些方面？

（12）请简述三类企业主流信息系统之间的重叠部分的关系。

6　企业信息化建设与管理

企业是社会的经济组织，是国民经济的重要部门，因此企业信息化是国家信息化的重要组成。企业信息化也是在变化的环境中求生存和发展的必由途径，企业通过信息化推进变革和提高竞争力，需要了解信息化的内容和过程，做好必要的信息化规划。管理信息系统的应用是企业信息化的重要内容，了解信息化能从更高的层面来理解管理信息系统。

6.1　信息化与企业生存发展

6.1.1　企业信息化的动因

企业要生存就要适应环境的变化，按“在变化的环境中，系统要作要素，甚至结构的改变才能适应生存”的系统环境适应性理论来说，就是企业在变化的环境中要不断调节和改变自身，才能在环境中生存下来，否则只能面临淘汰。现在这个环境是走向信息时代和知识经济的社会，企业求生存就必须实施信息化。

当今的企业环境发生了巨大的变化，首先是经济发展特点的变化，然后是相应的客户观念和行为的变化、竞争对手和竞争方式的变化，以及企业之间关系的变化。经济发展特点的变化表现在经济的全球化、网络化、虚拟化，以及集中反映的知识经济新阶段的出现。客户的变化主要在于求新、求个性，需求多样化、便捷化，以及行为的理性化、择优化。在新的经济发展变化和客户观念与行为变化的影响下，企业之间竞争自然就更多和愈加激烈。进而企业之间出现了供应链等新型的组织模式和管理方法，以求获得更好的合作，改变单纯的竞争局面。

环境的变化迫使企业寻找变革途径，如何寻找还得仔细分析环境变化的原因。从本教材前面几个章节可以看出，现代信息技术的迅猛发展和实际应用是经济、客户、竞争和合作模式发生变化的一个关键原因。现代信息技术的应用改变了环境，企业也必须依靠信息技术来适应环境。

乌家培教授指出在信息时代，企业要生存与发展，非搞信息化不可，这不是企业主观上愿意不愿意的问题，而是客观上两种互有联系和影响的力量共同作用的结果，一种力量是企业外部竞争环境所造成的压力，另一种力量是企业内部结构调整所产生的动力。

王众托在《企业信息化与管理变革》论著中将企业信息化的动因也归结为两个力的作用。一个是由经济的全球化、高科技化和知识化、多样性和多变性，以及虚拟性产生的牵动力，另一个是由计算机与通信技术、信息网络的高速发展导致信息技术降价而产生的推动力。这两股力量分别从适应经济发展趋势和技术条件支撑两个方面驱动企业迈开信息化的步伐（图 6.1）。

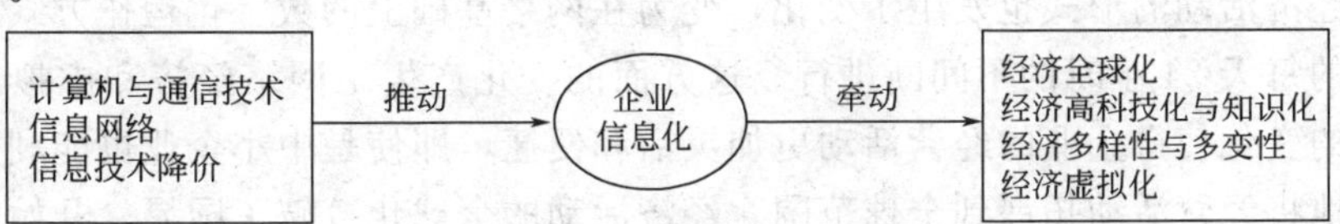

图 6.1　驱动企业信息化的牵动力和推动力

企业信息化是企业在管理和生产等经营活动中全面应用信息技术，深入利用信息资源，加强企业生存能力和发展动力，提高企业效率和效用的长期过程。企业信息化是我国信息化的核心和重点，企业的信息化进程决定国家信息化的进程。现在，我国已建成的信息基础设施能为全面推进信息化创造必要的条件。在国家信息化战略方针的指引下，企业的信息化建设既是自身生存与发展的需要，也是我国走向现代化强国之路的战略任务。

6.1.2 企业信息化与生存发展的关系

企业在环境中求生存，进而求发展，信息化是必由之路。企业信息化的必要性和意义可以由图 6.2 来描述。

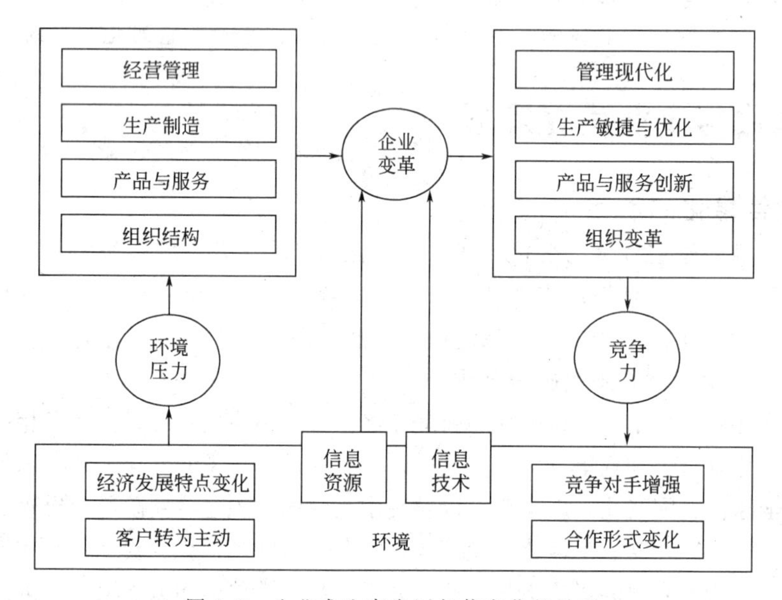

图 6.2 企业求生存发展与信息化的关系

企业外部环境的经济发展特点、客户观念和行为、竞争对手与竞争方式、企业之间合作方式和意图等发生了显著的变化，这些环境变化影响着企业的方方面面，给企业的维持产生了压力。企业要生存与发展就必须在要素和结构上作适应性的转变，从组织结构到产品与服务、从生产制造到经营管理都要进行相应的或超前的变革，寻求能从被动转为主动，能在竞争中取胜并保持优势的新模式和新方法。今天的企业求生存和发展的变革要依靠信息技术的全面应用和信息资源的充分利用，而这就是企业信息化要发挥的作用。

(1) 经济发展特点的变化

半个世纪以来，尤其是近 10 余年来，世界经济发展的特点发生了深远的变化，这些变化主要表现在经济活动工具与形式、经济活动范围、经济发展阶段等方面，所有这些变化都有一个共同的促发因素，那就是信息技术的高度发展、日益成熟和普及应用。现在的经济活动大量利用计算机和数字通信网络，几乎所有的企业已离不开现代信息技术工具。工具的变化极大地提高了劳动生产率，同时还有力的促动和推进了企业组织与管理上方方面面的变革。随之，经济活动的形式也发生了变化，变为在网络基础上的数字化运作方式，使得经济活动能快速的每天 24 小时的不间断进行。这方面的变化产生了网络经济和虚拟经济。活动手段与形式的变化使得企业的经营活动更加灵活和便捷，即使是中小企业也能利用计算机网络系统轻松地将经营活动拓展到全球范围。经济活动的全球化打破了国界，开始在全球范围内相互渗透和相互依赖，世界经济的融合趋向于某种程度的一体化。在信息技术的影响和作用下，经济发展特点进一步发生变化，出现了信息经济和知识经济，这种变化已经是经济发展阶段的变化，即由工业经济发展阶段变为知识经济阶段。知识经济可以看作信息经济的高级阶段，不仅仅强调信息资源和信息技术在经济中的作用，还包括高知识含量的生物技术、新材料技术等在经济中的作用，知识成为生产的关键要素。

经济发展特点的变化给企业带来了更多的新机会，资源的配置能在全球范围内做最佳的选择，产品销售的可用渠道遍布世界各地，从时差受限的交易变为全天候的交易，经济运作的速度和效率显著提升。经济发展的特点总体上对企业的发展是非常有利的，但是与此同时，企业的竞争也就越多越激烈，风险也越来越大。面对这样的经济变化环境，传统的企业组织模式和管理方法不再相适应。企业要抓住有利机遇，就必须参与竞争，必须寻求和采用新的组织模式和管理方法，而信息化就是能够实现这一变革所需的支撑力量。

(2) 客户的变化

经济的快速发展和新阶段的出现，使生产力得到了极大的提升，进而是消费水平的提高。这些发展导致客户观念和行为发生变化，今天的企业要争夺的客户有三个变化：一是客户观念的求新、求个性；二是客户需求多样化、便捷化；三是客户行为的理性化、择优化。随着卖方市场向买方市场的转变，客户由被动变为主动。客户对产品需求和服务需求呈现出多样化和便捷化的趋势，而且需求不断发生变化，这是消费观念求新、求个性的反映。如何适时推出能满足客户需求的新产品、新服务是企业必须面对的问题。社会活动节奏的加快，客户对产品和服务的获得要求方便快捷，并能根据自己的时间和地点选择交易方式，卡消费和网上支付已不是新鲜事物。客户也变得越来越成熟，经常通过市场信息的分析，比较众多的商品和生产厂家，评判遍布的服务和服务商，这种货比三家、商挑八方的购买方式已比比皆是，随处可见。在客户求需的手段上则更是有了根本的换新。现在的客户，尤其是年轻的客户利用计算机信息网络在网上查询和匹配自己的需求，挑选最佳或满意的商品和服务已是平常之事。对一个不能在网上找到和了解的企业，知名度和可信度大打折扣，那种要亲自前往或耐心等待的买卖和服务逐渐被客户忽视与冷落，而能在网上提供产品信息和进行交易的企业日渐受到欢迎和推崇。

传统的经营手段已不能适应客户所发生的变化，面对客户观念、需求和行为的变化，我国企业必须在客户需求的掌握、客户交流的渠道和客户服务形式等方面进行大范围的变革。通过分析客户特点和需求，进而提出满足客户的对策的客户关系管理系统，为发现和抓住机遇，便捷地与客户交流，建立企业信息门户，以及能在网上实现交易和服务的电子商务系统等即是在此背景下产生和发展起来的。显然企业实施信息化建设对于了解和把握客户，吸引和满足客户，使自己在客户竞争中取胜是重要的途径。

(3) 竞争对手的变化

企业面对的竞争对手比以往任何时候更多更强劲。要赶超的依靠了信息技术手段变得更强大，在追赶的也借助信息技术手段增添力量。世界500强企业几乎都在信息技术的应用上有大量的投入，他们通过先进的信息技术手段掌握瞬息万变的市场，收集分析竞争对手的信息，了解和把握竞争对手的动向，及时采取科学的竞争对策。新发展起来的企业力量薄弱，要参与竞争就想方设法抬升基础，信息技术是新兴手段，利用信息技术可以跨到相同的起跑线上。在当今世界已变成一个地球村的环境里，与企业相关的大小事件会极快地传遍整个地球，企业获得事件信息后应用信息技术手段能很快地分析和得出发展趋势，甚至在事件尚未发生时就能通过各种历史数据获得先兆信息，做出迅速反应，在尽可能短的时间里占据主导地位。我国加入WTO以来，国外企业陆续进入，其正面攻克及侧面迂回已显露强劲的竞争势头，国内企业之间的竞争变为国际企业之间的竞争。由于国外企业的经营理念、管理模式和管理方法在信息技术的支撑下占有明显的优势，对于我国企业，今后的竞争将更加激烈和残酷。

可想而知，企业今天所面对的竞争对手不仅数量多竞争意识强，而且竞争手段先进。面对如此的竞争对手，企业如果不利用信息技术手段，应用信息系统，则很难及时准确地掌握其基本情况和变化动向，做到知己知彼战而有备，以求在激烈的竞争中取胜而不被淘汰。目前各种各样的市场行情收集与分析系统、营销策略和战略决策支持系统等为人们提供了竞争手段，信息化对企业竞争力的提高能产生积极的作用。

(4) 合作关系的变化

今天企业之间的合作，已非传统意义上的合作，而是在信息共享和相互信任的基础上，讲究同降成本共享利益的协作，所谓供应链、企业联盟和商务协同等即是符合这一宗旨的企业合作新思想、新概念。供应链的上游企业通过共享的信息随时了解下游企业的采购品库存情况，合理地组织产品的生产，及时地为下游企业补充原材料或产品构件，供应链的核心企业通过跨企业的网络信息系统发布客户需求和产品生产方案，产品配套企业根据这些信息落实协作生产，供应链中的企业如此通过企业间的计算机网络 Extranet 进行现代的企业合作，实现利益的共享和多赢。设想，如果一个没有信息技术装备的企业，怎样加入到这样的供应链中，如果加入了又怎样进行有效的合作。现在一些大型企业和外资企业，对供应商明确提出建有信息系统的要求，对供应商品实行严格的生产管理和控制，例如，对生产原料必须实行先进先出的批号管理等，将供应商企业的信息技术应用作为联手合作的必备条件。

企业间的合作讲究信息互通，供应链要真正链起来，联盟真正的要协同起来，还得依靠企业外部网和相应的信息系统，这也是企业信息化所要实现的信息技术应用和信息资源利用的主要内容。

案例：《大英百科全书》如何生存？

被认为是经典参考书的《大英百科全书》已有两百多年的历史，十几年前精装版标价每套1600美元，在我国过时三、四年的版本也要卖到几千元人民币，一般的消费者即使有渴望的需求也是难以承受的。1992年微软公司购买了百科全书业中处于二流地位的《Funk & Wagnalls》的版权，开始进入百科全书市场。微软将《Funk & Wagnalls》做删节后制作成带有多媒体功能和友好界面的光盘，以49.95美元的价格，面向大众消费者，在超级市场出售。

面对信息技术手段的挑战，《大英百科全书》很快意识到自身生存的风险，也开始制定电子出版战略，开始以每年2000美元的订阅费提供网上图书馆服务，但是这只能吸引大型图书馆客户，对小图书馆、企业和家庭来说，简化的光盘版已经够用了。因此《大英百科全书》在电子出版市场依然没有竞争优势，销售额大幅度下滑，到1996年时年销售额只有3.25亿美元，跌去了一半。1995年《大英百科全书》即决定进军家庭市场，提供每年订阅费为120美元的在线版本，1996年推出标价为200美元的光盘版本，但市场效果仍无起色，因为这样的价格是微软简易产品价格的四倍，消费者难以接受。

1996年瑞士银行家雅格布·萨弗拉购买大英公司后，裁减了110名代理人和300名独立承包商，实施大胆的减价策略，企图扭转不利的竞争局面。其策略是将每年的订阅费降至85美元，尝试不同客户的差异价格的直接邮购销售。但尽管《大英百科全书》被《电脑杂志》评为质量最好的多媒体百科全书，开展许多的变革举措，也只吸引到了11000名付费订阅者，形势还是不容乐观。

光盘版百科全书市场的竞争还在延续，价格仍在下跌，《大英百科全书》能否夺回原有市场，收回成本。更为严峻的问题却是能否再生存下去。对于该案例，人们可以通过分析，识别出《大英百科全书》所处环境的特点，以及信息化效果不佳的原因。也可以为《大英百科全书》如何应对市场竞争提出建议，并得到可为人们引鉴的结论。

资料来源：卡尔·夏皮罗，哈尔·瓦里安．信息规则——网络经济的策略指导．北京：中国人民大学出版社，2000.

6.2 信息化推进企业变革

如前所述，企业在竞争激烈的经济环境中求生存求发展，就必须作适应性的或超前的变革，提高自己的生存能力和竞争能力。今天的企业变革要依靠全面应用信息技术和充分利用信息资源的信息化来实现。以下我们从企业组织变革、产品与服务创新、生产敏捷与优化、经营管理现代化四个方面来讨论信息化对企业变革的支持作用和提高企业竞争力的作用。

6.2.1 信息化与企业组织变革

(1) 企业组织结构的扁平化与菱形化

现代的信息系统已能向企业各类管理人员提供越来越多的企业内部和外部信息，各种经营分析与管理决策功能，丰富全面的决策信息与方便灵活的决策功能使企业的管理决策工作不再局限于少数专门人员或高层人员。外部环境的要求，信息系统提供的可能，已使企业中许多不同职能不同技能的各类管理与技术人员参与决策工作。决策工作必将成为企业每一位管理与技术人员的工作内容之一，相应地许多决策问题也不必再由上层或专人解决。这种趋势导致了企业决策权力向中下层转移并逐步分散化，企业组织结构由原来立式的集权结构向卧式的扁平化分权结构发展。通过信息化变革组织结构的两个企业实例是通用公司和丰田公司，通用公司从原来28层次的组织结构减至20层，丰田公司则由原来的21层次的组织结构改为11层，可见效果是多么的显著。

为信息化而设立的信息管理机构的规模不断扩大，地位逐步提高。信息系统给中层更多的信息和管理自动化工具，使一般的业务人员也能进行管理决策。信息管理已经成为企业中不可或缺的职业，作为企业核心人物之一的首席信息经理（Chief Information Officer，CIO）职位也已为大家所共识，不少企业还在其他管理与技术部门设立信息管理与信息利用的职位或工作。所有这些，不仅确立了企业信息化在企业中的地位，也加强了组织结构中开发与利用信息资源的工作层，使白领工作者的数量迅速增长。信息系统及其他信息技术的应用，同时也使蓝领工作者的数量日益减少。进而使企业的组织结构由原来的宝塔型结构向菱形结构发展。

无论是扁平化结构还是菱形化结构，信息化对于企业组织结构的影响都反映在上下之间联络渠道的畅通和快速，不同地域的企业部门、分支机构与管理人员决策权利和能力的加强。信息化促进了企业组织结构的变革，企业组织结构的变化提高了企业的灵活应变能力和竞争力。

（2）企业组织模式的虚拟化和知识化

信息系统除对企业内部结构和业务流程产生影响和作用外，还依靠其信息的系统性集成与交流，在更高层面和更大范围对企业组织模式的演变产生着深远的影响和促成的作用。如虚拟企业、学习型企业等都是在信息系统支持下形成的。

人们已经能够利用信息技术构造出复杂的和庞大的虚拟企业系统，如现在已进入实际运作阶段的网上银行就是最为典型的例子。网上银行不仅能向企业或个人客户提供诸如存款取款、转账支付、结算清算、借贷还贷和理财管财等极大部分传统银行的产品和服务，而且服务和交易还更为便捷，单位交易成本却不到普通银行的10％。虚拟企业实际上是企业的计算机模拟系统，能够部分或全部地替代物理的企业系统而行使其功能的信息系统。客户与之接触和交流的不再是传统意义上的企业，客户收到的信息来于网上，听到的声音是预录的，需求的受理和处理是自动的，整个服务和交易过程可能不与任何企业人员接触和发生关系。目前的虚拟企业还只是在少数行业的少量企业得以实现，但人们可以预计，不久的将来各行各业都会有大量的企业构建虚拟企业系统，实物的生产型和流通型企业在管理层面和与客户的交流渠道上推行虚拟系统，信息服务企业全面采用虚拟化系统，甚至人们还会看到全新的虚拟企业系统为人们提供现在无法获得的新服务和新产品。

在迈向知识经济时代的步伐中，为增强组织的竞争力和生存能力产生了学习型企业。学习型企业是一种将知识作为企业战略资源由企业全体员工共同参与开发、共享、利用和再创新的组织模式。这种企业模式不是依靠坐在一起讨论、交流和学习的传统方法来实现的，而是在企业知识系统的支持下逐步地建立起来的。学习型企业通过知识媒介将企业员工联系起来，企业知识系统的知识地图、智能检索和知识传播等功能为员工的学习创造了良好的环境，知识推理、启发思维等功能和知识交流平台为员工创新和积累知识开辟了有效的途径，基于知识的问题分析和决策支持等功能为企业的知识应用提供了有力的手段。企业知识系统不仅是促进隐性知识向显性知识、个人知识向组织知识转换的技术手段，更重要的是为企业营造了员工学习、创新和应用知识的互进氛围，对企业知识学习和应用进入良性循环，真正实现学习型企业发挥了关键的推动作用。

虚拟企业、学习型企业，还有供应链、虚拟联盟、柔性企业等，这些先进的企业组织模式的实现无一例外地建立在信息系统基础之上。不仅如此，其实这些组织模式思想的形成与发展也是与信息化联系在一起的。

6.2.2 信息化与产品创新及生产的敏捷、优化

（1）产品和服务的创新

企业竞争力的强弱与诸多因素有关，从人员素质到产品品牌，从管理到技术，从体制到机制等，都直接或间接、单独或综合地对企业竞争力产生重要影响。这些因素中最直接的因素是产品、服务和技术，也就是企业之间的竞争直接表现为产品、服务和技术的竞争。

产品的竞争必须通过产品创新来应对。新产品的研究开发需要及时掌握市场发展动态和客户需求趋势，在尽可能短的时间里推出新产品。产品周期的缩短导致研发成本增加，而降低成本就要依靠研发项目的科学管理、产品知识的积累、管理、重用和持续创新。新产品的研发和创新要在竞争中取胜，离不开项目管理系统、产品知识系统和研发过程知识系统。这方面的新产品开发小组协作过程知识管理系统能对企业的产品创新研发提供有效的支持，这类系统能集成营销部门的市场知识和生产部门的制造知识，为研发人员提供共享知识，支持有关人员的相互协作，实现快速的低成本的新产品研发。

服务的竞争是服务意识和方法技术的竞争。优良的售前、售中和售后服务体现了便捷、高效和亲合，客户对服务比以往有更多更好的内容和形式要求，传统的服务已远不能满足需要。现在流行起来的各种智能化客户自助式服务系统已使企业面向大范围大规模的客户提供便捷化差异化服务成为可能。例如，售前的客户需求分析与定位系统，售中的ATM机可免去在银行柜台排队等候的烦恼，售后的介绍商品使用方法和检测与排除故障的网上智能软件系统等，都是新式服务的发展趋势。如果没有这些服务信息系统，在今后的竞争中难以吸引客户和满足客户。

(2) 产品和服务的知识含量

产品信息化是企业信息化中的信息技术和信息资源物化工作，主要体现在产品高科技含金量的提高上。所谓产品含金量提高有软硬两层含义，软含量指产品中信息和知识的比重，硬含量指产品中高新技术器件或原材料，尤其是智能元器件的构成和功能比重。

信息和知识含量高的产品不仅仅限于图书和资料类软件用品等信息产品，也包括其他所有能通过加入或加大信息和知识比重来提高档次的产品。例如，装有百科全书的掌上电脑，带有大量实用信息的电话机等。高知识含量也能应用到非电子产品，如绿色食品、纳米织物、无害建材等就是基于知识的高科技产品。加入高新技术器件或智能器件而提高产品档次也是一条非常理想的途径。如具有人性功能的电子玩具，能够自动开启和控制温度的电加热器具，装载定位和导航器的汽车，以及装配远程监控器的锅炉设备等。

服务的知识高含量也是企业竞争的有效手段。如网上银行的智能自助式服务、股票的电话交易服务、网上咨询服务等，都是富有竞争力且成本低廉的新式服务，具有良好的发展前景。

信息和知识含量的提高能增加产品的价值，进而提升产品档次，增强企业的市场竞争力。这一途径是信息经济或知识经济所带来的企业发展捷径，企业的产品信息化就是走的这条途径。

(3) 生产的敏捷与优化

同样，企业生产运作方式的变革也需要信息技术的支持。客户需求走向多品种小批量，市场节奏越来越快，订单的时间要求越来越苛刻，迫使企业生产线有足够的柔性或弹性与之相适应。由此而产生的基于敏捷制造的柔性生产系统通过构件重组实现可变功能，点击几下按钮就能生产出不同规格的产品。敏捷制造和柔性生产主要依靠的是数字化技术和计算机软件。这里，柔性生产系统需由柔性管理系统来计划与调度，要由计算机辅助设计系统快速和准确的设计产品。柔性管理和生产系统对市场变化的敏感和方案调整的敏捷来于信息技术的优势。

在生产优化方面，产品的质量和成本是重要因素。计算机控制的生产过程自动和稳定，生产质量有可靠的技术保证。零库存是要将存储流动资金降至最低的理想境界，是企业应该追求的库存管理思想。在不影响生产用料和销售发货的前提下尽可能降低库存，既提高生产效率又降低生产成本，就要做到从客户订货到发货的所有环节的处理都相当精确和及时，各项业务的联系都紧密相扣，这只有以现代信息技术为工具的信息系统才能实现。

集成企业管理信息系统、计算机辅助设计系统和计算机辅助制造系统等而产生的计算机集成制造系统（Computer Integrated Manufacturing Systems，CIMS）能更好地发挥管理、设计和生产等分系统的作用，产生出强大的集成效应。CIMS的功能包含了从市场预测和客户订单到产品设计和生产计划调度、从物料采购和库存管理到生产监测和控制等几乎企业全部的生产经营管理与控制活动，这些内容构成了一个高度自动化的大系统，对企业经营效率和效用的整体提高能产生重大的作用。

6.2.3 信息化与经营管理现代化

（1）信息化对企业流程再造的支持

由于企业外部环境众多因素的快速变化，企业的对策已不能仅停留于原管理过程上的处理速度提高及信息流转加快等要求上，而应考虑运作方式及管理过程等的彻底重新设计，其中也包括组织业务流程的重新设计，这就是“业务流程再造”（Business Process Reengineering，BPR）的起因与基本思想。在 BPR 的实践中，有的企业获得了成功，而有的企业则遭到了失败，人们从中意识到信息系统对 BPR 所起的关键作用。信息系统除了对企业管理的效率与质量的提高，成本的降低具有显而易见的作用外，实际上还有更深层次的促使企业运作方式和管理过程的变革等作用，这些作用是通过遵循信息的规律，采用全新的信息资源开发与利用方式，集成与共享信息，安排合理的信息流转路径来实现的。其中尤为重要的是信息的统一和共享，舍去了繁琐的反复核对和重复性业务环节。信息系统与 BPR 的目标是一致的，信息系统是 BPR 的技术基础，也是 BPR 成功的保证，信息化建设与 BPR 同步或交错开展可明显地提高 BPR 的成功率。信息系统的使能器作用同时也促使企业朝全新的运作方式和管理过程的方向发展。

（2）信息化对企业规模发展的支持

现代社会环境使人类的活动向大范围、多因素、快节奏方向变化，在此背景下，企业要扩大规模、拓展经营区域、提供多样化乃至无穷化的产品和服务，会使管理和经营变得非常复杂，仅凭人力和经验已无法胜任。企业寻求新的发展驱动力成为必然，而信息技术恰是能够满足企业需求的使能器。例如，沃尔玛在较短的时间内从一个小公司发展为全球性的连锁超市企业，分设的商场遍布世界各地、经营的品种数以万计、商品运输按分秒计。如此的发展速度主要就是依靠了信息技术的巨大驱动力。

通信网络遍布全球的通路使信息能迅速传递到世界各个角落，企业活动地域距离因素大大减弱；信息系统强大的处理能力能应对千头万绪的数据，企业物流、业务流和信息流的错综复杂不再是一个难题；计算机快速的运算能力能在瞬间做出响应和给出结果，企业和客户之间频繁而急促的商务能得到及时的处理。例如，丰田公司组装一辆汽车的时间从八小时减至八分钟，戴尔公司将满足任何客户需求的库存由 80 天降到 8 天，都归功于信息技术。

信息技术给企业活动能力数倍的增长，哪个企业充分应用信息技术，哪个企业的规模、经营区域和市场份额就能得到快速的发展。

（3）信息化对企业管理决策的支持

管理主要是决策，决策贯穿于管理全过程，管理决策所要解答的问题大都是半结构化和低结构化的问题，要靠足够信息的支持。对企业的生存和发展尤为相关的管理决策依赖的主要是环境信息。现在的企业环境充满着机遇与风险，机遇的把握对企业发展有推进作用，风险的识别则对企业倒退有防范作用，就看人们如何收集大量的环境信息和进行利弊的分析比较。机遇与风险的出现都以信息为先，机遇形成信息和风险征兆信息总是先期出现，再则，每个企业面临相同的竞争环境，在大部分情况下环境信息是公开的、共有的，迟早会众所周知，企业要胜人一筹就必须尽可能快地抢先收集环境信息，使信息的获取先于竞争对手，并在他人之前分析处理信息，确定对策采取行动，使企业争取更多的优势，在竞争中占据主动地位。因此要把握机会规避风险，企业就要有通畅的信息网络和敏捷的信息系统，以及面向各类管理决策问题的决策支持系统。

案例：Ford汽车公司采购应付账款部门的业务流程再造

著名的Ford汽车公司曾是美国三大汽车巨头之一，20世纪80年代初，日本工业的发展延伸到了美国，Ford等美国大企业面临着越来越强劲的日本竞争对手的挑战，开始企图通过削减管理费用和行政开支来应对。Ford公司设在北美的采购应付账款部门当时有500多名员工，过多的员工反而使得工作效率低下，人力资源成本却居高不下。为此，公司决定应用信息技术对采购应付账款部门进行改革，计划通过裁员20%来提高效率。他们在同行Mazda公司参观时惊讶地发现他们的应付账款部门竟然仅有5名员工。考虑公司规模的因素，Ford公司应付账款部门的员工仍是Mazda的6倍。Ford公司由此决定学习Mazda公司的做法，重新设计应付账款部门的业务流程，对原流程做彻底的再造。

Ford公司应付账款部门原来的业务流程如图6.3所示。可以看出从采购部向供应商发出订单到最后的付款有许多环节，尤其是"订单"、"验收单"和"发票"三者一致时才能付款的条件引出了大量的单证核对工作，这不仅耗费了财务和仓库的大量人力、时间和资金，而且还时常发生差错和延误付款的事件。

依照企业流程再造的思想，结合信息系统的系统分析，对企业的业务和数据作根本的再思考和彻底的再设计，提出了基于计算机网络信息系统的新采购付款的业务流程，见图6.4。

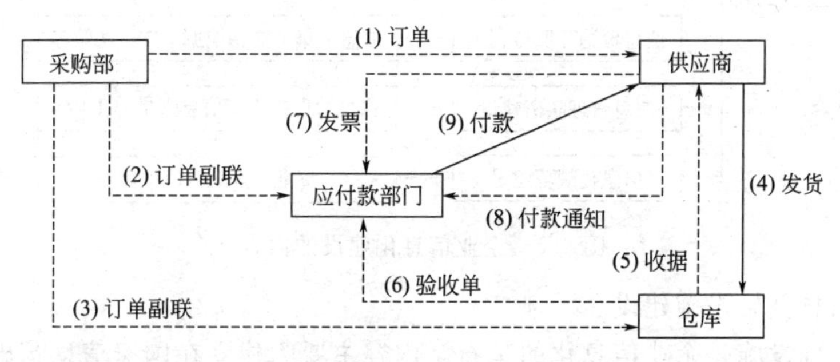

图6.3 应付账款部门改造前的采购付款过程

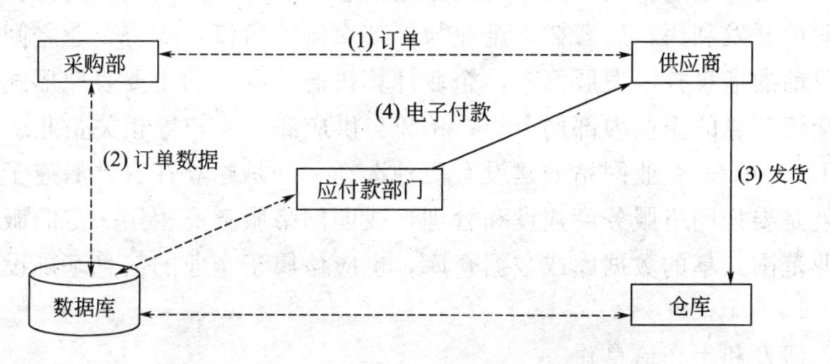

图6.4 应付账款部门改造后的采购付款过程

新的业务流程是一个无发票处理的流程，采购部向供应商发出订单的同时向数据库写入订单数据，仓库与数据库中的订单核对，如果正确就收货，然后无须供应商的发票，计算机就在线自动以电子方式或打印书面支票向供应商付款。这样的BPR使Ford公司应付账款部门减少了75%的人员，并显著地提高了正确率。

通过该案例的分析，人们可以知道Ford公司应付账款部门BPR成功的主要支持基础是什么，采用了哪些信息技术，以及BPR要包括采购和仓库等其他部门的原因。

6.3 企业信息化的内容与过程

6.3.1 企业信息化建设的内容

企业信息化建设的内容是企业要实际操作和完成的工作，内容的明确与否将关系到企业信息化资金投向是否正确，所作努力是否有效。企业信息化是国家信息化的重要组成，内容能通过国家信息化规划的转换和细化获得，也可以根据信息化所起的作用来划分，对不同行业，信息化内容还各有侧重。许多学者和企业实践者对企业信息化内容进行了研究和总结，已经有了比较清晰和一致的认识。图6.5列出了企业信息化七个方面的内容，其中信息资源开发与利用、管理信息化、研发信息化和生产信息化是重点。

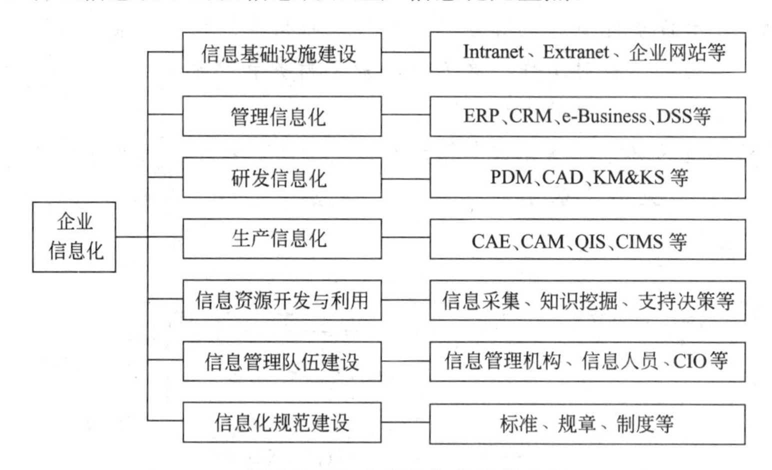

图6.5 企业信息化建设的内容

(1) 企业信息基础设施建设

企业信息基础设施是企业信息化的基石，内容主要为建立在国家信息基础设施平台上的企业计算机通信网络和企业网站，前者解决企业信息资源的通路问题，支撑企业信息技术的应用和信息资源的开发利用；后者树立企业与外部交流的窗口，支持企业之间的合作和对外商务活动。就目前的信息技术发展而言，企业计算机通信网络的主要表现形式是供企业内部各部门和员工交流信息的企业内部网Intranet和与供应商、客户等相关企业或单位交流信息的企业外部网Extranet。企业网站的建设有两种选择：一是建立在自己的连于Internet的服务器上；另一就是委托网络服务商建设和管理，或向网络服务商租用一定的服务器空间来建设。另外，企业范围共享的数据库或数据仓库，也应该属于企业的信息基础设施，应该统一部署和建设。

(2) 管理、研发和生产信息化

在6.1节的企业信息化定义中，明确了企业在管理和生产等经营活动中全面应用信息技术的战略任务。信息技术应用是企业信息化的实质内容，是产生信息化效果的工作。管理信息化主要是各类管理类信息系统的建设，借助信息技术变革企业组织结构、业务流程和管理方法，以降低经营成本，提高管理效率和效用；研发信息化主要是围绕产品和服务的创新、开发或改进，建设基于知识的各种研发管理和支持系统，缩短企业产品和服务开发周期，融入信息技术和知识含量，提升产品和服务竞争力；生产信息化要将信息技术应用于生产技术、生产装置、生产过程控制等方面，改进和更新生产工艺，提高生产对于市场需求的适应能力。管理、研发和生产信息化的目的是增强企业的竞争能力，支持企业战略目标的实现。

(3) 信息资源开发与利用

信息资源的开发和利用是信息化的出发点和归宿，企业信息基础设施和企业信息系统的作用在于能系统地高效地采集、组织和利用信息资源。信息资源的开发包括所有可为企业所用的信息的收集、整理和组织，信息资源的利用包括对企业所有经营活动和管理对象的把握、决策和控制的支持。信息资源的开发和利用主要依靠数据库或数据仓库等技术，以及应用面日益宽阔的数据挖掘和在线分析等方法技术。目前越来越受到重视的知识系统和知识管理，是信息资源开发与利用的新阶段，从企业竞争和发展的观点看，知识的开发与利用应该和必须列入信息化建设的内容。

(4) 信息管理队伍建设

企业信息化建设是一项长期的连续的任务，因此企业必须设立相应的岗位，配备一批专门从事信息管理和信息系统工作的员工。如同企业设置财务部门管理资产和人事部门管理人力资源那样，企业也应该设立管理信息资源的部门——信息管理部门。信息管理队伍建设包括组织结构和岗位职责的设计、人员的配备和培训等。其中最为关键的是信息主管（CIO）岗位的设置。信息主管原则上应进入企业决策层，担任副总裁或副总经理的职务。

(5) 信息化规范建设

为安全、有序和规范地开展企业信息化建设和应用信息化成果，必须在信息系统的数据和功能、软件和设备、文档和操作等方面制定统一的标准，在信息系统的使用、维护和管理等方面制定规章制度。

6.3.2 企业信息化建设的过程

企业信息化的过程，从不同的角度考察，能产生不同的观点。但这些观点都反映了企业信息化是一个循序渐进的、动态和持续的发展过程。

乌家培认为信息化所带来的好处是相对于一个时期的，企业通过信息化谋取的竞争优势，竞争对手会千方百计模仿、学习和创新，重新使该企业陷于竞争劣势。因此优秀的现代企业在赢得竞争优势后为保持竞争优势，还必须继续推进信息化，并使其发挥更大的成效，来不断提高自己的竞争力。这就是说信息化是一个长期的建设过程，有不断深化而保持成果的要求。乌家培还提出，信息化从发展过程看有生产自动化、管理信息化以及前两者相融合的网络一体化三个阶段；从信息技术应用看，有计算机替代手工操作、电子计算机进行集成制造和集成管理、对企业的业务和管理流程进行重组、创新等替代、强化和变革三个阶段；从信息资源管理的角度考察，企业信息化存在数据管理、信息管理和知识管理三个阶段。

显然，企业信息化应该依企业环境和企业实际，从低层次向高层次推进，从局部向全局推开。因此不可能通过一项或几项信息技术应用项目的开发来实现，而只能在长远规划指导下的建设来实现。

企业信息化的过程也可以从建设的工作内容来识别，企业信息化建设的工作或任务包括规划、组织、实施、管理、控制和评估六个方面，这六个方面的工作是阶段递进和循环的过程（图 6.6）。

企业信息化规划明确信息化建设的目标、方针和策略，以及总体上的信息化内容、步骤和资源安排，为企业信息化建设给出方向、原则和路线上的指导。企业信息化的组织按规划

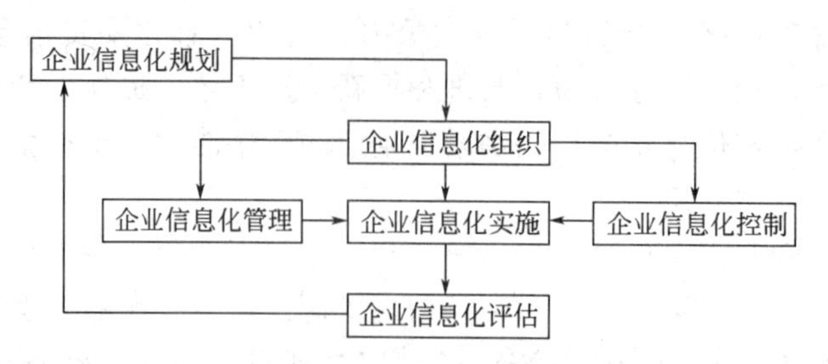

图 6.6 企业信息化建设过程

的阶段要求，以项目形式开展立项工作，以机构或项目形式构建人员队伍，为信息化的具体开展做好前期的基础性的工作。企业信息化的实施是规划的分步落实，按项目要求逐一实现预定的信息化内容，并使其发挥作用。企业信息化的管理和控制围绕具体的实施工作，对进度、质量和经费等项目要素进行跟踪，与预定计划作比较分析，对发生的问题及时予以解决，无法达到原定要求的项目或降级或取消或修改方案。同时还要协调有关部门，保证企业信息化建设工作的顺利进行。企业信息化的评估是对每一项建设任务的落实效果的评定工作，为工作的改进和下一步工作的更好开展提供经验和教训。

我国企业在不良信息化项目的处理上，大都采取硬上的做法，很少采用降级或取消的控制策略，这种做法不仅仅降低信息化的质量，而且还会给信息化造成负面影响。因此，信息化项目的评估和控制是值得企业关注和认真对待的重要工作内容。

6.4 企业信息化建设的规划

企业信息化是一项长期的艰巨的系统工程，为保证企业信息化建设有序稳步开展，企业应该制定一个中长期的信息化建设规划。目前我国企业对信息化建设规划不是很重视。一些企业的信息化建设规划过于简单或不切实际，不少企业甚至在没有信息化规划的情况下就开始信息化建设，由此带来许多遗憾的大调整或推翻重来等本来可以避免的周折和损失。如果没有规划或不到位的规划，企业信息化建设的总体发展可能会走弯路。

6.4.1 企业信息化建设规划的内容

企业信息化规划是企业战略规划的重要组成部分。与其他发展规划一样，企业信息化建设的规划应该包括现状与趋势、问题与机遇、约束与条件、目标、策略、总体布局、变革总体方案和项目计划等要素。其主要内容如下。

① 描述企业概况、环境概况。

② 分析企业问题、机遇、条件与约束。

③ 结合企业战略，提出信息化战略目标、分目标和策略。

④ 设计信息化总体布局，包括基础设施、信息系统、信息资源、信息人员等。

⑤ 提出企业组织和管理变革的总体设想。

⑥ 确定信息化阶段项目、制订项目计划。

⑦ 对资源进行总体上的配置。

规划的概况描述部分，对企业及其环境的现状和趋势做简要的描述。包括企业目前生产和经营管理情况，信息化或信息技术的应用程度，竞争对手、行业、乃至整个社会经济发展情况，企业战略目标与发展方向等。这些内容是企业信息化规划的背景，将决定企业信息化的目标、方向和力度。

规划的条件与约束的分析部分，主要分析企业目前存在的问题、困难和障碍，分析可能的机遇和有利条件等。例如，基础管理薄弱、人员素质欠缺，但领导层已有较充分的一致认识，市场需求看好等。

企业信息化规划的目标是一个远景，从现实、需要和可能出发，尽可能地以能够考评的形式表述。其中最为重要的是必须明确为什么要搞信息化，在规划期内要达到什么目的。例如，在规划中可能有如此的表述"为提高本公司在同行中的竞争力，五年内建成企业级的信息系统，90%的常规管理业务实现电子化，极大部分的销售业务在网上运作"等。规划应该涵盖规划期内所有要开展的信息化内容和期望达到的目标，如基础设施建设、信息技术应用、信息资源开发和利用，以及信息管理队伍建设和员工信息化培训等。

企业信息化的策略是规划的重要部分，要求根据企业的现状和趋势、约束与条件等情况正确地做出信息化指导方针、实现方式、问题对策等的选择。例如，根据企业的经济实力选择尽可能成熟的信息技术，在信息系统的功能方面要以借助管理新思想、新方法改革不合理管理流程为主，兼顾本企业的个性化特殊需求，信息系统的开发主要采用外包方式等。

信息化总体布局部分，描绘今后信息化要实现的蓝图，包括信息基础设施的规模和形式、信息系统的总体结构、信息资源开发和利用的范围和深度、信息人员的结构和配置等。如是否或如何建设 Intranet 和 Extranet，ERP 系统、CRM 系统和电子商务系统等信息系统，包括他们的规模及其相互关系，数据仓库的档次和结构等。其中信息系统的布局是重中之重，信息资源开发和利用是核心，因为信息化主要通过信息系统来开发和利用信息资源。

企业变革总体设想部分，是信息化要促成的企业系统优化的概要。包括如何抓住信息化的契机，提高竞争力，提高生存能力和发展动力，如何进行企业组织结构、业务和管理流程、运作机制等方面的变革。这是信息化必定要考虑的内容，否则信息化将流于形式。

信息化建设是通过一系列项目实现的，规划中的项目计划就是要在管理、研发和生产三个领域，在基础设施建设、应用系统建设和信息资源的组织等层面，在企业内部管理和对外交易服务两个方面，理清信息化的轻重缓急和先后主次等关系，以项目为单位做出科学合理的阶段性计划安排。

信息化建设需要较多的资金、人力和物力等资源，而企业资源又往往紧缺，因此如何根据信息化目标和项目计划，优化配置这些资源是必不可少的规划内容。由于信息化建设的不确定性，投入和效益难以定量计算，分析比较以定性为主定量为辅。

6.4.2 企业信息化建设规划的原则

在具体开展企业信息化建设时，还有一些需要与其他工作和相关对象保持某种关系的原则，这些应该遵循的原则包括与企业发展战略保持一致、与相关者保持一致并适当超前、与自身基础条件相符并相互促进、与信息化目标一致的软硬件选择等。

（1）与企业发展战略保持一致的原则

企业信息化服务于企业发展战略，支撑企业的发展，因此其规划目标应该与企业的发展战略规划保持一致。如果成长期企业的发展战略是创立品牌的创新制胜战略，则应将目标侧重在应用先进信息技术和利用信息资源，支持产品和服务的研究、开发与设计上，这里一方面是技术手段的支持，另一方面是产品和服务内涵的创新，更多的考虑如何组织和利用产品知识，如何应用信息系统管理产品研发项目，辅助产品设计，以及诸如如何提高产品的高新技术含量和通过计算机网络开设特色服务等。如果发展战略是定位于巩固和保持领先地位的企业上，那么信息化建设的目标就应该侧重于行业和竞争对手动态信息的支持上，以及应用信息技术于生产和管理，提高产品质量、降低成本和提高服务质量，考虑借助信息技术支持和实现先进的生产技术和管理方法。

（2）与相关者保持一致并适当超前的原则

企业信息化的外部同步性是指企业应用先进的信息技术与外部进行合作或交易时，对方也必须具有相当或起码的信息化水平，譬如企业要推行网上交易，大部分客户都要具备上网的条件，否则就难以推行。同样，行业信息化的水平也制约着企业的信息化。因此企业信息化目标要考虑所在地区、行业和有关企业的信息化水平及趋势，与相关者保持一致，但为提高竞争力，目标可以适当超前。

（3）与自身基础条件相符并相互促进的原则

企业信息化建设是新事物，操作上有难度，与传统意识和行为有冲突，需要较大财力和人力投入，对管理水平要有能启动的基本要求，此即企业信息化的基础依赖性。企业搞信息化必须具备最起码的思想准备、基本有序的管理、至少有第一期建设所需资金的来源和能够从事信息化建设的人才等基础条件。难以想象一个基础条件落后的企业能搞好企业信息化建设，取得信息化的成效。在具备必要基础的情况下开展企业信息化建设，信息化反过来也会推进企业各方面基础条件的改善，继而进入相互促进的良性循环。

（4）与信息化目标一致的软硬件选择原则

企业信息化软硬件的选择是指总体上的定位，是高精尖还是普通实用，是清一色还是博采众长，在规划中要予以明确。系统软硬件的选择主要取决于信息化的目标追求而不是经济实力，只要能实现规划所确定的战略目标，系统软硬件越经济越好。国外许多大公司在信息系统的应用上取得很好的效果，但使用的设备却很普通。比较之下，我国不少企业的信息系统效果不理想，而设备却是一流的。从我国的实际情况出发，原则上应该选择普通实用的，牌号尽可能一致的软硬件，这样既省钱又易维护。

6.4.3 企业信息化建设规划的方法

企业信息化建设规划的制定可采用一般的规划方法，如战略集转换法（Strategy Set Transformation，SST）、关键成功因素法（Critical Success Factors，CSF）、信息规划网格法（Information Planning Grid）和企业系统规划法（Business System Planning，BSP）。这些方法在规划中各有使用的范围，战略集转换法主要用于确定规划的战略目标，关键成功因素法和信息规划网格法用于确定规划的内容需求，而企业系统规划法则主要用于确定规划目标成果的总体结构。限于篇幅，以下仅对信息化的战略目标和策略的制定做简要的介绍（CSF 法和 BSP 法将在第 8 章做介绍）。

企业信息化建设的目标与企业战略目标相一致，也是其中的重要组成，分目标包括各阶段项目的目标和技术等方面的要求。信息化建设目标的确定是非结构化的工作，一般采用战略集转换法。信息化的根本目的是支持企业战略目标的实现，战略集转换法的思路是通过分析企业战略目标，转换出信息化建设的目标（图 6.7）。例如，某企业近几年的战略目标是“占领市场，争夺市场份额。”那么信息化建设的目标应该是“建立一流的市场开发管理系统和客户关系管理系统，为拓展市场、吸引和巩固客户提供支持。”

信息化建设的分目标也是总目标的细化，一般包括对企业变革的支持、企业基础设施、信息资源开发与利用、信息系统开发与应用及信息管理队伍等方面的目标。要特别说明的是，如果企业没有战略规划，或战略规划不规范，那么这个企业面临的不是能不能用战略集

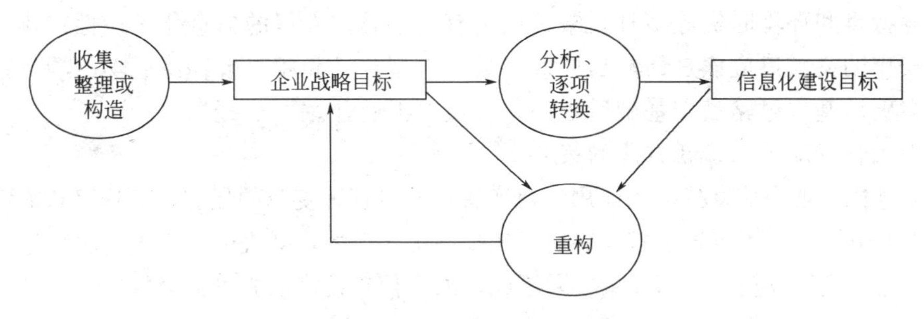

图 6.7 战略集转换法示意图

转换法的问题，而是不可能搞好信息化建设的问题。

6.5 企业信息化建设的策略

为在有限的资源和要求的时间里实现信息化建设的目标，必须有谋略或策略，即根据企业自身和企业外部的具体情况选择正确的方针和恰当的方式。

(1) 信息化促进企业变革应确保成功的策略

企业信息化能够有力地推动企业面向市场竞争的变革。但这种推动带来好处的同时也隐藏着风险。一般认为随着信息技术应用程度的加深，有反映收益和风险成正比关系的四个层面。一是以提高效率为主的管理和生产自动化层面，风险较小但收益不大；二是以实现操作流程标准化为主的业务程序合理化层面，风险不太大但能消除瓶颈，使自动化的变革取得更好的效果。三是以提高效用为主的企业流程再造层面，风险显著增大但收益也较大。四是以重组企业模式为主的范式变革层面，该层面从观念上重新思考组织与业务的本质，重新设计组织，如网上银行和 Dot-com 等，这一层面的风险很大而收益也颇丰。

企业到底如何定位规划期的信息化程度是必须回答的问题，对于这一问题人们应该做好细致的分析，根据企业的基础与承受能力，采取确保企业变革成功前提下的信息化深度策略。

(2) 循序渐进逐步推开的策略

根据企业信息化有一个从低层次向高层次推进，从局部向全局推开的过程特点，应该分阶段地多轮次地开展企业信息化。这个过程主要需要在信息化内容、信息技术应用领域、信息化的深度三个方面做阶段上的循序渐进安排。信息化内容上，先建立企业内部网（Intranet），而后是企业网站，至于企业外部网（Extranet）是否要建设需要依同行和行业信息化发展水平决定，即使要运作也是安排在较后的。信息技术应用领域上，要依据企业所在行业的特点（如是制造业还是商贸业等），确定是先管理信息化后生产信息化，而后再研发信息化，还是采取其他顺序或同步展开。对于制造业，生产信息化可以先于管理信息化，实力较强的企业也可同步进行；对于高新技术企业，则研发信息化更为重要。在信息化深度上，一般应该先常规功能后决策功能，先企业内部再延伸到企业外部。但对商贸或服务业企业，可以先建初级的电子商务系统，待企业后台系统较成熟时再扩展电子商务系统，实现完整的网上交易。

循序渐进策略的进一步细化，对上述的每一方面都有如何再细分安排的问题。如先建 ERP 系统还是 CRM 系统，就是 ERP 系统还有先实施哪些模块的选择。总之，企业信息化要根据企业特点和环境时机等多种因素，做出有利于总体发展的信息化阶段性安排。一般情况下先行安排的突破口应该是最能出成效、具有典型意义和相对较容易成功的项目。循序渐进策略的突破口基本思路是先基础后延伸，先试点再铺开。

(3) 引入管理新思想、新方法的策略

企业信息化表现为信息技术的应用，但实质上是对管理变革的促进，而这又依靠管理新思想、新方法的引入。应用信息技术能够显著地提高工作效率，减轻劳动强度，由此也能降低成本，产生一定的经济效益。然而如果仅限于此，那么信息技术的先进性会加固传统的管理思想和方法，掩盖导致缺乏竞争力的问题，使企业变革愈加艰难。因此企业信息化更要考虑管理新思想、新方法的引入，借助信息技术使能器的作用，树立管理新思想、新观念，推行管理新方法，促进企业各方面的变革，达到提高管理效用，进而提高企业的竞争力的目的。

(4) 广开信息资源渠道的策略

信息资源的战略价值在第 2 章已有论述，在此不赘述。信息作为一种战略资源和生产要素，无疑企业信息化必然要将信息资源的开发和利用作为出发点和归宿。企业的信息资源既来于内部也来于外部，但在市场经济体制下，企业外部信息比内部信息更为重要，数量比重上也在增大。企业高层次的决策主要依赖于外部信息的支持，企业发展机遇和风险征兆的识别也主要通过外部信息获得。因此人们要广开信息资源渠道，尤其是企业外部信息资源的渠道，尽可能先于竞争对手获得信息资源，并加以及时利用。

(5) 根据自身情况确定信息系统开发路线的策略

开发路线又称开发原则，即所谓的自上而下（Top-down）和自下而上（Bottom-up）的两种开发思路。自上而下强调整体规划和数据共享，从合理的信息流出发，由全局到局部，由长远到近期，其优点是整体性好，但实施难度较大。自下而上的思路是先逐一开发单一模块，实现具体的数据处理功能，再加管理控制，综合功能，集成统一，其优点是局部见效快，但缺乏整体观念，后续可能有大量的修改重建。对于信息化基础较薄弱，规模不大的企业可以采用自下而上的策略建设信息系统，对于规模大和管理比较规范的企业，一般宜采用自上而下的策略开发企业信息系统，但同时也可在某些局部先行开发，上下并推，结合两种策略的优点。

(6) 充分采用业务外包的策略

业务外包本身并不是新事物，但近年来经过有关学者和企业管理者的深入研究与实践，逐步形成了业务外包的系统性理论、方法和策略。业务外包的主导思想是企业应该将有限的资源用在主营业务上，而非主营业务应该尽可能地采用外包的形式由外部承揽。对企业信息化而言，基础设施的建设，应用信息系统的开发，以至信息系统的管理等业务都可以通过外包的方式来完成。从总体发展看，企业信息化有关工作的外包是一个必然的趋势，外包工作的分量将超过企业自己的工作量。目前出现的为安全考虑的数据备份业务外包就很好地说明了这一发展趋势。从企业信息化的内容看，应用信息系统开发是外包的首选，例如，商品软件的购置和专业公司的实施，已被大多数企业所采用。

本章小结

这一章主要讨论了企业信息化与变革的关系，企业信息化的内容与过程、规划和策略，重点讲解了企业在变化的环境中为求生存与发展，如何通过信息化来推进企业的变革（图 6.8）。

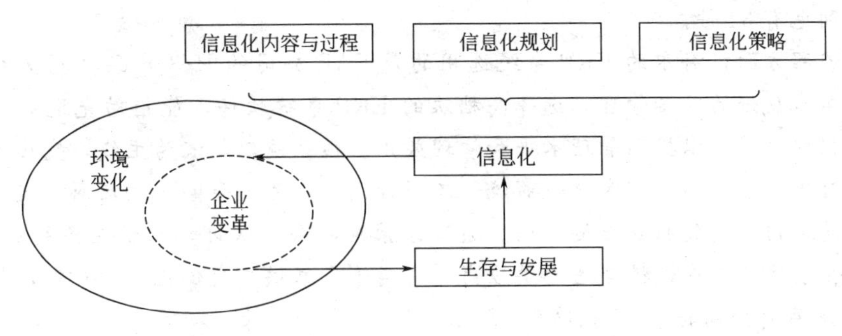

图 6.8 企业信息化建设与管理

现代信息技术的应用，使企业环境在经济发展特点、客户观念和行为、竞争对手和竞争方式，以及企业之间关系等方面发生巨大的变化。这些变化给企业施加了环境压力，并作用于企业组织结构、产品与服务、生产制造和经营管理等诸多方面。企业为求生存与发展就要将这种压力变为动力，推进方方面面的变革，以适应环境的变化。

企业为适应环境的变革主要表现在组织的变革、产品与服务创新、生产敏捷与优化、经营管理现代化四个方面。企业的变革需要以信息技术的应用，信息资源的开发和利用来支持，这就是企业信息化。信息化支持企业的变革，同时也能提高企业的竞争力，提高生存与发展的能力。

企业信息化建设的内容包括信息基础设施建设、管理、研发和生产信息化、信息资源开发与利用、信息管理队伍建设和信息化规范建设。企业信息化建设的工作过程包括规划、组织、实施、管理、控制和评估六个方面，这六个方面的工作是阶段递进和循环的过程，是一个动态和持续的过程。企业信息化是一项长期的艰巨的系统工程，为保证企业信息化建设有序稳步开展，应该制定一个中长期的信息化建设规划。

企业信息化应该遵循与企业发展战略保持一致、与相关者保持一致并适当超前、与自身基础条件相符并相互促进、与信息化目标一致的软硬件选择等原则，为在有限的资源和要求的时间里实现信息化建设的目标，也要根据企业自身和企业外部的具体情况，采用适当的策略。

案例分析：海尔集团乘信息化而腾飞

1984 年，海尔在张瑞敏的领导下，由一个濒临破产的电冰箱公司起家，经过 20 年的发展，成长为一个家用电器的巨型企业——中国第一个世界级的，价值 530 亿元的品牌。在海尔的发展壮大过程中，信息化起了重要的促进作用，是我国企业通过信息化取得巨大成功的典范。

1995 年海尔建立了信息中心，开始全面推进企业信息化，迄今总投入已在 3000 万元以上，海尔信息化涉及的内容很广泛，通过谨慎规划、重点突破、逐步推进、然后集成的策略，取得了卓著的成效。

在产品设计方面，海尔早在 1992 年就建设了电冰箱计算机辅助设计系统。借助信息化采取产品差异化竞争战略，海尔在国内外市场连续不断推出新产品，目前各类规格品种近万种，所申请的专利在我国企业中名列前茅。据报道仅 1998 年，海尔公司就申请了 418 件专利，平均每天开发 1.3 个新产品。海尔虽以家电为主，在信息技术领域，1998～2000 年申请的发明专利也有34件。

在业务流程方面，海尔的ERP系统选用的是SAP公司的R/3产品，包括网上采购平台。因为海尔有良好的基础管理，选择高档次的ERP系统软件，能借助先进流程管理模式进行业务流程的变革，以提高管理水平和管理效用。该系统以物流为主线，突出网上采购功能，由客户订单驱动，围绕“客户—商流—工厂计划—仓库—采购—供应商”流程进行包括客户和供应商在内的完整的供应链管理。通过该系统，海尔从订单到供应商的流程从10天降为1天，在全球范围内选择合适的供应商，将两千多家供应商优化到840家，使仓库面积减少50%，库存资金周转从30天降到12天。

海尔的竞争情报系统也很成功，据介绍，该系统能使原来情报人员80%的时间用于情报的收集、分类、整理的前期工作，20%的时间用于判断分析信息并得出结果的后期过程，改变为机器用20%的时间做前期工作，情报人员用80%的时间做后期工作。目前海尔每个事业本部的中高层负责人每天上班后第一件事情就是打开浏览器查看该系统的情报信息，查询分析和决策支持信息。

海尔集团的信息化建设与企业的发展战略是紧密关联的。从1984～1991年的名牌战略阶段，1992～1998年的多元化战略发展阶段到1998年开始的国际化战略阶段，信息化或信息技术的应用都给予了极大的支持。海尔信息化的成功案例很好地说明了我国企业信息化的重要性和必要性（根据海尔公司网站资料整理）。

【案例思考与分析题】

（1）海尔的信息化在产品创新方面是如何发挥具体作用的？

（2）是否每个企业都能如海尔那样取得ERP系统的效果？为什么？

（3）从海尔的信息化建设和应用情况来看，分析外部环境信息对企业具有什么价值？

（4）企业信息化与企业发展战略有怎样的关系？

习　　题

(1) 当今的企业面临着怎样的环境问题，为什么要搞信息化？

(2) 简述信息化与企业变革的关系？

(3) 客户的变化趋势表现在哪些方面？发生这些变化的原因是什么？作为一位消费者，请结合自己的体验来回答该问题？

(4) 信息化是如何对组织结构产生影响的？在信息技术的作用下，组织结构将发生怎样的变化？

(5) 请简述提高产品和服务含金量的目的和可能的途径？并举例说明。

(6) 请简述企业信息化的内容和过程，以及重点。

(7)“与相关者保持一致并适当超前”是企业信息化的原则，在信息规划中应该得到体现。该原则的相关者指谁？他们与企业信息化有什么关系？

(8) 请解释战略集转换法的基本思路？

(9) 为一个小型高科技新创企业制定简要的信息化建设策略。

(10) 企业信息化要“引入管理新思想、新方法”，否则不仅失去信息化的本意，还会造成不利后果。请就此问题进行讨论。

7 信息系统的开发与规划

规划和开发是信息系统生命周期三大阶段中的前两个阶段。信息系统的开发过程具有相当的复杂性，开发方式和方法的选择对其成败有重要的影响。一个组织的信息系统建设应该制定中长期的规划，从总体上把握各类信息系统的开发工作。本章在企业信息化知识的基础上讲述信息系统的生命周期与开发过程、开发方式与开发方法，以及信息系统的规划。

7.1 信息系统的生命周期与开发过程

7.1.1 信息系统的生命周期

每一个信息系统都要经历从无到有，再到淘汰的过程，这个过程称为信息系统的生命周期。信息系统的生命周期被划分出若干个阶段，比较多见的是按系统分析、系统设计、系统实施和系统运行四个阶段划分的系统开发生命周期（System Development Life Cycle，SDLC）。但是在这种划分方法的叫法上，就企业信息系统而言，似乎不尽合理。因为信息系统生命周期在总体上可分作“开发”和“运行”两个大的阶段。

生命周期的阶段划分可粗可细，Laudon 将信息系统的生命周期划分为系统分析、系统设计、程序设计、测试、切换、运行与维护六个阶段，这种分法比较合理。一个组织的信息系统的建立总是先要有一个酝酿的过程，然后才会决定是否真的要启动系统的开发。一个企业组织建有或要开发多个信息系统，这些系统解决企业的不同问题，它们之间有一定的联系。由于经济、时间和精力上的原因，这些信息系统要按轻重缓急的程度，分批开发实现。相互有关而分批进行，就要先有一个总体的规划。在该信息系统总体规划的安排和指导下，各个具体的信息系统才能得到有序的开发和运行。在六个阶段划分的基础上，再加上系统规划的部分，可以有图 7.1 所示的信息系统生命周期。

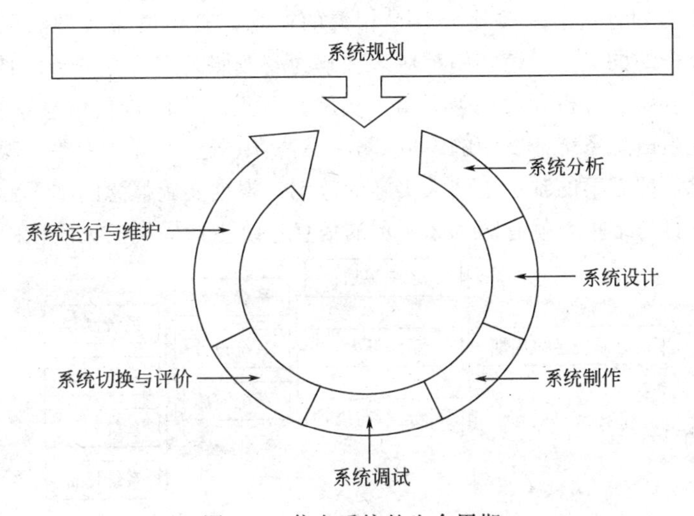

图 7.1　信息系统的生命周期

（1）系统规划

规划期的跨度一般在五年或以上，目的是要从总体上对规划期内待建设的信息系统做出部署。内容主要有制定目标，确定原则，提出策略，设计蓝图，评估投入产出，编制各期实施计划。系统规划工作所需时间视其规模大小而定，大致在三个月左右。

（2）系统分析

通过对信息系统要解决的问题的分析，提出一个明确要做什么的逻辑方案或初步方案。系统分析是知己知彼的工作，具有诊断性质。内容有组织现状、问题及其原因分析、分析可行性、提出信息与功能需求、确定信息系统的结构与组成、设计系统逻辑方案。大致需要花时三个月到半年时间。

（3）系统设计

根据系统分析提出的信息与功能需求，以及逻辑方案。详细描述具体实现的物理方案，回答怎样做的问题。具体内容包括代码设计、数据库设计、输出设计、输入设计、处理设计和控制设计等。一般需要三个月以上的时间。

（4）系统制作

根据物理方案实现可投入实际运行的信息系统。内容主要有构建数据库与预置数据、编制软件程序等。时间大约需要三个月以上。

（5）系统调试

彻底考察系统存在的缺陷、检查是否产生正确的结果。回答诸如“系统是否会在已知条件下产生预定结果”，“系统是否满足了原定目标”等问题。用时应该在一周或以上。

（6）系统切换与评价

旧系统切换到新系统，可以采用新旧系统并行运行中切换、直接切换或分批切换等策略。系统评价衡量系统是否实现了预定的目标。正常情况下，该阶段的时间应该在三个月左右。

（7）系统运行与维护

信息系统正式投入运行，在运行过程中持续地进行系统维护。信息系统必然存在或大或小的错误，组织所处环境不断的变化，导致信息系统的维护与运行始终并存。信息系统的运行周期由质量和水平等许多因素所决定，一个较理想的信息系统的有效期应该至少在三年以上，平均在七年左右。

信息系统阶段的划分还有一些比较容易相混的概念，其中最为典型的就是“实施”的概念。根据常识或严格的词义，所谓实施都应该理解为“按照既定的方案予以具体实现的工作”。因此，信息系统的规划、分析和设计等不属于实施，真正的实施包括信息系统的制作、调试、切换和评价，实施是信息系统开发中的组成部分。对实施概念的混淆主要反映在将其拉扯到系统分析和设计阶段，把方案的制定也纳入实施的范围。根据实施概念的本意，再考虑信息系统的规划、开发、运行与维护，就有图 7.2 所示的信息系统生命周期三大阶段的划分。

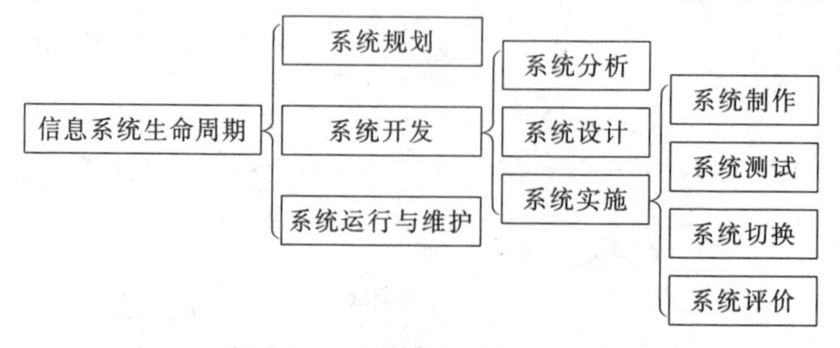

图 7.2　信息系统生命周期的三大阶段

实际中，信息系统生命周期的各个阶段之间的先后关系并不是严格的和绝对的，在一定程度上，前后各阶段存在交错和反复，存在很多的循环过程。即使在一个阶段内，若干子阶段之间也存在反复和循环。

随着软件技术的发展与日益成熟，企业信息系统的建设越来越多的采用购置商品软件的方式，这样，信息系统的开发就不一定都要经过上述的每一个阶段。购置商品软件方式下，生命周期的一些阶段将不再需要，开发的周期也相应的缩短。本章下一个小节将对此开发方式再做详细的讨论。

7.1.2 信息系统的开发过程与复杂性

从上面所说的开发阶段的交错循环情况来看，信息系统的开发过程似乎并不简单。再从前面各章节中对信息系统性质和特点的描述来看，例如，信息系统是人机系统、管理信息系统是一门横跨多门学科的交叉学科，信息系统与组织的变革密切相关，信息系统是一类复杂系统，信息系统的开发也应该是一类艰巨和复杂的工程，信息系统的开发过程具有相当的复杂性。

人的参与，使信息系统具有了社会系统的性质。系统需求的提出与理解的不对称性，在用户和开发人员之间普遍存在，不同背景的人从不同角度的解释，往往导致矛盾和冲突，一般只能通过折中解决或留存模糊解释而告终。信息系统的开发涉及管理学、组织科学、行为科学、信息技术、工程技术、运筹学等多学科的知识，因此需要来于不同学科的具有不同专业知识的人组成的群体共同协作才能完成，跨专业多学科的人与人之间的合作也是一件非常复杂的工作。信息系统的开发大都以项目的形式开展，项目组成员可能来自多个组织，包括用户企业、软件开发商、系统实施商、计算机系统提供商、电信服务商、信息技术咨询商和监理商等。来于不同组织的不同专业的人，还要在不同的开发过程中穿插出现和参与，人与人之间，组织与组织之间，开发过程各个阶段之间，相互的交流与衔接等工作可以想象是多么的复杂。

然而，信息系统开发过程的复杂更主要还在于与组织变革的紧密结合。信息系统的开发过程也是组织设计和实施变革方案的过程，在这个过程中必然会影响一些人的既得利益而形成阻力，例如，组织结构的变革将使一些人的岗位和职务发生更迭，业务流程的变革会使一些人的优势丧失却又难以适应，由此引发出各种形式的阻力。信息系统的开发过程的阻力往往是隐含的，很难克服的。

企业管理类信息系统是企业管理实际需要与比较先进的“最佳实践”相结合的产物，管理的复杂性也决定了信息系统开发过程的复杂性。信息系统中最为细节的部分，尤其是应用软件部分的细节，只能由信息系统的专业人员来实现，不同的专业人员会做出不同的细节，而这些细节必定会影响系统的表观、功能、操作等方面的整体特性。信息系统实质上是一类具有艺术成分的作品，而不是纯技术的产品。

20世纪70年代诺兰（Nolan）总结了信息系统的阶段发展规律，提出了一个信息系统发展的六阶段模型（图7.3）。该模型用于描述一个组织的信息系统如何从无到有，再发展壮大到成熟的规律。但该模型也能在企业信息化过程或企业信息系统总体过程的高层面来说明信息系统开发过程的复杂性。从买第一台计算机开发管理应用程序的初装开始，经过向其他更多部门扩散的蔓延，随之出现无序的分散和孤立的局面而需要控制，进一步再在企业范围将各类信息系统加以集成，规划和建立企业级数据库的数据管理，最后到达完整有效的企业级信息系统的成熟阶段。无序的现象至今在不少企业依然存在，许多企业也没有得到很好

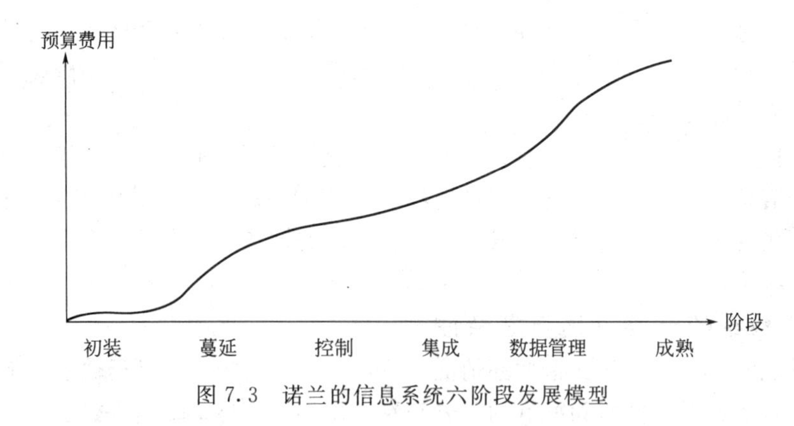

图 7.3　诺兰的信息系统六阶段发展模型

的解决；控制和集成一直是信息系统的主题；数据集成的工作相对比较理想，但能被认为达到成熟的信息系统还少之又少。

信息系统开发过程的复杂性给人们的工作带来了难度。在开发过程的各个阶段中，相对而言，难度较大的阶段是开始的系统分析阶段和比较靠后的系统切换阶段。以下各举一个方面来说明。

(1) 管理过程的不确定性

系统分析阶段的调研要求企业用户介绍原来的业务流程和存在的问题，以及问题如何解决的想法，提出信息和功能需求等。但是企业用户往往无法完整地书面地一次性地做到，有些甚至在系统投运时才给出。

企业业务的常规处理流程和规则还是比较清楚的，然而企业有相当多的超出人们想象的例外处理业务，可以采取多种相去甚远的做法。例如，销售员年度业绩考核中，一位工作了两个月的销售员可以按 1/6 年参加考核，也可以由于不能说明问题而不参加考核；订单金额相差细微的客户从大到小排序，总金额达到 80%也可以是 70%的为大客户；既是客户又是供应商的合作伙伴的往来数据的处理可以分设也可以不分设等都可随机而变。这些例外处理业务一般没有明文的做法规定，只靠管理人员随机而变地决定做法。在人员更迭时，口头移交或者根本就不移交是例外业务的做法。

造成管理过程不确定性的原因除了比重很大的人为因素，如经验、主观意识、情感等之外，管理人员对将来的信息系统到底是怎样的，能否解决这些例外业务的人为做法等不清楚也是重要的原因。

(2) 系统切换工作的繁重性

信息系统并行切换过渡期的试运行是一个比较艰难的关卡。新旧两套系统同时运行，管理人员的工作量几乎加倍，由于对新系统的不熟悉，工作难度也加大。需要承担这些试运行的管理人员还大都是本来就工作繁忙的人员，因此工作也愈加紧张。此外，信息系统存在的问题，例如，软件中的漏洞、功能与需求不吻合、有新的需求提出、原来的需求已过时，也会在这个时候集中地暴露和展现出来。

系统的切换要求新系统与旧系统同步，直到新系统的输出与旧系统输出相同或得到合理的比较解释，不少企业在信息系统切换阶段耗去很长的时间，一而再，再而三地重复，工作非常的艰难和繁重，有的甚至失去耐心或不能理解而导致信息系统开发的失败。

可以说，信息系统的开发是一项费时、费力、费钱的艰巨的复杂工程，而且复杂性大部分在于非技术性因素。几乎没有一个信息系统开发项目能按时完成，几乎每一个信息系统开发项目都要追加投入，几乎每一个参与者，包括开发者和用户，都有不同程度的朦胧和疲惫的感觉。

信息系统开发过程的复杂性，要求用科学方法来解决。信息系统开发方式和开发方法的研究和提出，一个主要原因也就是为了解决信息系统开发过程的复杂性问题。

7.2 信息系统的开发方式

系统的开发方式是有关如何获得系统的策略或途径。早期的信息系统具有一定的探索性质，主要依靠企业自己开发，或者委托高校、研究机构等做专门的开发。随着信息系统应用面的拓宽和逐渐成熟，出现了一类专门从事信息系统开发和实施服务的企业，出现了以软件包形式出售的商品软件。

目前能够供企业选择的信息系统开发方式见图 7.4。每一种开发方式都有各自的特点和适用性，优点和缺点。企业开发信息系统之前，应该根据自己的实际情况和开发方式的特点做最好的匹配选择。

(1) 用户自主开发

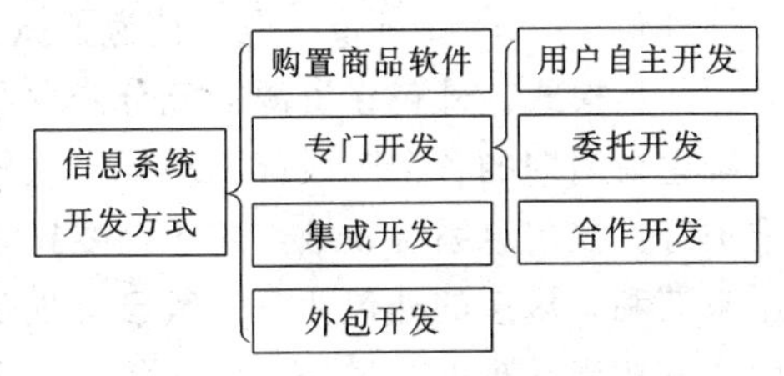

图 7.4 信息系统开发方式

用户企业安排内部的或招聘新的信息系统专业人员开发自己的信息系统。早期，一些有实力的大型企业，尤其是信息技术行业的企业的信息系统，大多数是通过自主开发方式开发的。由于开发工具的进步和特殊的需要，目前依然有不少企业自主开发信息系统。自主开发需要一支信息系统开发队伍，他们在信息系统开发过程中非常紧张和繁忙，任务完成后，这支队伍又相对空歇，一般的小企业难以承受这方面的开销而较少采用自主开发方式。有的企业在自主开发的同时，刻意发展信息系统开发队伍，逐渐使其壮大起来，向外承接其他企业的信息系统开发项目，拓展出新的业务空间，甚至步入信息系统开发和实施行业。自主开发方式的优缺点如下。

优点：有利于与用户协调，减少需求的不确定性；开发人员可以经常性地与用户部门进行交流，对自己企业的业务和管理也比较熟悉，因此项目的可控性较好，用户的适应性也比较理想。

缺点：系统性及质量较难保证，开发周期比较长；开发环境相对比较封闭，容易用现代信息技术加固传统的管理方法，不利于推动组织变革；需要较多的信息开发人员，实际的开发投入不一定会减少。

(2) 委托开发

与信息系统专业公司或科研单位通过合约的形式，支付一定的费用，委托他们为自己开发信息系统。在早期，信息系统是新事物，企业一般无能力自行开发，也没有可选购的商品软件，委托开发的方式比较多见。目前尽管已有较多的商品软件可以选购，但一些特殊的复杂的和个性化较强的信息系统，可见的商品软件并不一定适合，这时还得委托专业机构做专门的开发。

优点：系统性与质量有一定的保证，能较好地通过信息系统的开发推动组织变革。

缺点：不利于培养组织自己的信息系统维护人员；有一定的风险，容易造成信息技术依赖性，因此委托单位的选择要慎重。

（3）购置商品软件

购置现成的信息系统商品软件，必要时对软件包做一定的修改（二次开发），在安装和初始化后即可投运使用。特别要注意的是，购置商品软件方式下，系统分析阶段是不能省略的。目前商品应用软件品种很多，单一功能的小软件至覆盖大部分企业业务的大系统，价格在几万元至数百万元之间。目前已有较知名的研制与销售应用软件的公司和产品，但软件品种及软件供应商的选择是至关重要的问题。

优点：开发周期短；软件嵌入了现代管理方法，又经反复调试和应用，系统可靠性较好；以规范模式实施，加上软件所嵌管理模式的要求，促使组织变革较有力。

缺点：不能满足组织的特殊要求和多变的需求，费用投入较大，尤其是软件的实施费以天计（1000 人民币至 2000 美元/天不等），最初的实施与维护费可能是商品软件价格的数倍；企业管理模式向商品软件模式靠拢，在有利于组织变革的同时，失败的风险也变大。还有一个问题是商品软件只提供使用权，不提供技术细节，一旦出现问题或需要改进，只能依赖唯一的软件供应商。

（4）外包开发

外包（Outsourcing）是一种为了抓好自己的核心业务而将非核心业务委托外部机构来完成的新模式。外包在资源的充分开发和利用上优势明显，有越来越流行的趋势。目前信息系统生命周期的各个阶段都出现了提供外包服务的组织，包括信息系统的开发、系统运行与维护等。在信息系统领域，外包与委托有相似性也有区别，外包服务商主要通过资源的可重用来获利，承接的外包业务一般已有规范的标准的模式，而委托的业务可能具有一定的研究性质和相当的难度。另外，外包的范围更广泛，例如系统的运行、数据的备份服务等，而委托业务主要是信息系统的开发。

优点：比较经济和实惠，成本较低；服务质量和开发进度有保证。

缺点：存在信息系统的控制权问题，以及信息系统中的商业秘密安全性问题；对外包服务商有较强的依赖性。

上述的信息系统开发方式各有优缺点，因此在实际中，为取长补短，这些方式往往被结合使用。表 7.1 列出了各种信息系统开发方式及其特点的比较。

表 7.1 各种信息系统开发方式及其特点的比较

比较项	用户自主开发	委托开发	购置商品软件	合作开发	专门与购置的集成
需求明确	好	较好	较好	好	好
项目可控	好	较好	好	较好	较好
用户适应	好	好	一般	好	较好
人才培养	好	差	差	好	较好
系统质量	一般	好	好	较好	较好
开发周期	长	中	短	中	中
推动变革	不利	较有利	有力	较有利	较有利
风险程度	小	较大	大	较大	较大
开发投入	大	中等	大	大	大
外界依赖	很少依赖	较依赖	唯一依赖	较少依赖	较依赖

信息系统开发方式的结合使用，为真正获得优势互补的好处，特别要注意结合点选择的问题。

（1）合作开发

自主开发与委托开发相结合的合作开发，两者的配合与互补是取得成功的关键。一般情况下，以外部力量为主，内部力量为辅，前者重点放在技术问题上，后者重点放在与用户的联系与协调上。合作开发可扬长补短，是目前较普遍采用的开发方式。通过合作开发，企业可在实践中培养出一批信息管理人员，这比自己摸索或外送培训都要好得多。合作开发双方的力量配置和分工安排有一个最佳或较佳的范围，这是一个值得研究的课题。

（2）集成开发

专门开发与商品软件购置相结合的集成开发，两者的模块划分和两者的集成是取得成功的关键。成熟的稳定的管理业务一般宜购置商品软件，结构化程度较低的管理业务宜做专门开发，前端的、底层的子系统宜购置，后端的、上层的子系统宜做专门开发。为将两者集成为一个完整的有机系统，要求两者都选用相同的操作系统、数据库系统和开发工具等软件。专门开发部分与购置部分的接口规范要统一，保证主要数据的唯一性。

7.3 信息系统的开发方法

经过几十年的研究与实践，有关信息系统的方法已形成了丰富多样的方法类别体系，信息系统的开发方法是其中一个比较重要和复杂的类别。在讲述具体的信息系统开发方法之前，有必要先在总体上对信息系统的整个方法体系做一定的归纳，以便于掌握各种具体方法在体系中所处的位置和特点。

方法是用于解决某类问题的规范做法。不同的问题有不同的方法，一种问题可能有多种方法，方法也有大有小，有的方法下面还有子方法等。信息系统的方法众多而形成一个体系，因为这些方法的适用范围大都是以信息系统生命周期的阶段为限的，一些方法能用于多个阶段，一些方法则只适用于某一个阶段。从信息系统生命周期的角度来划分方法是一个办法（图 7.5）。

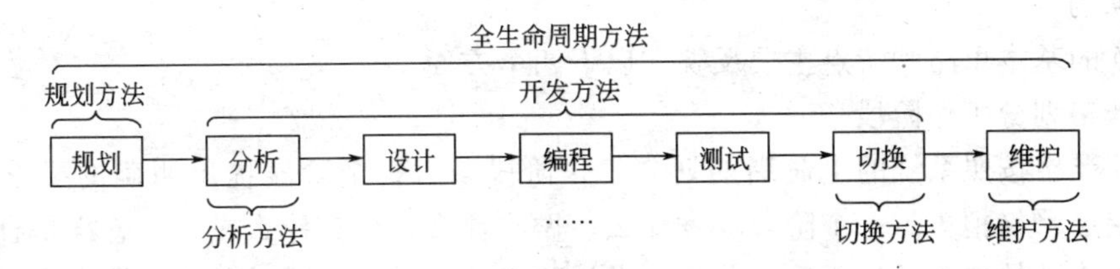

图 7.5 生命周期角度的信息系统方法体系

图 7.5 说明信息系统的方法有很多种，如系统的规划方法、开发方法、分析方法，以及适用于整个生命周期的方法。在这些方法中比较重要的是系统规划方法和系统开发方法。本小节介绍信息系统的开发方法，下一小节介绍信息系统的规划方法，其他比较重要的方法将在对应的章节中讲述。

据文献统计，报道的信息系统的开发方法已有不下几十种。但其中一些方法在思路和原理上大同小异，一些方法是另一些方法的改进变种。在众多的信息系统开发方法中，常用的只是数种。表 7.2 列出一些比较常见的信息系统开发方法，其中的结构化方法、原型法、面向对象方法和 CASE 方法四种方法将在以下分设次小节做展开介绍。

表 7.2　一些常见的信息系统开发方法及其简要描述

方法	涵盖范围	依据	基本做法	特点
瀑布法（生命周期法）	全部开发过程	生命周期理论	每个阶段有明确的工作和要求，成果移交给下一阶段。一个阶段成功后才能进入下一阶段	要求需求明确，刚性，不易修改 结构化程度高
渐增法	全部开发过程	瀑布法改进	需求分为若干部分，每个部分对应一个子系统，各个部分逐个按照瀑布法开发	每个部分的要求需求明确，但可有先后 可分期投资
结构化方法	全部开发过程，也包括系统规划	生命周期法、系统工程	自上而下的分析和设计，自下而上的逐个模块实现。按部就班地开发，上一步不完成不轻易进入下一步	要求需求明确，适合复杂大系统的开发
原型法	全部开发过程	认识渐进原理	先对需求清楚的部分快速开发出原型，以此与用户沟通，征求意见。改进和扩充原型，如此循环反复，直至符合要求	适合需求难确定的情况，不适合大型或复杂的系统，系统结构性差
面向对象法	全部开发过程	人类自然思维方式	将系统待解决问题的事物看作对象，描述对象和对象之间的关系，通过构建对象模型和逐步细化，实现具体的系统	适用面广，开发周期短，可重用性和可维护性好。理解和应用有一定的难度
CASE 方法	全部开发过程，也包括系统维护	信息工程技术	通过一套生成工具，根据问题的特点和需求自动生成描述和说明文档，进而生成应用程序	实质上是一种工具，主要用于支持其他开发方法

在实践中，一般都是多种方法结合起来使用的，几乎没有一个信息系统是只用一种方法实现的。在学习各种方法时要特别关注它们的特点和局限，以便于人们能针对具体信息系统的具体阶段，采用最合适方法。

7.3.1　结构化系统开发方法

结构化系统开发方法（Structured System Development Methodology，SSDM）是最成熟的早期提出的开发方法，目前仍是系统开发中的主流方法，在复杂大型信息系统开发中应用较普遍。该方法严格按照系统工程的思想，基于系统的生命周期的阶段划分，沿着阶段的先后顺序，一步一步地按部就班地开发系统，上一步不完成不轻易进入下一步，直至最后实现系统。与其他开发方法相比，SSDM 包括了系统规划和系统维护阶段，因此也是一种系统全生命周期的方法。

SSDM 的基本思路和特点主要反映在以下四个方面。

（1）严格划分工作阶段

SSDM 严格按照系统的生命周期划分工作阶段，对每个阶段提出明确的要求和审核标准，可谓层层严格把关。一个阶段要做什么，做到什么，提交什么成果，怎样是合格的成果都在阶段工作开始之前予以明确。分析与设计阶段的成果主要通过各类文档来表示，实施阶段的成果除了能够运行的系统之外，也要有相应的技术文档。在一个阶段完成规定的工作并达到要求后方能进入下一个工作阶段。

（2）严格分工和规范协作

在工作阶段划分的基础上，再对工作进行严格的分工，各个开发人员规定明确的任务。开发人员之间的协作有明确的约定，先后阶段的不同开发人员之间，同一阶段的多个开发人员之间的衔接和协作，主要以文档作为交流和承转依据。因此，分工和协作的义务和责任也是相当结构化的。SSDM 也强调与用户的紧密合作，严格的阶段工作成果的审核期望建立在符合用户需求的基础上。

（3）自上而下设计和自下而上实现

系统分析阶段的逻辑方案设计和系统设计阶段的物理方案设计，采用自上而下的策略。先从全局考虑，从企业的高层开始调研和分析管理的目标、内容与过程，然后向下逐层展开，最后到作业层的业务操作细节。这样设计的系统方案整体性强且体系严密。在系统实施阶段则反过来，自下而上地进行，即先制作最低层的功能模块，然后再向上整合这些模块，制作总体性的模块，最后通过集成实现整个系统。

（4）工具和文档规范化

SSDM 全程中采用规范的分析和设计建模工具和制作工具，例如数据流程图、结构图等。这些工具主要以图表和格式化的文字表述。各个工作阶段产生的文档的种类、结构和内容也是标准化和规范化的。工具和文档的规范化与严格的规范的阶段划分和工作划分相一致，是严格审核的前提。

结构化系统开发方法的特点名副其实，以工程方式运作和管理开发项目，具有思路清晰、容易掌握、便于操作、项目比较容易控制等优点。但由于管理类信息系统的需求难以具体明确，该方法也有开发周期长，完成时用户需求往往发生变化，灵活性差，变化修改的工作量非常大的问题。因此，SSDM 一般适合于需求比较明确的大型的信息系统的开发，如果一个企业已有比较多的信息系统应用经验，基础管理也比较好，可以采用 SSDM。对结构性较差，需求不明确或不甚稳定的信息系统开发，例如，面向管理决策的信息系统，基础管理不善的企业新信息系统的开发等，SSDM 是不合适的。

7.3.2 原型法

如上所述，结构化系统开发方法要求需求相当的明确，否则就无法逐步地向前推进。针对结构化系统开发方法的不足，产生了一种思路有很大不同的系统开发方法——原型法（Prototyping）。原型法的基本思路是用有计划地迭代解决含糊不清的问题。

当企业原有的业务处理和管理的描述不清楚，新的信息系统的需求也不足够明确时，原型法首先就已经明确的或能够明确的局部需求，应用快速开发工具构建一个信息系统的原型。该原型是简易的但是可以运行的，其中的部分功能可以是模拟的。然后用该模型向用户做演示，引导和征求用户的意见。用户提出应该删除和改进的地方，需要扩展的新要求。开发者接着修改原型，对原型做增、删、改，修正原型并加入新功能和新内容。如此循环，直至形成一个完整的信息系统。原型法的基本工作原理见图 7.6。

系统原型是开发者与用户之间的一个桥梁，对着原型，能启发用户明确需求。原型法将系统分析、系统设计、系统实施等工作同步地以螺旋方式推进，用户需求和开发出的系统逐步地走向一致。

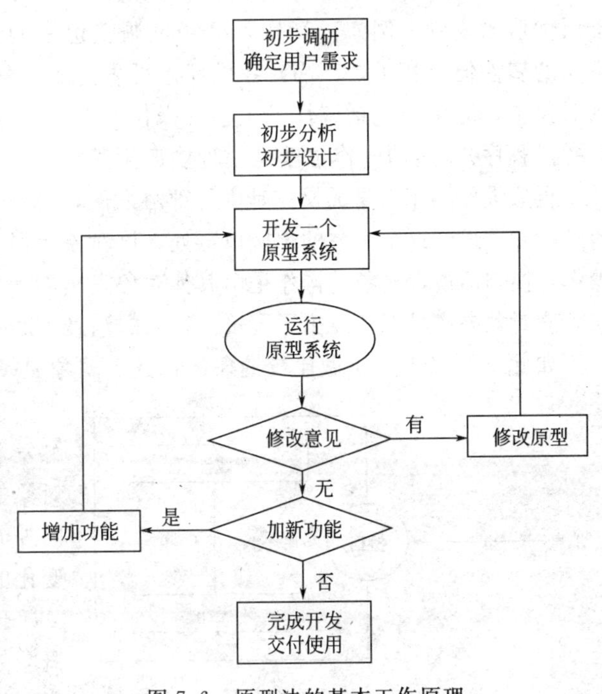

图 7.6 原型法的基本工作原理

原型法与人们循序渐进、启发完善的事物认识规律相一致。更为重要的特点是，原型法强调用户的参与，通过原型将开发者和用户联系起来，并进行有效的交流与合作。另外，原型的构建与修改和扩充需要快速开发工具。目前的第四代程序语言、CASE 工具等可以胜任这一角色。

原型法适用于事先难以确定需求或需求不稳定的情况，在系统的界面和操作的用户友好性方面，原型法具有优越性。由于反复的修改和补充，最后的系统很可能打满了补丁，造成结构性不佳，原型法不适合大型的信息系统的开发，只适用于小型的较简单的信息系统的开发。从信息系统的开发和应用要与企业变革相结合的观点来看，原型法是很难做到这一关键点的，因为，在多轮次的用户意见征求下对原型进行反复的修改和扩充，信息系统一般做不到从整体上促发和推动企业的变革。

7.3.3 面向对象方法

20 世纪 80 年代出现了建立在对象概念基础上的面向对象程序设计方法和技术，该技术在系统开发中得到应用，形成了面向对象的分析与设计方法。面向对象方法（Object-Oriented Method，OO 方法）在操作系统和工具软件等的开发中有较多的应用。

面向对象方法的学习有一定的难度，主要的难点是它的基本概念。因此在讲述面向对象方法之前先要对这些基本概念做必要的介绍。

（1）对象及其封装性

OO 方法的所谓“对象”被界定为一系列待解决问题的相关的客观事物，如产品、客户订单和供应商等都是业务处理问题和管理问题的对象。对象具有多个特征属性，这些属性用一组数据表示。例如，产品对象有名称、类别、代号、型号、款式、档次、价格等用数据表示的“属性”。一个具体的产品称为产品对象的一个“实例”。

一般情况下，对象处于某种状态，其属性保持不变。对象的状态能经过某种处理被改变，人们将改变对象状态的处理称为“操作”。一个对象可以有多种操作，状态的改变反映于属性值的改变。例如，产品对象经过调整价格的操作，价格由原来的 100 元变为 90 元，产品的属性值改变了，产品对象的状态即发生了变化。能改变对象属性和状态的操作被加入到对象中，对象既包括属性，也包括操作，而且可以有多种操作（一般情况下，一个操作就是一段程序）。所谓操作也就是一种能产生某种作用的功能。

再假设作用于对象的操作是由外部触发的，而且是由其他对象触发的。其他对象发出某种消息，并发送到这个对象的“接口”处，该对象接到这一消息后，找出相对应的操作，执行该操作。换句话说，对象的操作是由其他对象发出的消息触发的。例如，“定价决策”是一个对象，该对象向产品对象发出了调价－10%的消息，产品价格即被操作处理，发生了变化。

如此，可以为对象做比较抽象的描述：对象是一个封装了属性（数据）和操作的、带有一个接口的实体，对象的操作仅在外部消息触发下才被执行（图 7.7）。对象的封装性是对象的一个基本特征，被封装的对象可以不向外界暴露内部的工作情况，不受外界动荡变化的干扰。

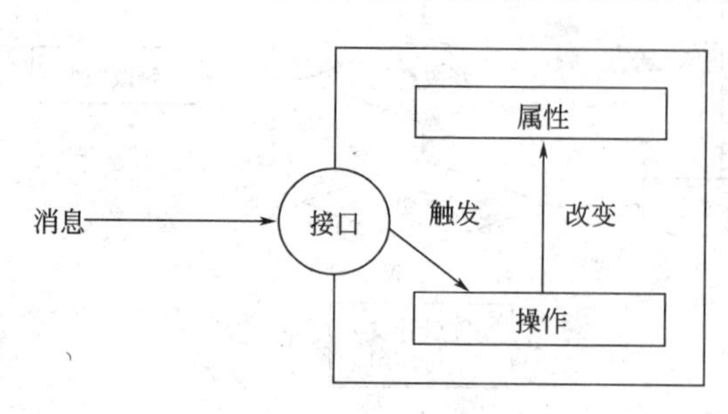

图 7.7　对象构成示图

现在很多软件开发工具是基于面向对象概念的，在这些工具的开发平台上，被设计和制作的窗口、数据窗、表单（Form）等都是一个个的对象，其中封装了对象的属性和操作。以一个价格目录的表单对象为例，可以更好的理解管理中的对象，以及如何被转化为信息系统中的对象（图 7.8）。

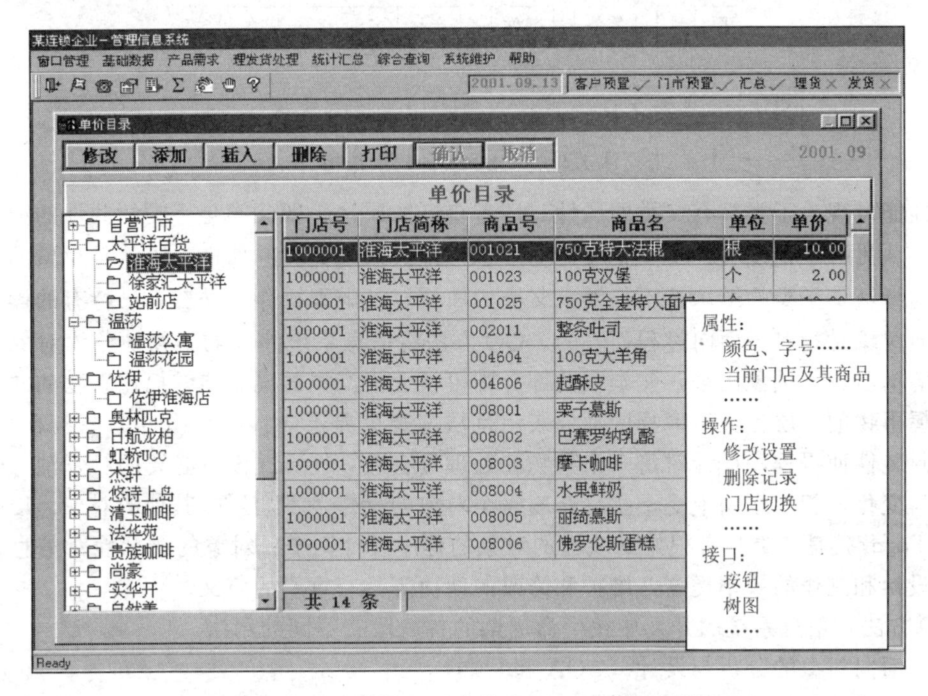

图 7.8 一个价格目录表单（Form）对象的例子

该 Form 对象有很多的属性，包括颜色、字号、各个组成部分的布局位置等外观属性，左边树图中当前选中的门店及其右边显示的该门店的商品单价目录是内容属性。它的操作有修改商品的单价，添加、插入、删除和打印商品单价目录的记录，切换到其他门店等，这些操作的执行部分（程序）存放在 Form 的背后（按钮和树图的背后）。该 Form 的接口有两类，一类是按钮和树图，需要手工点击才能触发操作，另一类是其他的系统模块或 Form 对象，例如，单价维护模块、新产品登记 Form 等。这些对象在当前的屏幕界面上不可见，但如果销售经理在他的计算机上运行了单价维护模块，单价目录 Form 的内容属性就会马上反映出单价的变化，如果产品研发人员在他的计算机上登记了一个新的产品记录，单价目录 Form 的当前商品记录数就会由 14 条变为 15 条。另外，在系统维护模块对象发出改变外观属性的消息时，单价目录 Form 上的颜色和字号等也会发生变化。从这个 Form 的例子可见，在信息系统中，触发消息的来源也包括人的操作。

（2）对象的类及其继承性

借用类别的概念，OO 方法将一组具有相同属性与操作的对象结合定义为“类”。例如，上述的产品对象实际上是一个对象的类，因为一个企业有多个产品，这些产品都有名称、类别、代号、型号、款式、档次、价格等相同的属性，都有相同的改变价格等属性值的操作。当人们面对一个具体的产品时，面对的是产品对象的一个实例，每一个产品对象的实例的属性值（或状态）都是不相同的。信息系统中的 Form 也有类，例如，由商品单价目录、原料单价目录等构成了一个目录对象的类，每一个具体的目录 Form 就是目录对象的一个实例。

再借用类的层次概念，即类下面还有更小的子类，类的上面有更大的父类，那么 OO 方法对象的类同样具有层次结构。对产品对象来说，有如图 7.9 所示的类的层次结构。观察图

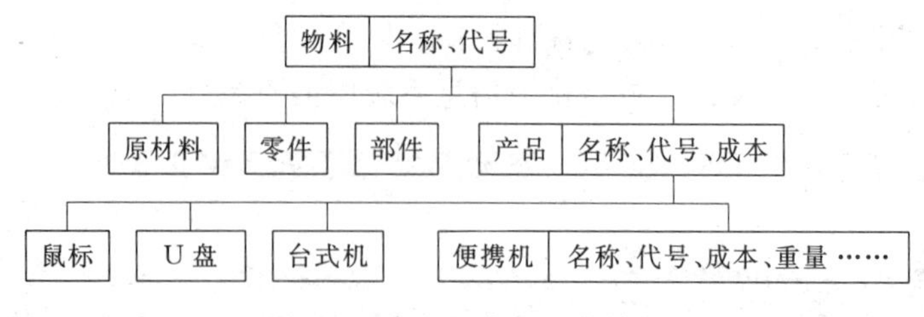

图 7.9 产品的类的层次结构

中的属性能发现，子类具有父类的属性，还有自己的属性，即父类是子类的共性的抽象，依次类推。从另一个角度看，子类是父类的继承，即继承了父类的属性，这就是对象的“继承性”基本特征。子类的继承性不仅继承父类的属性，还继承操作，并有自己特有的操作。

面向对象是相对于面向过程而言的。OO 方法将信息系统涉及的事物抽象为对象，可以将事物的本质特征抽象出来，非本质的部分则可被舍去。类的概念能够抓住事物的共性，更好的把握事物的本质特征。事物的抽象表示是从客观世界走向计算机世界的一条有效途径。对象的封装性使得程序设计对每一个事物的处理具有独立性，在没有必要的触发消息时不会发生任何变化，相互之间不受干扰。修改一个对象的操作，不会影响其他的对象。以上列举的表单 Form 就是一类具有很好封装性的对象的程序设计例子。对象的继承性对信息系统的模块化设计和制作的效率提高，维护和修改的便捷等具有重要的意义。

OO 方法在信息系统的开发中按生命周期的各阶段有不同的用法。

(1) 面向对象的分析与设计 (OOA 和 OOD)

在信息系统的分析阶段，首先以对象为单位，识别和描述系统待解决问题的事物的特征和处理，定义这些对象的属性和操作，以及对象之间的关系，建立对象模型。然后再设计对象和对象之间逻辑上的相互作用及约束关系，构建对象的功能模型，包括类的状态和操作之间的相互关系，对象接口与对象之间消息传递的内容、方向和时间顺序。最后产生系统的形式化模型——OOA 模型。

面向对象方法中的设计与分析不像其他开发方法那样有明显的方法上的区分。OOD 只是在 OOA 模型的基础上，再做进一步的深化描述，将形式化的 OOA 模型细化成可以具体制作实现的 OOD 模型。这也是 OO 方法的一大优越性。

(2) 面向对象的编程、调试与系统维护 (OOP、OOT 和 OOSM)

面向对象的编程 (OOP) 应用面向对象的编程语言或软件开发工具，将 OOD 模型具体实现。目前的大部分软件开发工具是面向对象的，例如，Visual Basic、PowerBuilder、JBuilder 等。在这些工具的平台上能很方便的编制出可视的和不可视的对象的类，对象的实例。面向对象的调试 (OOT) 检验对象的类，以及子类扩展出来的操作和属性。封装性也使得对象的调试具有独立性，错误及其修改不会扩散和蔓延。面向对象的系统维护 (OOSM) 与 OOT 有相似性，同样也变得非常的有效和可靠，对某个父类对象的操作做修改，那么对该父类的所有子类都有效而不必逐个修改。

面向对象方法是对现实世界的直接模拟，使得系统易于构造和理解，对象的封装性大大提高了系统的可维护性和可扩充性，系统的模块化有利于对象的重用，使大规模的构件重用成为可能，同时还可以减少系统的开发时间，降低系统的开发成本。

7.3.4 CASE 方法

CASE (Computer Aided Software Engineering) 是一种自动化的软件和系统开发方法，其目的是减少开发人员的重复性工作，显著地提高软件和系统开发的速度、质量和效率。严格意义上说，CASE是如同工程上的那种严格和精密的工具，主要用来支持结构化方法、原型法和面向对象方法等其他开发方法。

CASE不仅能生成应用程序代码，还能自动生成相应的图形、界面、报表和报告等，也能自动生成结构化程度很高的软件文档和系统文档，包括数据结构、数据字典、数据流程图、程序结构图和功能结构图等技术文档。

CASE实质上是一套将问题和需求转换为应用程序的软件，是自动生成软件的软件。总体上，CASE分前端和后端两部分，前端部分的工具用于系统开发的分析和设计阶段，根据系统待解决问题的现状和需求，产生结构化的描述性文档，以及由数据流程图、数据字典、系统模型和功能结构图等组成的说明文档。后端部分的工具根据前端产生的描述文档和说明文档，自动生成应用程序代码，建立相应的数据库。前端和后端之间设立一个存放所有描述和说明文档的CASE资料库，该资料库由开发人员和用户共享，也能为其他信息系统开发项目共享。由此也可知CASE主要由一个资料库和一整套工具构成。

系统的测试和维护也使用CASE资料库中的资源，应用CASE的工具。当问题发生变化，需求发生更改时，CASE的自动生成功能能够很快地再生成新的文档，进而生成新的应用程序和调整数据库的数据结构。因此，CASE的特点非常有利于开发过程的管理和后续的系统维护，也特别适合面向对象方法的原型开发和原型新版本的自动快速生成。

CASE能显著加快软件开发速度，提高软件质量和软件的可重用性。由于管理问题的复杂性，CASE还不可能全部地理解需求，也难以将需求很完整地准确地生成应用软件和系统说明文档，一些复杂的含糊的需求还是要依靠系统分析员人工来解决。但不管怎样，CASE的思路和已有的一些产品，例如，Oracle’s Designer 2000，已经得到了较多的应用，向信息系统的工程化开发迈出了很大的步伐。

7.4 信息系统规划

规划的重要性不言而喻，很多长期的战略性的任务由于没有一个相应的规划而走弯路，造成损失乃至失败的例子不少见。另一方面，如果一个规划不符合实际情况而不可行，那么不仅起不到规划应有的作用，反而会因误导而给企业带来不应有的损失。一个企业需要分期建设多个信息系统，每个系统的建设周期平均都在一年以上，这些信息系统之间相互关联，开发和应用相当复杂。因此，企业信息系统的建设应该有一个整体的规划，在总体上给予方向性的原则性的指导。

目前我国很多的信息系统建设没有规划或仅有一个粗略的规划，究其原因，除了不重视之外，也包括对信息系统规划的内容和方法不甚了解。本小节在前面信息系统开发过程和开发方式方法知识的基础上，讲述信息系统规划的性质、内容和方法。

7.4.1 信息系统规划的内容与方法概述

信息系统规划是一个组织有关信息系统建设与应用的战略目标、策略和部署的全局性谋划，它的地位可以从两个方面来考察：一是与企业战略规划的关系，二是与企业信息化规划的关系。

（1）支持企业战略目标实现

对企业而言，信息系统是企业的一个组成部分，是企业系统的一个重要子系统。企业信息系统的根本目的是支持企业战略的实现，因此信息系统的规划应该与企业的战略规划相一致。企业战略规划中应该包含信息系统建设的主题，指出总体的方向，信息系统规划是该主题的进一步展开。

（2）是企业信息化规划的重要组成

在第6章讲述企业信息化建设与管理时，说到企业信息化的规划问题，那么信息系统规划与其有什么关系呢？企业信息化主要包括七项内容，信息系统的建设涉及其中四项：管理、研发和生产信息化，以及信息资源的开发与利用。管理类信息系统的建设就是管理信息化与信息资源开发利用。因此可以将企业信息系统的规划看作是企业信息化规划的一个重要组成，在规划制定中，信息系统规划既可以全部直接列入信息化规划，也可以再专门单列。

信息系统的建设需要投入大量的资金、人力和物力，国外不少企业，尤其是现代服务业，信息系统的投入比例已超过所有建设项目投入的50%。如此巨大的投入要取得成效，信息系统规划负有重要的责任。出于资金等资源的限制和风险管理的考虑，企业信息系统的建设一般以项目形式分批进行，这就是所谓的长期任务的总体规划和分步实施（图7.10）。

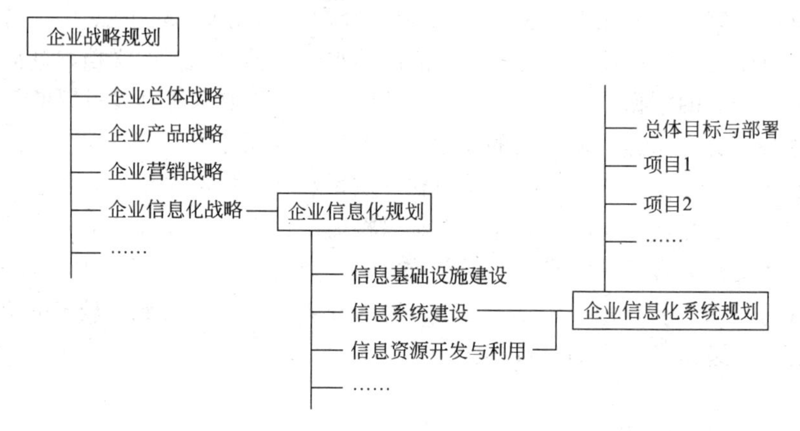

图7.10　企业信息系统规划的地位与主要构成

信息系统规划从现实、需要和可能出发，分析开发信息系统的必要性，明确目标和策略，从战略上、总体上、方向上、原则上制定中长期的信息系统开发蓝图和开发安排，规划周期一般在五年左右。信息系统规划的内容主要有以下五个方面。

① 描述企业及其环境现状，分析企业面临的问题和机遇、条件与约束。

② 结合企业和信息化规划相关主题，提出信息系统的总体目标和策略。

③ 设计信息系统总体结构、企业组织和管理变革的总体方案。

④ 确定信息系统项目、制订信息系统建设项目的计划。

⑤ 分析效益、配置资源等。

企业为适应环境而搞信息化，每个企业及其环境的现状各不相同，面临的问题、条件和约束也不同，因此，企业各有各的信息系统建设目标和策略，各有各的信息系统规划内容和重点。五年左右的周期里，企业要建设多个信息系统，在建设的先后顺序和时间上要做出计划安排，这些系统相互关联，要从集成的角度设计总体框架。信息系统支持企业战略目标的实现，建设信息系统的同时也设计并推进了企业为适应环境而进行的组织与管理的变革，因而信息系统的规划也要提出企业变革的总体方案。信息系统的建设最终要取得实效，有限的资金、人力和物力的资源应该做合理的配置，这些也要在信息系统规划中做出估计和安排。

信息系统规划的成果形式是规划报告书。信息系统规划报告书的确认应该还有两个环节，一是聘请外部专家做评审认证，听取他们的意见；二是企业高层做出决策，获得批准。

信息系统的规划是信息系统生命周期的起始阶段，同样有不少相应的方法可供选用。刘仲英主编的《管理信息系统》按面向的主题将信息系统规划方法划分为面向低层数据的规划方法、面向决策信息的规划方法、面向内部流程管理的规划方法和面向供应链管理的规划方法四类。各种信息系统规划方法在规划的内容上也各有侧重或分工，因此也可以按方法的应用范围来划分。一些主要的信息系统规划方法的面向主题与侧重范围见表 7.3。

表 7.3 一些主要的信息系统规划方法的面向主题与侧重范围

方 法	面向主题	侧重范围
战略集转换法(SST)	决策信息	系统目标
企业系统规划法(BSP)	低层数据	系统目标、系统总体结构、项目计划
关键成功因素法(CSF)	决策信息	系统总体结构、数据结构
业务流程再造(BPR)	内部流程管理	变革方案、系统总体结构
战略网格法(SGM)	供应链管理	系统目标、变革方案
目标/手段法(E/M)	决策信息	数据结构
甘特图(Gantt Chart)	资源配置	项目计划
网络计划法(Network Chart)	资源配置	项目计划

在以下的小节中，将介绍信息系统规划的主要内容，同时结合这些内容讲解表 7.3 中的一些主要方法及其应用。

7.4.2 信息系统的目标和策略

信息系统目标的选择，首先要与企业战略目标相一致，然后再针对企业面临的挑战和机遇，考虑信息系统能够解决的问题与解决的程度。该工作建立在对企业及其环境全面分析的基础上。

既然信息系统的目标要与企业战略目标相一致，那么信息系统的目标主要是从解决企业问题，或推进企业变革的角度来设立的。举例来说，如果企业以产品战略为主战略，即通过产品来取胜，那么要求信息系统能够支持产品的研究与开发，降低产品的成本，提高产品的质量。如果企业一个时期的战略是扩大市场份额，那么需要支持市场营销活动，改善客户关系的信息系统。又如果企业要全面改进业务处理和管理的绩效，提高响应速度，那么企业应该建设企业级的面向业务流程的信息系统。

一般而言，信息系统的种类、规模和档次与信息系统对企业的贡献成正比，另一方面，信息系统建设的力度越大，需要的投入越大，带来的风险也越大。图 7.11 描述了信息系统的四种目标定位，及其成效与投入和风险的比较。

(1) 事务处理的自动化

将目标定位在事务处理的自动化层面上的信息系统，建设的投入和风险都比较低，但获得的成效也比较小，只是在事务处理的效率上得到提高，信息系统的实质性作用没有得到发挥。诸如账务处理、仓库进出仓管理和工资计算等系统属于该层面的信息系统。尽管事务处理自动化看上去档次比较低，但实际上，我国很多企业，尤其是小企业的信息系统就是处于这样的层面。对于资源不足、人员不多或新创建的众多小型企业将信息系统的目标定位于事务处理的自动化层面是比较合理的。

(2) 内部集成与合理化

这一层面的信息系统目标没有触及企业的变革，但在企业范围对业务处理和管理的流程进行规范性的梳理，数据集中组织而实现共享，信息系统得到集成而效率显著提高。对一些中小型企业，或者业务流程本来就比较合理的企业，该层面的信息系统目标定位是可取的，

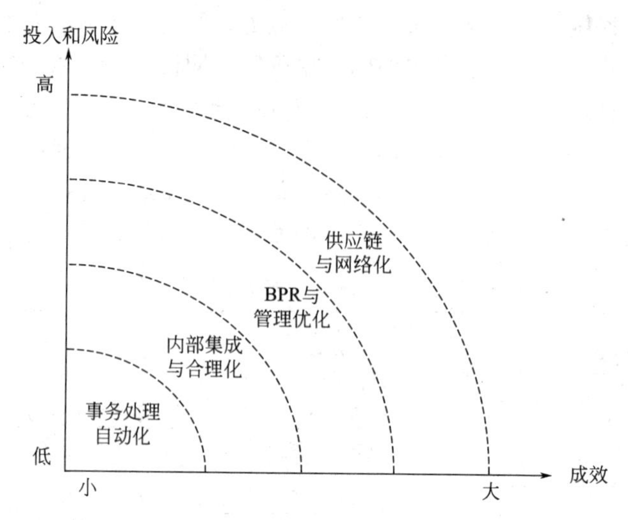

图 7.11　信息系统四种目标定位及其比较

取得成功的可能也比较大。

(3) BPR 与管理优化

定位于 BPR 与管理优化的信息系统目标已经进入比较高级的层面，其主要想法是通过信息系统来支持低效和落后的业务流程的变革，通过管理流程的优化来提高企业的管理绩效，增强竞争能力。该层面的目标追求大的成效，相应地投入和风险也比较大。对于基础管理比较完善、信息系统的应用有一定的经验积累、资金也有所保障的企业，如果业务流程存在不必要的环节和不合理的结构，那么应该选择该层面的信息系统目标定位。

(4) 供应链与网络化

供应链与网络化的信息系统目标定位是高层面的，期望构建包括上游的供应商和下游的销售商、客户等合作伙伴在内的跨组织网络化信息系统，提高供应链运作与管理的绩效，增强跨组织协作能力和竞争能力。该层面目标下信息系统的建设，覆盖面广、投入和风险大，但如果取得成功，那么产生的利益也是相当可观的。一些具有较强实力的大型企业，处于供应链核心地位的企业可以定位于该层面的目标。

信息系统目标的制定是一项非结构化的工作，主要方法有战略集转换法和企业系统规划法等。战略集转换法已在第 6 章做了介绍，在此不再重复。

企业系统规划（BSP）法是 IBM 公司在 20 世纪 70 年代提出并首先为己所用的信息系统规划方法。该方法是一种结构化的比较深入细致的方法，有较严密的规则与步骤，特别适用于大型信息系统的规划。BSP 法的规划内容大体上包括信息系统的目标设计、总体结构设计和系统各组成开发顺序的安排三个方面，其中最为主要的是信息系统总体结构的设计。

BSP 法设计信息系统目标的基本思路是先自上而下地识别企业的目标、业务流程、数据，再自下而上地设计数据结构、功能结构、系统目标。概括地说，BSP 法以业务和数据为纽带，将企业目标转化为信息系统的目标，整个转化过程与信息系统总体结构的设计是紧密结合在一起的。

信息系统的策略主要指采用怎样的方式或途径来建设和实现信息系统。本章前面的信息系统开发方式部分对此已做讨论。规划中要建设多个不同应用面和不同特点的信息系统，开发方式不尽相同，因此信息系统开发方式的选择要做仔细的分析比较和匹配。

以下是某企业信息系统规划的目标定位部分的示例。该规划的目标定位于 BPR 与管理优化层面。

某公司信息系统规划

一、公司信息系统建设总目标

用五年时间，开展全面的公司信息系统建设工作，在公司各管理层、研发和生产部门、主要的分支机构普遍采用先进的信息技术，充分开发与利用企业内部和外部信息资源，以此推动企业各方面的变革，支持企业发展战略的实现，显著地提升竞争力，提高经营绩效。

……

二、公司信息系统建设分目标

1. 推动企业变革

公司将充分利用信息系统所具有的高效、灵活和规范等特点来促进企业为适应环境所作的各项变革。通过 ERP 系统的实施，理顺企业业务流程，较彻底地消除业务流程的各自为政、传递延迟等现象；借助决策支持系统改善企业的投资方案、员工考核、客户评价等管理决策的机制；逐步采用电子商务系统改变企业营销模式，部分产品尝试在网上营销。

……

7.4.3 信息系统的总体结构

信息系统的总体结构包括应用系统总体结构、数据总体结构和计算机网络系统结构三个部分，其中应用系统总体结构下又分有各个待开发系统的功能结构。从系统及其构成层次的相对性性质，各个系统可以看作上层总系统的一个子系统或分系统，系统总体结构的设计和各个分系统的结构设计具有相同的原理（图 7.12）。

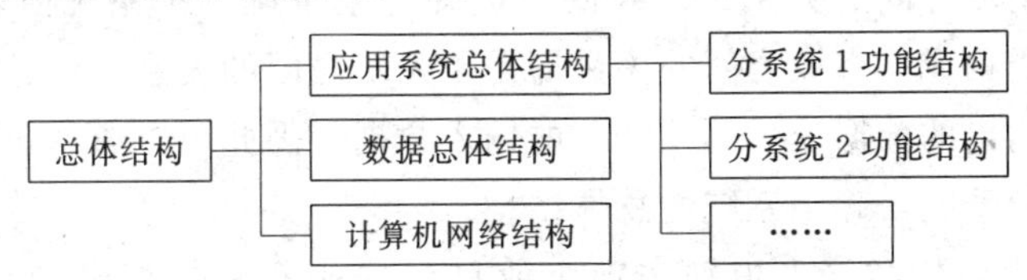

图 7.12 信息系统的总体结构

信息系统总体结构设计的方法主要有 BSP 法和 CSF 法。BSP 法及其应用示例在下一小节另述，本小节介绍 CSF 法。

1980 年 Rockart 将 William Zani 的信息系统关键成功因素的概念提升为信息系统规划方法，起名为 CSF 法。该方法的基本思路是通过对高层领导的访谈来识别企业的目标及其关键成功因素，然后再识别能测量和评价这些因素的数据或信息，进而获得信息系统的信息需求和数据结构（图 7.13）。

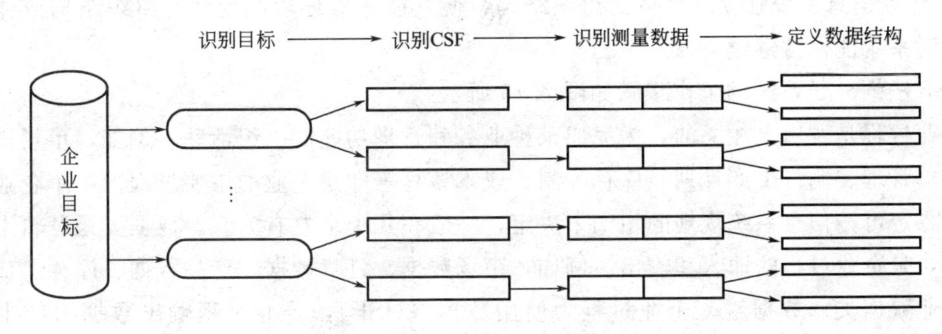

图 7.13 CSF 法工作过程

CSF法也可以用表格和鱼刺图（也称树枝因果图）来识别关键成功因素和数据。表7.4和图7.14分别给出了两个CSF法应用的简例。CSF法的另一个较全面的应用例子见第8章。

表7.4　CSF法举例：表格分析

目标	CSF	信息	目标	CSF	信息
成功的订单处理	适当库存满足订单	及时满足订单的比例	成功的订单处理	客户付款率高	未按时付款客户的报告
	按时送货	按客户的送货时间		销售商及时填单	销售商补充订单的报告

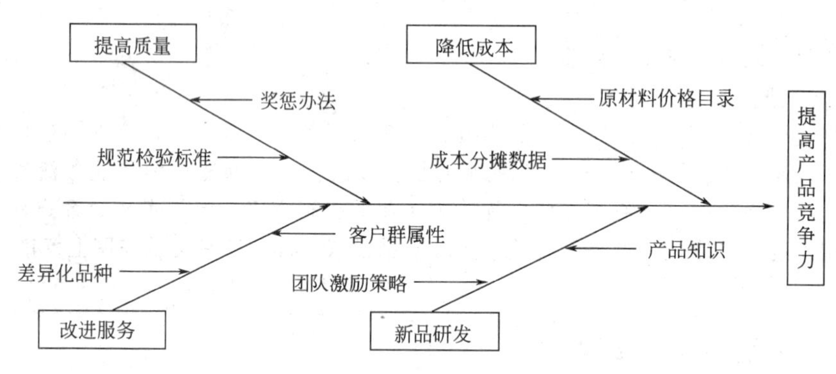

图7.14　CSF举例：鱼刺图分析（测量数据）

7.4.4　BSP法的子系统划分

子系统的划分是信息系统总体结构设计的重要内容。系统总体结构的定义，主要是确定应用系统的组成及组成之间的关系。系统的组成即是子系统，子系统由若干业务（BSP亦称作过程）和数据类构成，组成之间的关系即是子系统之间的关系。业务与业务之间通过数据联系，某个业务输出的数据作为其他业务的输入数据。因此可以通过业务与数据的紧密或疏远的关系来划分子系统，确定系统的总体结构。

BSP法的子系统划分，首先识别实现企业目标的业务和数据类别，然后在一个称为UC矩阵的两维表上分别排列业务和数据类，再经过一系列的表操作，对业务进行聚类，最后获得应用系统的子系统划分，以及子系统之间的相互关系。BSP法的结果及其特点如下。

① 确定未来信息系统的总体结构，明确系统的子系统组成和开发先后顺序。

② 对数据进行统一规划、管理和控制，明确各子系统之间的数据交换关系，保证数据的一致性。

③ 保证信息系统独立于企业的组织结构，使其能适应环境的变化，组织结构或体制发生变化时系统能保持继续有效。

BSP法划分子系统的工作步骤如图7.15所示。

企业过程是逻辑上相关的，为完成某种业务和管理功能的一组活动。例如，市场需求预测、订单管理、制订生产计划、库存控制、成本核算等即是企业的主要过程。一个企业过程大小的界定可按信息系统规划的粗细来决定，一般在几十个左右为宜。数据类是逻辑上相关的数据，是企业过程的输入和输出。例如，市场数据、订货数据、产品数据、库存、成本等即是企业数据类。数据输入企业过程为使用数据（USE），企业过程输出数据为产生数据（CREATE）。

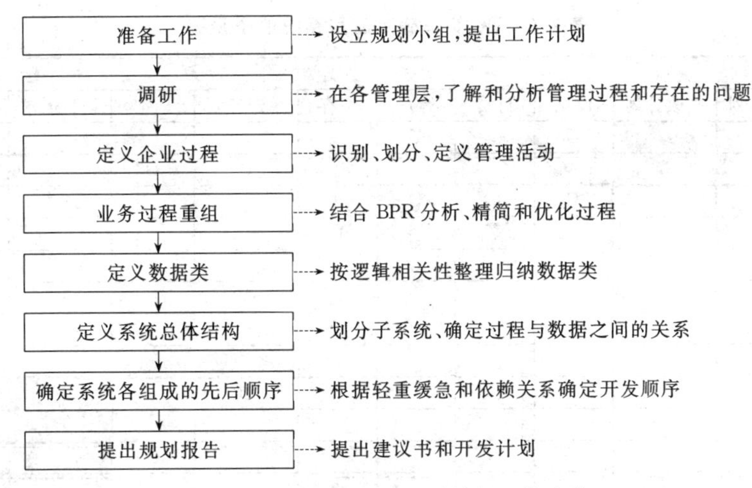

图 7.15　BSP 法划分子系统的工作步骤

UC 矩阵得名于 USE 和 CREATE 的缩写，该矩阵的首行排列数据类，最左列列出过程。现在用一个例子来解释 UC 矩阵划分子系统的操作步骤。

假定经过调研，获得了如表 7.5 所示的过程和数据类，往下的操作如下。

表 7.5　UC 矩阵举例

过程	数据类										
	客户	订货	成本	库存	经营计划	技改计划	市场	员工	生产计划	供应商	物料需求
经营计划	U				C		U				
技改计划			U		U	C			U		
市场预测	U	U			U		C				
订单管理	U	C		U							
客户管理	C						U				
库存控制			U	C					U		U
生产计划		U	U	U	U	U	U		C		
成本控制			C	U						U	
物料管理			U	U					U		C
采购管理										C	U
考核管理								C			
人才计划					U			U			

① 标识过程对于数据类的建立（C）与使用（U）关系。过程和数据类的交叉点有三种写法：a. 如果过程和数据类无直接关系则为空；b. 如果过程输出该数据类则写上“C”，表示数据类由该过程建立（Create）；c. 如果数据类输入该过程则写上“U”，表示数据类由该过程使用（USE）。实际中一个数据类可以被多个过程使用，一个过程可以建立多个数据类。

② 列交换和行交换，使“C”尽量位于左上至右下的对角线上。先将过程行按已知的类属关系分类集中，同类过程组中的过程按先后次序排列；调换数据列，使“C”尽可能在对角线上。

③ 子系统确定。将“U”和“C”较集中的区域框起来（空格数尽量地少），构成若干子系统；框外的“U”按建立至使用的方向画有信息流线（表 7.6）。

④ 系统总体结构确定。子系统框和信息流线脱离 U/C 矩阵图，构成系统结构草图，经过整理并重画，最后确定应用系统的总体结构（图 7.16 和图 7.17）。

BSP 法的子系统划分与企业业务流程重组是同步进行的，应用系统总体结构所对应的

表 7.6 UC 矩阵确定应用系统的子系统

过程	数据类										
	经营计划	技改计划	市场	订货	客户	库存	生产计划	成本	物料需求	供应商	员工
经营计划	C		U		U						U
技改计划	U	C					U	U			
市场预测	U		C	U	U						
订单管理				C	U	U					
客户管理			U		C						
库存控制						C	U	U	U		
生产计划	U	U	U	U		U	C	U			
成本控制						U		C		U	
物料管理						U	U		C		
采购管理									U	C	
考核管理				U				U			C
人才计划	U										U

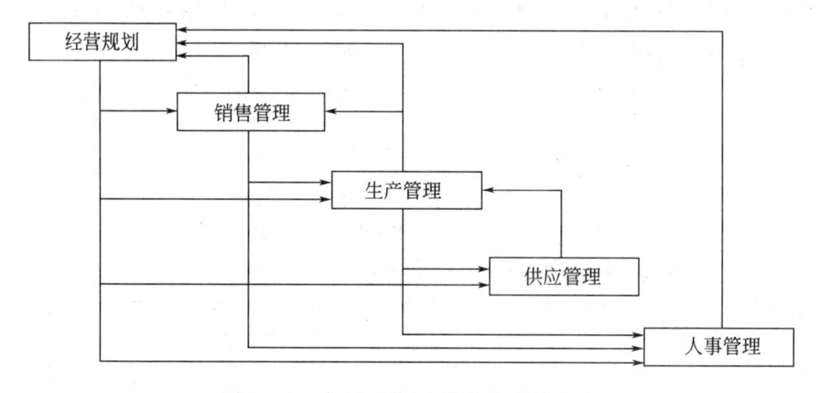

图 7.16 应用系统子系统关系的确定

是新的业务流程。但是 BSP 法的原理表明，在业务流程重组方面作用较浅，或者说基本上还是以原有业务流程为主来设计系统总体结构的。有关信息系统与 BPR 的关系已在企业信息化建设与管理的章节做过介绍，在信息系统分析的章节中还将再做进一步的讲述。

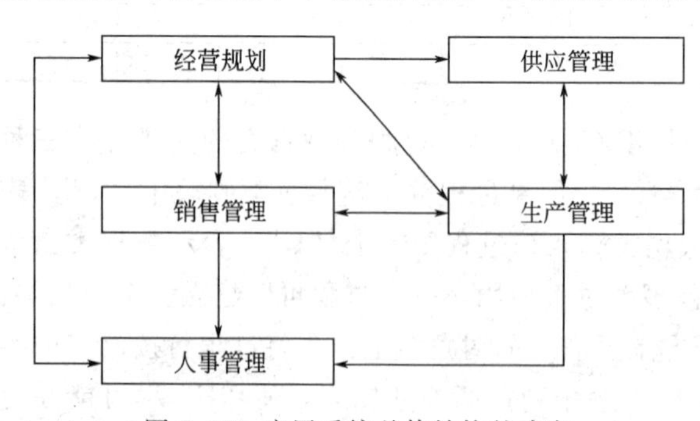

图 7.17 应用系统总体结构的确定

7.4.5 信息系统的项目计划

信息系统建设的一般原则是总体规划，分步实施，分步实施就要将规划内容划分出若干相对独立的部分，以多个项目的形式分期执行。信息系统的项目计划回答规划中各部分建设内容的计划安排问题，具体包括哪些内容先建设、哪些内容后建设、它们的关系如何、什么时间起始和完成，以及进程要求等。

企业信息系统的建设项目计划有两个层面，一是规划层面的多个项目的总体部署，二是各具体项目的计划安排。本小节讲述前者，具体项目的计划问题放在第 10 章的信息系统管理中讨论。

信息系统规划项目计划的工作内容与步骤如下。

① 确立具体的信息系统建设项目。

② 概要描述每一个信息系统建设项目。

③ 做出信息系统建设项目的时间安排。

信息系统规划项目的确定，原则上应该按具体的信息系统来划分，即每个规划开发的信息系统各立一个项目。对一些规模比较大，建设周期较长或条件不完全具备的信息系统的开发，可以分期进行，每期设立一个项目。对于两个或多个相互依赖程度很高的信息系统可以纳入一个开发项目。

信息系统规划中的项目计划一般比较粗略，项目的描述是概要性的。描述内容包括项目的名称、目的、要解决的主要问题、起始和完成时间、新旧系统的切换时间、系统开发方式和大致的资源投入等。项目的先后顺序主要按先基础后上层、先简单后复杂、尽可能使项目见效等原则来安排。特别的，带有支持组织和管理变革任务的信息系统开发项目还要说明变革的要点和支持点。

信息系统规划项目的时间安排一般采用甘特图（Gantt Chart，又称线条图）。甘特图是一种对各项活动进行计划安排和调度控制的图表，它具有简单、醒目和便于制作等特点。该方法一般横向表示时间，纵向列出活动内容。图 7.18 示出了一个信息系统开发项目计划的甘特图简例。

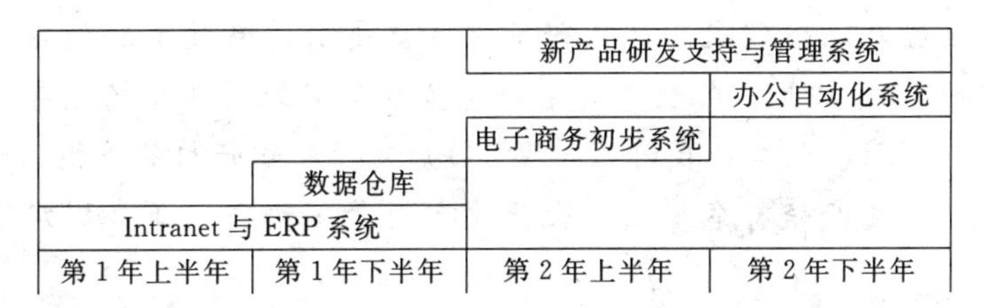

图 7.18 信息系统开发项目计划甘特图简例

本章小结

本章是本教材的重点，讲述信息系统的生命周期，信息系统开发的方式方法和规划，主要内容见图 7.19。

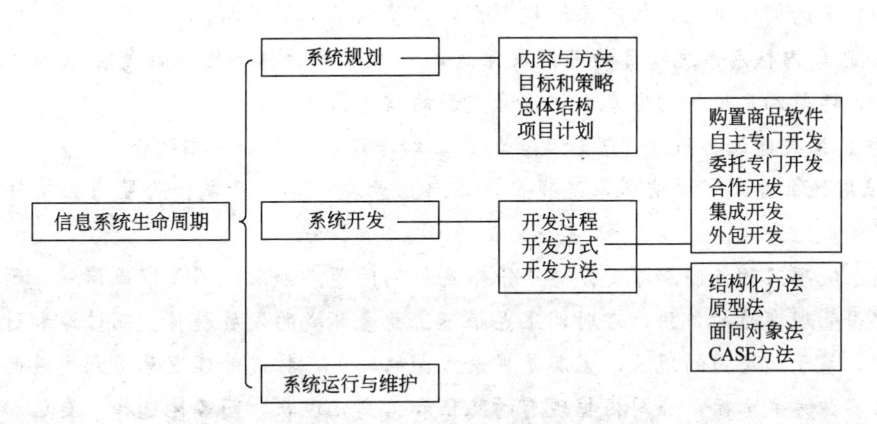

图 7.19 信息系统开发与规划

信息系统的生命周期可划分为系统规划、系统开发和系统运行与维护三大阶段，系统开发又有系统分析、系统设计、系统实施三个子阶段。信息系统是一类复杂系统，信息系统的开发也是一类艰巨和复杂的工程，信息系统的开发过程具有相当的复杂性。

信息系统的开发方式主要有购置商品软件、专门开发和两者的集成开发，专门开发中又有自主开发、委托开发和结合两者的合作开发，近年来还逐渐流行外包开发方式。不同的开发方式各有优缺点。信息系统的方法众多而形成一个体系，其中开发方法主要有结构化系统开发方法、原型法、面向对象法和CASE方法。

信息系统规划是一个组织有关信息系统建设与应用的战略目标、策略和部署的全局性谋划，企业信息系统的规划，在总体上给予方向性的原则性的指导。信息系统的规划的主要内容是确定系统目标和策略、总体结构和项目计划。目前已有很多规划方法可选用，其中主要的系统规划方法有企业系统规划法（BSP）、战略集转换法（SST）、关键成功因素法（CSF）和业务流程再造（BPR）等。

案例分析：一个国有企业信息系统规划与实施

某大型国有制药公司，在一个城市的不同区域设有五个分厂和两个负责营销的分支机构，全国各地还设有近20个销售办事处。该公司基础管理良好，过去的10余年来产值快速增长，经济效益也比较理想。产品研发上主要走引进新技术和模仿技术的路线，年研发投入占产值的15%以上，在专门用途的药品方面有绝对的市场主导地位。近年来随着市场竞争的日益加剧，尤其是我国加入WTO后对于知识产权的重视，经营中呈现出竞争不利的预兆，领导层开始有危机感，由此决定对管理进行变革，制定未来五年的信息系统规划。

因为是国有企业，受到企业体制的限制，管理的变革难度很大。公司打算借助信息技术来推动变革。当时公司在工资管理、人事档案管理和生产计划统计等管理业务方面建有较简易的信息系统，这些系统的平台不统一。基础设施方面，建有一个局域网，主要用于文档的传输和共享，数据库中存放已有信息系统的数据，但没有实现跨部门的数据共享。在信息系统人员方面，仅有工作时间很短的两位相关专业的员工。总体上看，完全依靠自己的力量难以实现推动企业变革的信息化。

根据公司的实际情况，信息系统规划需要回答以下三个问题。

① 规划期内信息系统项目的范围及深度，以及项目的目标定位，是在原来的基础上集成并扩充，还是淘汰现行的信息系统，开发新的信息系统。

② 信息系统建设的同时，管理变革的内容和深度，以及如何相结合。

③ 采用什么方式实施信息系统项目，是自己开发、委托开发、购置商品软件，还是采用合作或集成的方式。

信息系统项目的范围和深度是一个很难定位的问题。如果范围偏窄或偏浅，则不仅起不到推动公司管理变革的作用，在时间上也跟不上竞争环境的发展趋势。而过深和过大范围的信息系统，基于该公司的现状，尤其是观念方面的不足，推进管理变革遭到失败的风险相当大。项目实施方式方面，公司根据现有的队伍和信息化现状，明确地选择了自己和某信息系统研发机构合作的方式。

双方经过近半年的努力，提出了信息系统规划报告。规划确定分两期实现信息系统规划的目标。第一期两年时间里建成企业内部网（Intranet），建立公司范围内共享的数据库和功能较齐全的ERP系统，电子商务方面先建设以信息发布和客户服务为主的网站，另外还将开发新产品研发支持与管理系统和办公自动化系统。ERP系统的定位很高，要达到国内一流，行业领先。项目计划见图7.18。第二期用三年时间建成较完整的电子商务系统、客户关系系统和若干决策支持系统，具体部署留待第一期后期再定。

随后双方正式签约，约定以项目形式合作建设基础设施和开发ERP系统，公司网站委托网络服务商实现与管理，新产品研发支持与管理系统和办公自动化系统的开发方式待定。紧接着双方共同成立项目领导小组和信息系统研发团队，并决定采用规范的结构化方法开发ERP系统。项目小组计划先进行系统分析，然后再设计和制作系统。

由于该公司大部分管理部门对信息化的了解不够，各部门的主要管理人员和业务人员的工作又非常繁忙，ERP系统的分析工作经历了半年还未完成。后来又经过三个月的双方努力，完成了1000余页的系统分析报告。但这时公司和外部环境发生了很多新的变化。

预定一年时间完成的企业内部网和ERP系统已无法按时实现。合作双方决定将信息系统开发方式改为专门开发和购置商品软件的集成开发方式。这样又增加了第三方，由三方讨论两部分应用软件的划分、接口和实施安排等问题。因各方在这些问题上存在较大分歧，讨论延续了四个月之久，最后达成了生产管理、技术管理和质量管理等具有制药行业特殊性的模块做专门开发，其余购置商品软件，由原来的软件开发商负责总集成的意见。

专门开发的应用模块要经过设计和制作，开发周期较长，而商品软件则相对较快地实施起来，两部分在进度上差距逐渐拉开，因此软件开发商开始在系统设计的同时采用原型法加快开发步伐。从开始系统分析以来，时间已过去一年半，公司等不及由信息系统来推动管理变革，开始了企业体制、组织结构和管理模式的重大变革。该期间公司同时要应付商品软件的实施，部分专门开发模块的调试，系统分析中未尽细节的再调研，一年半不见可用的系统，部门中相关人员的积极性和耐心不如以前，进而导致项目的效率愈加低下。

时间又过去半年，这时的结果是商品软件模块的大部分开始进入试运行，专门开发的技术管理和质量管理模块处于征询意见中，企业的变革如期完成，公司更换了项目负责人，一些管理部门也有重要的人事变动。面对如此的状况，三方都感到项目周期太长，不能再这样拖下去，开始考虑如何尽快结束项目。经过协商，三方达成一致，公司将协议规定支付的部分款项付给软件开发商，开发中的模块移交公司，合作告一段落，商品软件则继续试运行。

【案例思考与分析题】

(1) 案例公司对信息系统建设的规模和深度，目标定位是否恰当？如果不恰当，那么应该如何定位？

(2) 信息系统规划为何未能按时实现，没有兑现信息系统支持管理变革对案例企业造成哪些不利的影响？

(3) 该公司的信息系统开发方式的选择，先后发生了什么变化？原因是什么？

(4) 请分小组讨论该公司下一步的信息系统建设应该如何考虑，并提出建议。

习　题

(1) 信息系统生命周期中的起始阶段和时间最长的阶段分别是什么阶段?

(2) 信息系统的开发过程包括哪些阶段? 为什么说信息系统的开发过程是一个复杂的过程?

(3) 信息系统的切换是开发的一个难点，难在何处? 请分析其原因。

(4) 请比较专门开发、购置商品软件两类信息系统开发方式的优缺点。

(5) 目前逐渐流行起来的外包开发方式与委托开发方式相比，有什么异同? 请结合你生活和学习中类似于外包方式的事例来解释外包的利弊。

(6) 解释各种信息系统开发方法的特点。

(7) 原型法需要什么支持环境，它有哪些局限? 请用你平时看书学习的例子 (例如，仔细阅读一遍，快读几遍) 来解释原型法的特点。

(8) 信息系统规划阶段的成果有哪些?

(9) 关键成功因素法在信息系统规划中起什么作用? 请以 "提高客户满意度" 为目标，并结合你对销售、营销和客户服务的知识，应用关键成功因素法推出相应的数据或信息。

(10) 信息系统建设有四个层面的目标定位，请描述它们的收益和风险的关系，

(11) BSP 法能解决信息系统规划的什么问题?

(12) U/C 矩阵的主要目的是什么? 请简述其思路。

8 信息系统分析

系统分析是信息系统生命周期的重要阶段，也是信息系统开发的第一个阶段。系统分析的主要内容是现行系统的现状分析和问题发现、新系统需求的分析和相应的企业变革方案的设计以及新系统逻辑方案的设计。本章将以此为顺序讲解信息系统分析的方法、步骤和内容。

8.1 系统分析的内容、步骤与方法

许多信息系统用户抱怨：系统的技术很好，但报表中没有我要的信息；系统分析员的技术很好，但不懂市场业务；系统花去很多时间和金钱，但我无法从中发现机会。由于信息系统的开发具有很大的不确定性，在开发前期作细致的问题分析至关重要，系统分析阶段所付出的代价将在后期开发中得到补偿，反之，将蒙受更大的损失。系统分析对系统开发的影响见图 8.1。

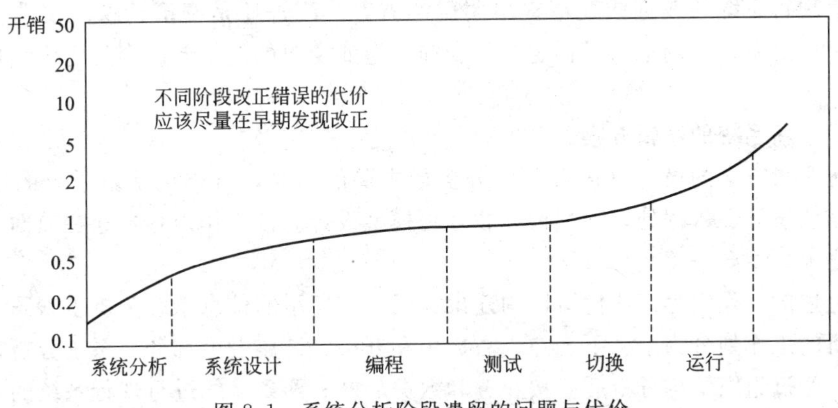

图 8.1 系统分析阶段遗留的问题与代价

信息系统分析是在规划指导下的关于组织要用信息系统解决的问题的分析，是知己知彼的工作。系统分析具有诊断性质，最终要提出一个“做什么”的逻辑方案。信息系统的分析工作相当于工程建设中的初步方案设计，只涉及解决什么问题和在逻辑上如何解决问题，不涉及解决问题的具体做法，描述如何解决问题的物理方案属于系统设计的工作范畴。拿看病就医来比喻，系统分析相当于诊断和提出如何治疗的意见，不给出具体的治疗方案，但为治疗方案的设计提供依据，至于到底采用中医治疗还是西医治疗，是保守治疗还是手术疗法由“系统设计”来回答。

从上一章有关信息系统生命周期的讲述中，知道系统分析是一个具体的信息系统开发的第一步。信息系统的规划是中长期的，涉及多个信息系统开发的总体部署，其基本思路是总体规划，分步实施。具体的信息系统开发主要以项目形式开展，所谓信息系统分析是指为项目所要开发的信息系统的系统分析。

系统分析的工作主要有四项内容：其一是对现行系统做尽可能仔细的诊断，提出要

用信息系统解决的问题；其二是向即将开发的新的信息系统（也称目标系统）提出信息和功能需求；其三是提出现行系统的改进方案或变革方案；最后一项内容是设计目标系统的逻辑方案。信息系统的分析也有设计工作，但这些设计是变革方案的设计和逻辑方案的设计。

(1) 现行系统的分析

建立一个新的信息系统的关键是透彻了解现行系统的现状和存在的问题。现行系统既指原来的即将淘汰的信息系统，也包括相对应的企业组织和管理系统。现行系统的分析诊断，需要对原来的业务、数据和流程做详细的调查，发现问题所在，分析问题的原因。现行系统的分析还包括新信息系统的开发项目是否确实必要和可行的论证。

(2) 明确信息和功能的需求

所谓“做什么”就是向即将开发的新系统提出解决什么问题的需求，具体地说就是信息的需求和功能的需求。人们已经知道信息资源是企业的重要资源，是信息化的出发点和归宿，因此明确新系统应该产生什么信息是系统分析中必不可少的内容。功能需求要明确新的信息系统应该能够处理什么业务，承担或支持哪些管理工作，以及如何产生所需的信息。

(3) 提出现行系统的改进或变革方案

信息系统的设计包含了新的组织模式和管理模式的设计。在系统逻辑方案设计之前或同时，先要就现行系统的改进或变革提出明确的方案。改进还是变革，以及改进或变革的程度，取决于信息系统规划中的目标定位。当前，企业变革的最主要内容是组织结构和业务流程的变革。

(4) 设计新系统的逻辑方案。

新系统逻辑方案的设计是信息系统分析最主要的内容，具体包括新系统的数据结构设计、功能结构设计、数据处理流程设计和管理模型设计。该工作内容建立在前面三项工作内容的基础之上，主要采用建模方法。

根据上述的工作内容，我们可以构建出如图 8.2 所示的信息系统分析步骤图。该步骤图将系统分析的工作划分为上、下、左、右、中和开头、结尾七个部分。系统分析首先从详细调查开始，经过组织结构分析后，按业务和数据的左右两条路线进行现行系统的分析，在此基础上，对新系统提出信息需求和功能需求。然后以此为转折点，转向新系统的数据结构和功能结构的设计，需求分析转折点的前后交叉进行旨在过程优化的业务流程分析和重组方案的设计。最后汇集新系统的设计成果，提出新系统的逻辑方案和系统分析报告。

图 8.2 清晰地描述了信息系统分析的步骤，以及各项分析工作内容之间的相互关系，对信息系统分析的有序开展具有很好的指导作用。在实际中，系统分析的各步骤可能还存在循环和反复，但总体上是按着这样的顺序和关系向前推进的。

目前，信息系统的分析有很多方法可选用。Whitten 等将信息系统分析方法分为模型驱动的和递进的两大类，刘仲英等将信息系统分析方法分为功能建模、流程建模、处理逻辑表达和数据建模四类。这些方法形式多样、应用对象不一，必须结合应用。特别要注意的是，信息系统分析是系统开发的一个阶段，因此，信息系统分析方法是系统开发方法的子方法。

一些常用的信息系统分析方法见表 8.1。这些方法的具体用法将分别在以下有关小节中叙述。

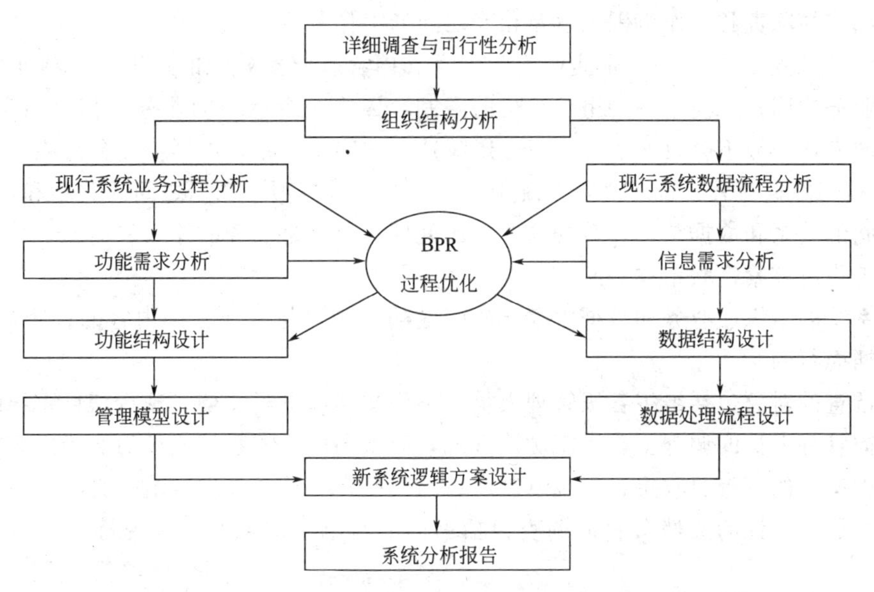

图 8.2 信息系统的系统分析步骤

表 8.1 常用的信息系统分析方法及其简介

方　法	使用范围	简　介
部门/业务关系图	详细调查、业务分析	两维矩阵，描述业务在部门中的分布情况
功能图(H图)	业务分析、功能结构设计	树状结构图，描述功能的层次与结构
业务流程图	业务流程分析与设计	描述人员之间业务关系及信息流动情况
数据流程图(DFD)	数据流程分析与设计	描述数据输入、处理、输出和储存情况
实体关系图(E-R图)	数据关系分析、数据结构设计	描述实体、实体属性及其关系
数据关系范式(3NF)	数据关系分析、数据结构设计	数据关系模式的规范化
关键成功因素法(CSF)	需求分析	以目标或问题为焦点，展开识别数据或信息
结构化语言	业务处理逻辑分析、管理模型设计	用语言描述业务或功能的处理逻辑
决策树	业务处理逻辑分析、管理模型设计	用树图描述决策类业务或功能的过程逻辑
判断表(决策表)	业务处理逻辑分析、管理模型设计	用表格描述决策类业务或功能的判断逻辑

信息系统分析方法大都是面向分析内容的，例如，数据流程图用于分析数据及其相互关系。这些方法对现行系统的分析和对新系统的逻辑方案设计同样适用。

8.2 现行系统分析

8.2.1 详细调查与可行性分析

要分析现行系统就必须先进行详细的调查，摸清现行系统的情况。现行系统可能是还没有应用或很少应用信息技术的企业系统，也可能是一定程度上信息化的企业系统。详细调查主要是对现行企业系统的组织、业务和数据三个方面及其相互关系的调查，同时也包括存在问题的发现。

调查属于描述性研究，其成果是现行系统的现状描述。规范的详细调查要有明确的调查内容、调查对象、调查方法和原则。在内容上有如下几点。

① 组织结构：组织的各项业务活动分布于组织的各个部门，各类数据在这些部门之间流动。通过组织结构能够把握企业各项业务活动的所在，抓住数据的流向和内容，能为现行系统的分析提供线索。组织结构的调查不仅仅是画出一个组织机构设置图，更主要的是调查

各层次各部门的职责和工作范围，以及相互之间的工作关系。

② 业务与业务流程：调查企业业务的种类和内容、业务处理的逻辑、各项业务之间的关系。对业务的调查要注意不受组织机构的限制，因为一个组织的业务是相对稳定不变的，组织机构的变化一般不会改变业务，但会影响业务之间的关系，即影响业务流程。

③ 数据与数据流程：调查现行系统中的数据类、数据项、数据之间的关系和数据流程、数据项之间的关系和数据结构。数据是业务的处理对象，是业务的输入和输出，数据调查与业务调查工作应该紧密联系在一起。

现行系统的组织、业务和数据中存在的问题的发现，与以上三类内容的调查同步进行，因此是穿插而行的。

详细调查的对象包括组织各级管理人员、书面文档和电子文档、现行信息系统的功能和数据库。向管理人员的调查主要采用访谈方式，对不同层面的管理人员的访谈内容应该各有侧重。书面文档的调查要收集各类规章制度、岗位职责、业务处理规范等文件资料，各类业务报表、账册和单证的文档资料的调查包括书面的和电子的，尤其是现行信息系统的系统文档。

详细调查的方法主要有问卷调查法、访谈法、文档资料收集与阅读、调查会议、实地观察和跟班参与活动等。其中问卷调查法的问卷或调查表的设计对调查收效尤为关键。调查表的内容主要有开放的问答式和封闭的选项式两大类，一些调查提问的例子见表 8.2。

表 8.2 详细调查中问卷调查提问样式举例

提问类型	提 问 举 例	提问目的
问答式	你目前承担什么管理工作或业务处理工作？	工作职责
	哪些员工的哪些工作与你的工作很相关？	业务流程
	你目前获得哪些数据报告？	数据类与数据项
	你向哪些部门或岗位提供哪些数据？	数据流程
	你认为还需要哪些数据或信息？	信息需求
	哪些工作的做法值得进一步改进？	发现问题
选项式	你需要查看客户订单执行进程的信息吗？ 是/否	信息需求
	你认为返工的客户订单频繁吗？ A. 很频繁 B. 频繁 C. 有时频繁 D. 不算频繁 E. 不频繁	发现问题
	你认为决定原材料采购时间和数量的依据包括 A. 市场需求预测 B. 客户订单 C. 生产计划 D. 安全库存量	功能需求

信息系统的建设涉及企业变革而往往有阻力，加上管理业务自身的不确定性性质，详细调查取得满意的效果有相当难度。要克服这一困难只有与用户密切合作，使他们明确调查的目的和意义。详细调查以调查报告的形式表达，它将是信息系统分析报告的一个组成，也是后续分析工作的基础。鉴于详细报告的重要性，在手续上，报告的各个部分应该让用户相关部门的负责人签名认可。

对于信息系统可行性分析在系统开发的什么时候进行的问题，目前的文献和教材有不同的看法和安排。有的将开发信息系统的可行性分析安排在系统规划的后期；有的则安排在系统规划结束后和系统分析开始前，单独作为一项专门的工作开展；也有将其安排在系统分析的前期或后期，如详细调查之后或系统分析报告完成之后。

可行性分析建立在比较详细的最新情况的调查基础之上。信息系统规划的调查比较粗略，规划开发的各个信息系统部署在不同的时间段，有先有后，间隔时间较长，期间企业及其环境会发生不少新的变化，开发中信息系统的进展情况和已开发信息系统的成效和运行情况对下一步新信息系统的开发也有直接的影响。可行性分析安排在系统分析的后期，那么分析论证结果如果是不可行或缓行，那么就会对花费大量精力所做的逻辑方案的设计工作造成一定的损失。因此，本教材认为信息系统可行性分析安排在详细调查之后，信息系统逻辑方案设计之前进行比较合理。

信息系统的可行性分析即信息系统开发项目的可行性分析，包括项目的必要性分析与管理、经济和技术三个方面的可行性分析，有必要时还应该包括风险分析。信息系统可行性分析的依据是系统规划报告和上述的详细调查报告。可行性分析的方法可以参照项目管理中的可行性研究方法，分析人员有用户企业、合作中的信息系统服务机构和外聘的专家，但应该以用户企业为主，因为信息系统服务机构在主观上往往会倾向于可行的结论。

必要性分析基于信息系统规划的目标和详细调查中发现的问题。常见的显然问题有数据量增长，现行系统难以及时应付，需要进一步集成；管理问题越来越复杂，要改用新的管理方法和手段等。还有一些可以预见的问题，例如，环境竞争越来越激烈，竞争力必须提升；企业信息化的必然趋势，等等。相对而言，信息系统开发项目的必要性分析比较容易得出。

可行性分析要给出计划开发的信息系统是可行、不可行还是缓行的结论，结论意见可能是中止项目、项目可行、减小或扩大项目规模后再进行。例如，可能要将原来的建立新信息系统的计划改为只对现行系统做一定程度的改进，或把原来只对现行系统做改进的计划改为新建信息系统来替代现行系统等（图 8.3）。

（1）管理角度的可行性分析

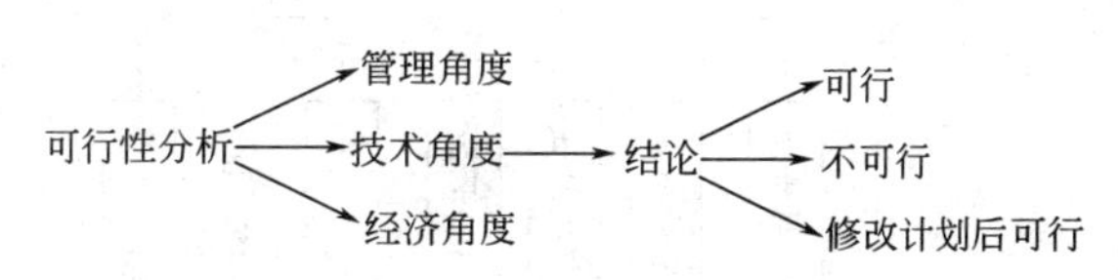

图 8.3　信息系统开发项目可行性分析示意

分析用户企业管理人员对项目的观念和态度、基础管理水平、组织体制和机制等是否适合新信息系统的开发。如果管理人员对信息系统的认识有很大的差距、对新的信息系统有相当大的抵触，项目成功的可能性就不大或难以开展。基础管理不善，数据凌乱不规范，业务含糊不清晰，对信息系统的开发也是很不利的。组织体制和机制落后或处于不稳定时期，管理变革的时机还不成熟，那么项目也很难维持进行。信息系统的“一把手工程”指信息系统的成功开发要得到高层领导的有力支持，这也是信息系统开发项目是否可行的重要影响因素。

（2）技术角度的可行性分析

技术上的可行主要分析系统所选择的计算机软硬件的成熟程度、是否能满足系统目标的要求、开发队伍成员的能力和搭配情况、项目的技术路线、开发方式、方法和策略的选择是否合理等。技术问题的考虑不能脱离实际过分地追求高档次，而应该以能满足需求和切实可行为基本原则，尽可能的依靠方式方法的“软”技术，而不是侧重“硬”技术。项目技术路线中有关企业变革和技术支撑的规划要结合管理角度做充分的分析。开发队伍的组织也是一个关键因素，开发力量必须得到充分的保证。

（3）经济角度的可行性分析

经济角度的分析既要考虑定量的投入和收益，也要考虑信息系统带来的难以定量测算的其他利益。定量的分析主要考察用户企业是否有足够的经济实力来满足所需的投入，这里特别要关注系统软件、通信线路租用和服务、商品软件的两次开发、系统安装实施、培训、咨询和维护等的开支，这些投入在感觉上会不那么醒目，数目上却往往超过总投入的半数，以致项目后期无法得到经济上的维持。

总之，信息系统的开发是费时费力的艰巨的工程，具有很大的不确定因素和非技术性因素。诸如用户企业中层管理人员的阻力、不切实际的信息系统目标、过多的依赖外部开发力量、不可预计支出的忽视等都是导致系统开发失败的主要原因，也是信息系统开发项目可行性分析中要特别予以考量的重点。

8.2.2 组织结构分析

数据在组织内各部门间流动，业务按部门分工，因此了解组织结构有利于业务流程和数据流程的分析。新的信息系统也包括组织结构的变革设计，因此也有必要了解现行组织的结构。

组织结构分析一般采用树状的组织结构图和部门/业务关系图。组织结构图简捷明了，清晰直观，几乎每一个信息系统的分析都会采用。图 8.4 给出了一个常见的组织结构图示例。为了描述组织各层次各部门的工作职责及其相互关系，组织结构图还要配以文字解释。

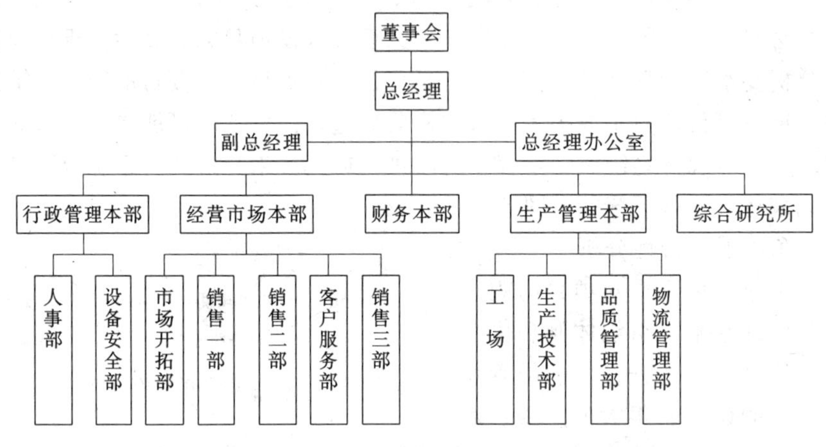

图 8.4 组织结构图示例

部门/业务图一般为一个关系矩阵，用以描述各部门开展的业务及其相互关系。通过部门/业务图能明确组织的结构和组织中的业务，为下面的业务分析和数据分析提供基础。在关系表达与分析上，部门/业务图与 BSP 法的 UC 矩阵图具有相似性。一个部门/业务图的示例见图 8.5。图中实心五角星表示所列业务的主管部门，空心五角星为所列业务的配合部门。

业务＼部门	销售	生产	物流	……	财务	研究所
订单处理	★	☆			☆	
生产计划	☆	★	☆		☆	
生产统计		★			☆	
采购安排	☆	☆	★		☆	
账务处理					★	
成本核算		☆			★	
新品研发	☆	☆				★
……						

图 8.5 部门/业务图示例

新型的网络型组织的结构描述比较复杂，需要绘制多层次的组织结构图和部门/业务图。组织结构的分析要时时留意发现存在的问题，例如，组织部门划分没有体现出某些职能的重要性，一些部门的职责有重叠或矛盾，有些部门划分对工作的衔接不利等。管理的变革会牵涉到组织结构的变革和工作职责的重新划分，组织结构的调查分析看似简单实则并不易。

8.2.3 业务与业务流程分析

业务对应于即将开发的新信息系统的功能，业务流程则对应于新系统的功能结构和功能之间的关系，因此业务也称为功能。业务与业务流程分析是信息系统分析的实质性工作，需要对项目有关的每一项业务的内容和处理逻辑，业务和业务之间的先后顺序与相互联系做详细的描述，然后进行合理性与否和存在问题的分析。在系统分析的实际操作中，这些分析工作与下一小节的数据和数据流程分析应该交叉进行。

业务分析的方法主要是功能图、结构化语言、决策树和判断表，业务流程分析则常用业务流程图，这些方法对现行系统的分析和新系统的逻辑方案设计都适用，其中结构化语言、决策树和判断表等将在新系统逻辑方案设计的小节中介绍。功能图描述业务或功能的层次关系和从属关系。业务流程图用来表明管理人员之间的业务关系、作业顺序、相关信息流动情况。这两种图的示例见图 8.6 和图 8.7。

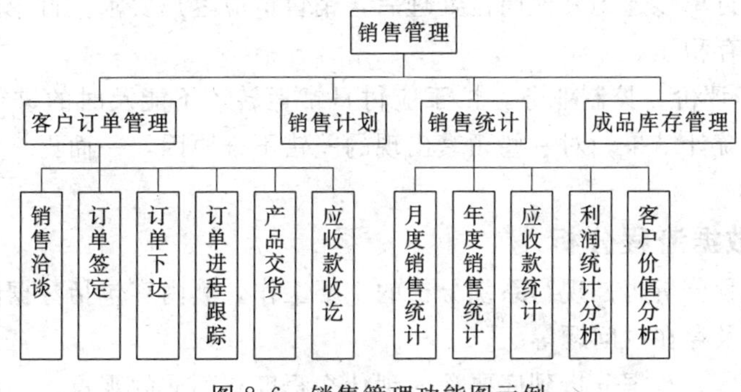

图 8.6 销售管理功能图示例

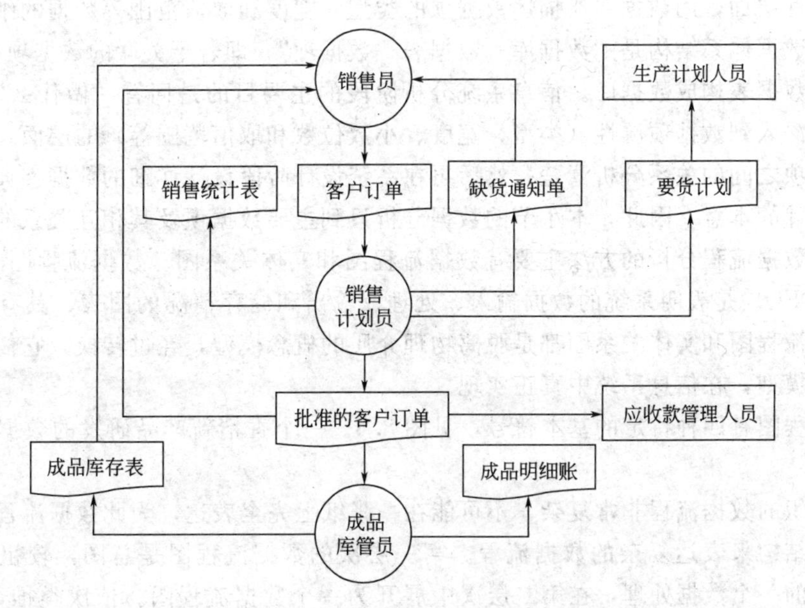

图 8.7 销售管理业务流程图示例

现行系统分析所得的功能图和业务流程图在新系统的功能和功能结构设计时依然有用，除非新系统的功能和流程对现行系统做了很大的修改或变革。一般情况下，新系统的逻辑方案的设计是在现行系统分析图的基础上进行的。

业务的分析应该脱离组织机构和职能部门，以便将来组织结构发生变化时不影响业务描述和业务流程的规则。

管理业务的分析也要发现需要改进的问题，一些常见的问题如下。

① 各岗位业务量不均衡，忙闲差别大。随着企业的发展，业务量在不同岗位发生不等量的增长，岗位没有及时的调整，业务不均衡会越来越显著。

② 业务重复或重叠、相互矛盾。涉及多部门多岗位的业务，职责不明确，缺少相互通气，各部门和岗位怕受牵制而求小而全，自行其是，造成重复的业务。例如，销售员测算收款金额，应收款部门自己重新输入订单数量后计算收款金额，不仅重复还会造成收款金额不一致的问题。

③ 业务接口松散不紧密。由于经验习惯原因，管理人员按自己的习惯运作，不考虑如何与其他业务衔接。

④ 已传递出去的业务，再做修改，修改后不及时再做更新传递，造成错误的扩散。例如，已确认的客户订单传递到其他岗位处理后，销售员应客户要求做订单的修改，造成原料采购无法取消而库存积压。

⑤ 缺少分析、评价、控制业务。忙于应付日常运转，不能及时的进行统计分析，即使做了统计也不分析统计结果。对一些频繁出现的差错不查原因，一而再，再而三地造成不必要的损失。

8.2.4 数据与数据流程分析

数据与数据流程分析也是现行系统分析的主要工作，其内容包括数据的种类与结构、数据的流向与规则以及存在的问题等。

在系统分析阶段，数据分析到底要深入到什么程度有不同的观点，一种观点是要细化到数据项的属性层面，用数据字典描述数据项的类型、宽度和取值范围等数据的细节。信息系统中一般的数据体系结构是“数据库—数据表—数据项”，即若干关联的数据项构成数据表，若干关联的数据表构成数据库。信息系统分析阶段的主要目的是回答“做什么”，因此不宜将分析工作深入到数据项属性（类型、宽度、小数位数和取值范围等）的层面，如果确实地将主要数据项之间的关系分析清楚，然后再在系统设计阶段设计详细的数据字典，更符合系统分析与设计的本意。因此，本小节的数据分析只到主要数据项及其相互关系的层面。

数据与数据流程分析的方法主要有数据流程图和实体关系图。数据流程图（Data Flow Diagram，DFD）是表明系统的数据输入、处理、输出和储存情况的图表，具有抽象性和概括性。数据流程图和实体关系图都是脱离物理介质的概念模型，经过转换，它们就能导出数据库的数据模型，在信息系统中真正实现。

数据流程图有四种特定的基本符号，见图 8.8。一个香精新产品研发的数据流程图例子见图 8.9。

一个组织的数据流程非常复杂，不可能在一张纸上完全表达，为此数据流程图以由粗到细的多层次结构来表达复杂的数据流程。第一层次的数据流程图是总图，较粗略但能见总体，总图中的一个数据处理，在第二层次中展开为一个数据流程图。依次类推，逐层细化。原则上数据流程图的制作要求自顶向下，先画上层，再画下层。上层具有较高的概括性，下

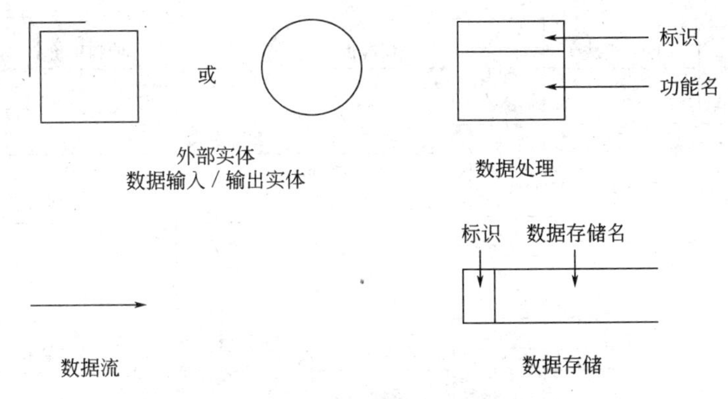

图 8.8 数据流程图的四种基本符号

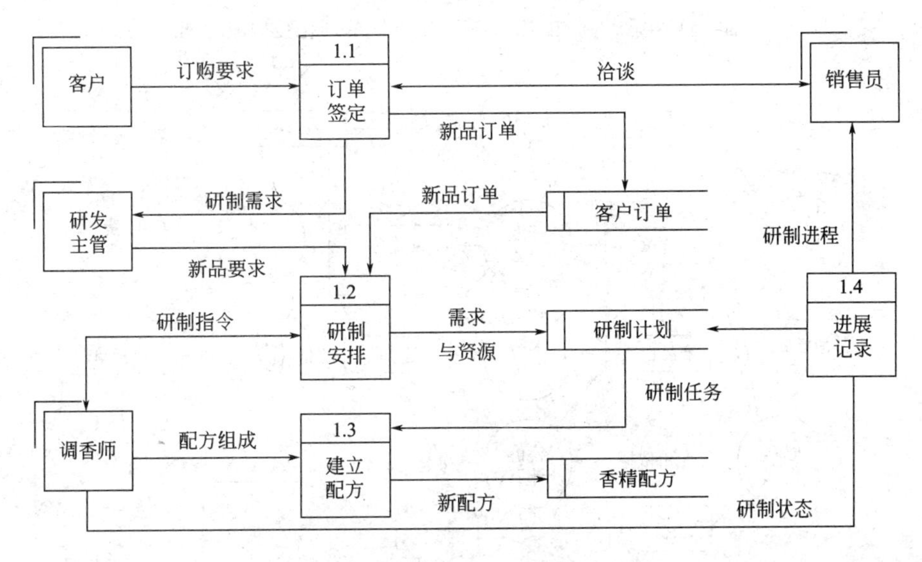

图 8.9 香精新产品研发数据流程图

层深入描述细节，因此中间层次的数据流程图比较容易制作，上层和下层的数据流程图较难制作。一个大型现行系统的数据流程图可能会多达七八层，但在系统分析阶段，一般仅画出三、四层，最底层的细节留到系统设计阶段进行。图 8.9 中的数据处理“1.3 建立配方”展开后的下层数据流程图见图 8.10。

有时为了快速成图，或在制作草图时，数据流程图不必拘泥于基本符号。图 8.11 是一个简易速写的数据流程图例子。

实体关系图（Entity Relationship Diagram，E-R 图）是描述实体、实体属性及其关系的建模工具，这里的实体是指系统有关的事物，类似于面向对象方法中的“对象”，客户、产品、订单、设备等都可以看作实体，实体的属性是数据。

E-R 图用三种基本符号表示三种要素，即矩形代表实体，椭圆形表示实体的属性，菱形表示实体之间的关系，实体间的关系一般表现为活动。通过这三种符号可以描述系统所涉及的各种事物及其联系，构建概念数据模型。例如，学生和课程都是实体，学生选修课程，“选修”就是这两个实体之间的关系，也是一种活动，学生的学号、姓名、所学专业，课程的课程编号、课程名称、授课教师，即分别是学生实体和课程实体的属性。E-R 图之所以称为数据模型，是因为实体的属性通过实体的关系被关联起来，经过转换能产生对应于关系型

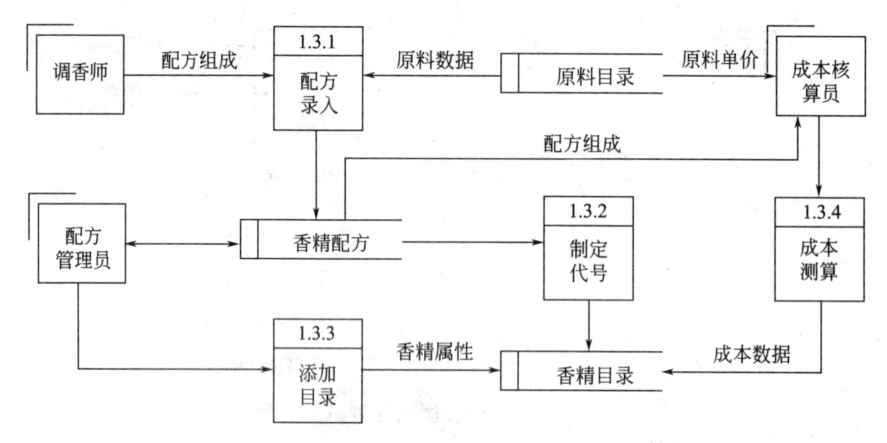

图 8.10 图 8.9 中“1.3 建立配方”的细化数据流程图

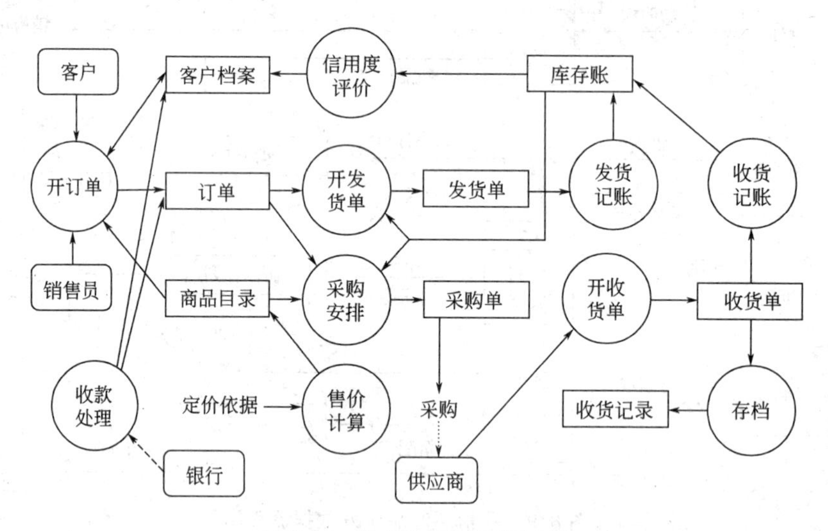

图 8.11 数据流程图草图示例

数据库的数据模型。

图 8.12 列出了一个简单的 E-R 图例子。该数据模型描述了设备实体与维修商实体的属性及其关系。图 8.13 的 E-R 图是一个符号略有变形的例子，描述了客户、产品和订单三个实体之间的订购关系，产品实体属性还与库存实体属性具有对应关系。

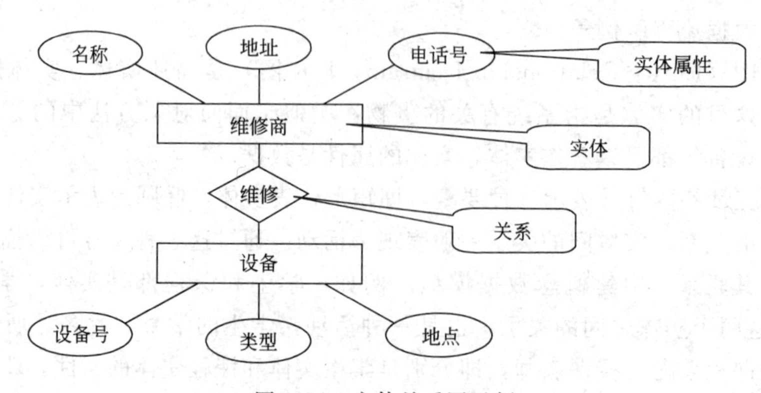

图 8.12 实体关系图示例

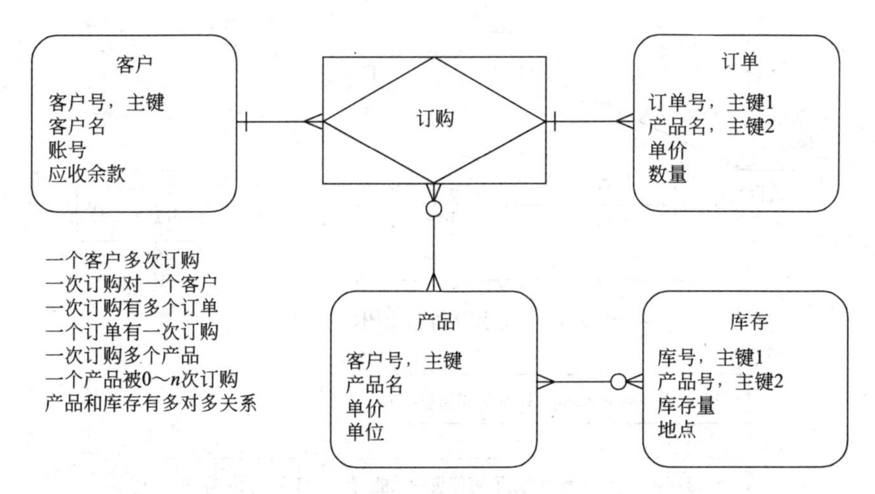

图 8.13 实体关系图示例

上一小节的业务流程图和本小节的数据流程图在形态上比较相似，内容上都有数据和业务（或功能），但前者用于描述业务及其关系，构建业务模型，后者则用于描述数据及其流程，构建数据模型。在具体的制作中两者可以相互借鉴和比对，使现行系统的分析更加有效和完整。

数据与数据流程的分析也包括发现和分析问题，这方面常见的问题如下。

① 数据共享性差，有较多的信息孤岛。遇到数据流程图无法连接所有的存储数据时就表明存在这方面的问题。

② 数据重复输入，各自为政，不考虑其他部门和岗位已有的数据。重复输入会导致数据口径等格式的不一致，以及较大的数据冗余度，进而产生管理误差。

③ 数据传递迟钝。在人工管理的情况下，处理数据的岗位不及时将输出数据传送到需要输入数据的岗位，使后续岗位不能及时掌握物流和资金流的状态而影响管理绩效。

④ 存在的数据不很需要，需要的数据不存在。现行系统中的数据和数据结构设计不合理，随着管理业务的变化，一些数据不再那么需要，需要的数据却没有及时的产生。

8.3 需求分析与业务流程再造

对现行系统的业务和数据有了充分的了解后，在新系统逻辑方案设计之前，要有一个连接，这就是依据规划目标对现行系统的变革需求和对新系统的系统需求的分析。系统需求包括信息和功能的需求，变革需求针对组织和管理两个方面。目前变革需求主要是业务流程再造（BPR），BPR 也可理解为业务流程的需求（图 8.14）。需求分析与 BPR 是现行系统分析和新系统设计的转折点。

8.3.1 需求分析

需求分析是对新系统提出的未来一段时期需要的信息、功能和业务流程变革。信息和功能需求以体系形式给出，业务流程变革的需求以图表加说明的形式给出。需求分析建立在现行系统分析的基础上，依据是现行系统的现状、存在问题和系统规则目标。需求内容从需要保留、需要改进、需要新增三个方面来确定。信息和功能需求分析的思路如图 8.15 所示。

从现行系统分析结果中识别所需的信息是一条途径，另外，信息需求分析还常用关键成

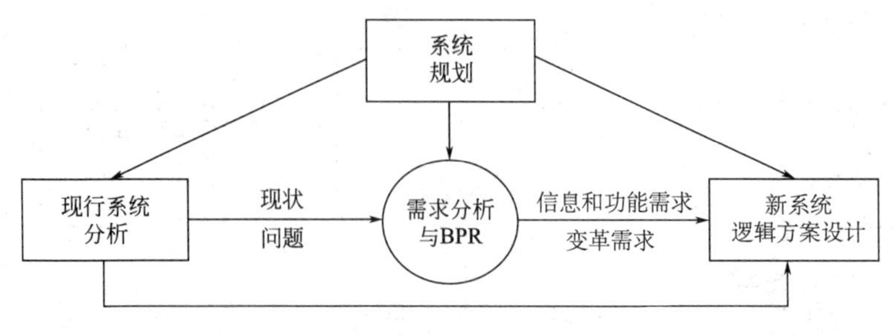

图 8.14 需求分析与 BPR 的地位

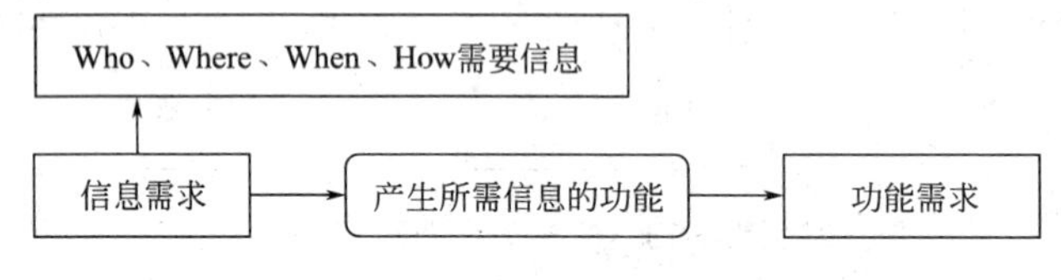

图 8.15 需求分析的思路

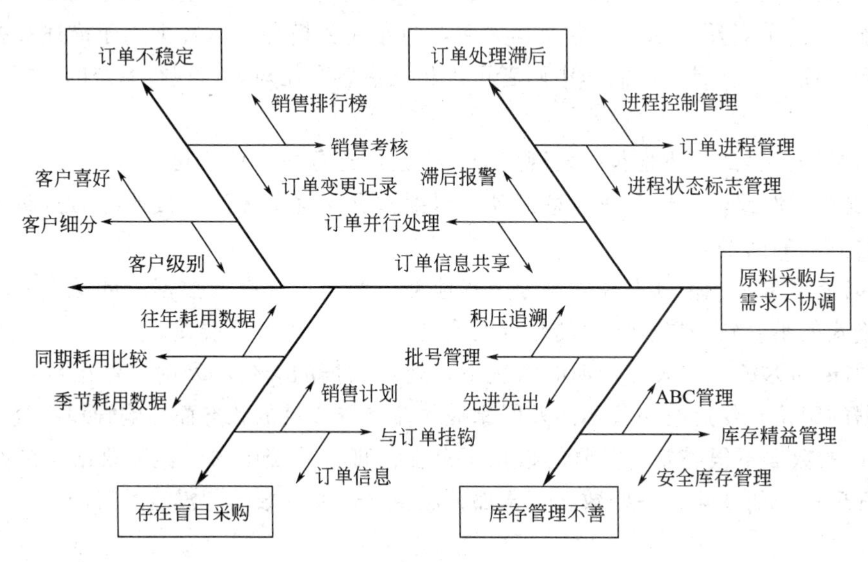

图 8.16 CSF 法因果鱼刺图

功因素法（CSF）识别。CSF 法在上一章介绍的思路是：识别目标—识别关键成功因素—识别测量数据—定义数据结构。此外，CSF 法也可以面向问题来求解，其思路是问题—原因—解决办法—功能与数据需求。图 8.16 示出了一个比较完整 CSF 法因果鱼刺图（Fish-bone Diagram）识别功能和信息需求的应用实例。

该实例针对原料采购与客户订单的原料需求不协调问题展开，供需不协调一方面导致库存积压，另一方面又发生不能满足订单的原料需求。通过识别，发现造成该问题的四个原因，即库存管理不善、存在盲目采购现象、客户订单处理滞后和客户订单多变而不稳定。据此再进一步寻求解决办法，例如，对于库存管理不善的原因，采取库存精益管理和批号管理两个办法来解决，具体的要增设或改进安全库存管理和 ABC 管理、先进先出和积压追溯等功能；对于客户订单不稳定的问题，要采取客户细分和销售考核两个办法来克服，具体的需要客户级别和客户喜好、订单变更记录和销售排行榜等信息来实现这两个功能。图 8.16 是一个典型的通过现行系统问题来识别系统需求的例子，该例子不仅识别了信息需求，也识别了功能需求。

信息系统的表述要明确谁在何处何时如何（Who、Where、When、How）需要信息。以下用一个例子来说明。

> 信息需求示例：物料采购计划依据信息的需求
> 需求人员：采购计划员
> 需求环节：采购计划制定岗位
> 需求时间：①每当客户订单确认时；②原料库存低于安全库存时
> 需求方式：按客户级别，客户订单紧急程度排序
> 需求信息
> ① 客户号、客户级别、订单号、要货时间、原料代号、用料量……
> ② 原料库存、库存下限、采购周期、价格……
> ③ ……

功能需求一般从四个方面提出：输入、输出、处理、数据储存。确定功能需求的常用方法有：逻辑模型，如数据流程图；探索原型，如启发式原型。启发式原型通过原型运行，启发用户提出输入、输出要求，进而获得功能的需求。

功能需求和信息需求分析要求尽可能细微，尽可能不重叠、不遗漏、不含糊和不矛盾，并具有结构性。功能需求描述的示例见图 8.17。

除信息和功能外，需求分析还包括非功能需求，例如，系统性能、系统易掌握性、系统可用性、预算成本、系统实现进度、完成时间、文档和培训、质量管理、安全性、内部审计控制等。

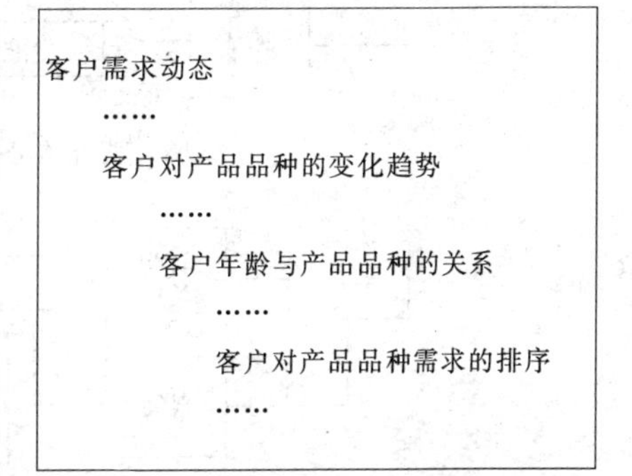

图 8.17 功能需求描述示例

8.3.2 业务流程再造

业务流程再造（BPR）又称企业流程再造或企业过程重组，其思想是利用现代信息技术，依靠信息共享和业务集成的优势，对企业的业务做根本的再思考和彻底的再设计，以全面地降低成本、提高质量、改善服务和加快业务处理速度，因此 BPR 属于创造性的工作。BPR 也是对业务流程的优化，会影响组织的岗位设置，涉及人的因素，实施难度相当大。

参考黄丽华提出的有关流程设计的原则，BPR 的实施有以下一些做法可供指导。

① 对现行的业务流程及其各环节进行价值评估。

② 取消不增值的管理环节和信息处理环节。

③ 以事前管理替代事后监督，减少不必要的审核和检查环节。

④ 加强信息共享，尽可能以并行过程替代串行过程。

⑤ 提高业务自动化程度，减少手工操作。

信息系统的规划、分析和设计等阶段都涉及 BPR，只是考虑的层面不同而已。在系统分析阶段，要提出具体的 BPR 实施方案，操作上可以采用数据流程图等过程模型。例如，在数据流程图中加上时间、流量、延误、成本、价值等过程描述，然后按效用最大化和价值

最大化原则，对各过程和总体做测算和比较，删除无价值和造成延误的过程，精简或重构过程。

第 6 章给出了一个 Ford 公司的 BPR 例子。上一小节针对“原料采购与需求不协调”问题，采用鱼刺图识别出的“订单处理滞后”等四个原因及其解决办法，实际上就是订单处理 BPR 的需求和线索。第 3 章的案例“一个结合管理和组织变革的企业信息系统建设项目”描述了订单处理流程的变革方案。这一变革采用数据集成、广域网和通信等技术，设计了订单信息共享和订单协作处理的进程控制模块，将原来刻板的串联的业务流程重组为并行的业务流程。Whitten 等给出了一个邮购公司订单处理 BPR 的例子，图 8.18 和图 8.19 描述了该公司 BPR 前后的数据流程图。

图 8.18 所示的数据流程图表明为了核查客户的信用情况耗去了大量的时间和成本，效果却甚微。图 8.19 所示的 BPR 之后的数据流程，大幅度地简化了客户信用核查的业务，将原来“审查信用文件”、“查看历史”和“信用确认”三个环节变革为只查看“上次付款否”一个简单的环节，该环节在信息系统支持下可以自动完成，BPR 结果显示，简化后反而损失显著小于原来的开销。

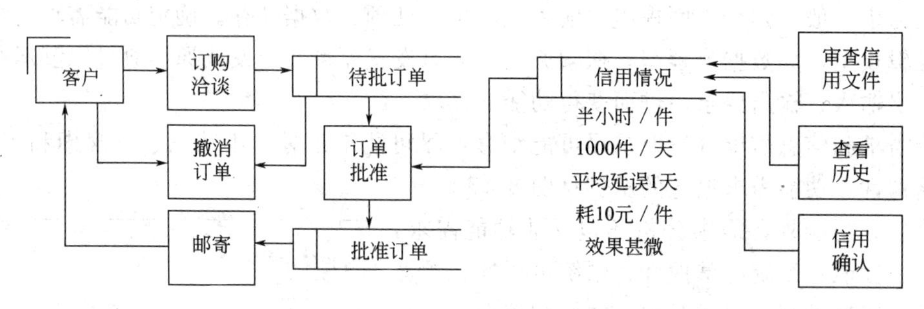

图 8.18　某邮购公司 BPR 之前的订单处理业务流程

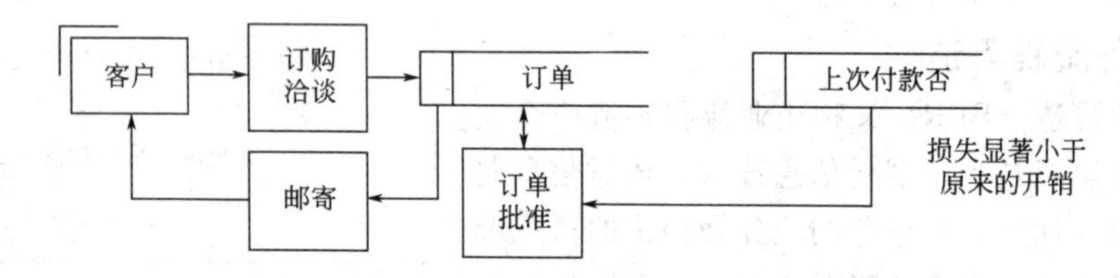

图 8.19　某邮购公司 BPR 之后的订单处理业务流程

8.4　新系统逻辑方案设计

由图 8.14 可知，新系统逻辑方案的设计是系统分析的后半段，建立在现行系统分析、需求分析和 BPR 的基础之上，设计内容包括功能结构、管理模型、数据结构和数据处理流程等。新系统逻辑方案作为系统设计的依据，将决定新系统的功能和构造。

8.4.1　功能结构设计

信息系统的一项功能是相对独立的能完成某项管理或业务的作用单元，其规模和构成具有相对性，若干功能项可以构成更大的功能项，一个功能项可以分解出若干更小的功能项。在信息系统领域，功能结构主要指功能之间的关系，功能层次结构是最常用的描述方式。从高层到底层的功能层次结构一般表现如下。

系统—子系统—模块—功能—操作

信息系统的功能也常有"功能模块"、"系统模块"等说法，它们都表示一定规模的功能单元，功能的大小与称谓没有直接的联系。功能对应于业务，在现行系统分析的功能图、业务流程图和数据流程图的基础上，根据功能需求和 BPR 的改进或变革方案，可以获得新系统的功能结构。BSP 的子系统划分方法实际上也是设计功能结构的方法。信息系统规划中进行的子系统划分，得出子系统的同时也给出了比较粗略的功能结构。在系统分析阶段，新系统的功能项和数据类更加明细，因此应该再进行一次多层次的子系统划分，同时得到多层次的功能结构。

信息系统的功能层次结构常用树状图形——功能图表示。本教材的图 3.2、图 3.11、图 3.12、图 3.18、表 5.2 和图 8.6 也都表示了系统的功能结构。图 8.20 列出了一个企业的 ERP 系统部分功能的层次结构。不同企业的 ERP 系统的功能在叫法上不一定相同，但其基本逻辑是一样的。图 8.20 所示系统的第三层是功能，第二层可以认为是子系统，也可以认为是更大的模块。第三层之下还有更小的功能或操作。一个比较庞大的信息系统，难以在一个图中表现全部的功能，这时就要分层制作功能图，包括总图、子系统功能图等。

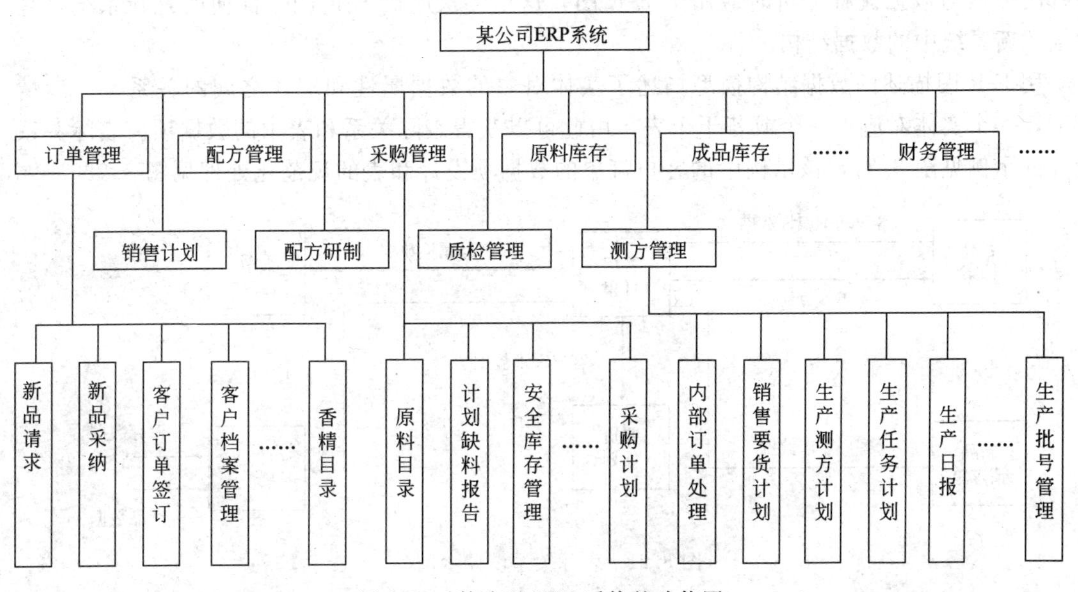

图 8.20 某公司 ERP 系统的功能图

功能图只是描述了功能的层次结构，每一项功能的内部处理逻辑还要再以文字、图表或模型等加以明确的配套描述。对一些比较复杂的功能，应该另做专门的设计，这就是新系统逻辑方案设计中的管理模型设计的内容。

信息系统中众多功能的作用各有分别，制作难度相差很大。为便于设计和制作，有必要按作用的性质对系统的功能进行分类。一般认为信息系统有五类功能。

① 日常业务处理功能：如开具单证、凭证登录、业务记录、记账等。

② 计算功能：如成本计算、工资计算、统计计算等。

③ 查询功能：如销售合同执行情况、生产计划完成情况、同行动态等。

④ 分析功能：如产品需求预测分析、市场需求分析、资金利用分析。

⑤ 决策功能：如新产品开发方案决策、定价决策、营销方案决策等。

8.4.2 数据结构与数据处理流程设计

数据结构设计的主要目的是发挥信息技术的优势，实现数据的统一和集成。数据结构的设计也称为数据模型的设计，在系统分析阶段设计的数据结构是逻辑上的，逻辑上的数据模型将在系统设计阶段被转换为物理上的数据结构，即数据库的数据结构。数据结构也具有层次性，一般的层次结构如下。

数据总体（数据库）—数据表— 数据项/数据记录

信息系统涉及的数据非常庞杂，因此面向统一和集成的数据结构设计也相当的繁琐。数据结构有两个层面，下层为数据项及其相互关系，若干关联的数据项构成数据表，上层为数据表及其相互关系，若干关联的数据表构成数据总体或数据库。因此数据结构的设计主要是数据表及其相互关系的设计，数据项及其相互关系的设计。两层结构的设计以数据表为核心，向上设计表际关系，向下设计表内结构，即数据项和数据项关系。

从现行系统数据流程分析和信息需求分析的结果中，可以提炼出新系统所包括的数据表及其数据项。表际关系和数据项关系的设计可以先应用 E-R 图，得出一般的数据结构模型（未经规范化的），然后再应用数据关系范式（3NF）做规范化处理（见第 4 章介绍）。现行系统的数据与数据流程分析时应用了 E-R 图，这里再次应用 E-R 图，面向的是新系统，是要描述新系统中的数据结构。

用 E-R 图描述的数据结构模型描述了实体对象的数据属性和实体之间的关系，一般情况下，一个实体对应于一个或若干个表，由此可以获得表际关系和表中的数据项。表际关系设计的示例见图 8.21，该示例中的客户订单的数据项设计和表的规范化处理见图 8.22。

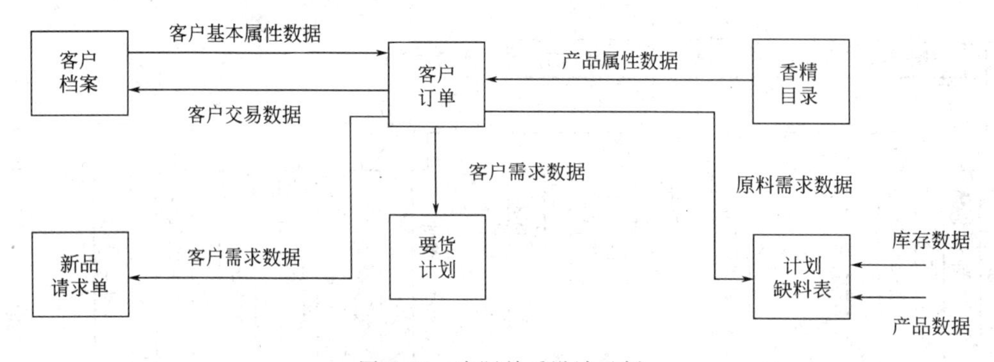

图 8.21 表际关系设计示例

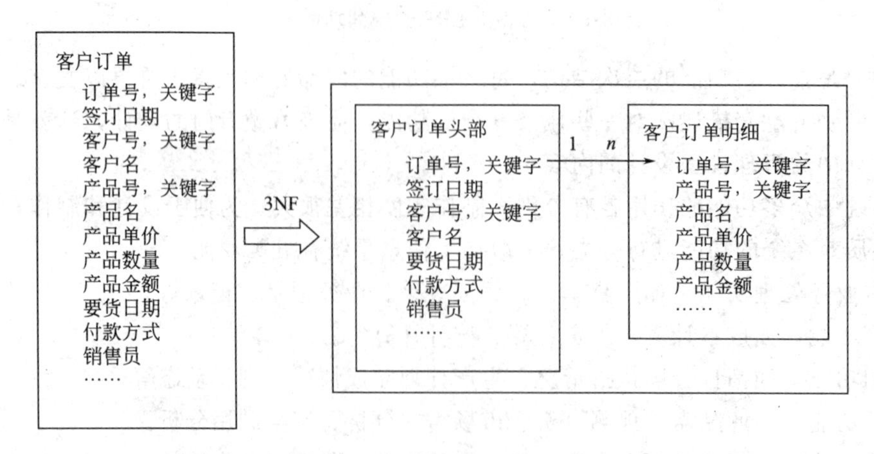

图 8.22 客户订单的数据项设计和表的规范化处理简例

该简例中的一个客户订单订购多个产品时将有客户号、客户名等客户属性数据的重复或冗余，经过 3NF 处理，该客户订单被分解为一个头部表和一个明细表。客户订单明细表还可以进一步的做规范化处理，通过产品号将其与香精目录关联起来，这样就可以删去明细表中的产品名等产品属性数据项，改进数据的唯一性，降低数据的冗余度。经过规范化处理，客户订单有如图 8.23 所示的关联形式。

订单头部数据表

订单号	签订日期				
000001					
000002					
000003					
……					
……					

订单明细表

订单号	产品号		
000001	003		
000001	012		
000001	289		
000002	012		
000002	156		
000003	003		

图 8.23 客户订单数据表的关联示例

如前所述，信息系统分析阶段不宜将分析工作深入到数据项属性的层面，有关每一个数据项的属性的设计放在系统设计阶段比较合适。

数据流程的设计与数据结构的设计相比，不仅要描述数据之间的关系，还要描述数据相对于功能的输入和输出、数据的查询和存储，以及处理方式等内容。数据流程的设计一般仍然采用现行系统分析时使用的数据流程图，其不同点在于后者面向新系统。数据流程也是多层面的，层面的高低由数据的范围决定，不同层面由多层次的数据流程图描述。

8.4.3 管理模型设计

一些比较复杂的新系统功能项的处理逻辑具有特殊性，在功能结构、数据结构和数据流程设计时为突出主题，不便于做深入描述，为此另再做专门的管理模型设计。信息系统分析中的管理模型即功能项的处理逻辑，例如，市场需求预测、物料需求计划的制订、生产计划的制订、统计分析等，这些功能的处理都是比较复杂的。

管理模型的设计一般使用数学方法、结构化语言、决策树和判断表等建模工具。其中数学方法建模因涉及数学基础问题，本文不做展开。以下仅对结构化语言、决策树和判断表给出三个管理模型设计的例子。

例 1：应用决策树设计的客户优惠策略决策模型。该模型描述客户订货时如何给以优惠价格的决策，模型的输入为客户的历史交易情况，输出为以百分率（%）计的打折优惠策略（图 8.24）。

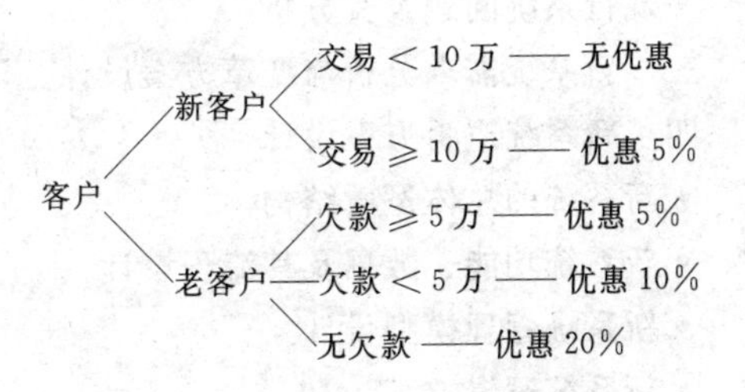

图 8.24 决策树管理模型示例

例 2：应用判断表（决策表）设计的进仓凭证处理模型。该模型描述数量进仓单和购货发票两种凭证在不同组合的到达情况下，如何记库存明细账和更新库存表的处理逻辑（表 8.3）。表中的条件为判断依据，是功能的输入，行动为判断结论，是功能的输出。

表 8.3 判断表管理模型示例

决策系列		1	2	3	4
条件	货到	Y	Y	Y	N
	发票到	N	Y	Y	Y
	货票一致	—	Y	N	—
行动	结算库存	√	√	√	—
	记库存账	—	√	—	Y
	发票退回	—	—	√	—

例 3：应用结构化语言设计的库存上下限自设定控制模型。该模型描述如何根据仓库的积压情况和缺货情况自动地调节库存上下限。结构化语言可以采用“IF”、“THEN”和“ELSE”等构建的英语表示，也可用中文表示，但从计算机程序角度考虑，以英语表示为宜。

每当进货或出货，并积压量和/或缺货量发生变化时，按以下步骤调节库存上限和/或下限。

（1）积压量＝上限 i－周期用量－安全库存量

（2）缺货量＝－进仓前结余量＋安全库存量

（3）IF 库存积压 THEN 调节上限

（4）IF 发生缺货 THEN 调节下限

（5）上限 $i+1$＝上限 i－a×积压量

（6）下限 $i+1$＝下限 i＋b×缺货量

8.4.4 系统分析报告

信息系统分析阶段的最终成果以报告的形式表示。系统分析报告是上述所做工作的汇总和总结，有一定的规范格式供参考。报告一般分设以下四个部分。

一、总述
- 项目背景
- 项目可行性分析
- 信息系统分析的目的和范围

二、现行系统分析
- 现行系统的调查情况
- 现行系统现状的描述
- 现行系统问题及其分析

三、新系统需求分析与变革方案设计

四、新系统逻辑方案设计
- 新系统的总体逻辑结构
- 新系统功能、数据及其流程设计
- 新系统管理模型设计
- 新系统逻辑方案

信息系统分析报告书向用户企业递交。一般情况下，报告书的确认还要经过专家评审和认证，以及用户企业高层的批准。期间，可能要对逻辑方案做一定的修改。在得到确认后，系统分析报告书设计的新系统逻辑方案将作为系统设计的依据，予以正式执行。

本章小结

本章讲述了信息系统分析的内容、步骤和方法，对每一项内容应用相应的方法做了比较详细的阐述。图 8.2 清晰地描述了系统分析的全过程，对系统分析的内容和步骤具有很好的指导作用。

信息系统分析是在规划指导下的关于组织要用信息系统解决的问题的分析，是知己知彼的工作。由于信息系统的开发具有很大的不确定性，在开发前期作细致的问题分析至关重要，系统分析阶段所付出的代价将在后期开发中得到补偿，反之，将蒙受更大的损失。

现行系统的详细调查是系统分析的基础，其目的不仅是要了解现状，更主要的是发现问题。信息系统的开发具有很大的不确定因素和非技术性因素，先要做必要性分析和管理、经济与技术三个方面的可行性分析。现行系统的分析主要是业务和业务流程，数据和数据流程两个方面的分析，组织结构分析能为其提供线索。根据系统规划目标和现行系统存在的问题进行的需求分析和 BPR 是从现行系统分析进入新系统分析的转折点，BPR 是企业变革的重要内容，也是应用现代信息技术的意义所在。新系统逻辑方案的设计对应于现行系统分析的两条路线，沿着功能结构和数据结构两个方面展开。新系统逻辑方案作为系统设计的依据，将决定新系统的功能和构造。

系统分析有很多方法可选用，其中最为主要的有功能图、数据流程图和 E-R 图。这些方法既可以用于现行系统的分析，也可以用于新系统逻辑方案的设计。

课程设计：某食品公司门店管理系统的分析

总部位于上海的某食品公司成立于 20 世纪末，是上海一家复合式经营的著名品牌食品公司。公司引进美国、德国、法国、日本等国家的先进设备和技术，专业生产和销售各式面包、蛋糕、月饼、小西饼和糖果等产品。

公司自成立以来，不断以品种系列化、品味多样化、产品高档化为生产经营特色，深受广大消费者的喜爱和欢迎，享有良好的声誉。同时，为保证产品的质量上乘，公司不断增加精美的新产品以满足顾客的需要。

到目前为止，公司在上海设有一个生产总部，公司的生产、物流配送、行政等有关部门都位于生产总部。公司的连锁经营从管理方式上看大多是直营连锁，以公司直接投资建立直营连锁门店形式扩大连锁规模。公司总部对各门店拥有所有权和经营权，可以统一调动资金、统一经营策略、统一采购、统一促销、统一人事管理。公司在上海著名的南京路、淮海路、静安寺、徐家汇、五角场等商业圈中开设了销售门店，总计已有 40 余家。随着公司品牌的深入人心和知名度的提高，公司规模不断扩大。

目前，该公司各门店负责产品销售，此外的所有部门如生产、物流配送等都在总部。门店每天利用电话向总部订两次货，一般在早上或下午近下班时；总部每天向各门店配送产品两次，上午和下午各一次。

随着市场竞争的日益激烈，从手工作坊发展起来的该食品公司在日益壮大的发展过程中，发现随着门店的增多和规模的增大，企业管理的难度越来越高，企业的管理压力也越来越大。企业需要对各门店进行控制，获取门店市场信息，挖掘更多的销售线索与销售资源，以支持自身快速反应市场能力，提升客户关系管理水平。此时，必须有一种先进的管理辅助手段来支持复杂的管理工作，信息技术无疑成为该企业的首选。因此，实施规范化、标准化管理，采用现代信息化管理手段，成为该公司的当务之急。公司希望借助门店管理信息系统来克服管理困境。

门店管理信息系统主要将目前公司各门市的手工业务操作电脑系统化。门店管理信息系统的功能包括详细记录门市每天向总部的订货、进货、销售、库存等信息，接受的客户预订单或退货，向总部定时传输必要的数据包。通过信息化管理，达到门市信息与公司总部信息之间的有效管理，提高公司的科学决策能力，增强企业的竞争力。

公司的业务流程为：销售门店提前一天依据门店库存数和客户订单向总部物流部发出订货单，物流部在汇总各门店订购信息后，将各产品的次日总需求传送到生产部，以便及时投入生产。物流部同时根据订购信息打印生成发货单，并将食品发货到门市，形成门市的进货。同时门市在一天的营业当中，通过收银系统进行商品的销售，产生销售数据。门店可向总部退货或者接受客户的退货。门店在一天营业日结束时，进行商品盘存，详细记录当日盘存数据。

【课程设计要求】

根据以上叙述，按照信息系统分析的内容、步骤和方法，就该公司的门店管理系统，进行系统分析，提出系统分析报告。

【说明】

(1) 系统分析的要素要尽可能的完整和齐备。

(2) 一些情况不明的地方可以简略或自己做假设。

(3) 应该包括总部的物流部和生产部的相关内容的分析。

习　题

(1) 解释信息系统分析的任务和重要性，并参考看病就医的例子，比喻性地描述系统分析所扮演的角色。

(2) 系统分析有哪些主要步骤？可以分为哪两个前后两段？它们的转折点是什么？

(3) 在信息系统规划中做过子系统划分的工作，为何在系统分析阶段还有必要进行子系统划分？它们之间有什么区别？

(4) 请简述数据流程图的作用及特点，并以你到医院就医为例，从挂号开始一直到付款配药离开为止的整个流程，将就医的各项活动看作“业务”或“功能”，将这些活动的所有记录和有关的资料看作数据，画出一张数据流程图。

(5) 数据流程图等多种系统分析方法不仅可以用于现行系统的分析，也能用于新系统逻辑方案的设计，请解释其原因。

(6) 以客户、订单、产品为三个实体，并自己确定这些实体的属性，然后画出描述它们相互关系的E-R图。

(7) 现行系统中常见的管理业务问题有哪些？

(8) 现行系统中常见的数据问题有哪些？它们与管理业务中常见的问题有什么因果关系。

(9) 如何获得新信息系统的需求？并以图书馆信息系统为例，请你为图书馆今后的新系统各提出一条信息需求和功能需求。

(10) 简述 BPR 与信息系统分析的关系。

(11) 新系统逻辑方案设计的主要内容有哪些?

(12) 请将图 8.24 例子中的老客户再分为优质客户和一般客户，然后自定优惠政策，重新制作一个决策树。

(13) 对“同样的功能处理逻辑既能用‘结构树’，也能用‘判断表’来构建模型”的说法，你是否赞同? 并请说明理由。

9 信息系统设计与实施

购置商品软件和专门开发是两条主要的信息系统开发路线，两者的不同点在于新系统的获得途径，新系统的实施部分则基本相同。本章讨论和比较购置商品软件和专门开发两条路线的过程，讲述专门开发路线的系统设计和系统制作，最后简要地介绍两条路线的系统调试、系统切换和评价。

9.1 信息系统的两条开发路线

9.1.1 专门开发和购置商品软件路线的比较

第 7 章讲述的信息系统开发方式中专门开发和购置商品软件是两种各有优缺点的途径，对应这两种开发方式，形成了两条差别较大的信息系统开发路线，见图 9.1。这两条路线的特点和区别有三个方面很值得关注。

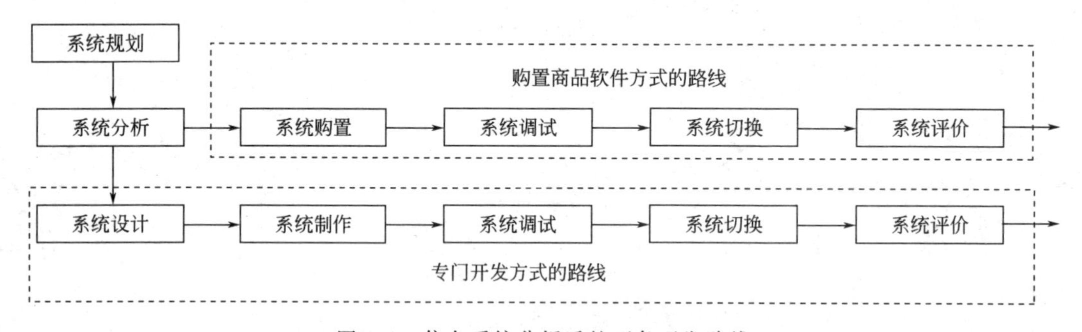

图 9.1 信息系统分析后的两条开发路线

① 两条路线之前都需要有一个系统分析的阶段，因为系统分析的任务是诊断和发现问题，为新系统的专门开发或商品软件的选型提供逻辑方案。系统分析的内容和质量不依开发路线的不同而有所差别，但要注意到目前购置商品软件路线有忽视系统分析的倾向。为确保项目开发各阶段的连贯性和一致性，专门开发路线的系统分析一般由系统开发商承担。购置商品软件路线的系统分析由谁承担的问题很值得探讨，如果由软件提供商或系统实施商来承担，就存在先有系统分析还是先有商品软件的矛盾，系统分析本来不应该将就于软件提供商的商品软件，而软件提供商或系统实施商不太可能得出偏离商品软件较远的新系统逻辑方案。如果由第三方承担，那么存在合作方增多和如何更好协作的问题，有利处是能更有力地依靠信息技术推进企业变革战略目标的实现。

② 在信息系统的生命周期上，专门开发路线包括全部的系统制作阶段，购置商品软件则仅有部分的系统制作工作（物理系统的配置和数据库系统的实施等），但有一个系统购置阶段。这是两条路线的主要区别所在。有时，购置商品软件可能也需要少量的两次开发，那么也要有一些设计工作，但在分量上不应该形成一个阶段。要引起注意的是，两条路线阶段上的不同并不意味着工作难度有大有小，尽管购置商品软件在开发速度上要快于专门开发，但难度并不会减小。系统设计和系统制作阶段的工作任务和步骤是本章的主要内容，将在以

下进行专门的讲述。系统购置阶段的工作内容及其相关问题将在本小节进行初步的讨论。

③ 两条路线的后三个阶段是基本相同的。由于新系统的来源、用户针对性和系统技术权益的不同，这些阶段某些细节上的做法略有差异。专门开发路线的系统调试要求比较高，系统切换的难度也较大，开发出的信息系统的评价一般也会受到更多的重视。另外要特别注意，两条路线下的信息系统进入运行阶段后，系统维护的方式、方法也会存在差异。

现在软件市场上可供选择的信息系统应用软件非常丰富，但一些有特殊要求的信息系统或子系统仍然需要进行专门开发。因此在实际的信息系统开发中，有时还要采用结合专门开发和购置商品软件两条路线的集成开发方式。商品软件还存在与其他已建立的信息系统的集成问题。

9.1.2 购置商品软件的过程

商品软件是为商业目的预制的信息系统应用软件，目前软件市场上企业管理类软件的品种难以计数，从几百元的小模块到数百万元的大型套装软件，从单一功能的小软件至覆盖大部分企业业务的大系统，几乎涵盖了所有的企业管理领域。通过购置商品软件来实施信息系统已成为一种信息系统开发方式的总趋势。

企业信息系统应用软件是一种较昂贵的商品，也是一种特殊的商品，其特殊性主要在于购置与实施过程的复杂性，即从提出需求至正式投运有一个较复杂的艰难过程。软件公司按照行业的先进管理模式和管理过程以通用性标准设计和预制各类企业信息系统应用软件，尽管商品软件有一定的满足企业特殊性的可调范围，但总体上，企业的管理模式要向商品软件的管理模式靠拢。我国企业的管理模式差异较大，不确定因素较多，适应性较弱，商品软件的实施难度远大于发达国家的企业。

购置商品软件的过程如图 9.2 所示。

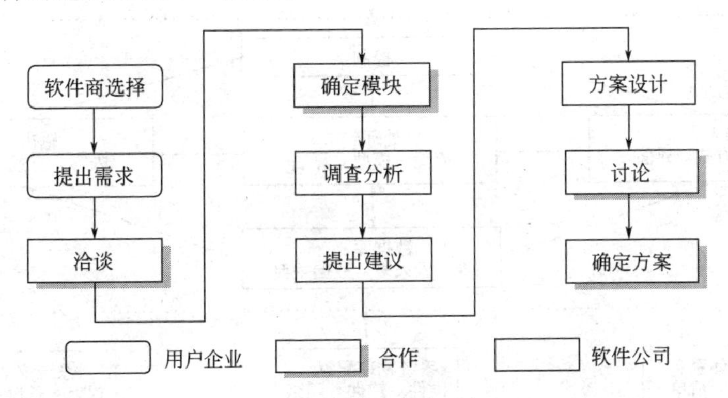

图 9.2 购置商品软件的过程

首先由用户企业提出对信息系统应用软件的需求，选择合适的软件公司，与其洽谈，明确所要达到的目标与总要求，通过洽谈确定具体的需购置的模块；在此基础上软件公司对与模块有关的管理过程进行调查分析，提出改进管理过程的建议与新的运行方案，特别的是，这项工作应该充分地参照先前的系统分析中的新系统逻辑方案，明确企业变革方案；购置方案提出后双方对其进行详细的讨论，在需求与可能两方面的某点上取得一致，以确定购置方案；随后，用户企业与软件公司将正式展开实施工作。

可见，企业信息系统应用软件的购置过程是软件供应商与用户企业的合作过程，到目前为止几乎还没有一家软件公司能做出系统实施必定成功的承诺，购置与实施的成败取决于双方。即使企业资金许可，购置了最好的应用软件，在企业信息系统实施过程中也可能由于基础管理不善或思想观念保守等原因而导致失败或达不到预期的效果。由于上述的商品软件的特殊性，在获得有利之处的同时，也带来了风险。相比于专门开发路线，购置商品软件路线的失败率更高。

购置商品软件的过程中比较突出的问题有下列几个。

① 商品软件供应商的选择。

② 商品软件管理模式与企业需求的结合。

③ 商品软件购置与实施中的企业变革。

④ 软件供应商、系统实施商和用户企业之间的协作。

这些问题也涉及信息系统的管理，一些内容在第 10 章将再进行专门的讨论。

9.1.3 信息系统设计的内容

系统设计是信息系统生命周期的重要阶段，其主要任务是依据系统分析阶段提出的新系统逻辑方案，设计具体的能在计算机上实现的物理方案。系统分析回答做什么，能否做，提出逻辑方案，提出系统设计的依据；系统设计回答怎么做，怎样做好，提出物理方案，为系统制作提出详细的方案。系统设计是要将系统分析的逻辑方案转化为物理方案。

逻辑方案向物理方案的转换，也是方案中的逻辑模型向计算机系统模型的转换。系统设计的内容应该与系统分析相似，但工作性质不同。同时，系统设计还要考虑计算机系统和网络系统等方面的因素。

根据系统设计的性质，可以采用系统结构的框架来描述信息系统设计的内容及其相互关系，见图 9.3。

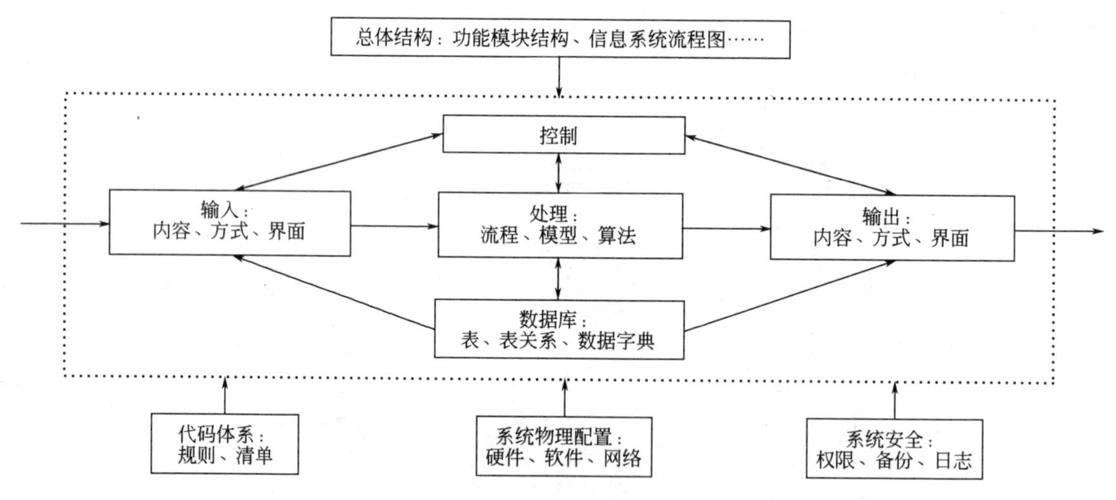

图 9.3 信息系统设计的内容及其关系

① 总体结构设计：从系统制作者的角度设计功能模块结构和信息系统流程图，内容上细化到操作层面。

② 系统物理配置方案设计：包括计算机与通信网络设计，系统软件、开发工具、应用软件的选择等。

③ 代码体系设计：制定代码规则、编写代码清单等。

④ 数据库设计：包括数据表和表记录的设计、表际关系的设计和数据字典的编写。

⑤ 输出设计：模块和操作的输出内容、屏幕界面、报表格式、输出方式的设计。

⑥ 输入设计：模块和操作的输入内容、屏幕界面、输入方式的设计。

⑦ 处理设计：数据处理和计算程序、模型程序的说明设计。

⑧ 系统控制设计：包括数据输入、处理、输出等环节的控制设计。

⑨ 系统安全设计：用户角色和权限管理、故障诊断、系统后备与恢复、日志等方面的设计。

9.2 信息系统的设计

信息系统设计的成果是系统设计报告，报告要包括上述的九项设计内容，其中主要的部分是为系统制作提供具体的说明书。以下按总体结构、系统物理配置方案、代码体系、数据库、输出与输入、处理、控制与安全等几个方面讲述系统设计的主要内容。

9.2.1 总体结构设计

系统设计阶段的总体结构主要指功能模块结构和信息系统流程。功能模块结构是系统分析中功能结构的细化，功能结构站在系统的作用或用户的角度上，而模块结构站在系统功能的实现或开发者的角度上，后者比前者更为细节和具体。与系统分析中的功能结构相比，总体结构的功能模块结构设计有以下两个特点。

① 增加了辅助功能和输出功能。

② 模块将细化到具体的操作细节。

功能模块结构设计仍然可采用树状的功能图或功能结构图，也可以采用目录结构的文本方式描述。功能模块结构是多层次的结构，从最上层的系统到次层的子系统或模块，再到更下层的功能和最底层的操作，层次多内容更多。要完整地描述功能模块结构，只能先总再分地逐层展开。例如，一个账务处理子系统属于上层的财务管理系统，财务管理系统又是上层企业级信息系统的一个分系统。在上层的功能模块结构之下，账务处理子系统的功能模块结构可以按以下方式描述：

账务处理子系统 SUB_ACCOUNT（子系统层）
　　系统初始化模块 SUB_ACCOUNT_INIT（模块层）
　　　　科目体系设置 SUB_ACCOUNT_INIT_CODE（功能层）
　　　　　　科目添加、修改、删除、恢复
　　　　　　科目体系自动校对、后备、打印……（操作层）
　　　　　　（注：通过校对才能进入系统的其他功能项）
　　　　期初余额设置 SUB_ACCOUNT_INIT_BALANCE
　　　　凭证类型设置 SUB_ACCOUNT_INIT_TYPE
　　　　……
　　凭证处理模块 SUB_ACCOUNT_VOUCHER
　　　　凭证登录 SUB_ACCOUNT_VOUCHER_APPEND
　　　　凭证汇总 SUB_ACCOUNT_VOUCHER_SUM
　　　　凭证记账 SUB_ACCOUNT_VOUCHER_BOOK
　　　　……
　　结账处理 SUB_ACCOUNT_SETTLE
　　　　……
　　账务打印模块 SUB_ACCOUNT_PRINT

……

账务查询模块 SUB_ACCOUNT_QUERY

……

从以上例子可以看出，总体结构中的功能模块结构设计深入到诸如记录的增、删、改等很具体的操作层面，包括了信息系统特有的校对、后备、恢复等操作项，以及打印和查询等模块。特别的，对功能模块结构的每个层面的每一项都加了命名，该命名即是对应的应用软件中的程序名或对象名。

在信息系统领域，模块是指能实现某种事务处理或管理业务的一个程序化的软件单元。模块可大可小，没有严格的规模限定。因此一个子系统、一个功能项或操作项都可以看作是一个模块，功能模块结构就是一个信息系统的所有能实现特定功能的软件单元的结构体系。

图 8.20 是某公司 ERP 系统的功能图实例，在模块结构设计中，该功能图得到细化和补充，功能图中的客户订单管理子系统的功能模块结构见图 9.4。图中所示的底层操作不仅包括了系统分析时提出的操作项目，还包括了信息系统特有的操作项目。其中一些操作项是手工输入或从弹出式列表中翻选数据的，有些操作是要在有限的类别中选定数据的，还有一些则是系统自动计算或处理的操作。

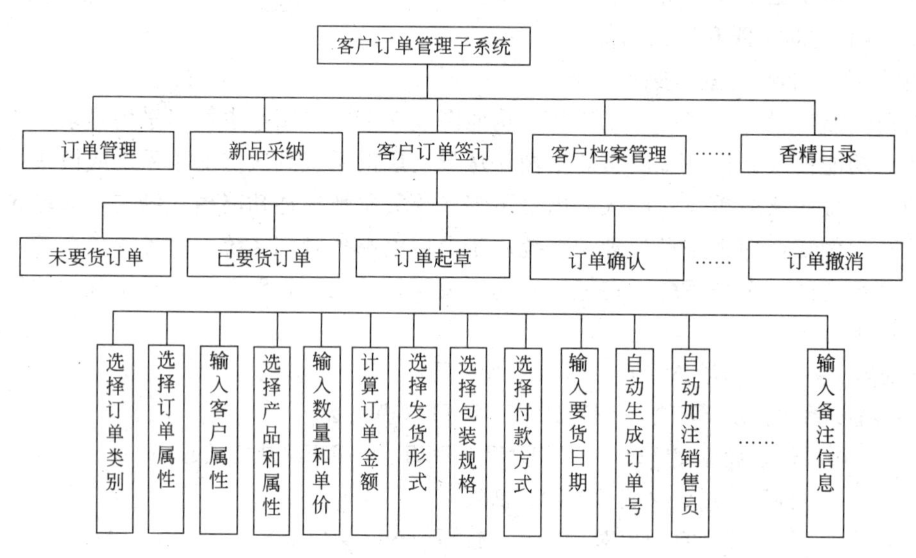

图 9.4　某公司 ERP 系统中客户订单管理子系统的功能模块结构

以上的功能模块结构设计仅描述了模块的类属关系，提出的只是模块的层次结构。层次结构不描述模块之间的数据关系，而这又是在信息系统制作之前必须清晰描述地。信息系统流程图是表明数据在信息系统的各种设备、存储介质、功能模块间流动情况的流程图，信息系统流程图设计就是要描述这种数据流动如何在系统中进行。功能模块图和信息系统流程图将分别从纵向的系统层次结构和横向的数据关系两个方面，为信息系统的制作提供具体的详细方案。

信息系统流程图可以从系统分析阶段产生的新系统数据流程图转换而来。这种转换不是简单的翻版，而是功能结构和数据关系的进一步深入和细化。与数据流程图相比，信息系统流程图有以下三方面的特点。

① 有专门的与数据流程图不相同的标准制图符号。

② 不包括人工处理的部分，与人工处理相关的部分以人机接口为界，相应地，图中也

不包括操作者和部门等实体表示。

③ 数据流程图中的一些数据处理功能可能被合并（分解）为信息系统流程图中的一个（多个）处理功能。

④ 包括有数据存储介质和信息处理设备的表示。

⑤ 模块细化和深入到数据的操作处理层面。

信息系统流程图的制图符号标准有国际标准化组织推出的标准 ISO 1028 和 ISO 2636，我国提出的国家标准为 GB 1526—79。要特别指出的是，这些标准出台时间较长且有一定的滞后，其中一些符号似乎很少再被使用。一般情况下需要使用的我国国家标准符号如图 9.5 所示，微软的 Word 工具中的制图符设有几乎全部的信息系统流程图的标准符号。图 9.6 和图 9.7 给出了两个信息系统流程图的例子。

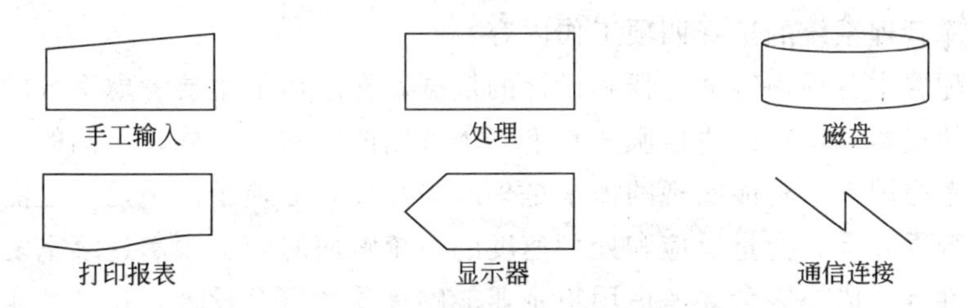

图 9.5 常用的信息系统流程图标准符号

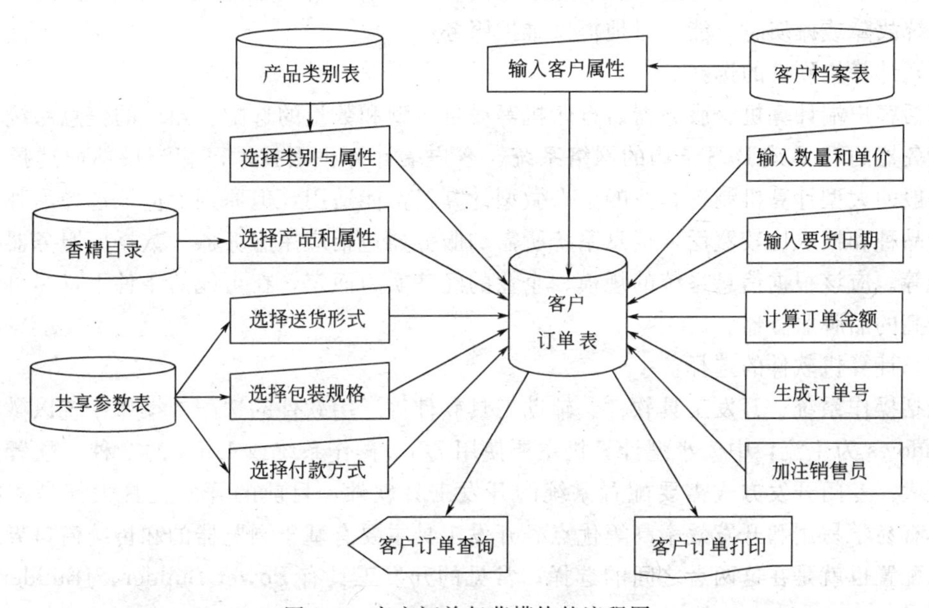

图 9.6 客户订单起草模块的流程图

信息系统流程图中各项处理的内部逻辑的设计也是系统设计要做的工作，这将在后面的输出、输入和处理的小节中再进行讲述。

9.2.2 系统物理配置方案设计

系统物理配置是指信息系统的计算机软硬件、通信网络、数据库管理系统等信息技术手段的选配与安排。信息系统的功能在物理上还是要靠信息技术来实现，系统配置对逻辑上期望的功能在物理上实现的好坏和达到预期的程度有直接的影响，因此系统物理配置方案的设计也是系统设计的重要内容。

系统物理配置方案设计主要有计算机硬件的选择、计算机软件的选择、系统网络的选择

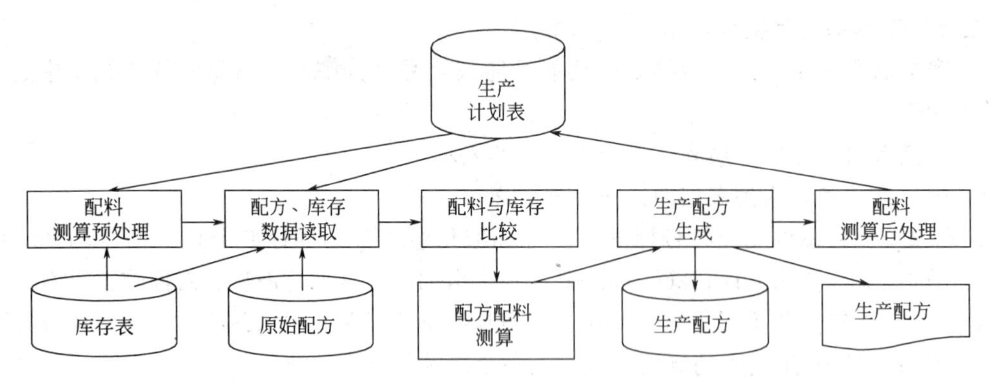

图 9.7 生产测方模块的流程图

和设计、数据库管理系统的选择四项工作内容。

系统物理配置中各项内容的选择和设计的依据，在总体上主要考虑系统的功能和性能需求、可以承担的成本、希望的售后服务水平三个方面的因素。此外，不同的信息系统还有一些各自的特殊考虑因素。功能实现的需求是理所当然地，必须予以满足。性能需求包括表示处理能力的系统吞吐量、衡量反应和处理速度的系统响应时间、表示连续重复处理无差错程度的系统可靠性等。成本因素要考虑用户企业能够承受的资金投入，在经济实力允许的前提下以性能价格比最合理为原则。对信息系统而言，售后服务的要求是确保系统的正常运行，遇到系统故障或瘫痪时，能及时地提供维护服务。

（1）计算机硬件的选择

包括客户端计算机、服务器、打印机等设备机型和数量的选配。当前的信息系统大都是基于服务器的 C/S 或 B/S 结构的网络系统，客户端计算机因技术已相当成熟而选择比较简单，一般的大型计算机制造企业的个人微型计算机都能适用，但原则上应该选择品牌机。服务器的品种和档次比较宽泛，信息系统所需的服务器包括应用服务器、数据库服务器、备用服务器等。应该根据信息系统的规模、企业的经济实力而定，在可能的条件下，尽可能选择档次偏高的品牌服务器。

（2）计算机软件的选择

包括操作系统、开发工具软件、辅助工具软件等通用软件的选配。操作系统以微软公司的 Windows 为主流，中、小型计算机主要使用 Unix 操作系统或 Unix 的变种，配置选择的余地不大。专门开发方式需要配置系统的开发工具软件，目前的开发工具大都是面向对象的，具有易学易用和开发效率高等优点。开发工具主要有基于浏览器的和传统窗口界面的两大类，配置也就是在这两者之间的选择。常见的开发工具有 Power Builder、JBuilder、Visual Studio、Visual Basic 等。

（3）数据库管理系统的选择

数据库管理系统是信息系统的重要组成部分，选择时要特别慎重。当前的数据库管理系统大致可以分为高档和一般两个层次。高档的在可靠性、安全性、功能丰富性方面见长，但价格昂贵，有的要高达数十万元，例如 Oracle、Sybase、DB2 等；一般大众化档次的在价格上很实惠，性能上能基本符合一般的信息系统的需要，例如，SQL Server、Access 等。数据库管理系统的选择主要是性能和价格两个方面的折中，特别要注意的是，数据库管理系统经常是按用户数计价的，例如 8 用户、16 用户、50 用户等。另外，数据库管理系统的选择也要考虑与操作系统和开发工具的协调性。

（4）系统网络的选择和设计

系统网络的范围比较广泛，一般情况下包括计算机网络结构的选择和设计、通信网络的选择、网络设施的配置等。计算机网络结构指网络中服务器与客户端计算机之间，或主机与终端之间的分布关系。从拓扑结构看，有总线型、星型、环型和混合型等网络结构；从地理分布看，有局域网、广域网等；从应用系统的配置看，有 C/S 结构和 B/S 结构等；从企业关系看，有企业内部网（Intranet）和企业外部网（Extranet）等。网络结构的选择应根据信息系统的需求、规模、地理和用户的分布等因素进行综合考虑，这方面的有关知识请参见第 4 章。计算机网络的设计在结构选择的基础上提出具体的实施方案。

通信网络常用的有电话线、ISDN（Integrated Service Digital Network，综合业务数字网，俗称“一线通”）、DDN（Digital Data Network，数字数据网）、ADSL（Asymmetric Digital Subscriber Loop，非对称数字用户环路）四种，可以向电信部门租用这些网络线路和相应的服务而实现，一般情况下，企业应该选择比较安全可靠的 DDN。网络设施的配置包括网络的设备和软件，网络设备有 Web 服务器、交换机、Hub（集线器）、防火墙、路由器等，网络软件有网络操作系统、浏览器等。目前常用的网络操作系统主要是 Windows NT 和 Unix。

图 9.8 所示为一个企业的计算机网络系统的配置例子。该网络系统是一个由三个局域网构成的企业内部网，企业本部局域网设置了数据库服务器、应用服务器和 Web 服务器，其余两个局域网各设置了一个应用服务器，它们共享设于本部的数据库。局域网之间通过 DDN 交互数据，客户和供应商可以通过 Internet 与该公司连接，开展商务活动。

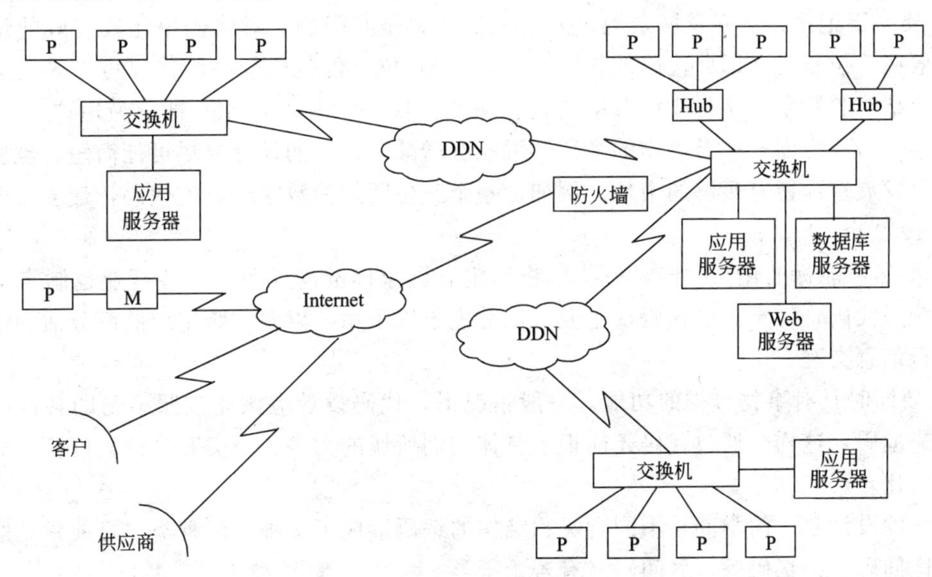

图 9.8 计算机网络系统示例

随着信息技术的快速发展和日趋成熟，普通的计算机硬件的功能和性能相差不大，价格已降到很低的水平，可选方案很有限。以往的主机/终端方案很少采用，即使是选用中型机和小型机为服务器的银行、大型零售企业和制造企业也大多采用 C/S 或 B/S 网络结构，客户端使用微型计算机。

系统物理配置设计要画出网络结构图，并列出需配置的计算机和网络设备、软件，以及所需服务的清单，包括品名、型号、规格、特殊配置、数量、价格和金额等数据。系统物理配置清单不仅明确需要购置的系统设施，还得出系统在物理配置方面所需的费用总开销。

9.2.3 代码体系设计

代码是识别具体人、财、物等事物的唯一性标识，企业的每一项资源都标记一个唯一的代码来标明它们的区别。代码在信息系统中起穿针引线的作用，通过代码来代表事物，可以提高系统中数据的确定性、一致性、可搜索性和可处理性。一个企业的代码多达数十种，且构成一个相互之间关联的体系。例如，原料、产品、部门、员工、仓库、设备、客户、供应商、销售区域、订单、会计科目、作业等，都是需要进行代码设计的事物。因此代码的设计是一件相当费时费力的工作。

代码设计有两项工作，一项工作是设计代码规则，为每一类编码对象制定代码的结构、组成和含义；另一项工作是依据代码规则编写代码清单，为各类编码对象中的每一个实例给定一个唯一的代码。为使代码科学合理和产生应有的作用，信息系统的代码设计应该遵循以下原则。

① 要唯一地代表某一事物。在业务处理和管理工作中因习惯或方便的需要，一些原料、产品等往往会有多种叫法。信息系统中不能出现这种情况，每一个被编码的具体事物必须给定唯一的代码，系统通过该代码识别和处理该事物。

② 要有规律性、易理解和易操作。代码的结构和构成应该按照某种规则反映被编码事物的属性和特点，这种规则的设计要使用户易理解和易操作，使用户看到代码就能容易地知道其代表的是何种具体的事物，系统通过代码识别和处理具体的事物时能容易地定位和分类。

③ 要易于记忆，又有发展余地。人的记忆能力是有限的，对代码串比较有效的记忆和识别一般在 7 位长度，因此代码的长度不宜超过 20 位。位数比较多的代码可以采用适当分段的组合结构和数字与字母相结合的结构。例如，代码 123-ABC-456 被分为用“-”连接的三个段落。另一方面，一类事物的个数都可能有增减，代码的设计要尽可能简短，也要考虑未来的可发展性而留有足够的余地。例如，一个三位阿拉伯数字组成的代码，最多可容纳编码实例 1000 个。

④ 要尽可能标准化。我国对一些事物制定有国家标准的代码，一些行业也制定有业内使用的统一代码，对于这些代码，企业应该首先予以采用，以便在跨组织的商务活动中更方便地进行信息交互。

⑤ 要同时具有事物分类的功能。一般情况下，代码设计应该先按照事物的共性，再按照特性来编码，这样，通过代码还能识别具体实例所属的大类、小类和属性，以便于分类统计和分析比较。

代码的设计是一门学问，不同含义和结构的编码形成了多种代码种类。目前常见的有顺序码、区间码、助忆码等，区间码又有若干子类。

① 顺序码。按顺序用连续数字编码，特点是简短，不足点是不形象，难以理解记忆。顺序码一般用作代码中的段码，如表示各类别或某一类中的个体实例，一般不超过 3 位数。例如，1 表示研究生、2 表示本科生、3 表示专科生等。

② 区间码。代码由若干段落组成，每个段落表示事物的某种属性或某个层次。例如，邮政编码和学号等都是典型的区间码，邮政编码 200237 由四个区间（20-0-2-37）构成，第一个区间的两位表示省、自治区和直辖市。区间码比较形象，容易理解，缺点是编码较长和难以记忆。根据区间码代表的含义，可以再细分为属性区间码、分类区间码、层次区间码

等。例如，96-TV25 是电视机的属性区间码，200237 是层次区间码，身份证是兼有层次和分类特征的区间码。区间码各个段落的长度和符号，以及连接规则可以根据需要而设定，例如，96-TV25 有用“-”连接的两个区间，前者为两位数字，后者由两位字母和两位数字构成。

③ 助忆码。根据事物的特征编码，比较形象和容易理解记忆。例如，年份、产品规格(20×30)、名称拼音（SH)、英语缩写（TV）等都是助忆码的例子。助忆码大多以事物特征编码而被又称为特征码。

代码规则常用说明图表示，一个例子见图 9.9。

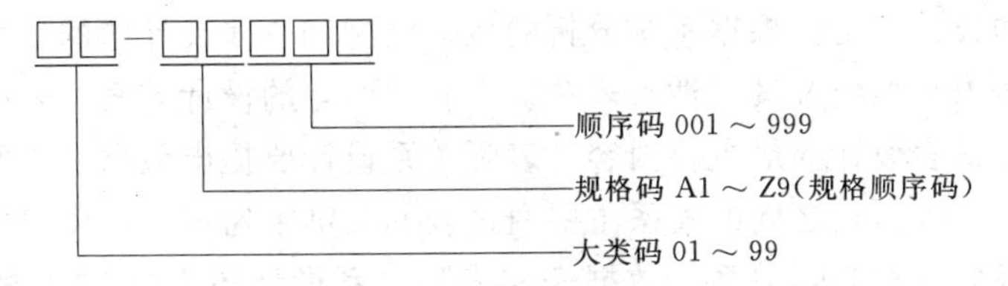

图 9.9 代码规则说明图示例

代码设计的另一项工作是依据代码规则编写代码清单，代码清单要列出所有编码事物的全部个体实例，篇幅很大。代码清单的编写实际上也是代码的制作工作，可以直接在计算机系统中进行，直接输入数据库系统。表 9.1 所列为一个代码清单的框架。

表 9.1 某公司代码清单

物料代号					
物料代号	大类	属性	产地	种类	顺序号
0	日化原料				
1	食品原料				
8	日化半成品				
9	食品半成品				
X1		稀释原料			
X2		合成原料			
X3		天然原料			
…					
XX1			自制		
XX2			国产		
XX3			进口		
……					
XXX00				含氮、含硫化合物	
XXX01				油类原料	
XXX02				醛类原料	
……					
013004808	日化原料	稀释原料	自制	含氮、含硫化合物	原料名称 1
013013533	日化原料	稀释原料	自制	油类原料	原料名称 2
…………					
产品代号					
……					

9.2.4 数据库设计

系统分析阶段设计的数据结构是不考虑计算机环境的逻辑上的数据模型，系统设计阶段要将此模型转换为基于数据库的物理上的数据模型。数据库设计的任务主要有以下三项。

（1）数据库文件、参数和存储位置的设计

大部分数据库是以文件方式存储于计算机磁性介质上的，数据库文件由文件名标识，以用户名、口令、属性和若干参数描述，存储于某数据库服务器的目录下。本项设计根据系统物理配置设计中选择的数据库管理系统，以及计算机网络系统的结构与布局，提出数据库文件的名称、参数和具体的物理存储位置。基于跨区域广域网的分布式数据库布局，数据库文件将分设于不同的地点，但设计是总体的和集成的，数据库的数据是整个信息系统共享的。

（2）数据表和表际关系设计

数据库中的数据大都是以数据表形式组织的，一个数据库文件中可以有多个相互关联的数据表。数据表的设计就是要根据系统分析的数据模型和总体设计中的信息系统流程，提出数据表的名称、表内数据项及其属性、表关键字和索引等的设计方案。表内数据项及其属性即表内结构，是数据表设计的最主要内容。表际关系设计要提出数据表之间的关联关系，采用关系型数据库时，表与表之间的关系主要通过表的关键字勾链，E-R 图模型中实体之间的关系可以直接转换成这种表际关系。数据表和表际关系设计还需要 3NF 的规范化处理，使数据表及其数据项符合 3NF 的规范。特别要说明的是，在计算机环境中，物理上的数据模型需要一些逻辑方案中没有考虑的临时工作表、数据处理过程的过渡表、备份表和存档表，以及存放共享选项数据的参数表等。

图 9.10、表 9.2、表 9.3 分别给出了数据表表际关系、数据表、数据表内结构设计的例子。

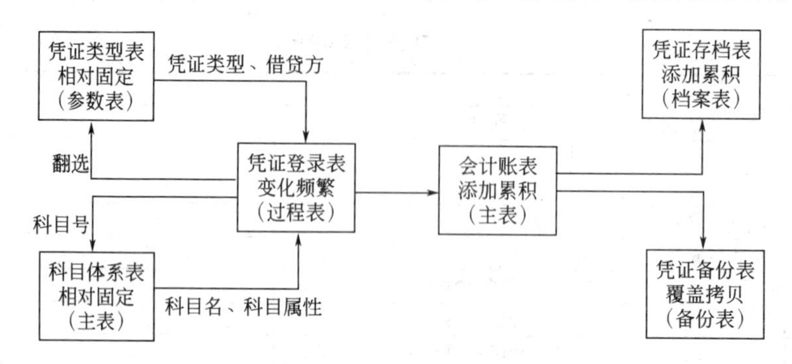

图 9.10 数据表表际关系设计示例

表 9.2 数据表设计示例

数据表名	数据库表名	关 键 字	记 录
科目体系表	ACCOUNT_CODE	科目号 A_code	每条记录为一个科目
凭证类型表	ACCOUNT_TYPE	凭证类型 A_type	每条记录为一个凭证类型
凭证登录表	ACCOUNT_INPUT	科目号 A_code、凭证类型 T_type	每条记录为一个凭证
……			

表 9.3 数据表内结构设计示例

科目体系表，ACCOUNT_CODE					
数据项	表数据项名	数据类型	数据长度	小数位数	关键词
科目号	A_code	Varchar	9		Y
科目名	A_name	Varchar	20		
科目性质	A_side	Varchar	1		
记账方式	A_book	Varchar	8		
栏目数	A_column	Int	4	0	
……					

数据表和表际关系设计的物理模型可以在系统制作时直接转换为数据库建表语句，生成数据库的数据表、表结构、表索引等。

（3）数据字典设计

数据字典是描述数据项属性及其相互关系的方法，信息系统中所包含的数据项都唯一地在数据字典中被描述。数据项是系统中不能再分的数据单元，例如科目号、客户订单号、客户名、原料单价等。严格意义上的数据字典包括数据项、数据结构、数据流、处理逻辑、数据存储和外部实体六个方面的描述，但其中一些内容与信息系统设计的其他部分有重叠，实质上，数据项、数据结构和处理逻辑三个方面是主要的部分。如前所述，数据字典是非常具体的数据描述，数据字典的设计工作已不是“做什么”的概念，因此不宜安排在系统分析阶段。

数据字典的数据项设计是唯一地列出系统中所有的数据项，这些数据项可以在多个表中出现，但其名称和属性必须一致。数据字典中的一个数据结构可以由若干个数据项组成，也可以由若干个数据结构组成，或由若干数据结构和数据项混合而成，这种数据结构的设计是其组成的定义和描述。数据字典的处理逻辑是指最底层的不可再分的数据的处理逻辑，除原始数据外的数据项都是按照某种算法计算产生的，因此数据字典的处理逻辑的设计可以理解为数据项的产生逻辑的设计。为便于数据字典的组织，系统设计的实际操作中，一些复杂的数据处理逻辑的设计可以安排在以下的处理设计小节中。数据字典设计的一个简例见表9.4，表中的M01-01数据项实际上是一个由四个数据项和4位顺序码组成的数据结构。

表9.4 数据字典设计示例

数据项定义					
数据项编号	数据项名称	别名	简 述	属性	处理逻辑
M00-01	物料大类	物料分类	按用途划分的分类	C,1	预设,参见代码清单
M00-02	物料属性	物料来源	天然和合成的划分	C,1	预设,参见代码清单
M00-03	物料产地	无	自制、国产和进口	C,1	预设,参见代码清单
M00-04	物料种类	物料成分	化学成分的划分	C,2	预设,参见代码清单
M01-01	物料代号	物料编号	原料、半成品等的代码	C,9	M00-01 + M00-02 + M00-03 + M00-04+4 位顺序号
……					
M02-01	物料单价	无	物料的计划单价	N,9,2	键盘输入
M02-02					
M02-03					
……					
M03-01	物料下限	安全库存	启动采购程序的库存下限	N,12,3	见处理设计
……					

9.2.5 输出与输入设计

输出指处理结果或数据库数据的读取，由数据使用需求驱动。输出是一类信息需求，需求决定数据的处理和数据源，因此系统设计的步骤是先输出后输入，但在系统制作时，先实现数据的输入，后实现数据的输出。输出设计工作主要有输出内容、输出方式和输出格式三个方面。输出内容依据信息需求而定，输出方式有打印机、显示器、磁带和光盘等，输出格式的设计包括打印格式的设计和显示器界面的布置等。输出内容的设计不仅仅是内容的罗列或描述，也包括内容选择方式的设计，见图9.11。

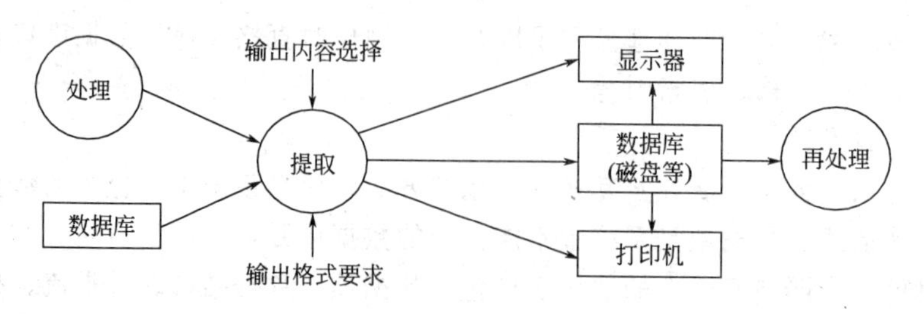

图 9.11　数据输出过程

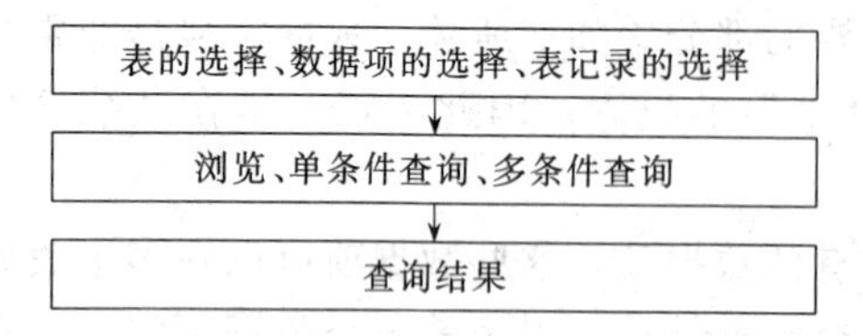

图 9.12　数据输出内容选择过程

目前常见的输出内容选择是信息查询的检索。输出内容选择的一般过程见图 9.12，选择条件或选择依据的输入界面的例子见表 9.5。输出内容选择条件输入后常被转换为 SQL 的 SELECT 数据查询语句。

表 9.5　表式多条件查询方式示例

查询项	比较符	查　询　值	条 件 连 接 符
省市	=	上海	AND
成交额	>	10000	OR
客户号	<	01	NOT
客户性质	<>	外资	

输出到显示器是最为多见的方式，因此输出界面的设计占很大的比重。比较复杂的输出界面是多数据窗和图文并茂的情况。一个兼有表式、卡片式和图示式的输出显示界面例子见图 9.13。界面设计要标明尺寸（行列或点阵）、颜色（前景和背景）、字体字号等。为使输出格式可调，界面格式就要以参数方式描述，并用参数表记录下来，修改参数即可调节格式，如栏目选择、栏目名设置等。

代号	名称	单位	单价
101	……	……	……
102	……	……	……
103	……	……	……
104	……	……	……

代号：102

XXX：……　XXX：……

XXX：……　XXX：……

……

Ⅰ　Ⅱ　Ⅲ

图 9.13　表式、卡片式和图示式相结合的界面显示例子

表单的打印输出看似简单，实则很复杂，尤其是要求用户自定义格式的表单的打印输出。限于篇幅原因，这方面的设计不展开论述。

输入是信息系统人机界面上最频繁与费时的工作，一个理想的输入设计能够提高速度、保证准确度、减轻工作强度。数据输入的内容主要有原始单证（例如，进出仓单、记账凭

证、订单等)、初始化数据（目录、期初数、系统参数等)、人机交换数据（查询条件、处理方式选择、状态设置等)、办公文档（信函、报告、报表等）以及修改功能的数据输入等。

数据输入的方式主要有键盘和扫描仪，从处理的角度看，由数据库中的数据表读取数据也是一种数据输入。对可视的数据输入情况，需要显示器界面上的输入格式设计。大部分的数据输入的接受端是处于待处理状态的内存变量或磁盘数据表。数据输入的一般过程见图 9.14。

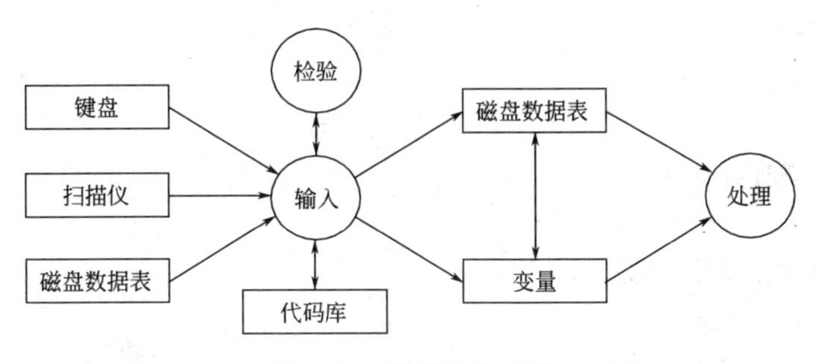

图 9.14 数据输入过程

为简化输入，保证数据的唯一性，有些数据的输入常采用代码转换方式。该方式输入的是代码，然后通过代码表（如原料目录、科目表等）转换出相对应的名称和其他属性数据。一个具有代表性的代码转换方式数据输入例子见图 9.15。

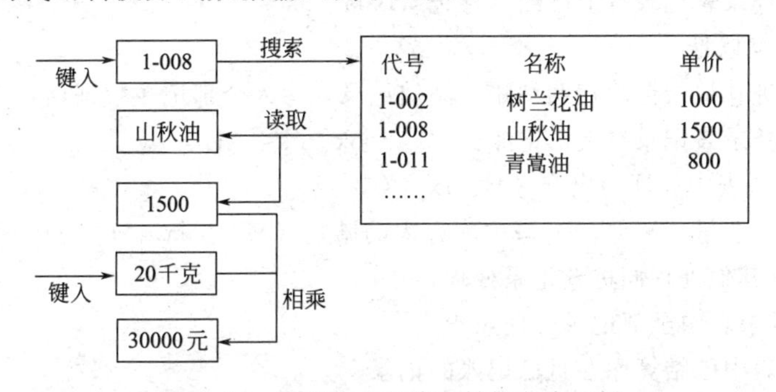

图 9.15 数据输入的代码转换方式示例

数据输入设计的差错检验也是一项必不可少的内容。输入差错的原因主要有手误或眼误，例如将 100 错成 1000、290 错成 298 等；漏缺或多送，例如少一笔或重复一笔；配对差错，两组数据交叉相混。目前常用的输入差错检验办法如下。

① 前后重复的两次输入的对比。

② 多笔数据时，再输入合计数，该合计数与计算机求和的结果进行对比。

③ 格式检查，如位数偏多或偏少的识别，设置上限下限的控制。

④ 逻辑判断，如最大数与最小数的倍数的判断。

⑤ 平衡检查，如凭证数据输入中的借方贷方的金额是否相等的比较。

⑥ 对照判断，如代码转换输入时，看代码表中是否存在。

9.2.6 处理设计

系统分析阶段的新系统逻辑方案设计中有一项管理模型设计的内容，那是不涉及具体物理环境的逻辑上的设计，在系统设计阶段，必须将其转换为物理模型，此即处理设计。处理设计是实现功能的程序设计，是输入至输出的传递过程的设计。

处理设计的方法可以采用处理流程图、数学模型、规则模型等。规则模型有判断树、决策表和结构化语言。处理设计的成果是程序设计说明书。系统分析阶段的程序设计说明书只是描述程序结构与步骤，在系统制作阶段，程序员根据该说明书编制程序，或设计程序的细节。

以下用一个简例来说明处理设计的结果，具体做法不再展开说明。

处理设计示例：

X. 供应管理分系统

X. 1 原料仓库管理子系统

……

X. 1. 3 进出仓凭证处理功能

……

X. 1. 3. 2 原料库存结算与记账模块

```
对登录表：
REPEAT 每一条进出仓记录
    搜索库存表对应原料的记录（用关键字原料代码 M_code 连接）
    IF 登录表中凭证为进仓（M_fx="J"）
        进仓量（M_qty）加入库存表的结余（M_bala=M_bala+M_qty）
        登录表记录打上已结算标记（Bala_ok=.T.）
    IF 有发票号
        进仓记录记库存明细账（添加记录，写入全部记录数据项）
        登录表记录打上已记账标记（Book_ok=.T.）
    IF 登录表中凭证为出仓（M_fx="C"）
        出仓量（M_qty）减去库存表的结余（M_bala=M_bala-M_qty）
        （其他处理同进仓记录处理）
UNTIL 登录表中全部记录处理完毕
删除登录表中已结算库存且已记账的记录
```

……

9.2.7 系统控制与安全设计

信息系统依赖于信息技术，在信息技术强大的处理能力的另一方面，安全上还没有绝对的可靠，还没有人那样的常识而会犯低级错误。再者，信息系统由人操作，人的弱点也会造成差错。系统控制和安全设计就是针对这些问题进行的损害防范和差错纠正方案的设计。

系统控制和安全的内容包括系统输入差错控制、输出要求控制、处理过程差错控制、用户权限控制、非法入侵和病毒入侵控制等。具体的损害防范和差错纠正做法有用户权限的管理、差错诊断与排除、数据后备与恢复、日志记录与存档等。

输入、输出和处理的控制是围绕系统各个功能模块而言的。错误的输入或不合法的输入会使系统数据发生差错，严重时处理无法进行甚至中断。输入差错具有扩散效应，这就像计算一个大题目那样，前端的差错会一直延伸到最后的解答。输入差错的控制可以采用以上输入设计中提出的输入检验办法来克服。处理过程中的差错一般由不合理的或错误的中间操作引起，处理过程的差错也具有扩散效应，不仅会影响当前模块处理结果的错误，也会蔓延到后续模块的输入错误和处理错误。因此必须在处理过程中引入差错识别机制，尽可能早地发现和纠正差错。例如，在处理程序中数据库存取语句后加上执行结果是否正常的检测语句和错误信息提示等。输出的控制主要是对不合法的输出要求的控制，这属于数据保密的范围，主要依靠用户权限的识别和限制来控制，以防数据泄密。以下是一个进出仓凭证库存结算操作的输入操作控制程序段落。

```
库存结算操作：
……
IF 凭证号空白 或 日期空白
    从差错信息表中读取相应的提示信息
    显示凭证号空白或日期空白的提示信息
    显示如何解决的建议
    退出结算操作
    ……
```

系统安全设计针对外部不合法程序和病毒程序的非法入侵等的危害，提出具体的防范措施，具体的途径有硬件技术与软件技术两大类，以及两者的结合。常用的主要技术方法包括防火墙技术、内外网隔离技术、身份验证技术、病毒检测和消除技术、安全审计和监控技术等。由于危害性入侵手段的不断翻新，信息系统的安全问题日益突出，防范措施几乎都是多种技术方法的综合使用。其中用户权限的管理、数据后备与恢复、日志记录与存档等三项安全措施是信息系统应该具备的基础功能。

数据后备功能定时地将数据库数据复制到另一个地方，以备在系统遭受破坏性伤害或瘫痪时恢复之用。具体做法是从简易的短小拷贝程序到复杂的外包给专业的数据备份服务公司，安全保障程度差别很大，系统设计需依据信息系统的重要性和条件的可能性选择比较恰当的措施。日志记录与存档措施是一种跟踪用户操作轨迹的审计监控手段，用户的操作过程和数据存取情况被同步监视和记录，在发生问题时能通过存档的日志，追溯该轨迹、找出原因、明确责任和采取新的预防措施。身份验证技术基于用户及其权限的管理，在用户进入系统时通过用户名、口令等判别身份是否合法和准予进入，同时也能为不同的用户设置不同等级的权限，控制用户的操作范围和数据存取范围。从简易的到复杂的，身份验证技术的种类和档次也非常多，一种比较简单的用户权限设计见表 9.6。该表的功能权限可用一位数表示某项功能可用标志，例如，1 表示可用、0 表示不可用、2 表示月末可用等。

表 9.6 为用户设定功能使用权限的示例

用户名	部门	……	功 能 权 限
ABC	供应	……	11110100012010111……
XYZ	销售	……	……
123	销售	……	……
……			

9.3 信息系统的实施

信息系统的实施是系统开发的最后一项任务，该任务按照系统设计阶段提出的物理方案实现物理上的可以运行的信息系统。系统实施阶段的大部分内容为技术工作，具有很强的专业性质。系统实施可再分为系统制作、系统调试、系统切换和系统评价四个子阶段，其中系

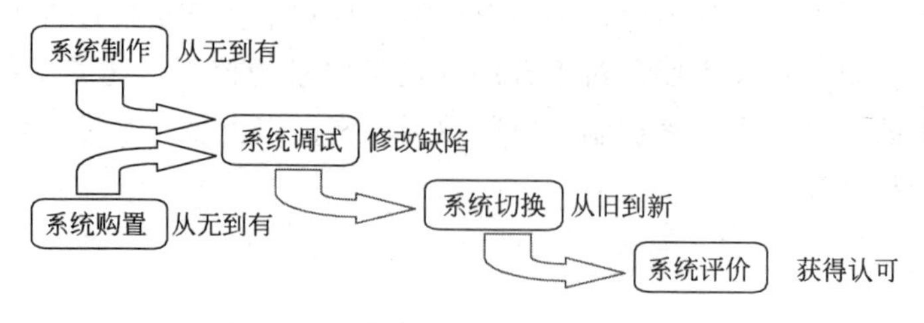

图 9.16　信息系统实施的四个阶段

统制作最为关键和重要。信息系统实施各阶段的划分及其关系见图 9.16。

除了上述的四个阶段外，系统实施还有用户培训、相关制度的制定、运行和维护人员的配置等工作，这些内容将在第 10 章讲述。

9.3.1　系统制作

系统制作的工作主要有计算机与网络系统的实施、数据库实施和程序编制三个方面。计算机与网络系统的实施包括计算机与网络设施的购置、安装与调试；数据库实施包括数据库管理系统软件的购置、安装、参数设置，数据库和数据表的建立，录入目录类数据、期初数据和参数类数据等；程序编制也称程序设计，是要在计算机平台上制作功能模块，并建成完整的应用系统软件。

(1) 计算机与网络系统实施

计算机与网络系统的实施工作指依据系统设计提出的物理配置方案，购置、安装和调试计算机硬件与软件，布置网络线路、租用通信线路，以及整个计算机与网络系统的调试等。目前计算机软硬件的质量已比较成熟，计算机提供商都带有实施安装的服务，购置、安装和调试相对而言一般不会发生大的问题，但信息系统的很大一部分开销（可能占 50%以上）在此阶段投入，应该予以充分重视。信息系统的网络布线是一件比较复杂的工作，要求线路隐蔽和连接牢固，以免系统运行过程中发生线路中断的情况。服务器是系统中最重要的设备，应该设有专用机房，使用专用的机架稳妥安装。特别要注意的是，所有的网络线路图纸、计算机软件安装光盘都要妥善保存存档，以备以后检修或重装时使用。

(2) 数据库实施

数据库管理系统软件的购置与安装工作不算复杂，但对一些高档的数据库管理系统，其概念的理解、功能的掌握和参数的设置有相当的难度，常见的问题是系统功能利用率明显的偏低。无论采用何种系统开发方式，对数据库的实施，企业用户需要专业人员的培训和帮助并要全程参与，在实践中学习和掌握数据库管理系统的基本知识和使用技能。

数据库实施中最繁重的工作是数据表的建立和初始数据的录入。一个较大的信息系统会有数百或上千个数据表，这些表之间还有交错的关联关系，体系结构很复杂。如果仅靠手工逐个建表，工作量相当大。比较理想的建表方法是由系统设计中提出的数据模型通过转换软件自动生成这些数据表。

数据表建立后更繁重的工作是录入初始数据及其校对。初始数据是信息系统进入运行之前必须具备的数据，这些数据包括目录表和分类表的代码类数据、产品结构和工艺流程等的基础数据、账册和结转类表的期初数据、提供操作选择的系统参数等。初始数据的录入需要耗费很大的人力和时间，往往因无法完成该工作而延误系统的投运。比较理想的方法是尽可能地从现行系统的数据库中直接转换导入。由于新旧系统数据结构的差异，自动导入只能解决部分的数据录入工作。初始数据的录入应该尽早地开始，甚至在系统设计阶段就开始初始数据的录入，存放于临时库表或电子文件中。鉴于初始数据的重要性和工作繁重性，一方面要仔细地检查和核对，另一方面应该制作至少两份备份。

信息系统中存在大量的数据派生现象，数据表的建立和初始数据的录入因此还有一个先后顺序的问题。按照一般的数据依赖关系，可以有以下的建表和初始数据录入顺序。

① 代码表之类的公用数据表的建立和数据输入。

② 客户档案、产品结构、工艺流程等原始数据表或基础数据表的建立和数据输入。

③ 会计账册、库存账表等的建立和期初数据的输入。

④ 按数据产生的顺序建立其他数据表。

(3) 程序编制

信息系统中的应用系统部分含有大量的程序，例如数据输入、输出和处理程序，系统控制与安全保护程序，系统维护程序等，其中数据处理程序占有很大的比重。程序编制主要有特殊的性能要求、合适的编制方法、合理的编制顺序三个问题。

系统的性能水平常用可维护性、可靠性、可理解性、易掌握性、易操作性和运行效率等来表示，这些性能指标的好坏与程序编制的质量密切相关。同样的功能，不同的人编制的程序在性能上会有很大的差距。目前在手段上提高程序性能，主要采用结构化、模块化的程序设计方法，使程序具有良好的结构。

① 可维护性。信息系统时常发生需求变化而要改进系统，或发生故障要检测原因和修改系统，这种改进或修改易于进行的程度称为可维护性。由模块化程序构建起来的系统是有利于维护的。

② 可靠性。当系统发生意外，例如输入差错、数据损坏时系统是否还能正常运行的程度称为可靠性。可靠性也是一种容错能力。相对独立的模块化的程序发生问题时一般不会扩散和波及到其他模块，可靠性也就得到提高。

③ 可理解性和易掌握性。这两个性能的好坏将影响到系统学习和运行维护的成效。结构化的程序层次清楚，条理清晰，有助于提高程序的可理解性和易掌握性。另外，程序中多加注释对以后再读程序是极有帮助的。

④ 易操作性。易操作性表示用户使用系统方便的程度，主要通过设计友好的用户操作界面来提高系统的易操作性能。

⑤ 运行效率。影响运行效率的因素比较多，例如数据读取速度、计算机 CPU 的处理速度以及程序编制的水平等。程序运行效率的高低反映出程序员对开发工具的熟练程度和逻辑思维能力，体现在同样数据处理功能的程序语句的搭配优化程度上。程序的运行效率与可理解性是一对矛盾的性能指标。极其精练的程序可能阅读困难，易于阅读的程序又可能运行效率不很高，这时要折中选择平衡点，原则上应该首先考虑可理解性的性能指标。

当前，程序设计基本上都采用面向对象的开发工具，这类开发工具设有对象设计与开发平台，制作效率很高。面向对象的应用软件开发平台提供按钮、下拉框、数据窗、表单、文本框等数十种供选对象，制作时只要将对象拖放到所需的屏幕界面位置上，然后设置该对象的属性（颜色、大小等），对象的操作程序编写在对象背后的脚本窗。面向对象中的类具有继承性，对象具有封装性，实际上形成了由上往下包含的层次结构的程序体系，其中每个对象相当于一个相对独立的程序模块。一个面向对象设计方法设计的屏幕界面见图 9.17。该界面显示一个“原料库存表”，当前记录为第 2 条记录。左上角有一个下拉式框，供选择库存表的当前年月份。下边设有四个按钮，点击“明细”按钮，将执行该按钮的 Code（程序

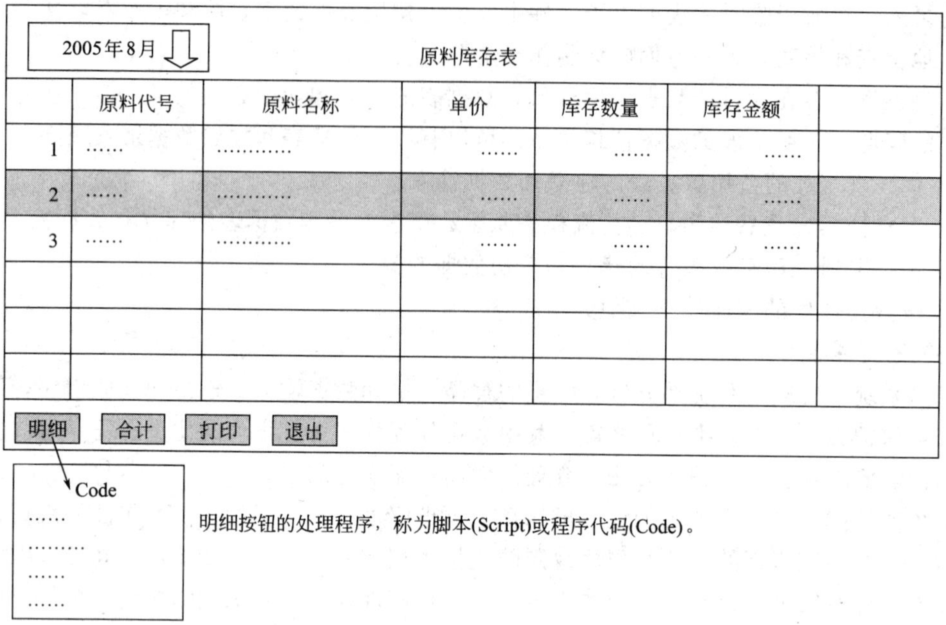

2005年8月　　原料库存表

	原料代号	原料名称	单价	库存数量	库存金额	
1	……	…………	……	……	……	
2	……	…………	……	……	……	
3	……	…………	……	……	……	

明细　合计　打印　退出

Code
……
………
……
……

明细按钮的处理程序，称为脚本(Script)或程序代码(Code)。

图 9.17　面向对象的程序设计示例

段），显示当前记录对应原料的进出仓明细记录。

信息系统的程序是按一定的结构组织的。最高层面的程序称为框架程序，例如主程序、菜单程序等。不同的开发工具，框架程序的叫法和形态各有不同。以开发工具 PowerBuilder 来说，框架程序为一个 Application 程序，在该程序中，调用身份识别程序、菜单程序，菜单程序再调用各个子系统或功能模块的入口程序等。

程序编制也有一定先后顺序，按照调用关系和数据派生关系，可以有以下的程序编制顺序。

① 系统框架程序，如主程序、菜单程序等。

② 通过调用共享的通用程序。

③ 原始数据的输入程序。

④ 派生数据的输出程序。

⑤ 数据处理程序。

⑥ 数据维护程序（如后备、存档等）。

9.3.2　系统调试

制作产生的应用系统在投入运行前，还要经过一个调试阶段。系统调试是要找出系统中存在的错误，予以及时地改正。系统的程序、数据结构等系统制作中的成果都可能存在错误，就程序而言，可能存在有语法错误和逻辑错误两类错误。语法错误是语句组成的错漏，容易发现，容易修改。逻辑错误是结构性错误，较难判别，唯有通过调试才能发现和纠正。

系统的调试有理论证明法和实验暴露法。理论方法目前还不成熟，对于较成规模的信息系统难以有效应用。目前主要采用实验方法来发现系统存在的错误。所谓实验，就是让系统运行起来，让数据流动起来，在系统的运行过程中输入数据，在处理过程中或输出处暴露错误。调试的输入数据采用模拟数据，这些数据要具有各种可能情况下的代表性，为此，调试数据应该包括下列三类。

① 正常数据。

② 极端数据。如空文件或空表，数据0，极大值等。

③ 错误数据。如负数、各种非数字符号，错误的键盘操作产生的随机数据等。

信息系统的数据量极其庞大，受时间和精力的限制，模拟数据总是有限的和有选择的。系统的调试就是用有限的具有一定代表性的模拟数据输入系统，发现系统的错误问题。信息系统的功能项和操作项众多且呈层次结构，系统调试的习惯做法是从下往上逐层进行，步骤如下。

① 每一项功能模块的单项调试。从最底层的菜单项或按钮项开始。

② 子系统级单独调试。包括正常操作和反常操作的调试，对子系统中各个功能模块进行输入输出的联调。

③ 系统的总体调试。

除了系统调试之外，必要时还须进行一种称为系统测试的系统检测。两者的区别是，系统调试采用模拟数据作为输入，一般由系统制作者自己进行；系统测试则以现行系统的实际数据为输入，比较新系统的输出是否与现行系统的输出相一致，回答诸如“系统是否会在已知条件下产生预定结果?”，“系统是否满足了原定目标?”等问题。系统测试一般由公正的第三方承担。测试之前先要制订测试计划书，操作较严格，目的在于进一步找出错误，并给出系统是否达到，或如何达到预期目的的结论。

9.3.3 系统切换

系统的切换是新旧系统的更替。信息系统不是精确的科技产物，而是带有很大艺术比重的作品，即使经过调试和测试，依然难免会存在或多或少的漏洞和错误，一步到位的系统切换不一定能够成功。

根据信息系统的具体情况，可以有平行切换、直接切换和分步切换三种策略供选择，见图9.18。

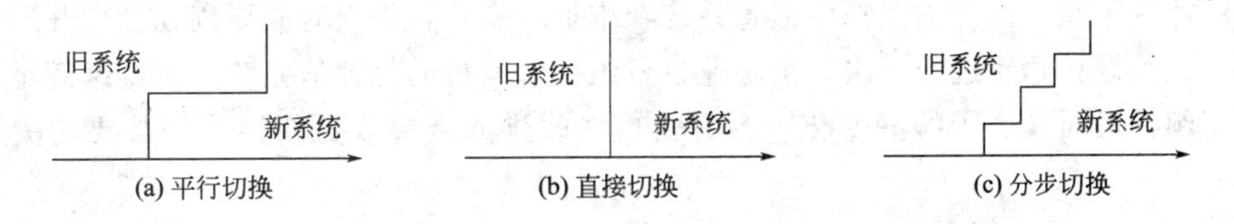

图9.18 信息系统的三种切换策略

(1) 平行切换策略

新旧系统并行运行，待新系统成熟时停止旧系统的运行而完成切换。平行切换又称并行切换或新系统的试运行。平行切换比较可靠和平稳，但一段时间内系统的用户负责新旧两套系统的操作，他们往往又是工作比较繁忙的员工，时间和精力花费很大，要坚持到成功很不容易。

(2) 直接切换策略

在某一个时间点，启动新系统，同时停运旧系统。这种切换直接干脆，开销很小，但风险比较大。一旦新系统遇到未知的问题，会对企业的运作产生难以预计的影响。直接切换策略的最佳切换时间点选择是一个关键，该时间点一般应该定在一个完整的经营计划周期刚结束，新的经营计划即将开始时。

(3) 分步切换策略

按子系统为单位分期分批进行新旧系统的切换。该切换策略亦称试探策略，优缺点处于平行切换和直接切换之间。

信息系统的切换是很费时的，有时还是很费周折和颇有风险的工作，不少信息系统的失败就发生在切换阶段。由于新旧系统的数据结构存在差异，系统切换中旧系统的历史数据如何转入新系统，也是一个比较棘手的工作。如果这些数据不转移到新系统，那么它们将失去使用价值，或难以与新系统的数据集成利用。目前已有一些异构系统的数据转换软件可供采用，但手工处理的工作量之大还是常超出人们的预计。

9.3.4 系统评价

系统的评价是对运行中的信息系统所做的综合性的考量，在我国比较看重。依据系统的不同阶段，系统评价分投运不久的验收性质的评价和周期性的常规评价。系统评价的目的主要如下。

① 衡量系统是否实现了预定的目标。

② 评估系统的效益，包括定量的经济效益和定性的间接效益。

③ 评判系统达到的水平和性能。

④ 检查系统存在的问题。

本教材的3.4.2小节讲述的信息系统可能产生的效益，可以作为系统评价中第二项评价的内容。第三项系统评价中的水平评判，以同类系统为参照，评价内容包括系统的规模、采用技术的先进性、系统结构的合理性、信息资源开发和利用的范围与深度、系统的安全保密措施的得当与否，以及系统特色或创新情况等；性能评判方面，可以采用9.3.1节中讲述的性能指标。

系统的验收评价也是系统开发项目的结题评价，也是系统生命周期中最为重要的一次评价，主要目的包括前三项。通过评价后的评价报告可以作为用户验收系统和项目结题的依据。系统验收评价工作一般由企业用户主持，也可以由第三方主持。

系统评价不是一次性的工作，信息系统在维护中变化，因而有必要周期性地开展。一般情况下，这种评价每年进行一次，由企业自行组织，其目的是评估系统是否继续满足用户的需要，与刚投运时发生了哪些变化，为有无再做改进的必要或更新换代的必要的决策提供依据。

本章小结

本章按照图9.1的内容展开，主要讨论了信息系统的两条开发路线，购置商品软件路线的过程和系统设计的内容，系统设计和系统实施的具体做法。

商品软件是一类特殊的商品，商品软件的购置过程是软件供应商与企业用户的合作过程，购置与实施的成败取决于双方。信息系统设计将系统分析的逻辑方案转化为物理方案，回答信息系统“怎么做”和“怎样做好”的问题。

系统设计的内容及其相互关系可以形象地以系统结构的框架予以描述，内容上主要包括系统的总体结构、系统物理配置方案、代码体系、数据库、输出、输入和处理的设计，以及系统的控制和安全设计。

系统的实施是系统开发的最后一项任务，该任务按照系统设计阶段提出的物理方案实现可以运行的信息系统。系统实施阶段的大部分内容为技术工作，具有很强的专业性质。系统实施可再分为系统制作、系统调试、系统切换和系统评价四个子阶段。

课程设计1：图书借阅管理系统的设计

图书馆在正常运营中面对大量书籍、读者信息以及两者间相互联系产生的借书信息、还书信息。人工记录方法既效率低又错误过多，大大影响了图书馆的正常管理工作。随着信息技术的发展，希望采用计算机图书借阅系统对书籍资源、读者资源、借书信息、还书信息进行管理，及时了解各个环节中信息的变更，由此提高图书借阅管理的效率。

整个图书借阅系统可以大致分为图书管理和读者管理。图书管理主要包括图书添加入库、注销、信息维护、信息查询。读者管理主要包括读者信息添加和维护、读者借书登录，还书时检查是否逾期及其他违规行为，登录有关信息。

① 每种图书都有书号、书名、ISBN、多名作者（译者）、出版社、定价和内容简介。

② 读者信息有借阅者的姓名、类别（教师、学生）、系所/班级。

③ 每个教师类读者最多能借10本书，借书期限最长为60天；每个学生类读者最多能借5本书，借书期限最长为30天。

④ 读者借书流程为：输入读者借书号，检查该读者是否存在超期情况或罚款欠款情况，如果有，则不予借书，如果无，给予借书，将读者借书信息写入数据库文件，借书成功。

⑤ 读者还书流程为：读者持读者证和图书到图书出纳台办理还书手续，输入图书书号，检查超期情况，如果存在超期或其他违规情况，进行罚款处理；如果无，进行还书处理，将信息写入数据库文件，还书成功。

⑥ 罚款处理：如果图书超期，超期一天，罚款0.1元；如果图书涂污，罚款图书价格的1/4；如果造成图书缺页，罚款图书价格的一半；如果丢失图书，赔偿图书价格的四倍，或者购买一本相同图书，并支付工本费2元；如果丢失图书的同时，存在超期情况，除了按照丢失图书赔偿以外，还需支付超期费。

【课程设计要求】

按照信息系统设计的内容和方法，根据上述图书借阅系统的现状描述，以构建一个简易的图书借阅管理系统为目的，进行系统设计，提出系统设计报告。

【说明】

(1) 由于没有系统分析的阶段，可以将上述有关描述代作系统分析的结果。

(2) 一些情况不明的地方可以简略或自己进行假设。

(3) 系统物理配置可以根据实际需要设计切实可行的方案，原则上简易为好。

(4) 建议采用面向对象的开发工具。

课程设计2：试卷生成系统的分析与设计

在高校的日常教学中，为了有效地检测教学效果，考试是一种行之有效的手段。现阶段，学校的大部分课程考试大都采用传统的考试方式，在此方式下，组织一次考试至少要经过五个步骤，即人工出卷、考生考试、人工阅卷、成绩评估和试卷分析。在处于考试前期准备的人工出卷阶段，为了得到一份满意的试卷，教师需要收集大量的试题供出卷时参考使用，同时教师还要熟知各题目所属的课程、章节、知识点、难度等信息。另外，对于一份好的试卷而言，不但要求其题目的质量达到一定程度，而且要求其中试题的章节、知识点分布合理，题型设置合适。显然，随着考试类型的不断增加及考试要求的不断提高，为了得到一份高质量的试卷，教师所需要付出的工作量将会越来越大，更何况出卷工作本身就是一件十分烦琐和非常容易出错的事情。出卷工作已成为教师的一项繁重的负担，尤其对于大面积课程。为减轻教师的工作负担及提高工作效率，借助计算机等信息工具，开发一套计算机出卷系统很有必要。

该系统服务的对象是各课程任课教师，方便教师考试出题。由教师根据教学课程和相关资料录入试题，并对其进行分类，待需要考试时，设定一定的条件，系统就自动从题库中选取试题并生成试卷。具体要求如下。

① 系统供多个课程教师使用，每个教师只有维护管理自己讲授课程的权限。

② 教师可以录入、修改、维护、打印输出自己讲授课程的试题。

③ 教师首先要录入课程讲授的章节，之后再录入试题，试题归到具体的章节中。

④ 试题抽取。能从输入的试题中人工或自动抽取试题，试题要覆盖所有章节和各重点知识点。

⑤ 能够动态生成试卷相关部分，包括卷头（见附 1）、题目类型和分值（见附 2）。

附 1：

××××大学 200__～200__学年第__学期

《　　　　　》课程期末考试试卷　A/B　2005.4

开课学院：________　专业：________　考试形式：闭、开卷　所需时间________分钟

考生姓名：________　学号：________　班级________　任课教师________

题序	一	二	三	四	五	六	总 分
得分							
评卷人							

附 2：

一、填空题（共××分，每空格或小题 ××分）

二、选择题（共××分，每小题××分）

1. ××××× ×××××××××。

A. ××××　B. ××××　C. ××××　D. ××××

三、判断题（共××分，每小题××分。对“√”，错“×”）

四、计算题（共××分）

1. ×××××××××××××××（题目）。（××分）

2. ×××××××××××××××（题目）。（××分）

【课程设计要求】

按照信息系统分析与设计的内容、步骤和方法，根据上述试卷生成系统的要求，以构建一个简易的试卷生成系统为目的，进行系统分析和系统设计，提出试卷生成系统的分析报告和设计报告。

【说明】

(1) 本课程作业以学习和掌握系统分析和设计的方法步骤为主要目的，设计的目标系统不宜过于复杂。

（2）一些情况不明的地方可以简略或自己进行假设。

（3）系统分析部分可以只考虑新系统逻辑方案设计的部分。

（4）系统物理配置可以根据实际需要设计切实可行的方案。

习　题

（1）简要地描述购置商品软件与专门开发两种信息系统开发方式的不同点和共同点。

（2）购置商品软件的过程中，企业用户和软件提供商之间的合作环节有哪些？这些环节分别建立在什么基础之上？

（3）购置商品软件方式的信息系统开发，也有部分系统制作的工作，请简述这些工作的内容，并回答这些工作与其他开发方式有无本质的区别？

（4）简述系统分析和系统设计的区别和联系？

（5）信息系统总体结构设计中的两项设计内容分别起什么作用，它们之间有什么联系？

（6）从系统物理配置方案的设计可以看出信息管理与信息系统专业对信息技术知识有很高的要求，请结合自己所学的信息技术课程，对该问题进行简要的论述。

（7）试述我国身份证号的意义和构成。并简要地评述它的优缺点。

（8）简述数据流程图和数据字典之间的关系。

（9）为什么先设计系统的输出，后设计系统的输入？输入设计的原则要求有哪些？包括哪些基本内容？

（10）系统调试和系统测试有哪些异同点，为什么既要系统调试，有时也要系统测试？

（11）什么是系统切换？有哪些方式及各自特点？对“不少信息系统的失败就发生在切换阶段”的说法进行简要的论述。

（12）简述系统评价的目的与内容。

10　信息系统管理

信息系统的管理是系统生命周期中占据时间最长的工作，其成效对系统的建设和运行有间接的，但尤为重要的影响。信息系统管理的内容比较广泛，本章就信息系统开发项目的管理、信息系统的运行管理、信息管理部门与信息系统的伦理问题进行展开讨论。

10.1　信息系统开发项目的管理

信息系统的建设一般以总体规划和分步实施的原则开展，规划期内有多个信息系统要开发时，习惯上的分步按信息系统划分，一般情况下，每一步开发其中的一个信息系统。信息系统的开发一般以项目形式组织和落实，一个项目完成一个信息系统的开发。信息系统开发项目的管理是一类工程项目的管理，是应用科学的项目管理方法，在有限的资源条件约束下，对信息系统开发全过程进行有效地计划、组织、协调、领导和控制的系统管理活动。

10.1.1　项目计划的制订

第 7 章的信息系统规划部分，对企业信息系统建设项目计划的两个层面的总体部署层做了介绍，以下讲述第二个层面——具体项目的计划安排。

信息系统与其他技术系统相比有许多差别，其中计划要素的不确定性是信息系统开发的一个显著特点。为了尽可能地有序开展信息系统的开发工作，有必要为系统开发制订一份工作计划，以便对项目的落实进行组织、监督与控制。

项目计划要根据项目的总进度要求，对项目的各项工作排定时间、落实具体人员和明确内容。为此，一个信息系统开发项目工作计划的制订，首先要划分工作子项、明确工作子项之间的关系和估算工作子项的工作量。

(1) 项目工作子项的划分

一般情况下，可以从开发阶段和系统构成两个维度划分出项目的工作子项。例如，开发阶段维度有系统分析和系统设计阶段，以及系统实施的四个阶段、用户培训等的工作子项；系统构成有应用系统的各个子系统或功能模块、计算机网络系统、数据库管理系统等。每个开发阶段还可以再细分出具体的内容，如系统分析中的现行系统分析、需求分析和 BPR 方案设计、新系统逻辑方案的设计等。同样，每项系统构成也可以再进行细分，如子系统的输入模块、处理模块和输出模块，数据库管理系统的系统购置与安装、数据表的建立、初始数据的输入等。

工作子项划分越细，计划安排就越明确和具体，对项目的管理也越有利。开发阶段和系统构成两个维度是交错的，几乎每个开发阶段都要涉及系统的每项构成，大部分的系统构成要经历各个开发阶段。因此，信息系统的项目计划要对系统的每项构成的每个阶段，或对系统每个阶段的每项构成做出安排。

对于购置商品软件的系统开发方式，没有程序编制等系统制作的内容，但有其他开发方式不具有的系统软件购置的内容。不同系统开发方式的项目工作子项略有不同。

（2）项目工作子项之间的关系

当确定了项目的工作子项后，还要再进一步地明确这些子项在计划安排中的先后顺序，这就需要知道项目工作子项的相互关系。如果一个工作子项建立在另一子项的基础上，那么基础的子项必须先安排。另一方面，开发阶段和系统构成两个交叉的维度使得一些工作子项可以并行推进。这样，信息系统开发项目工作子项之间表现为一个网络状的关系，相应的工作计划也成为一个网络结构的计划。

显然，在开发阶段，必须按生命周期的规律来安排先后的顺序。在系统构成上，基础的、前端的子项，例如销售子系统、产品数据管理子系统等，应先安排；依赖性的、建立在其他子项之上的工作子项，例如生产管理子系统、财务管理子系统等，应后安排。另外，为充分体现信息系统的效益及激发信心，一些难度低、见效快的工作子项也应予以优先安排，例如，库存管理子系统等。

（3）项目工作子项的工作量

项目计划的安排除了需要明确工作内容外，还要知道每项工作内容的工作量。工作量的大小将决定工作子项要花费的时间和投入的人力。时间和人力是互补的两个方面，但研究表明，信息系统的性质使得开发人员与开发时间不能正比互换，如果以增加人数来缩短开发时间，工作量往往会变大，因为人员的增加将产生更多的协调与综合工作。

信息系统各开发阶段和系统各个构成的工作量的核定，目前还没有精确的计算方法，一般只能依据经验统计数据给出估计数。信息系统的开发常用人月数来表示工作量，即一个项目或一个项目工作子项的工作量大致地表示为人月数。

在项目工作子项的划分、相互关系的明确和工作量的估计的基础上，人们可以制订出信息系统开发项目的工作计划。

由于信息系统的日益成熟，以及合作、购置、外包等开发方式的优势互补，现在信息系统的开发可以采用多个模块并行推进或交叉推进的计划安排。在开发周期大大缩短的同时，工作子项和开发人员之间协调的难度增加，因此信息系统开发项目的工作计划比以往显得更为重要。

在第 7 章的信息系统规划部分，信息系统开发计划的总体部署层采用了甘特图方法，第二层的具体项目的计划安排也可以应用甘特图。从信息系统项目工作计划的网络结构特点看，具体项目的工作计划也宜采用网络计划法。

网络计划法是用网状图表安排与控制项目各项活动的方法，一般适用于工作步骤密切相关，错综复杂的工程项目的计划管理。图 10.1 所示为一个简单的网络计划例子，其中的活动时间单位为周。

为了利用网络计划对项目进度进行控制，要计算每个事件的最早时间与最迟时间，进而确定关键路线。事件最早时间由始点事件顺向计算，一个事件的最早时间 T_1 等于前一事件的最早时间加上前一活动所需的时间。当事件结束的活动有两个以上时，事件的最早时间按其中时间最大的活动计算。事件的最迟时间由终点事件逆向计算。终点事件的 T_1 与 T_2 相等，一个事件的最迟时间是后一事件的最迟时间减去后一活动的时间。当事件开始的活动有两个以上时，事件的最迟时间取对应路线中时间的最小值。如果两个事件的最早时间与最迟时间相等，则称其为关键事件，由关键事件联结的各个活动所组成的路线称为关键路线。

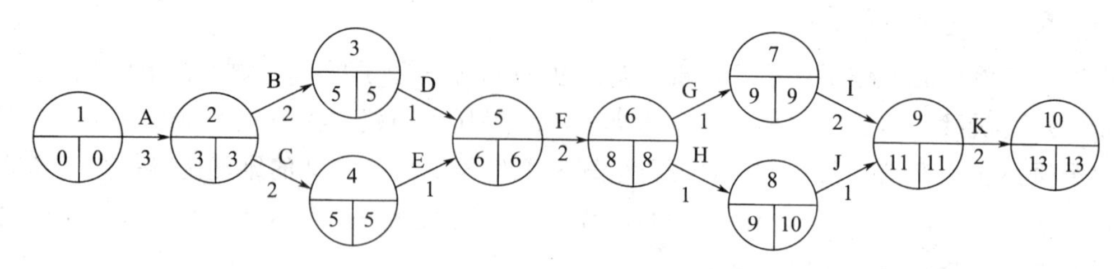

图 10.1 一个系统分析项目的网络计划简例

$\xrightarrow[t]{a}$ 活动，a 为活动编号，t 为活动时间

（i / T_1 T_2）各活动之间的关系，也称为事件，i 为事件编号，T_1 与 T_2 分别为事件最早时间与最迟时间

1—启动；2—调查报告确认；3—业务问题确认；4—数据问题确认；5—需求确认；6—BPR 方案定稿；7—功能结构认可；8—数据结构认可；9—新系统方案认可；10—分析报告批准

A—详细调研；B—现行系统业务分析；C—现行系统数据分析；D—功能需求分析；E—数据需求分析；F—BPR 设计；G—功能结构设计；H—数据结构设计；I—管理模型设计；J—处理流程设计；K—系统分析报告

本教材对网络计划方法的详细介绍不做展开，需要进一步了解的读者可以再参考有关的书籍。

由于信息系统开发项目带有不确定性与不稳定性因素，工作计划不宜也不可能制定的过于具体，一般可在计划中预留一定的机动时间，随着计划的进行，情况会逐步明朗，因此可在计划落实过程中再对计划做修订与充实。

10.1.2 项目的组织与协调

项目的组织指项目工作计划执行之前和之中的相关资源的组织，信息系统开发项目最关键的资源是人力资源。在项目执行之前，计划的安排要将工作子项落实到具体的人员，完成一个明确内容、限定时间和落实到人的信息系统开发项目工作计划的制订。在项目执行过程中，要随时根据情况的变化，调整项目资源的配置。

信息系统开发项目的人力极大部分是信息系统技术人员和企业管理人员，最理想的是既懂管理又懂信息技术的人员。从技术人员的职业上看，信息系统的开发项目包括系统分析师、系统设计师、程序员、网络系统员等。无论采用什么开发方式，企业用户的人员应该主持或参加项目的开发，尤其是企业的中高层管理人员。采用购置商品软件的开发方式时，项目人员还要包括软件供应商、系统实施商和信息技术咨询服务商。现在，信息系统的开发还越来越多的安排监理角色。

第 7 章论述了信息系统开发过程的复杂性，就项目开发所涉及的组织和人员来看，信息系统开发项目即是一类跨组织跨专业的复杂项目。如此多的来于不同组织的技术人员和管理人员，要组织起来实施一个信息系统的开发项目，难度显然是相当大的。

信息系统开发人员的组织工作主要是选择、分工和协调。除了采取纯粹外包的方式，原则上，信息系统开发项目应该由企业用户来主持，项目的参与人员主要由企业用户来选择。自己内部的管理人员和专业人员的选择比较容易，自然应该选择对本企业管理情况和对现代经营管理思想比较熟悉的员工。合作方人员的选择，受组织管理的限制，企业用户一般通过软件供应商、系统实施商和信息技术咨询服务商的安排间接地选择人员。有关商品软件供应商的选择，在第 7 章的开发方式部分做了讨论，如果合作单位选择合适，那么这些合作单位的人员在总体上也应该是可信的。但是在实际中，一个声誉良好的信息系统服务商的不同员工，能力和服务质量也会有很大程度的差距，为此，用户有必要了解合作单位的人员情况，在一定程度上可以对这些组织提出合理的人员安排要求。

项目开发工作计划落实到人的安排，应该根据计划工作子项的性质和任务要求，为各子项配置相对应的人力资源，一般情况下，这种安排比较容易进行，不会存在大的问题。随着行业规模的扩大和从业人员的增多，信息系统行业的职业已分化出多种专业，系统分析师、系统设计师、程序员、网络系统员、数据库设计师、数据管理员等，专业类别不在十余种之下。然而我国的信息系统行业的专业人员真正称职的还不够多，刚进入行业的新手占了很大的比重，所谓既懂管理又懂信息技术的专业人员更是偏缺。这一方面说明“信息管理与信息系统”专业还需培养更多的高级信息人才，另一方面，信息系统开发项目计划的人员落实经常是一人担任多个角色，如系统分析员兼任系统设计员，系统设计员同时承担程序编制工作等。

在现阶段，工作子项的这种纵向多责兼任现象应该说是正常的，但系统构成的工作子项的横向兼任不宜采用，因为横向的一身多责意味着工作对象的差异，兼任的难度显然大于纵向。

信息系统开发项目大多采用团队的组织方式，而且因项目的多领域专业知识和多组织参与的性质，这种团队是跨组织和跨专业的协作型团队。信息系统项目计划执行中的管理主要是团队成员之间的协调和前后工作子项之间的协调。当遇到工作内容的理解差异或前后子项无法衔接并要分析原因时，协作各方往往会因背景和观念的不同而发生某种冲突。例如，系统分析的调研过程中由于分析人员与企业用户之间对功能需求细节的理解不同，在功能实现后暴露出不能满足用户的需要现象；一个功能模块实现后因初始数据迟迟不能完成输入而无法按时进入调试；商品软件安装后不能正常运行而使软件实施商与计算机系统软件供应商之间出现责任推脱等。

信息系统开发项目团队的协调应该建立在相互信任和高度责任心的基础上，但为清晰职责，事先还是要有一个明确的协作约定，制定合理和有效的协作机制。这方面，最新的研究表明，企业信息系统实施中合作各方的知识转移对实施的成败有重要的影响。项目开发过程中，企业现行系统的过程知识和惯例知识要向合作方转移，使合作方了解企业用户的经营特点和管理特点。反之，外部合作方要向企业用户转移信息系统的方法论和嵌入系统模块中的或准备融入待开发模块的先进管理方法，使他们能够理解信息系统到底如何做才能更好地体现其价值。

开发项目团队各方之间知识转移的管理是工作协调管理的有效途径，知识转移的管理不仅能增进相互理解，熟悉相互的工作内容，提高协作的成效，还有利于今后信息系统的运行管理。信息系统的知识转移，相对于外部合作方而言，对于企业用户更为重要和有价值，因为只有在用户切实掌握信息系统的基本原理和理解根本作用的前提下，才有可能真正地做到信息系统与企业需求的紧密结合，使信息系统有力地支持企业的变革。

10.1.3 项目进度与风险的控制

一般的项目控制主要针对进度、质量、成本和风险四项内容，信息系统开发项目的控制内容也不例外。在实际中几乎没有一个企业的信息系统开发项目能按计划进度完成，由此常常导致成本增加或项目规模缩小。信息系统的质量是尤为重要的评价内容，进度上的延误有时可以承受，但质量的欠缺是不能允许的。信息系统的投入较难估计，成本的控制也是项目管理的重要内容。企业对于信息系统项目风险的认识非常薄弱，诸如项目无法按时完成或遥遥无期、系统质量远离预期或不能令人满意、成本超出预算甚至变成无底洞等问题即是典型的风险问题，因此风险的控制涵盖了项目进度、系统质量和项目成本的事前控制。

信息系统开发项目的质量问题属于软件工程的范畴，成本控制方面除了常规的方法外，目前还没有更有效的做法。本教材限于篇幅和侧重点的考虑，质量控制和成本控制的问题不进行展开讨论，需要了解这方面内容的读者可以参考和阅读相关的书籍。以下就信息系统开发项目的进度控制和风险控制问题做简要的讲述。

信息系统开发项目的进度控制通过工作计划执行情况的监督和检查、计划延误的分析和解决等活动实现。信息系统开发项目工作计划执行的监督与检查方法与其他开发项目类同，但方法应用的有效性差别很大。究其原因，主要是信息系统开发项目阶段成果的无形和隐性特点使得进展情况难以评判和把握。

鉴于信息系统开发项目的特点，进度控制的落脚点应该放在项目计划及其管理的结构化程度提高上。事前管理要提高项目计划本身的结构化程度，这在前面的小节中已进行了讨论。信息系统项目进度控制的事中管理，重点在于提高工作子项产出成果标准的结构化。结构化的项目计划和阶段成果标准的结构化使项目计划执行情况的监督和检查有据可循。目前，阶段成果或工作子项成果的评判依据主要是文档资料，项目前后阶段和工作子项的衔接也主要依靠文档资料的传承。

当项目工作计划发生延误时，要进行具体原因的分析。一般讲，信息系统开发进度的脱期，除了有与其他工程项目同样存在的环境变化、资金不到位、人员变动等原因外，还有一些特殊的原因，主要表现在以下几方面。

① 各项开发活动的工作量是凭经验估计的，实际工作量与预计数发生较大的差别。

② 开发过程中产生不少事先未估计到的活动，使工作量增加。

③ 由于需求或其他情况发生变化，使已完成的成果要作局部修改，造成返工。

上述导致计划不能如期进行的原因往往是不可避免的，但哪些活动延误，什么原因造成延误，必须分析清楚。只有在明确问题的前提下，才能选取对策，或解决问题，或修改计划，在总体上把握开发进度，以使延误造成的损失减至最小。

针对不同的原因，可能采取的解决措施如下。

① 对开发中的不确定性问题，可事先在工作计划中留有一定的宽裕度，例如，工作子项的工作量取上限，预设机动时间等。

② 开发过程中经常与用户交换意见，随时掌握企业的发展动向，及时明确遗留的不确定问题，以减少返工现象。

③ 当关键路线上的活动延误时，要调配现有开发人员，或增加开发人员或加班加点，或集中人力予以重点解决。

④ 在上述措施难以有效解决延误问题时，对原定计划作调整。例如，工作子项先后次序的调整，部分工作步骤的提前或推后。必要时也可在不影响总体目标的前提下，删减个别工作子项，或减低局部的功能指标。

信息系统项目的风险是发生预知不足的对项目造成严重损失的事件的可能性。信息系统开发项目风险控制的目的是为了尽可能地降低风险事件发生的概率，以及在发生风险时尽可能地减少损失。理想的风险控制能间接地减轻其他控制活动的压力。

有关信息系统开发项目风险控制的活动主要是风险的识别、引起风险的因素分析和风险规避措施的运用。如前所述，信息系统的风险就是进度、质量和成本等脱离预期的问题，因此可以从这些方面的预期的逆向思维来识别。风险的因素分析和规避措施方面，已有较多的研究成果可采用。本教材推荐 Whitten 等学者提出的信息系统风险控制研究成果。

信息系统的主要风险因素可以归结为以下三个方面或这些方面的组合。

① 项目规模方面：信息系统开发项目规模越大，开发时间就越长，费用就越大，相应的风险也就越大。

② 技术经验方面：信息系统采用的技术越尖端，项目队伍对所选用的技术越不熟悉，那么信息系统开发项目的风险就越大。

③ 项目结构方面：信息系统的方案越含糊或错误，那么开发项目的风险也就越大。

项目规模是由信息系统规划所决定的，一般情况下规模引起的风险不可控。但是人们经常将一个规模较大的信息系统开发项目分解为多期进行的多个开发项目，那么这种分解实质上是一种风险控制办法。技术经验问题与上述的开发人员选择和分工等的项目组织有关，可以通过合适的人选和工作匹配加以控制。项目结构问题由信息系统的不确定性特点所致，难以从根本上获得解决。

Whitten 等学者从外部集成、内部集成、规范的计划和规范的控制四个方面提出了相应的使风险最小化的控制方法，这些方法比较切合信息系统实际，可操作性较强，可以为人们参考和应用（表 10.1）。

表 10.1 信息系统风险管理的方法

外部集成方法	由用户做项目经理	规范的计划方法	使用科学的项目计划工具
	实行设计改变责任制		规范的项目审批程序
内部集成方法	项目进程状态检查制度	规范的控制方法	项目进程与计划的比较
	安排有合作关系的人作为项目成员		项目阶段成果的规范表达

10.1.4 系统文档的管理

信息系统的文档是记录系统从无到有的整个发展与演变过程，描述系统各个状态的文字资料。从信息系统的生命周期的角度看，文档是先于系统实体的，例如，系统规划报告、系统分析与设计报告先于系统本身。信息系统实施后，文档将延续发展，直至系统被淘汰。因此，信息系统实际上由系统实体及其文档两大部分组成。

系统文档不是事先一次性形成的，它是在系统开发、运行与维护的过程中不断地按阶段依次推进编写、修改、完善与积累而形成的。系统的开发要以文档的描述为依据，系统的运行与维护需要文档的支持。可以说，如果没有系统文档，那么信息系统的开发、运行与维护只能依靠人的记忆，这将严重影响系统的可理解性、易掌握性和可维护性等性能。当系统开发人员发生变动时，问题尤为突出，严重时会导致系统生命的终结。因此有些专家认为：系统文档是信息系统的生命线，没有文档就没有信息系统。

文档的重要性决定了文档管理的重要性，文档管理是有序地、规范地开发与运行信息系统所必须做好的重要工作。目前我国信息系统的文档内容与要求基本已有了较统一的规定。根据不同的性质，可将文档分为技术文档、管理文档及记录文档等若干类，表 10.2 列出了这些文档的内容及产生阶段。

表 10.2 信息系统文档的内容及产生阶段

文档类别	文 档 内 容	产生阶段
技术文档	系统规划报告	系统规划
	系统分析报告	系统分析
	系统设计说明书、程序设计说明书、数据设计说明书、系统测试计划	系统设计
	系统使用说明书、系统测试报告、系统维护手册	系统实施
管理文档	系统需求报告、现行系统 BPR 方案、系统可行性分析报告	系统开发前
	系统开发计划、系统开发合同书、系统总体规划评审意见	系统规划
	系统分析审批意见	系统分析
	系统实施计划、系统设计审核报告	系统设计
	系统试运行报告、系统维护计划	系统实施
	系统运行报告、系统开发总结报告、系统评价报告、系统维护报告	运行与维护
记录文档	会议记录、调查记录	各阶段
	系统运行情况记录、系统日常维护记录、系统适应性维护记录	运行与维护

系统文档是相对稳定的，随着系统的运行及情况的变化，它们会有局部的修改与补充，当变化较大时，系统文档将以新的版本提出。系统文档的管理工作主要有以下几类。

① 文档标准与规范的制定或采用。

② 文档编写的指导与督促。

③ 文档的收存、保管与借用手续的办理等。

文档的标准与规范要依据国家规定，并结合具体系统的特点在系统开发前或至少在所产生的阶段前制定，用于指导与督促系统开发人员及系统使用人员及时编写有关的文档资料。为保持文档的一致性与可追踪性，所有文档都要收全，集中统一保管。特别要注意的是商品软件的配套文件资料也要纳入规范的文档工作。

文档的管理虽不是一件日常性的工作，但因为对系统的质量至关重要而必须由专人负责，并形成制度化。

10.2 信息系统的运行管理

信息系统在运行阶段将发挥作用，产生效益，但预定的目标并不一定能完全实现。系统的开发与运行是影响系统质量与效果的两个同等重要的方面，开发出的系统再好，如果运行不好，新系统的优越性还是无法体现，信息系统的运行管理就是要解决这方面的问题。

信息系统的运行管理从投运开始，一直要延续到被更好的新系统替代为止。运行管理的目的是使信息系统在其生命周期内保持良好的可运行状态，保证其功能的全面发挥。以下就信息系统运行管理中比较重要的系统用户培训、系统的维护管理、系统的安全与保密三个方面做展开讲述。

10.2.1 系统用户的培训

信息系统是一类人机系统，第 3 章 3.3 小节讲述的管理信息系统一般结构中包括了用户和系统管理人员。用户是信息系统的核心，不同的用户使用同样的信息系统会有不同的效果。对企业用户来说，信息系统是一类复杂的新事物，为使投运的系统能产生尽可能好的效果，在系统投运的前后，有必要学习和掌握信息系统的基本知识和应用技能。即使在系统运行一段时间后，也有必要进行更有针对性的、旨在用户创造性地应用系统的提高性培训或交流。

本书之所以将用户培训列入系统运行管理范围，是认为用户的培训应该与系统的应用紧密结合起来，用户的培训不局限于一般的系统操作，而要将信息系统中的管理新思想、新方法深入地融合到用户的工作中，如此，用户在信息系统中的核心地位在系统的运行中才能得到真正的体现。用户培训的时间安排上，根据培训的主题，应该分布在系统投运前后。系统投运前的培训面向信息系统基本知识和操作方法，系统投运后则面向系统的提高应用和运行中出现的问题。

顾名思义，信息系统用户的培训对象是使用信息系统的人员，但作为普及信息系统知识的机会，培训对象可以有所扩大。例如，一个 CRM 系统的用户包括所有与客户有直接接触的管理人员和作业人员，但培训对象可以拓宽到与客户间接相关的产品研发和生产制造等部门的人员，因为 CRM 思想的体现要靠企业各个部门员工的通力协作。

信息系统的知识非常广泛，用户培训的内容要有侧重。大体上，培训内容可分为信息系统的基本知识和信息系统的应用两大部分。后者的知识应该紧密结合系统的目的和功能，多讲述相关的管理新思想和新方法，信息系统推进企业变革的作用机理，以及应用信息系统后的管理创新启示等内容。一般的用户培训内容建议如下。

① 企业信息化与信息系统的基本概念：介绍信息、信息技术与信息系统的概念、作用与价值，以及常见信息系统的简介等。

② 新系统的目的、结构、功能和原理：以项目所开发的新信息系统为对象，讲解开发和应用系统的出发点与实质意义，系统的基本构造和特点，包括的功能及其相互关系，系统的作用机理等。

③ 新系统的操作方法：详细地讲解新系统的应用步骤和操作方法，有必要通过演示和举例等形式，进行直观的教学。对一些操作比较复杂的功能应该安排实验。

④ 管理新思想、新方法：比照新旧系统，介绍新系统的功能如何实现新的管理模式、管理新思想和新方法，尤其是对旧系统的管理过程和管理方法做了变革的部分，要有详细的说明。

⑤ 新系统操作中的问题及创新应用：系统运行一段时间，用户有了足够的感性认识后，处于求知活跃时期。这时要抓住培训对象的学习积极性，及时对应用做总结，解释出现的系统问题和应用问题，为深入地创新应用提供方向性的指导知识。例如，CRM 系统建立新的客户数据分析模型、ERP 系统数据共享下提出新的业务流程变革需求等都要在系统运行一段时间后才有可能。

一个供参考的信息系统用户培训安排见表 10.3。

表 10.3 建议的信息系统培训内容和时间安排

内　容	培训时间	时　间
企业信息化与信息系统的基本概念	1～2 个单元，3 小时	投运前
新系统的目的、结构、功能、原理和操作方法	2～3 个单元，6 小时	投运前或投运后
管理新思想与新方法	1～2 个单元，3 小时	投运前或投运后
新系统操作中的问题及创新应用	1～2 个单元，3 小时	投运后

有关用户培训者的确定问题，习惯上都委托给信息系统的开发商或实施商，因为他们具有较全面的信息系统基本知识。但用户培训不单纯是信息系统的内容，有关管理的内容，尤其是信息系统与管理相结合的内容，比较理想的培训者是既熟悉用户所在行业实际情况又具有较丰富的信息系统知识的专家。

由于企业管理人员的工作一般都比较繁忙，尤其在月末与月初，对他们的培训不宜采用连续的授课方式，最好以讲座形式进行。根据不同的内容分解成多个前后自然衔接的讲座，分别安排于系统运行前后的适当时候。

信息系统的管理和维护人员的培训是与用户培训相关的问题。目前我国企业用户还相当缺乏信息管理人员，因此，通过系统开发与应用过程来培养一批既懂管理业务，又懂信息系统的企业专业人员也是企业应该予以考虑的。

10.2.2 系统的维护管理

信息系统的维护管理是系统投运后最主要与最频繁的系统管理工作，其目的是使系统能始终保持良好的可运行状态。系统维护管理是企业信息管理部门的主要工作。系统的维护管理具体有系统运行情况的记录、系统运行的日常维护及系统的适应性维护等工作。

（1）系统运行情况的记录

一旦信息系统进入运行状态，企业的经营和管理就有了依赖性，如果信息系统不能正常运行，企业很难再退回到旧系统或手工系统，严重时不得不停止企业的相关活动而蒙受无法想象的损失。信息系统运行情况的记录如同生产系统运转记录那样，目的是确保信息系统的正常运行而掌握系统运行的轨迹。

从每天客户端计算机的打开、应用系统的进入、功能项的选择与执行，到下班前的数据备份、存档、关机等，都要就用户的操作、系统软硬件及数据变动等的运作情况做记录。由于该工作较烦琐，可行的做法是系统设置自动记录的功能，就目前的技术而言，这一点是完全能做到的，系统日志即是最常见的运行记录手段。但作为一种责任与制度，一些重要的运行情况及所遇到的问题，例如多人共用或涉及敏感信息的计算机及功能项的使用等仍应做书面记录。

系统运行过程中发生的异常情况的记录，对系统问题的分析与解决有重要的参考价值。例如，系统数据的缺失或差错、未经授权的非法操作、用户没有及时进行业务处理等不正常的运行情况，通过运行情况记录的追溯，可以分析异常产生的过程和责任人。系统运行情况的记录，在客观上可以提高用户的责任心，尽量避免人为的差错，但最为主要的还是在于能够分析和找出系统存在的漏洞，为及时排除系统异常和修复漏洞提供依据。

系统运行情况的记录应事先制定尽可能详尽的规章制度。一些平时看似无关紧要的事项，如进入系统的用户名和口令登录，其实是保证系统正常运行的重要举措。用户名和口令不得随意泄露，不能将自己的操作权限转托他人等细小规定都应该以制度形式加以约束。系统运行情况无论是自动记录还是由人工记录，都应作为基本的系统文档，长期保管，以备系统维护时参考。

（2）系统运行的日常维护

系统运行的日常维护包括定时定内容地重复进行的有关数据与硬件的维护，以及突发事件的处理等工作。大部分的日常维护应该由专门的软件来处理，但处理功能的选择与控制一般还是由用户或专业人员来完成。

在数据或信息方面，须日常加以维护的有数据的备份、存档和整理等。为安全考虑，每天操作完毕后，都要对更动过的或新增加的数据作备份。除正本数据外，至少要求有两个以上的备份，并以单双方式轮流制作，以防上次的备份被刚损坏的数据覆盖而破坏。数据正本与备份应分别存于不同的磁盘上或其他存储介质上。数据存档或归档是当工作数据积累到一定数量或经过一定时间间隔后转入档案数据库的处理，作为档案存储的数据成为历史数据。为防万一，档案数据也应有两份以上。数据的整理是关于数据表的索引、记录顺序的调整等，数据整理可使数据的查询与引用更为快捷与方便，对数据的完整性与正确性也很有好处。

在硬件方面，日常维护主要有各种设备的保养与安全管理、简易故障的诊断与排除、易耗品的更换与安装等。硬件的维护应由专人负责。

信息系统运行中的突发事件一般是由于操作不当、计算机病毒、突然停电等引起的。当发生突发事件时，轻则影响系统功能的运行，重则破坏数据，甚至导致整个系统的瘫痪。突发事件应由企业信息管理部门的专业人员处理，有时要由系统开发人员或软硬件供应商来解决。对发生的现象、造成的损失、引起的原因及解决的方法等必须作详细的记录。

(3) 系统的适应性维护

企业为适应变化的环境而进行新变革，企业信息系统自然地也要做相应的改进与提高。另一方面，一个信息系统不可避免地会存在一些缺陷与错误，它们会在运行过程中逐渐暴露出来，为使系统能始终正常运行，所暴露出的问题必须及时地予以解决。为适应环境的变化及克服本身存在的不足对系统作调整、修改与扩充即为系统的适应性维护。

实践已证明系统维护与系统运行始终并存，系统维护所付出的代价往往要超过系统开发的代价，系统维护的好坏将显著地影响系统的运行质量、系统的适应性及系统的生命期。我国许多企业的信息系统开发好后，不能很好地投入运行或难以维持运行，在很大程度上就是重开发轻维护所造成的。系统运行情况的记录、日常维护记录和适应性维护产生的技术资料都是系统的重要文档，应该及时归入系统文档管理。

目前，随着外包业的兴起，越来越多地出现信息系统外包的做法，以前不可想象的数据备份工作居然也纳入了外包服务的项目。如果用户企业不具备管理系统运行的条件，将部分或全部的系统维护管理工作外包给专业的服务机构也是一条可行的途径。

10.2.3 系统的安全与保密

企业为信息系统投入了大量的人力与资金，系统的各种软硬件是企业的重要资产。在信息系统的运行过程中会产生和积累大量的信息，这些信息是企业的重要资源，它们几乎反映了企业所有方面的过去、现在与未来。信息系统还储存有企业的财务、人事、客户和技术等机密信息，成为企业的机要所在。系统软硬件的损坏或信息的泄露会给企业带来不可估量的经济损失，甚至危及企业的生存与发展。因此信息系统的安全与保密是一项必不可少的极其重要的信息系统管理工作。

在另一方面，信息系统几乎被企业内部每一位管理人员接触与享用，随着企业信息化建设的深入，企业与外界的信息交往日益广泛与频繁。由于信息的易传播性与易扩散性，使得信息系统的安全与保密工作难度大大增加。

系统的安全与保密是通过各种软硬措施保护系统资源，使其不受损失的管理工作。信息系统的安全与保密是两个不同的概念，系统的安全是为防止有意或无意的破坏系统软硬件及信息资源行为的发生，避免企业遭受损失所采取的措施；系统的保密是为防止有意窃取信息资源行为的发生，使企业免受损失而采取的措施。安全性问题轻则使系统局部功能失效，重则使整个系统瘫痪。保密性问题主要是为达到某种目的有意地采用各种非法手段窃取或泄漏信息引发的。信息的失密轻则使企业蒙受经济损失，严重时甚至会使企业陷入倒闭的境地。当前常见报道的病毒传播破坏和电脑“黑客”犯罪等典型现象很好地说明了信息系统安全与保密的必要性与紧迫性。

信息系统的安全性问题主要由以下几方面的原因所造成。

① 自然现象或电源不正常引起的软硬件损坏与数据破坏。这种情况发生的可能性不大，然而一旦发生，造成的损失很大，且难以弥补。

② 操作失误导致的数据破坏。随着用户操作的熟练，操作失误发生的可能性会逐步减小。

③ 病毒侵扰导致的软件与数据的破坏。尽管防范措施不断推出和越来越多，但这种情况还是会经常性地发生。

④ 人为对系统软硬件及数据所作的破坏。人为破坏并不那么频繁和常见，但由此造成的损失是极为严重的。

为了维护信息系统的安全性与保密性，人们应该做好以下工作。

① 依照国家法规及企业的具体情况，制定严密的信息系统安全与保密制度，做深入的宣传与教育，提高每一位涉及信息系统的人员的安全与保密意识。

② 制定信息系统损害恢复规程，明确在信息系统遇到自然的或人为的破坏而遭受损害时应采取的各种恢复方案与具体步骤。

③ 配备齐全的安全设备，如稳压电源、电源保护装置、空调器等。

④ 设置切实可靠的系统访问控制机制，包括系统功能的选用与数据读写的权限、用户身份的确认、防火墙设置等。

⑤ 完整地制作系统软件和应用软件的备份，并结合系统的日常运行管理与系统维护，做好数据的备份及备份的保管工作。

上述措施必须完整地严格地贯彻，尤其是人的安全保密意识，必须强调自觉、认真的参与，承担各自的责任。只有这样才可能从根本上解决信息系统的安全与保密问题。

10.3 信息管理部门与信息系统伦理

10.3.1 信息管理部门的任务与设置

组织内部的信息管理部门是随着信息技术的发展而产生并成长起来的新生事物，如今几乎每个稍具规模的组织，尤其是企业都设置了信息管理部门或信息管理机构。与组织中的其他管理部门一样，信息管理部门有其特定的职责和任务。经过多年的研究、实践和总结，我们对信息管理部门的职责和任务有了基本的共识。归纳起来，信息管理部门的任务主要包括以下几项。

① 策划、制订和实施信息化建设规划。

② 提出、实施或管理各类信息基础设施和信息系统建设项目。

③ 开发、组织和管理各类信息资源。

④ 管理和维护各类信息系统，确保其正常运行。

⑤ 向组织各阶层提供信息服务和信息处理的服务。

⑥ 信息专业人才的招聘、培养和队伍建设。

信息管理部门的任务从开始时的计算机单项简单应用到大规模的全面的系统性信息技术应用，有一个发展过程。在这个过程中信息管理部门从小到大地发展起来。早期的信息技术应用只是隶属于财务管理或技术管理等部门，后来出现了计算机中心、MIS部、信息系统研发部等信息管理机构，现在基本上一致地发展为信息管理部。由于信息技术的快速发展和日新月异，信息管理部门的工作有显著的挑战性特征和不断创新的要求。

信息资源是重要的战略资源，系统中的信息反映了组织的全貌，包括技术、财务和人事等各方面的现状和发展情况。因此信息管理部门是一个要害部门和机要部门，比销售、财务、技术等部门更重要。

目前我国企业的信息管理部门，在结构、规模和人员组成上有较大的差别。在结构上主要有传统的层次结构和按项目划分的矩形结构两大类；在规模上有的比较庞大，分工较细，有的规模很小，身兼数职；人员的组成很广泛，大都是计算机专业背景的人才，近年来信息管理与信息系统专业的人才逐渐多起来。

根据任务和要求，对于企业，较完整的层次结构的信息管理部门大致有如图10.2所示的分支机构、岗位和信息人员配置。信息主管全面管理信息化建设，向组织的最高领导负责。综合管理部负责信息化综合性工作，包括信息化规划、信息化有关知识的培训及其管理、信息化各项工作的文档管理，以及信息管理部门的内部管理等。系统开发部承担各类信息系统的开发，负责系统开发的全过程工作，商品软件购置的洽谈和合作等。系统维护部接受并维护系统开发部移交的已进入运行状态的信息系统，也承担相关的数据维护工作。信息技术部则负责组织的计算机信息网络的建设和管理，包括各种软硬件的配置和维护等。

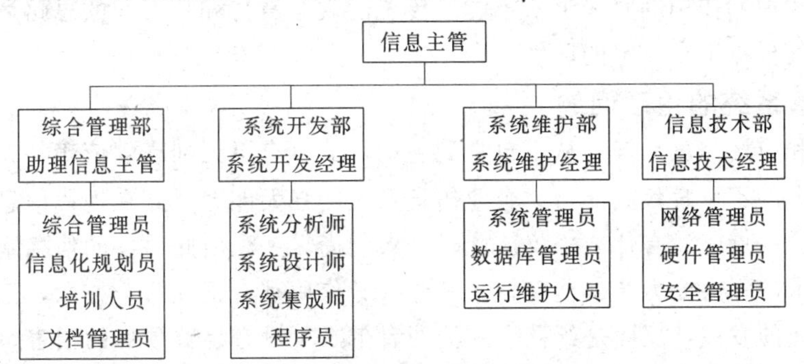

图10.2 层次结构信息管理部门配置

一些采用自主开发信息系统方式的大型企业，也有按项目搭建信息管理部门的。这时除系统维护工作设专门分支机构外，其余以具体的信息系统建设项目，如ERP或CRM的开发等分别设置项目部或项目小组。项目完成后将系统移交给系统维护部管理，然后转向其他项目或分解到其他项目部门。对于集团公司，信息管理部门是分级而设的，集团总部和各分支机构的信息部门搭配结构依公司组织体制和管理模式而定。高度集权的公司，总部负责统一的信息化建设和系统开发工作，信息管理部门较庞大，而分支机构的信息管理部门主要负责系统的运行和维护，构成上较简单。

信息管理部门的规模决定于不同组织的具体情况，一般情况下部门人员数约是组织总人数的1%～3%。以自主开发信息系统为主的组织，信息人员比例和要求要高于以购置商品软件或信息系统外部为主的组织。当信息人员配置较少时，岗位设置较粗，一人分担若干岗位的工作。

10.3.2 信息主管与信息人员

信息主管，又称首席信息官（Chief Information Officer，CIO），最早是在政府机构为强化信息资源管理工作而设立的一个职位，全面负责政府部门信息资源的开发、管理和利用。该成功做法很快被引入企业界，目前已为企业界普遍认识和接受。企业的信息管理职位也有一个发展过程。从开始的计算机中心主任到 MIS 主任，再到今天的 CIO，信息管理职位的演变反映了企业从纯计算机的应用到重点为信息资源开发利用的发展过程。

CIO 作为信息管理部门的总负责人，承担有关信息技术应用，信息资源开发和利用的领导工作，其主要任务是要通过信息技术和信息资源为组织增添新的竞争力，为组织在信息社会环境中的生存和发展开拓新的空间。正因为如此的关键使命，CIO 一般由副总裁兼任，向组织最高领导汇报工作和负责，其地位也高于其他部门的主管。

CIO 要领导上面所描述的信息管理部门各分支，但其最主要的是负责关于信息化建设的战略性的和方向性的工作，如信息化规划、信息资源的配置、信息人才队伍的建设，以及参与组织高层的决策，尤其是组织变革方面的重大决策。CIO 艰巨的任务和高期望值，也对其提出了很高的素质要求。CIO 应该具备较高水平的组织能力和领导能力，具有商业头脑和谈判、沟通与解决冲突的技能。

企业信息人员是一类特殊的专业人才，人数虽不多，但肩负的任务具有较大的不确定性和自主寻求解决方案的特点。当前，信息人员大都较年轻，具有较高学历，身怀专门技术或管理专长，上下级概念较淡薄。一般而言，信息人员的收入相对较高，看重的是成就感。因此信息人员的招聘、培养和管理等工作也有其特殊性。目前人才市场上高水平的复合型信息人才仍欠缺，人才流动现象比较突出。各类组织，尤其是国有企业，在吸引、稳定和管理信息人才，并发挥他们作用的问题上，不能按传统的观念看待和一刀切的思路运作，而应该从长远着想，与其他员工有一定的区别。

10.3.3 信息系统的伦理问题

企业建设和应用信息系统，从不自觉到主动，从可有可无到高度依赖，充分地表明了信息系统具有强大的不可替代的能力。企业信息系统的强大能力建立在现代信息技术无比优越性的基础上，这一点已没有什么争议。此时，人们尚需关注由此引发的信息系统伦理和法规问题。信息技术的强大能力与其他新技术一样，其作用都有正反两个方面，正面是促进了社会的进步和企业的发展，反面是给社会和消费者带来了没有足够预见的损害。信息技术和信息系统引发的正反两面性的问题，是人们必须面对和予以解决的问题，否则信息技术和信息系统的应用将难以为继。

企业信息系统含有巨量的客户信息，需要采用许多先进的软件技术，加上信息技术的超强能力和信息易于传播和扩散的特点，受轻易可得丰厚利益的私欲驱动，信息系统的应用逐渐暴露出一系列的伦理问题。例如，企业获取的消费者私密信息被无端的泄密或滥用，他人知识产权被非法占用等。这些问题都不可避免的要涉及社会规范和法律法规问题。Laudon 等将信息系统引发的伦理、社会和政治三者关系描述为一个平静无波的池塘被扔进一块大石头，认为引发的伦理问题会波及社会体制，进而触发政治的运作。

原来处于法律约束下的相对平衡状态的社会，受到信息系统引发的个人隐私泄密和知识产权侵犯等伦理问题的冲击，造成社会的波荡和失衡，社会面临的新问题发展到难以容忍的程度，就会触发政治层面的法律法规的干预，通过新的法律法规来维护社会的稳定和平衡，保持信息技术与信息系统的规范应用和良性发展。这一涉及伦理、社会和政治领域的信息技术引发问题到解决问题的过程见图 10.3。

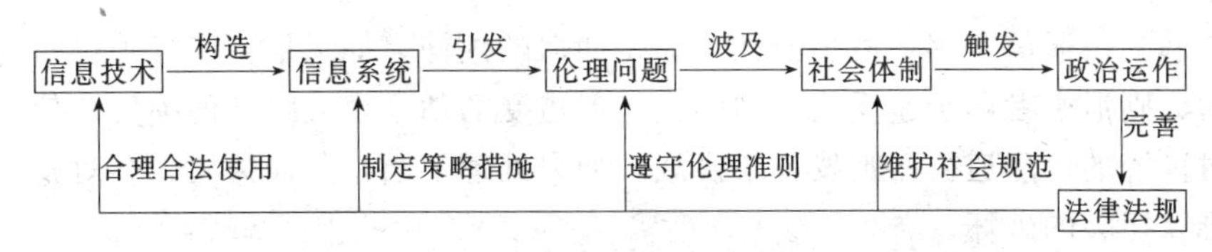

图 10.3 信息系统引发的伦理、社会和政治问题的过程

上述的信息系统两面性的问题是进入信息社会时期必然要面对和克服的问题。为进一步地说明该问题的严峻性和挑战性，以下就隐私信息的泄密和滥用问题再做讨论。

作为普通的消费者，人们越来越多的享受着现代信息技术的优越性，手机和电子邮件等通信手段的普及使人们能在任何地方任何时间便捷地进行相互的信息交流，甚至是一对多的广播式的信息群发。在现代信息技术无比优越性的另一面，人们也逐渐地感受到自己的手机和电子邮箱经常收到并不想要的信息的烦恼，越来越多的不明来源的信息骚扰不仅影响消费者的情绪和正常的信息交流，还要承担莫名其妙的通信开销。这种技术的便利和麻烦之间的矛盾问题属于信息系统的伦理问题，即人们享受信息技术便利的同时，却为何还要承受无端的隐私外泄和信息干扰的伤害。

伦理是人与人相处的各种道德准则，这种准则是一定社会背景下通过舆论监督和自我约束产生作用的，目前，一些违反伦理的行为还难以受到法律法规的制约。当人付出的代价远远小于获得的利益时就有可能违反伦理而做出损人利己的行为。通过利用信息技术手段未经授权地获取和泄密信息系统中的信息，在很大程度上属于伦理问题。

当人们接受一些服务企业提供的热情服务时，往往先要向其提供自己的姓名、手机号码和邮件地址等信息，有的甚至还要提供身份证号、信用卡号、职业、收入和住址等更属隐私的信息。在正常情况下，企业获得这些信息是为了分析客户的消费特点，以及这些特点与服务的关系，以便更好地为客户提供服务。然而，由于信息技术的便利性和丰厚利益的驱使等原因，常见消费者私密信息被外泄并被非法滥用的现象。

信息系统的伦理问题的起因和后果见图 10.4。信息技术具有强大的信息处理能力，利用信息技术可以快捷的处理和传播信息，从浩瀚的数据中发现相关者的消费习惯和兴趣爱好等私密信息。信息本身又是一类易于复制和扩散的、可重复利用的资源。由于信息技术和信息系统如何规范信息行为是一个新问题，目前的法律法规还不足以产生足够的约束力。一些企业和个人在私密信息有利可图的情况下，就会不顾伦理约束，做出收集、出售、滥用隐私信息的行为。

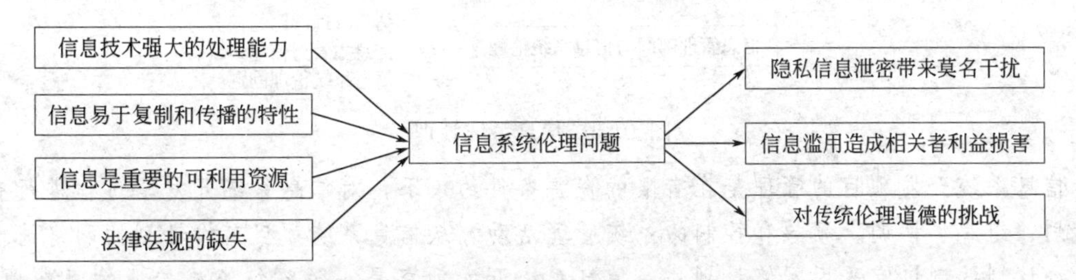

图 10.4 信息系统伦理问题的起因和后果

这类信息系统的伦理问题对相关者会造成莫名的干扰和利益损害，严重时还会导致更为严重的财产侵害。例如，某个人的隐私信息被服务公司出售给电子营销公司，这些公司通过这些隐私信息向其发送手机短信和电子邮件，搞广告发布和推销宣传，干扰其正常的工作和

生活，还要其支付通信费用，可想而知，那是如何的烦恼。如果信用卡号等机密的个人信息被非法占用，则泄密者属于违反伦理的问题，但遭受的却是个人财产的损失。信息系统的伦理问题还对传统的伦理道德准则发起了挑战，如果处理不当，久而久之，会对整个社会道德体系造成难以扭转的破坏。

信息系统中消费者隐私信息的泄露途径有直接和间接两类，直接的泄露是企业内部人员的作为，企业信息人员因工作性质的便利，受利益等因素驱动时，极少数人可能会做出损害企业和消费者权益的行为。所谓间接途径，是企业不重视信息的保密，轻易地外泄给或有意地出售给其他企业或个人，再由他们做出损耗消费者利益的行为。

无论通过什么途径导致的信息系统伦理问题，都应该引起企业的高度重视，并采取必要的措施加以防范。

① 企业高层领导和信息主管应该在意识上树立信息系统伦理观念，制订有关客户信息保密的策略，组织设计和落实相关的信息保密措施。

② 向信息人员做好遵纪守法的宣传引导工作，同时采取必要的技术手段，做好信息安全的监督和管理，堵塞可能的泄密渠道。

③ 不谋划、不参与泄密和滥用消费者隐私信息的活动，向客户公开承诺保密隐私信息的义务和因泄密造成损失而应该承担的责任。

从新技术对人们产生不利影响并遭受损害，再到有关组织采取措施引正新技术的应用，要经历一段较长的时期，在没有迈过该时期的时间里，信息系统伦理问题的解决只能部分地求助于尚不很完善的法律法规，部分地依赖于企业道德上的自我约束，同时也要依靠消费者自我保护的意识和行为。

本章小结

本章讲述了信息系统开发项目和信息系统运行的管理，简要地讨论了信息管理部门与信息系统伦理等问题，具体内容见图10.5。

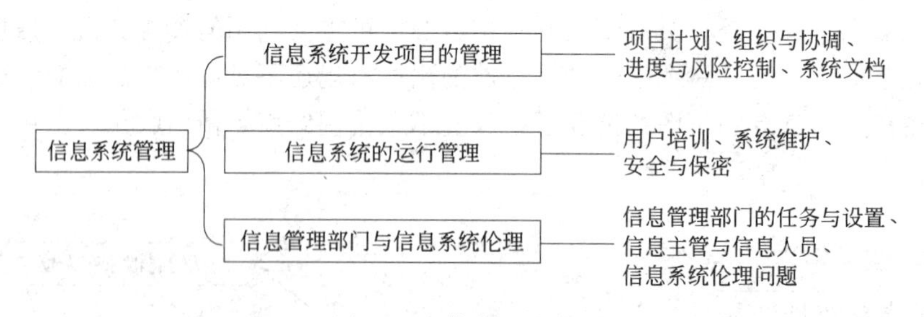

图10.5 信息系统管理

信息系统开发项目的管理是在有限的资源条件约束下，对信息系统开发全过程进行有效的计划、组织、协调、领导和控制的系统管理活动。从信息系统项目工作计划的网络结构特点看，计划的制订宜采用网络计划法。信息系统开发项目是一类跨组织跨专业的复杂项目，具有高度的不确定性和很大的风险，组织和协调、进度控制和风险控制是信息系统项目管理的主要内容。系统文档是信息系统的生命线，没有文档就没有信息系统。

为使信息系统产生尽可能好的效果，在系统投运的前后，有必要开展用户培训，使用户学习和掌握信息系统的基本知识和应用技能，以及创新应用的思想。实践已证明系统维护与系统运行始终并存，系统维护所付出的代价往往要超过系统开发的代价。系统软硬件的损坏或信息的泄露会给企业带来不可估量的经济损失，甚至危及企业的生存与发展。因此信息系统的安全与保密是一项极其重要的信息系统管理工作。

信息管理部门是向企业其他部门提供信息服务和信息技术支持的专门机构，是企业的要害部门和机要部门。CIO是负责信息管理工作的新职位，要求具备较高水平的组织能力和领导能力，具有商业头脑和谈判、沟通与解决冲突的技能。信息系统的应用逐渐暴露出一系列的伦理问题，违反信息系统伦理的行为对相关者造成莫名的干扰和利益损害，企业必须采取必要的措施加以防范。

习　题

(1) 信息系统开发项目计划的制订要根据项目的总进度要求，对项目的各项工作排定时间、落实具体人员和明确内容，为此，首先要确定哪些计划要素？

(2) 为什么说信息系统开发项目的计划更适宜采用网络计划法？

(3) 信息系统开发项目的进度控制有哪些特点？

(4) 信息系统开发项目的风险因素有哪些？请论述Whitten等学者提出的风险最小化控制方法是如何应对风险因素的。

(5) 为什么说系统文档是信息系统的生命线，没有文档就没有信息系统？

(6) 在信息系统运行一段时间后，还有用户培训的必要，其理由是什么？

(7) 什么是系统适应性维护？为什么说系统维护与系统运行始终并存？

(8) 简述信息系统安全与保密的重要性及区别。

(9) 什么是CIO？论述设置CIO职位的必要性，并简述该职位的演变过程。

(10) 根据图10.2，论述信息系统引发的伦理、社会和政治问题的过程。

(11) 请结合你自己的实际体验和事例，叙述隐私信息被泄露后的麻烦。并分析产生这些信息系统伦理问题的原因。

(12) 目前而言，信息系统伦理问题有无根本解决的可能？这些问题的解决需要哪些方面的综合努力？

11 决策支持系统

11.1 管理决策

管理大师赫伯特·亚·西蒙曾经说过，“管理就是决策”，强调决策贯彻于管理的全过程。一般认为决策是人们为达到一定目的而进行的有意识、有选择的活动。

决策的观点大致有两类：强调建立在科学技术手段上的决策和强调建立在人的经验之上的决策。决策是个复杂的过程，决策者的经验非常重要，但随着社会环境的变化和相关科学的发展，决策者必须借助科学技术的方法手段帮助决策，也就是要在经验决策的基础上，利用和发展科学决策方法，走人的定性分析能力和科学技术的定量分析能力相结合的道路。

11.1.1 决策问题的类型

赫伯特·亚·西蒙根据决策问题的结构化程度将决策分成结构化决策、非结构化决策和半结构化决策三种类型。

（1）结构化决策

结构化决策是指决策过程和决策方法有固定的规律或规则，并能明确表达的决策。结构化决策能将决策方法与步骤交代给不同的决策人员，而他们的决策结果应基本一致，决策不反映个人意志；也能将决策方法与步骤在计算机系统上实现，替代人做决策。

（2）非结构化决策

非结构化决策是指决策过程和决策方法没有固定的规律或规则可循的决策。决策者主要靠主观行为（直觉、经验、学识、个人偏好和风格等）做决策，决策结果往往因人而异，决策好坏差别较大。

（3）半结构化决策

半结构化决策是指介于结构化和非结构化两种决策类型之间的决策，决策过程和决策方法有一定的规律或规则，但又不能完全确定，某些步骤要靠经验与直觉解决。

三种决策类型是大致的划分，极大部分的决策问题是半结构化决策，在结构化程度上或偏向于结构化或偏向于非结构化。各种决策层次的决策类型例子及信息要求见表 11.1。

应当指出，决策问题的结构化程度不是一成不变的，当人们掌握了足够的信息和知识时，非结构化问题有可能转化为半结构化问题，半结构化问题也有可能转化为结构化问题。

表 11.1 各决策层次的决策问题类型举例

<table>
<tr><th>决策层次</th><th>结构化
(Structured)</th><th>半结构化
(Semistructured)</th><th>非结构化
(Unstructured)</th><th colspan="3">信息要求</th></tr>
<tr><td>战略性</td><td>投资计划
厂址选择
销售网点布局</td><td>新产品计划
售后服务体系
福利计划</td><td>发展方向抉择
管理体制构建
技术开发计划</td><td rowspan="3">外部信息
↓
内部信息</td><td rowspan="3">长期信息
↓
当前信息</td><td rowspan="3">概括信息
↓
详细信息</td></tr>
<tr><td>战术性</td><td>资金安排
人才需求计划
客户信用评估</td><td>项目控制
人事安排
奖励机制设计</td><td>广告策划
高层经理招聘
商务谈判</td></tr>
<tr><td>操作性</td><td>会计报表分析
作业调度
质量控制</td><td>生产计划
库存控制
业绩考核</td><td>期刊封面设计
销售业务公关
餐馆菜单安排</td></tr>
</table>

11.1.2 最优解与满意解

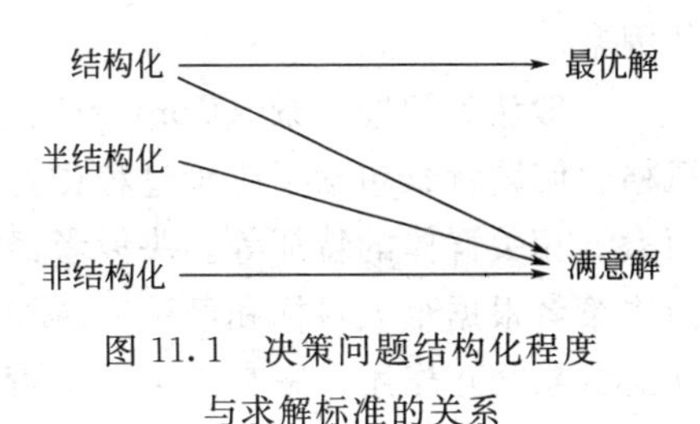

图 11.1 决策问题结构化程度与求解标准的关系

对决策结果的质量要求，目前有最优解和满意解两种标准。决策求解的质量标准受决策问题的性质牵制，求最优解要求：能列出所有可能的方案，可能有无穷多个；能了解各种方案的后果；能列出比较优劣的规则。

最优解一般用数学方法求解，结构化问题才有可能选择最优解标准。

由于大部分决策问题不能满足以上要求，只能求满意解，满意解是由一定的规则经判断后获得的解。半结构化或非结构化决策问题只能求满意解，见图 11.1。

在决策的解或方案的设计阶段，应先确定求解标准，以避免不必要的设计工作投入。

11.1.3 决策的确定性

对决策方案后果的认识程度有三种：确定型（Certainty）、风险型（Risk）和不确定型（Uncertainty）。

(1) 确定型决策

决策者能获得问题的完全信息，能准确预计将来的情况，因此各种决策方案的后果是明确的、肯定的，也即仅有一种结果。如某企业每种产品的销售量和获利的情况已知，研究生产哪几种产品获利最大，它的结果是确定的；银行存款或债券获利方案的结果也是确定的。

确定型决策大都是结构化的短期的决策，可求最优解。

可用的方法包括线性规划、非线性规划、动态规划、直观法、临界点法、效益成本分析法、选择评分法等。

(2) 风险型决策

一个决策方案有多种后果，每种后果的概率可通过统计计算或经验估算求得。无论选择哪种方案都有一定的风险，因此，风险型决策方案的选择，不能直接采用最优解准则，而应从总体上或最大可能性角度进行评选。因采用概率统计方法，风险型决策所求得的问题解是期望解。如经销某新产品有畅销、一般、积压等结果，各种结果的大致概率可以用统计方法推算得知；一笔资金用于某股票的投资有几种结果，其发生的概率也可统计求得。

常用方法有期望值准则、最大可能准则、机会均等准则和边际分析准则等。

(3) 不确定型（随机性）决策

环境条件不确定，可能出现不同的情况（事件），而情况出现的概率也无法估计。不确定型决策在很大程度上取决于决策者的意志、胆略和风度，如冒险、保守或折中等。

常用的准则有最大最小化（最小最大化）准则、最小最大化后悔准则，最大最大化（最小最小化）准则和折中准则等。

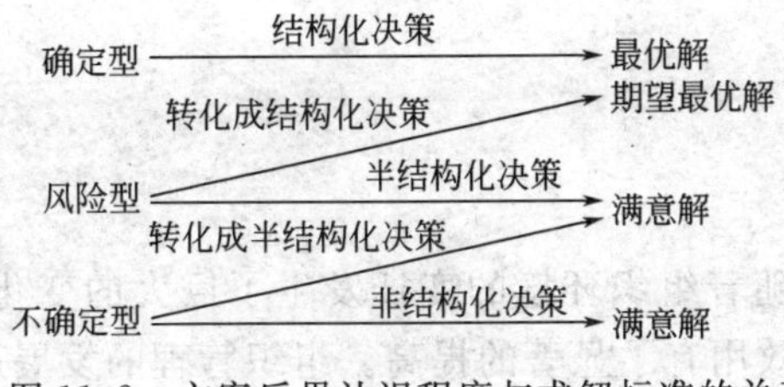

图 11.2 方案后果认识程度与求解标准的关系

决策方案认识程度与求解标准之间有一定的联系，决策的不确定性、结构化程度和决策求解的标准等三者之间的关系见图 11.2。

11.1.4 决策风格

决策风格与决策者决策方式直接相关，对于决策风格的研究，将有助于理解影响决策者行为的因素。

一般认为问题背景（Context）、洞察力（Perception）和价值观共同影响决策者的决策风格。问题背景包括了决策过程中对决策者产生影响的各种相关因素，如组织因素、环境的因素、相关群体的特征等。决策者经常把个人偏好带入对决策问题的分析中，因此洞察力是指决策者根据个人目标和经验来感知问题形势和潜在解决方案的趋势。感性的偏好与问题所处的背景交互作用，一起决定了决策者解决问题的方法。另外，价值观也会影响决策者的行为和决策方式。

根据这三种因素对于决策风格的影响，可以将决策风格分为四种：指令型（Directive）、分析型（Analytical）、概念型（Conceptual）和行为型（Behavioral）。指令型的决策风格对结构要求高，这类决策者对模糊性容忍度低，对技术性决策更关注，不需要大量的信息和备选方案，有效率，口头交流能力强。分析型的决策风格对背景的模糊性容忍度高，这类决策者需要大量信息，考虑很多备选方案，擅长处理新的、未预料到的问题，以解决问题为乐，喜欢用笔头来交流。概念型的决策风格对背景的模糊性容忍度很高，这类决策者倾向于从多个人的角度对问题进行分析，对下属表现出开放的心态，是“长期的”思想家，对组织非常忠诚。行为型的决策风格对认知的复杂性要求比较低，这类决策者对组织有很深的责任，需要较少的数据量输入，相对来讲目光较短。当然，这四种风格不是截然分开的，对于一个决策者而言，只能说哪种决策风格占主导。

决策风格与 DSS（Decision Support Systems，决策支持系统）的设计与使用相关，强调决策者的特定反映和解决问题的一般方法。如果 DSS 用户的主导决策风格是分析型的，那么这类用户使用程序化的 DSS 往往能有更高的效率，在使用过程中往往需要获取大量的数据资源和模型。

人们还可以根据获取数据方式（感知、直觉）和处理数据方式（思考、感觉）的不同，对决策风格做出区分，见表 11.2。不同决策风格的决策者最需要的支持不同，相应地，提供给他们的决策支持系统的功能也应该各有侧重。

表 11.2　决策风格与决策支持

决策风格		需要帮助的方面	DSS
感知	思考	计划得一致 遵守选定的解决方案	对主题快速决策，仅收集与其相关的数据，喜欢面向模型的 DSS
	感觉	归项和分类 产生创造性的替代方案	决策尽可能收集信息，喜欢面向数据的 DSS，决策较慢
直觉	思考	注意事实和详细情况	仔细的逻辑思考，有时忽略人的因素，依靠模型和优化较多
	感觉	注意对人的影响 仔细监视事实	对 DSS 模型要求很少，主要要求方便其交流和监视

11.2　决策支持系统概述

11.2.1　决策支持系统的产生与发展

近半个世纪来，组织的管理思想、方法与工具随着组织环境的变迁发生了巨大的变化，管理思想、方法与工具的改进使组织的管理效率与效用有了显著的提高。组织管理的发展过程既是不断引入新技术新方法的过程，也是不断发现问题提出更高要求的过程。

20世纪60年代末70年代初出现的MIS使企业的信息获得了系统的开发与利用，将企业的管理水平提到了一个新的层次，但人们也慢慢发现MIS技术及方法论上固有的东西使得MIS不适合于解决很多结构化程度不高的决策问题，同时意识到，对于复杂决策问题，不要试图用信息系统取代决策者去做出决策，而是设法支持决策者。在此背景下，人们寻求着能较有效地解决这些问题的新方法。而20世纪70年代起推出的用以支持决策的各种系统正呼应着这种需求。

20世纪70年代中期Keen和Scott Morton首次提出了“决策支持系统”（Decision Support Systems，DSS）一词，标志着利用计算机与信息支持决策的研究与应用进入了一个新的阶段，并形成了决策支持系统新学科。

到20世纪70年代末DSS一词已非常流行，一般认为DSS是结合与利用计算机强大的信息处理能力和人的灵活判断能力，以交互方式支持决策者解决半结构化和非结构化决策问题的系统。当时的DSS大都由模型库、数据库及人机交互系统等三个部件组成，被称为初级决策支持系统。后来，DSS的组成部件和结构不断变化，DSS从专用到通用，从简单到复杂，其发展还与信息技术、管理科学、人工智能及运筹学等科学技术的发展密切相关。

20世纪80年代初，DSS增加了知识库与方法库，构成了三库系统或四库系统。知识库系统是有关规则、因果关系及经验等知识的获取、解释、表示、推理及管理与维护的系统；方法库系统是以程序方式管理和维护各种决策常用的方法和算法的系统。

DSS与人工智能（Artificial Intelligence，AI）领域的技术（如专家系统ES、人工神经网络ANN）相结合，综合运用知识推理与模型分析，形成了智能决策支持系统（Intelligent Decision Support Systems，IDSS)，提高了DSS支持非结构化决策问题的能力。DSS与计算机网络和通信技术结合构成了新型的能供异地决策者共同参与进行决策的群体决策支持系统（Group Decision Support Systems，GDSS)，克服时空限制，在多位决策者之间沟通信息，提供良好的协商与综合决策环境，以支持需要集体做出的重要决策。

在GDSS的基础上，为了支持范围更广的群体，包括个人与组织共同参与大规模复杂决策，人们又将分布式的数据库、模型库与知识库等决策资源有机地集成，构建分布式决策支持系统（Distributed Decision Support Systems，DDSS）。DDSS研究内容广泛，目前尚不成熟。

在20世纪80年代中期还出现了一种面向组织高层领导，能支持领导工作，为他们提高效率和改善有效性的计算机信息系统——经理信息系统（Executive Information Systems，EIS)，EIS富有系统使用者——经理的决策风格，能为经理及时提供可粗可细的多维度信息。

DSS产生以来，研究与应用一直很活跃，新概念新系统层出不穷。1985年Owen等人提出了由专业人员组成的，支持决策者使用DSS解决决策问题的决策支持中心（Decision Support Center，DSC）的概念，DSC既容易实现，也能明显改进决策环境。在新型框架方面，近年还推出了智能型、交互型与集成化的3I决策支持系统（Intelligent，Interactive and Integrated Decision Support Systems，I^3DSS)，它以面向决策者、面向决策过程，综合各种方法与工具为特色，适用面更广泛。

产生于不同时期的各种信息系统和技术，相互之间有着密切的关系，见图11.3。

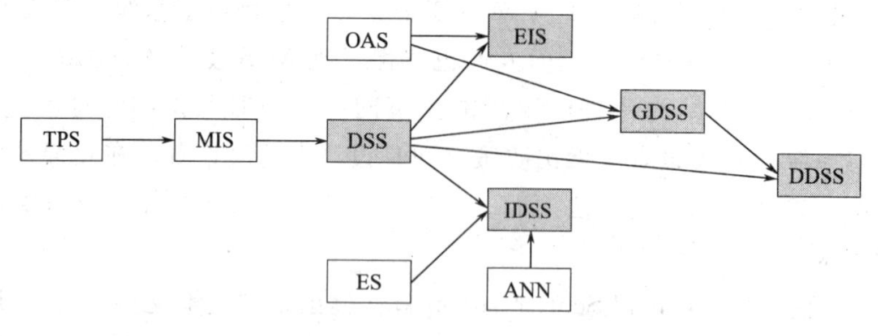

图 11.3　DSS 发展过程

11.2.2　决策支持系统的功能与定义

DSS 的目标就是要在人的分析与判断能力的基础上借助计算机与科学方法支持决策者对半结构化和非结构化问题进行有序的决策，以获得尽可能令人满意的、客观的解或方案。DSS 目标要通过所提供的功能来实现，系统的功能由系统结构所决定，不同结构的 DSS 功能不尽相同。在总体上，DSS 的功能可归纳如下。

① 信息的收集、管理和提供：包括与决策问题有关的组织内部和组织外部信息，以及各项决策方案执行情况的反馈信息等。

② 模型的存储与管理：能以一定的方式存储和管理与决策问题有关的各种数学模型，如定价模型、库存控制模型与生产调度模型等。

③ 方法的存储与管理：能以一定的方式存储和管理模型所需用的数字方法及算法，如回归分析方法、线性规划、最短路径算法等。

④ 数据、模型和方法的维护与调配：上述数据、模型与方法能容易地修改和添加，如数据模式的变更、模型的连接或修改、各种方法的修改等。

⑤ 数据的处理和信息的分析：能灵活地运用模型与方法对数据进行加工、汇总、分析、预测，得出所需的综合信息与预测信息。

⑥ 决策问题分析和求解过程的支持：能以方便的人机对话和直观的屏幕输出功能，通过“如果……则……（What…if…）”之类的问题的问答，帮助用户分析决策问题，比较可行解，并进行敏感度分析。

DSS 建立在人的分析与判断能力的基础上，然后是借助现代信息技术和科学决策方法，因此 DSS 只是为决策者提供分析和求解决策问题的支持，而不是替代决策者决策，人机交互工作是 DSS 的主要特点。

根据 DSS 的特点和应该具备的功能，可以给出 DSS 的定义：“DSS 是以信息技术为手段，应用决策科学及有关学科的理论与方法，以人机交互方式辅助决策者解决半结构化和非结构化决策问题的信息系统”。

DSS 是一类高端的管理类信息系统，其基本的工作原理是要组织与管理所有能供决策使用的数据或信息、计算模型、分析方法与判断规则，在决策者与机器的交互过程中针对不同的问题通过各种数据、模型与方法的综合作用来引导决策者完成一系列的判断而获得问题的解。

DSS 与 MIS 的关系一直颇受学术界关注，几乎每一本有关 DSS 和 MIS 的著作或教材都要或多或少地谈到此问题，出现了多种观点，本书在这里就不再赘述。

对同一问题的不同看法，根本的原因是观察角度不同。目前所谓 DSS 与 MIS 的差别实际上是DSS目标和MIS现状的差别，对这些区别的基本看法是一致的，Turban将其归纳为表11.3所示内容。

表11.3 DSS与MIS差别

差别项目	DSS	MIS
决策问题的性质	支持半结构化和非结构化决策问题	支持结构化决策问题
决策问题的预见	事先不可预见，由决策者和机器交互形成决策路线	事先可预见，由汇总报表等结构化信息及流程实现决策支持
决策问题的表达	提供决策问题的描述组件和描述方法，决策问题的描述具有动态性	决策问题的模型事先已建好，一般不可变
决策问题的模型	对决策问题能在短时间内建模，完成决策	要花许多时间建模和编程
决策问题的理解	支持不很明确的问题的决策，能帮助决策者更好地理解问题	要求有明确的决策问题，详细的需求
系统开发	可以由非信息系统专业人员开发	必须由信息系统专业人员开发

除了MIS，DSS还与组织中其他信息系统有着密切的相互联系。有关内容可参见第3章3.4节和第5章关于主流信息系统之间关系的讨论。

11.2.3 决策支持系统的系统结构

系统的结构决定系统的功能，为实现上一小节所述的DSS功能，许多学者对DSS的结构问题进行了较多的研究。实际中，面向不同决策问题的DSS，功能上有所不同，相应的结构也有所差异，但各类DSS都具有相同的基本结构。

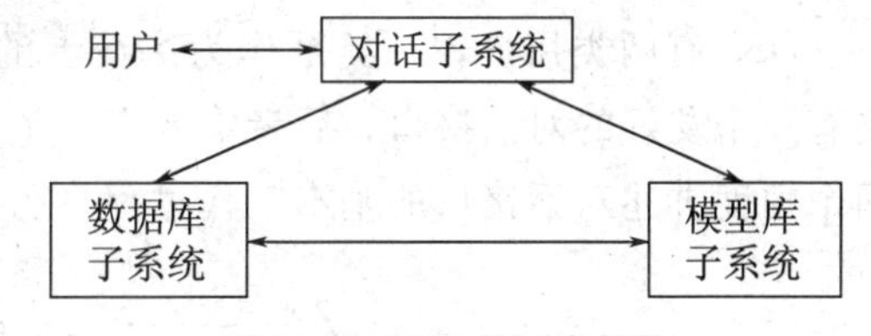

图11.4 DSS的两库结构

《智能决策支持系统》(黄梯云，2001年)一书中认为DSS主要有如图11.4所示的两库结构和图11.5所示的基于知识的结构两种基本形式，实际中的DSS由这两种结构通过分解或增加某些部件演变而来。

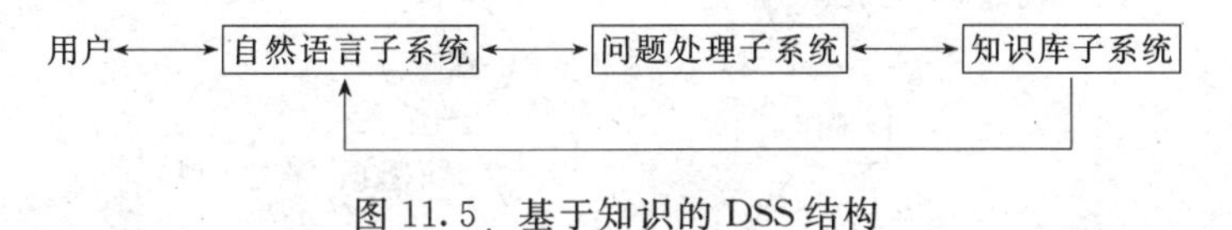

图11.5 基于知识的DSS结构

两库结构是由数据库子系统、模型库子系统和对话子系统成三角形分布的结构，也是DSS最基本的结构。对话子系统是DSS人机交互的界面，作为DSS用户的决策者通过该子系统提出信息查询的请求或决策支持的请求。对话子系统对接受到的请求作检验，形成命令，为信息查询的请求进行数据库操作，提取信息，所得信息传送给用户；对决策支持的请求将识别问题、从模型库中选取模型或构建模型，从数据库读取数据，运行模型并将运行结果通过对话子系统传送给用户或暂存数据库待用。两库的三角式系统结构以人机对话子系统为中介，它与数据库、模型库之间都有互相通信的接口和直接的联系。

基于知识的DSS结构是一种以自然语言、问题处理、知识库等子系统为基本部件的系统结构。决策者的表述由自然语言子系统的处理功能转换成系统能理解的形式，系统的求解进程与结果则以决策者能清晰理解的或指定的方式输出。问题处理系统的任务是识别、分析

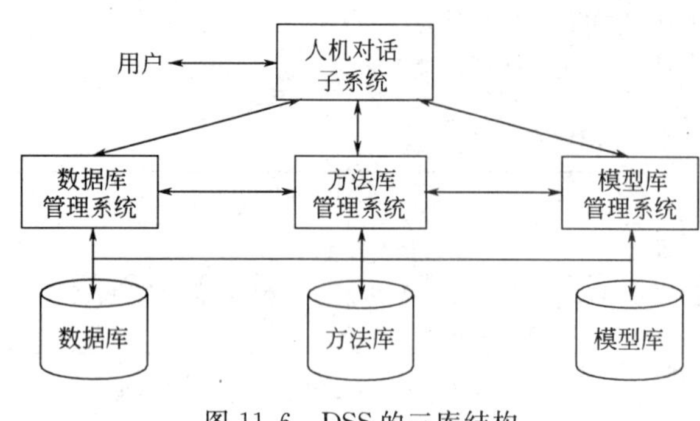

图 11.6　DSS 的三库结构

与求解问题，根据决策问题的结构化程度采用相应的求解方法，选择相应的知识和利用推理机制进行求解。

在两库结构和基于知识的结构两种基本结构形式的基础上，演变出了多种各有特色的 DSS。基于基本结构，这些 DSS 主要表现在资源库的增加和构成关系的变化。例如，在两库结构基础上加入方法库就构成了三库结构的决策支持系统（图 11.6），再与基于知识的 DSS 结构相结合就构成了四库结构的智能决策支持系统。图 11.6 所示的 DSS 是目前最为常见的和比较成熟的结构形式。

特别地，尽管不同的 DSS 的结构各有差异，但对话子系统的位置及与用户之间的关系总体上是一致的，这显然体现了 DSS 人机交互的基本工作原理。

11.2.4　人机对话子系统

人机对话子系统是 DSS 中用户和计算机的接口，在操作者、模型库、数据库和方法库之间起着转换和转达命令、传送数据的重要作用。人机对话子系统是 DSS 的一个窗口，是反映 DSS 人机交互特点的关键构件，它的性能质量标志着 DSS 的实用水平。

DSS 有两类用户，一类是作为决策者的使用人员，另一类是系统的维护人员。前者需要有一个友好的对话接口，后者需要有一个方便的软件工作环境。下面从系统的使用和维护两个角度讲述对话接口的基本工作过程（图 11.7）。

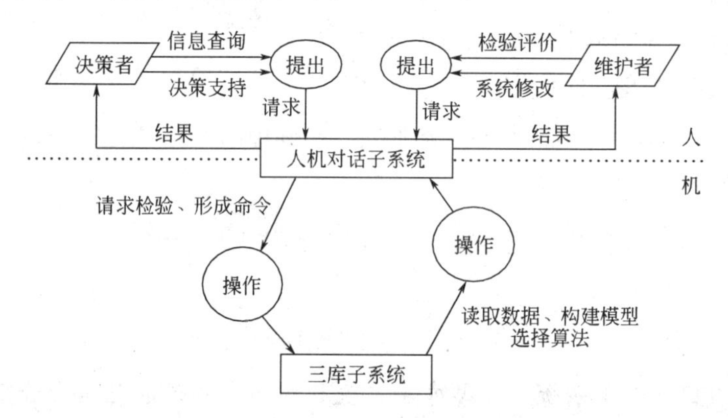

图 11.7　人机对话子系统工作过程

面对决策者，应满足以下方面的要求。

① 向决策者列出并描述系统所能提供的信息、模型、方法以及人机交互的规则。

② 决策者通过人机对话子系统提出信息查询或决策支持的请求。

③ 在决策者遇到困难时，给予必要的提示与帮助。

④ 检验决策者提出的请求，自动修正请求，将请求转化为系统能理解的命令。

⑤ 对信息查询请求，直接进行数据库操作提取信息；对决策支持请求下达操作命令（在模型驱动的情况下，由模型库子系统接受命令）。

⑥ 将提取的信息或决策支持的信息（建议、分析结果、决策结论、补充提问等）以图

形、表格等清晰直观的表达方式呈现给决策者。

面对维护人员，应满足以下方面的要求。

① 维护者提出对系统进行检验评价或系统维护的请求。

② 系统检验维护者提出的请求，将请求转化为系统能理解的命令。

③ 对于检验评价的请求，向维护者呈现系统资源（三库资源）使用情况的报告、系统存在的决策问题分析偏差及其规律、三库协调性等性能报告；有的还通过模拟运行来检验系统的性能和发现问题。

④ 对于系统维护的请求，对模型、方法和数据进行相应的增删改，对模型字典和数据字典等进行相对应的调整；对维护中造成的不一致性等问题或自动修正或提出警告。

DSS 的应用过程是一个人机交互的启发式过程，因此问题的解决过程往往要分解成若干阶段，一个阶段完成后用户获得阶段的结果及某些启示，然后进入下一阶段的人机会话，如此反复，直至用户形成决策意见。

11.2.5 数据库子系统

数据或信息是减少决策问题不确定性的要素，是分析判断的依据。用于决策支持的数据的特点由决策问题的性质所决定。对于半结构化或非结构化决策问题，DSS 的数据面广且又具概括性。除了组织内部数据外，更多的是组织外部数据，如政策法规、经济统计数据、市场行情、同行动向及科技情报等。这些数据大都经过加工、浓缩或汇总，如历月销售额、利润增长率、市场占有率等。这些也是 DSS 数据与 MIS 数据的主要区别。

数据库子系统由数据库、数据析取模块、数据字典、数据库管理系统及数据查询模块等部件组成。它的概念结构见图 11.8。

（1）数据库与数据库管理系统

DSS 数据库中存放的数据基本上能直接供决策所使用，即经过加工的数据。加工前的数据数量非常庞大，它们来源于 MIS 等信息系统的数据库，这些数据库被称为源数据库。源数据库与 DSS 数据库的区别在于用途与层次的不同。数据库管理系统用于管理、提供与维护数据库中的数据，也是与其他子系统的接口。数据字典也可被看作是数据库的一部分，用于描述与维护各数据项的属性、来龙去脉及相互关系。

（2）数据析取模块

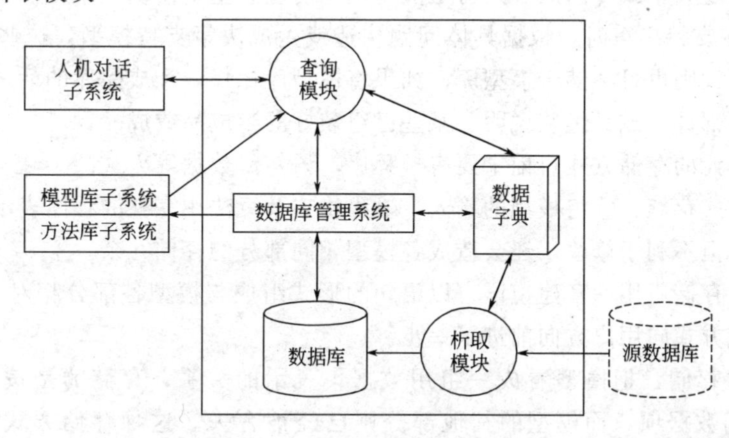

图 11.8 数据库子系统概念结构

数据析取模块负责从源数据库提取能用于决策支持的数据，析取过程也是将源数据进行加工的过程，是选择、浓缩与转换数据的过程。由于源数据量大、渠道多、变化频繁，格式与口径也不一定统一，数据的析取既复杂又费时，常常将其作为一项日常操作来处理。

（3）数据查询模块

用来解释来自人机对话及模型库等子系统的数据请求，通过查阅数据字典确定如何满足这些请求，并表达为向数据库管理系统的数据请求，最后将结果返回对话子系统或直接用于模型的构建与计算。

在DSS数据库系统方面，近年来兴起的数据仓库（Data Warehouse）技术有被逐步引入的趋势，尤其是一些大型的分析类DSS开始建立在数据仓库的基础上。数据仓库是以面向主题的多维数据结构对组织的数据进行集成管理的技术，它从各种运行中的信息系统抽取、净化、转换和装载数据，按主题维、时间维、属性维等多维结构对分散的源数据进行关联组织，集成于数据仓库中，提供以分析或决策问题（主题）为主线索的数据查取、在线分析处理（OLAP）等功能。数据仓库的数据组织、查取和利用方式与管理决策涉及面广、相关因素多且都是围绕某一具体问题的解决方案分析与选择展开的特点相吻合，因此能对企业的管理分析与决策提供有力的支持。有关基于数据仓库的决策支持应用的内容将在本章第4小节再做介绍。

11.2.6 模型库与方法库子系统

模型是通过反映客观事物本质属性来揭示其运动规律的描述，是人们表示和认识事物内在联系及与外部关系的手段。决策或问题的求解首先要分析问题的主要特征，DSS设立模型库子系统即为了在不同的条件下通过模型来实现对问题的动态描述，以帮助决策者进行问题分析。传统认为DSS用户是依靠模型库中的模型进行决策的，因此DSS是“由模型驱动的”。

模型库子系统的主要作用是构建和管理模型，主要由模型库与模型管理系统两大部分组成。

（1）模型库

模型库是逻辑上存储决策模型的部件，是模型库子系统的核心。模型库中主要存储的是能让各种决策问题共享或专门用于某特定决策问题的模型基本模块、单元模型以及它们间的关系。使用DSS支持决策时，根据具体问题构造或生成决策支持模型，这些决策支持模型如有再用的可能性则也可存储于模型库。如果将模型库比作一个成品库的话，则该仓库中存放的是成品的零部件、成品组装说明、某些已组装好的半成品或成品。

模型基本单元的存储方式目前主要有子程序、语句、数据等方式。

以子程序方式存储，它将模型的输入、输出格式及算法用完整的程序表示。该方式实现起来简单直接，但不利于修改，还会造成各模型相同部分的存储冗余。

以语句方式存储，用一套建模语言以语句的形式组成与模型各部分相对应的语句集合，再予以存储。该方式向用户方向前进了一步。

以数据方式存储，把模型看成一组用数据集表示的关系，存储的是按照一定格式组织起来的模型的数据项，而模型的其他部分则已经被舍去。这种存储方式可以通过利用数据库管理系统的完善功能来管理模型的数据项，从而实现对模型的管理。在模型实际运行时，只要把这组数据传递到求解该类模型的方法程序中，就可以达到识别和对该模型求解的目的。

(2) 模型库管理系统

模型库管理系统的主要功能是模型的利用与维护，模型的利用包括决策问题的定义和概念模型化，从模型库中选择恰当的模型或单元模型构造具体问题的决策支持模型，以及运行模型；模型的维护包括模型的联结、修改与增删等。具体的模型管理功能如图11.9所示。

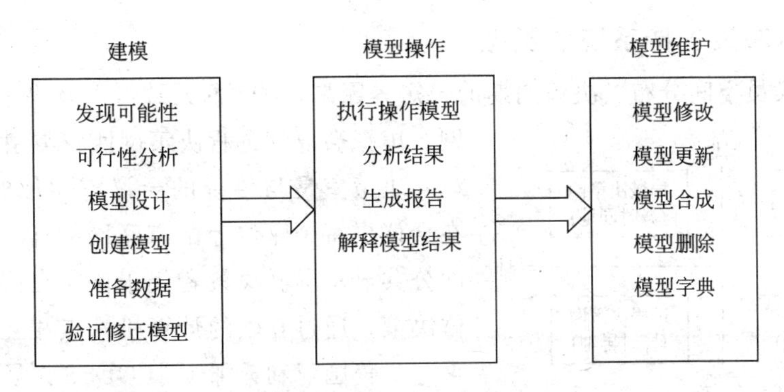

图 11.9 DSS模型管理功能

模型库子系统是在与DSS其他部件的交互过程中发挥作用的。与数据库子系统的交互可获得各种模型所需的数据，实现模型输入、输出和中间结果存取自动化；与方法库子系统的交互可实现目标搜索、灵敏度分析和仿真运行自动化等。更主要的交互则是在与人机对话子系统之间，模型的使用与维护实质上是用户通过人机对话子系统予以控制与操作的。

(3) 方法库子系统

方法库子系统是存储、管理、调用及维护DSS各部件要用到的通用算法、标准函数等方法的部件。方法库是模型库中为共享算法而分离的产物，方法库中的方法一般用程序方式存储。它通过对描述外部接口的程序向DSS提供合适的环境，使计算过程实行交互式的数据存取，从数据库选择数据，从方法库中选择算法，然后将数据和算法结合起来进行计算，并以直观清晰的呈现方式输出结果，供决策者使用。

方法库子系统由方法库与方法库管理系统组成，方法库内存储的方法程序一般有基本数学方法、统计方法、优化方法、预测方法、计划方法等类别。

11.3 群体决策支持系统

11.3.1 群体决策支持系统的基本概念

上一节所叙述的DSS是面向个人的，在实际中，一个组织的决策大都是由领导群体做出的，一些事关组织生存与发展的重大决策几乎都是由集体参与制定。随着经济的全球化，群体决策也不再仅仅是多人坐在一起分析问题评价方案的活动，它还要求多个决策者能在一个周期内异时异地合作协商寻求解决问题的方案。

群体决策支持系统是基于计算机网络和通讯技术的多点DSS系统，用来支持多个决策者为了一个共同的目标更有效地工作和相互协作地探寻半结构化或非结构化决策问题解决方案。20 世纪 80 年代初期已经开始有学者研究 GDSS 对群体决策的影响问题，后来逐步深入到群体决策支持技术及其在组织中的应用。

与传统的会议决策相比，GDSS 能够使决策者不受时间与空间的限制，让决策者之间便捷地交流信息与共享信息，无保留地发表自己的意见，激发决策者思路，集思广益，从而对问题和解决方案进行较充分的讨论，提高决策群体成员对决策结果的满意程度和置信度，提高决策质量。

11.3.2 群体决策支持系统的类型

根据决策人员空间分布、决策周期的长短等因素，GDSS 大致可以有决策室、局域决策网、虚拟会议和远程决策网四种类型（图 11.10）。

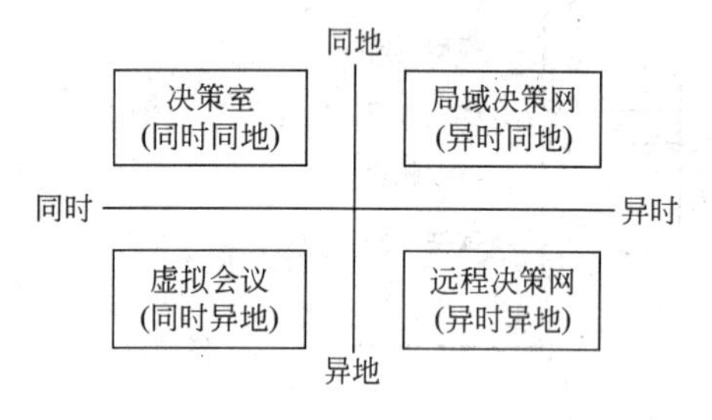

图 11.10　GDSS 的四种类型

决策室是与传统的会议室相似的电子会议室，在会议桌每个座位上配有联网的计算机，并有相连的公共显示屏。决策者集于该室在同一时间进行群体决策，通过互联的计算机站点相互合作完成决策事务。美国亚利桑那大学 GDSS 课题组开发的决策室就是这样一个典型。

局域决策网是建立在计算机局域网基础上的，支持多位决策者在各自的办公位置定时或不定时进行群体决策和工作的系统。网上各位决策者通过联网的计算机站点进行交流，共享存于网络服务器或中央处理机的公共决策资源，在某种规程的控制下实现群体决策和工作。如项目/团队工作系统，参加某项工作的多个成员可以在不同时间段合作完成工作。这种类型的主要优点是可克服定时决策和工作的限制，参与者在决策周期内完成相应的任务即可。

虚拟会议依赖计算机网络和通信技术，使分散在各地的决策者在某一时间内能以不见面的方式进行集中决策，例如电话会议、电视会议系统、互联网上的聊天室等。虚拟会议在实质上与决策室相同，它的优点是能克服空间距离的限制和地域所带来的信息隔绝问题。

远程决策网充分利用广域网等信息技术来支持群体决策，可使参与者异时异地地共同完成任务。计算机支持的协同工作（CSCW）和工作流管理系统也是达到此目的的技术和系统。

11.3.3 群体决策支持系统的构成

GDSS 通常包括了硬件、软件、会议议程组织和 GDSS 参与者四个组成部分。硬件包括了各种网络、计算机、公共显示设备、会议室设备等。GDSS 软件包括各种在群体决策活动中用来支持个人活动、群体活动和特定任务的软件工具，特别是与个人 DSS 相比，还包括了保证群体决策开展的规程库子系统、通信库子系统、共享的数据库、模型库及方法库等内容。会议议程组织保证整个群体活动的合理性以及系统软硬件的有效使用。一种较有代表性的 GDSS 的结构见图 11.11。

GDSS 一般以一定的规程运行，一个主持人和多个参会者围绕一个决策问题按照某种规程展开。多个参会者在决策过程中可以通过 GDSS 界面实现操作，主持人负责解决这个群体活动中出现的技术问题。

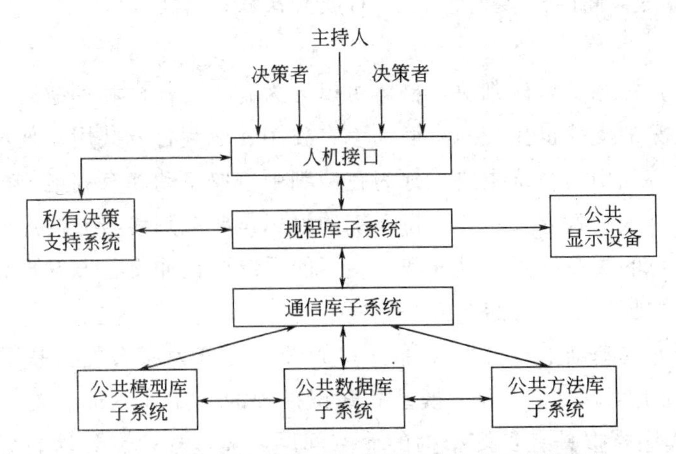

图 11.11 一种较有代表性的群体决策支持系统结构

人机接口接收决策群体的各种请求，这些请求有主持人关于会议要求与安排的发布请求，参会者对数据、模型、方法等决策资源的请求等。通信库子系统存储与管理主题信息、会议进程信息及参会者的往来信息，负责这些信息的收发，沟通参会者之间、参会者与公共数据库、模型库与方法库之间的通信。规程库子系统存储与管理群体决策支持的运作规则及会议事件流程规则等，如决策者请求的优先级别规则、各种协调规则。

11.3.4 谈判支持系统

谈判作为一种特殊的群体决策，参与的双方或多方拥有各自不同的目标，各方在这项活动中不是求助某种解决纠纷的办法，而是谋求一个“可接受的结局”，致力于达成某种“协议”。因此谈判决策是多方在利益冲突过程中寻求各方都能接受的问题解决方案的活动。

谈判支持系统（Negotiation Support Systems，NSS）在上世纪 80 年代后期出现，是一种交互式人机系统，主要应用运筹学、对策论、决策论、行为科学、计算机技术、信息技术、人机工程等多方面的技术理论和方法为谈判者提供分析解决问题的工具，帮助谈判者在谈判前分析局势进行战略准备，在谈判过程中实时地分析处理有关的数据、信息，争取在谈判过程中处于主动、有利的地位。

谈判支持系统的发展过程如图 11.12 所示。

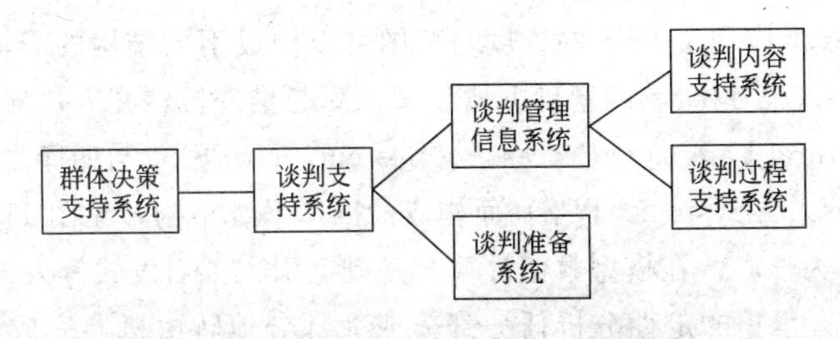

图 11.12 谈判支持系统的发展过程

多目标谈判决策既有对抗又有妥协的特性，较理想的 NSS 一般要能够支持人机交互地进行谈判分析和决策，为谈判方分析和制定谈判战略，帮助分析和评估谈判方所处状态，促进谈判各方的信息交流，引导谈判进程向达成一致的方向发展，向谈判方提出平衡的、可行的谈判问题解决方案，同时还要对所形成的谈判决策方案做灵敏度分析，判断方案的稳定性。

按谈判参与者角色划分，谈判决策群体可以分为有各自目标和利益的若干谈判方和一个仲裁方，对谈判决策的支持也相应地有谈判一方独用、谈判各方共用、仲裁方使用的支持系统。其中为谈判一方独用的系统主要目标为在谈判中争取主动和有利地位，使最终决策方案尽可能有利于自己。谈判各方共用的支持系统的目标是要谈判参与方通过协商让步，在冲突中逐步逼近一致认可的决策方案。供仲裁方使用的系统要在冲突各方发现和扩大共同点，排除或缩小争端，通过折中寻找稳定的方案。

人们在大量研究的基础上已经开发了一些 NSS，可分为三大类：基于完整的数学模型的 NSS、基于知识的 NSS、基于数学模型和知识推理的交互式 NSS。基于完整的数学模型的 NSS 采用数学模型模拟具有良好结构的谈判问题，通过建模、计算、分析，寻求模型的帕累托解或“满意”解，如 DECISIONMAKER。而基于知识的 NSS 采用符号、规则来表示谈判问题，结合专家系统和人工智能技术，使用逻辑推理方法，在谈判的某一过程或整个过程中给谈判者提供支持，如 NEGOPLAN、PERSUADER。基于数学模型和知识推理的交互式 NSS，在一系列模型分析的基础上，可以进行部分判断和逻辑推理，并能与谈判者进行交互，如 MEDIATOR。但就目前而言，NSS 的研究和实践还处于起步阶段，理论体系尚不完整，开发出的应用系统与预定目标有较大距离。在国内，哈尔滨工业大学的李一军教授、武汉大学的孟波教授等对 NSS 开展了较多理论和方法方面的研究，主要涉及面向电子商务的谈判支持系统和基于 Web 和多 Agent 系统的谈判支持系统等。

11.4 智能决策支持系统

11.4.1 智能决策支持系统的基本概念

传统的 DSS 是模型驱动的，定量模型的逻辑与人的思维逻辑有很大的不同。尽管采用人机对话子系统作为中介，对于不熟悉计算机的使用者来说，人机之间尚存在较大的距离。另一方面，几乎与 DSS 同步发展起来的人工智能领域的专家系统，在人的知识的开发与利用上获得了不少成果，这些成果能一定程度上弥补 DSS 的不足。将两者相结合形成智能型 DSS，可以较大地改进 DSS 的性能，尤其是人机交互的性能。

根据人工智能技术应用于 DSS 的程度与范围可以构成不同结构的 IDSS，较完整与典型的 IDSS 结构是在传统三库 DSS 的基础上增设知识库与推理机，在人机对话子系统加入自然语言处理系统（Natural Language Processing System，NLPS），与四库之间插入问题处理系统（Problem Processing System，PPS）而构成的四库系统结构，见图 11.13。

IDSS 以知识库为核心，在模型数值计算的基础上引入了启发式等人工智能的求解方法，使传统 DSS 主要由人承担的定性分析任务部分或大部分地转由机器完成，并且较之人做得更好更稳定。知识的推理机制能获得新知识，知识的积累使系统的能力不断增强。四库系统的智能人机接口接受用自然语言或接近自然语言的方式表达的决策问题及决策目标，这较大程度地改变了人机界面的性能。决策者的表述由自然语言处理功能通过语言处理、关键词分析等方法转换成系统能理解的形式，系统则以决策者能清晰理解的或指定的方式输

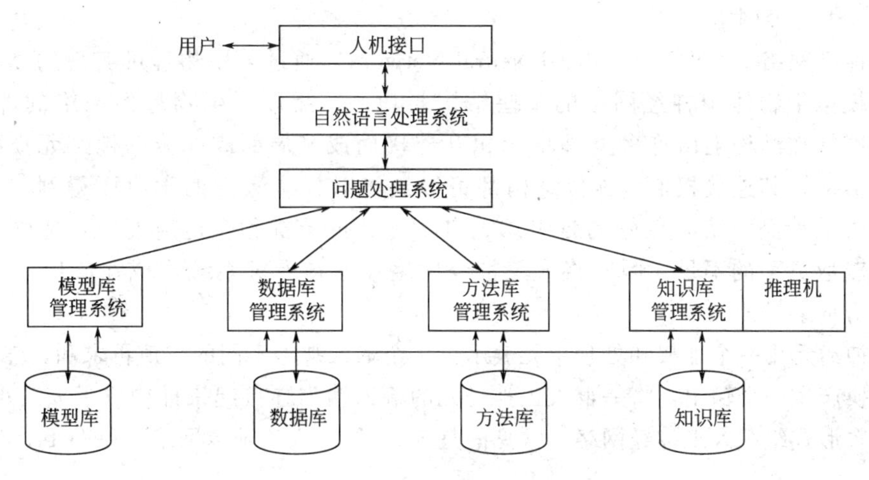

图 11.13 四库 IDSS 的基本结构

出求解进程与结果。问题处理系统的任务是识别、分析与求解问题，根据决策问题的结构化程度采用相应的求解方法，选择或构造模型或利用推理机制进行求解。

11.4.2 专家系统与人工神经网络

（1）专家系统

专家系统（ES，Expert System）是以计算机为工具，利用专家知识及知识推理等技术来理解与求解问题的知识系统，其目标是让计算机在某一特定领域具有与专家同等水平的问题解决能力，使专家的知识得到长期保存和被更多用户所使用。专家系统解决问题的特征可以归结为：运用专家知识，将知识转换为系统的内部表示，使用符号推理方法，运用启发式规则。

专家系统比较适合的任务领域包括结果解释、故障诊断、制订计划、预警监控、使用指导和人员培训等方面。如在一个辅助用户进行购车决策的系统中，系统通过人机对话的方式不断询问用户对于汽车引擎、可靠性、价格、质量、产地和其他相关因素的要求，然后根据系统中已有的规则做出购车的推荐。如果用户的要求苛刻，系统会无建议方案，并允许用户修改条件。用户也可以向系统询问方案得出过程，系统会显示推导过程所使用的规则。

专家系统的基本结构见图 11.14。应用环境是最终用户看到的专家系统，开发环境是知识工程师构建专家系统的工作环境。

专家系统有许多优点，但仍有适应性差、抗干扰能力弱、知识领域狭窄层次浅薄、知识获取有“瓶颈”现象等弱点。

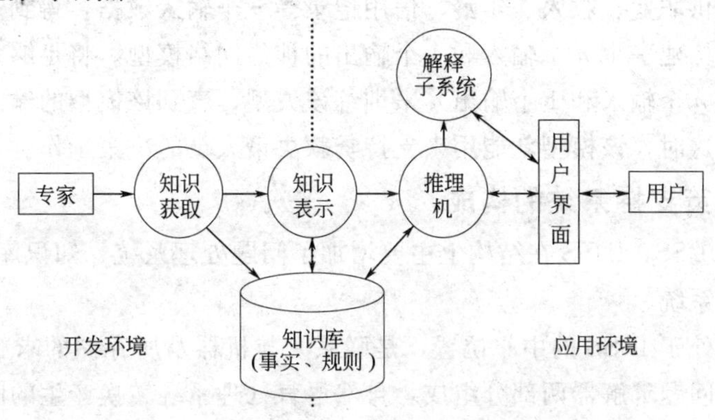

图 11.14 专家系统基本结构

（2）人工神经网络

人工神经网络（ANN，Artificial Neural Network）通过采用物理可实现的器件或计算机软件来模拟生物体中神经网络的某些结构与功能，吸取了生物神经网络的部分优点。人工神经网络在结构上由许多处理单元相互连接而成，局部或部分的神经元损坏后不影响全局的活动，其连接权值和连接结构都可以通过对样本数据的学习而得到。与专家系统相比，人工神经网络有良好的自组织、自学习、抗干扰和自适应能力，能弥补专家系统在知识获取方面的不足。因此将人工神经网络技术与专家系统集成并应用于 DSS 是一个有利的方向。

人工神经元用一个加权和处理单元表示，多个输入乘上不同的权值再求和，然后经过传递函数转换产生一个输出，将一群人工神经元的输入输出连接起来即构成了人工神经网络。一般以层次形式组织人工神经网络，常见的是 3、4 层的人工神经网络，见图 11.15。

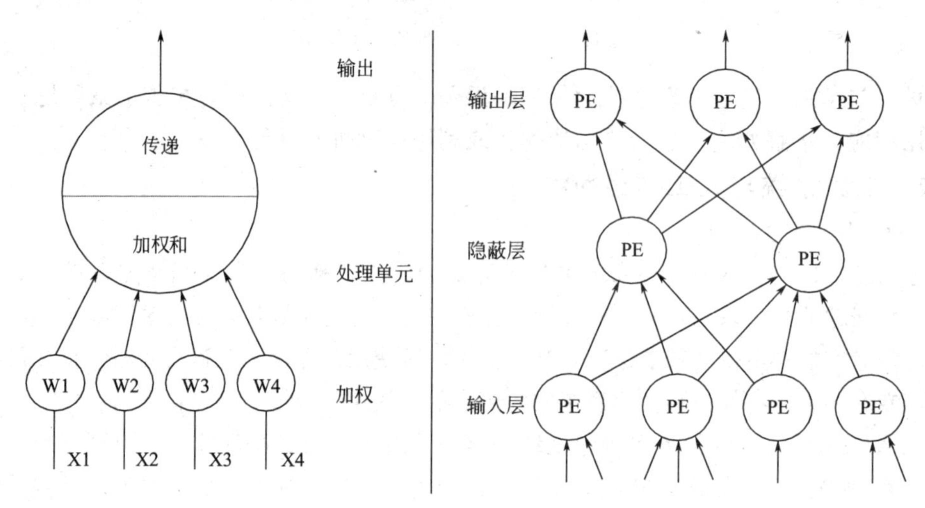

图 11.15 人工神经网络简示

神经网络的开发过程中，要确定网络结构、选择学习算法并对网络进行初始化，利用事先收集到的历史数据对网络进行训练，不断调节权值，使输出与历史数据的输出相吻合，训练好的网络经过历史数据的测试方可使用。下面以贷款决策为例简要说明。

贷款与否的决策是银行比较谨慎的工作，该决策问题的输入是客户的属性和基本信息，处理是依据贷款条件和规则分析判断客户的还贷能力，输出为是否给予贷款的决定。假定贷款申请要求客户提供职业、收入、年龄、信用记录等 n 个输入数据，得到 1 个是否贷款的输出数据，那么可以构建一个 n 个输入和 1 个输出的神经网络模型。将足够多的以往人工决策案例（每个案例有 n 个输入和 1 个输出）来训练该模型，直到该模型的输入和输出的准确度达到预定的要求。这时，该模型就能用来支持贷款决策人员的决策工作。

11.4.3 智能决策支持系统的构成

相比于传统的 DSS，IDSS 在结构上主要增加了问题处理系统、知识库子系统和推理机。

（1）问题处理系统

问题处理系统处于 IDSS 的中心位置，是联系人与机器及所存储的求解资源的桥梁，主要由问题分析器与问题求解器两部分组成。自然语言处理系统转换产生的问题描述由问题分析器判断问题的结构化程度，对结构化问题选择或构造模型，采用传统的模型计算求解；对半结构化或非结构化问题则由规则模型与推理机制来求解。

问题处理系统是 IDSS 中最活跃的部件，它既要识别与分析问题，设计求解方案，还要为问题求解调用四库中的数据、模型、方法及知识等资源，对半结构化或非结构化问题还要触发推理机做推理或新知识的推求。问题处理系统是人工智能技术在 DSS 中的重要应用，在 IDSS 中起着非常重要的作用。

(2) 知识库子系统

在 DSS 中引进知识库子系统是为了使其具有一定程度的智能表现。知识库子系统的组成可分为三部分：知识库管理系统、知识库及推理机制。

知识库管理系统的功能主要有两个，一是回答对知识库知识增、删、改等知识维护的请求，二是回答决策过程中问题分析与判断所需知识的请求。对于知识维护请求，知识库管理系统的工作过程是：根据请求查询相应的信息字典的知识库描述部分，找到登记项后，检查合法性、安全性和完整性，通过后就进行相应的维护操作，并回送结果信息；对于知识请求，如要求某一知识时，知识库管理系统根据请求信息，到信息字典的知识库描述部分找到相应的登记项，检查合法性与安全性后，即将知识送出。

知识库是知识库子系统的核心，知识库中存储的是那些既不能用数据表示，也不能用模型方法描述的专家知识和经验，也即是决策专家的决策知识和经验知识，同时也包括一些特定问题领域的专门知识。

知识库中的知识表示（Knowledge Representation）是知识库系统研究的一个重要课题。知识表示是为描述世界所作的一组约定，是知识的符号化过程。对于同一知识，可有不同的知识表示形式，知识的表示形式直接影响推理方式，并在很大程度上决定着一个系统的能力和通用性。人工智能学者已研究了很多知识表示形式以适用于不同的需要，常见的知识表示形式有逻辑表示法、语义网络表示法、产生式规则表示法、框架表示法及过程表示法等。

在智能型 DSS 中，知识库分级存放有关决策的知识，一般将知识库分为两层：第一层存储知识元；第二层存储元知识。知识元是指有关问题领域的基本表示知识，元知识指有关控制或推论机制的知识。知识库分级存储知识有利于各种不同类型知识的管理，使作为基本事实的知识元与作为控制知识的元知识分开，以增强各自的独立性。

推理机（Inference Engine）是基于知识推理的计算机实现。推理机的主要任务是选择知识和应用知识，一般情况下，推理机只能利用搜索法或其他方法从复杂的系统中找出所需的知识，这是一件十分费时的工作，弄不好就会使推理机无法实现。因此研究知识的选择（即控制策略）就成为推理机的一个关键问题。

推理（Inference）是指从已知事实推出新事实（结论）的过程，根据推理方向的不同，推理可分为正向推理、反向推理和正反向混合推理。

正向推理指从初始状态出发，逐步地推导出目标状态。这种推理方法比较简单，也符合常规。但是推理很盲目，需要输入所有条件和所有可能事实，并且推理过程中产生的许多路径与目标无关，严重影响了推理速度。这种推理方法比较适合解空间大的问题。

反向推理与正向推理相反，它是从目标状态出发，利用已有知识，逐步推到初始状态，如果推出的初始状态与已知的初始状态相吻合，或前者包含于后者中，则推理成功。这种推理不会产生多余动作，如果能利用启发信息来选择目标，则推理效率更高，比较适合于目标少的情况。

正反向混合推理的方法实质上是前两种推理方法的组合，它先通过正向推理达到某种中间状态，然后通过反向推理达到一些中间状态，如此反复，直到这些中间状态有交集，则推理成功。这种推理方法效率最高也最复杂。

推理机能否准确迅速地找到与解答有关的知识，直接影响推理机的性能。推理机的性能指标是指推理效果和推理效率，前者是衡量推理结论正确性的一个指标，后者可以用推理所花费的时间来说明。

11.4.4 商务智能概述

商务智能（Business Intelligence，BI）在 1996 年由 Gartner Group 提出。IBM 认为商务智能是一种能力，通过智能地使用企业的数据财产来制订更好的商务决策。学术界则认为商务智能实际上是帮助企业提高决策能力和运营能力的概念、方法、过程以及软件的集合，其主要目标是将企业所掌握的信息转换成竞争优势，提高企业决策能力、决策效率、决策准确性。商务智能是指企业用来对各种商务资料进行定量分析的技术策略、过程和工具。商务智能的核心使命是帮助企业经理人员做出及时、正确、可行、有效的决定，从而改善企业经营效果，提高企业竞争力和获利性。

用系统的观点来看，商务智能从不同的数据源收集的数据中提取有用的数据，对数据进行清理以保证数据的正确性，将数据经转换、重构后存入数据仓库或数据市场，然后寻找合适的查询和分析工具、数据挖掘工具、OLAP 工具对信息进行处理，最后将知识呈现于用户面前，转变为决策。

因此，商务智能是一种具有一定智能（包括分析与知识发现）的计算机应用系统，它一般包括了数据仓库、联机分析处理、数据挖掘和结果展示四部分。它以数据仓库为基础，以联机分析处理与数据挖掘为分析方法，并最终以展示形式表示结果，这种商务智能的目的是将传统数据库中的数据经数据仓库整理并经联机分析处理与数据挖掘分析后可得到更高层次的数据和规则（或称知识）。

图 11.16 是 IBM 在 1999 年提出的商务智能系统架构。

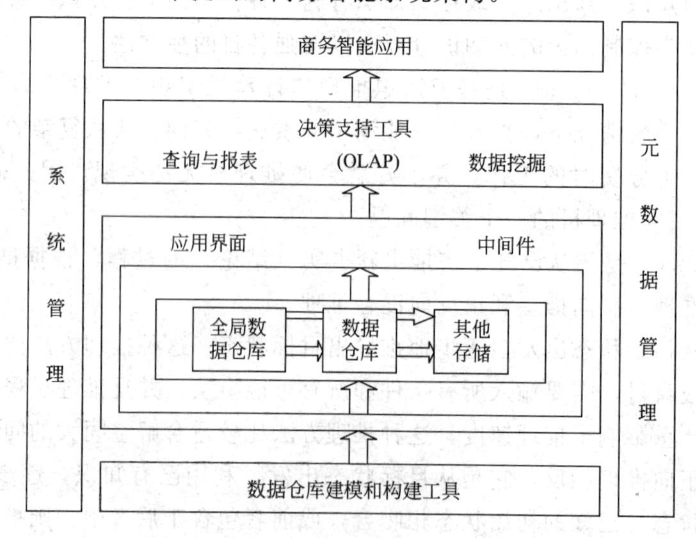

图 11.16　IBM 的商务智能系统架构（1999）

该架构中包括如下几个部分。

① 数据仓库建模和构建工具：用于从操作系统和外部数据源系统中捕捉数据，经过数据加工和转换，最后将数据装载进全局的或部门的数据仓库。

② 数据管理：用于管理终端用户感兴趣的商业信息。一般采用三层信息存储：数据仓库、部门数据仓库/数据市场和根据用户和应用需求经过裁剪后的信息。

③ 访问工具：包括应用接口和中间件，使得客户工具能够访问和处理数据库和文件系统中的商业信息。数据库中间件允许客户透明地访问后台各种异构的数据库服务器，Web服务器中间件允许 Web 客户连接到数据库中。

④ 决策支持工具：包括基本查询和报表工具、在线分析处理、信息挖掘工具的各类工具。

⑤ 应用系统：许多针对不同行业或应用领域经过裁剪的完整的商业智能解决方案软件包。

⑥ 系统管理：该部分包括了商业智能管理的所有方面，包括安全性和验证、备份和恢复、监控和调整、操作和调度、审计和计算等。

⑦ 元数据管理：该部分管理与整个商业智能系统有关的元数据，包括开发者和管理员使用的技术元数据，以及支持商业用户的业务元数据。

本章小结

本章围绕决策支持系统及相关内容展开，如图 11.17 所示。

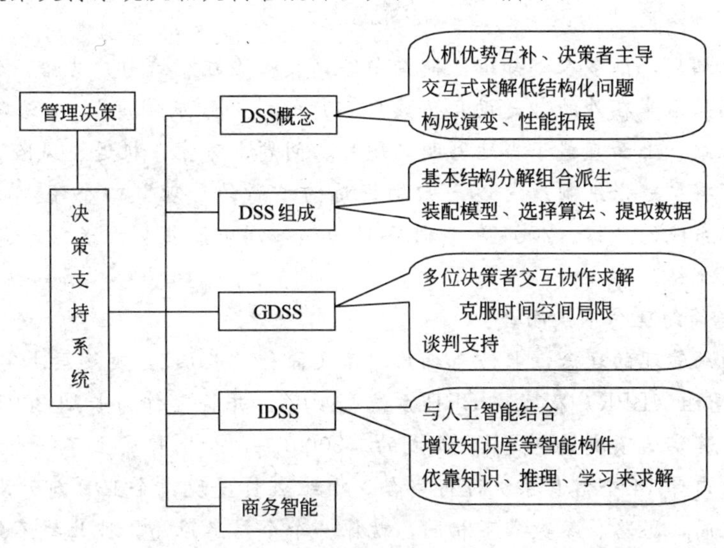

图 11.17　决策支持系统

根据结构化程度的不同，决策问题可以分为结构化、半结构化和非结构化问题。针对不同结构化程度问题的决策表现出不尽相同的特征。问题的结构化程度越低，决策者的决策风格对决策结果的影响越大。

决策支持系统（DSS）是结合与利用计算机强大的信息处理能力和人的灵活判断能力，以交互方式支持决策者求解半结构化和非结构化决策问题的信息系统。DSS 一般由人机对话、数据库、模型库与方法库等子系统作为部件有机地组合而成。部件之间的关系构成了

DSS的系统结构，具有不同功能特色的DSS，其系统结构也不同，但实际中的DSS大都由两库结构和基于知识的结构两种基本形式通过分解或增加某些部件演变而来。人机对话子系统是DSS的一个窗口，是用户和计算机的接口，它的好坏决定了系统的可用性，标志着系统的水平。数据库子系统是存储、管理、提供与维护用于决策支持的数据或信息的DSS基本部件，是支持模型库子系统及方法库子系统的基础。模型库子系统是存储、管理、利用与维护决策模型及单元模型的部件，是DSS的核心部分，也是DSS中最复杂与最难实现的部分。

群体决策支持系统（GDSS）克服了时间与空间的限制，能让多位决策者便捷地交流与共享信息，为群体决策提供了良好的协商与综合决策环境。谈判支持系统是一种特殊的群体决策支持系统，谈判决策是多方在利益冲突过程中寻求各方都能接受的问题解决方案的活动，相应的系统已有一定的研究和进展。

DSS中机器一方的重点在于模型的定量计算，人机对话方式与大多数不熟悉机器的使用者尚存在一定的距离，限制了DSS的应用效果。将人工智能领域的专家系统、人工神经网络等技术与DSS相结合而形成的智能决策支持系统（IDSS）大大地改进了DSS的性能，相应地，在系统结构上也增加了问题处理系统、知识库系统和推理机制。

从发展趋势看，DSS的数据库系统开始采用数据仓库、数据挖掘和在线分析等与决策特点较吻合的方法技术，DSS所具备的功能和特征目前有显现于其他各类信息系统的趋势，商务智能便是在实践中的一个发展。

案例分析：长沙卷烟厂“一张纸制度”的背后

提起长沙卷烟厂，很多人都知道“鹤舞白沙，我心飞翔”这句广告语，但在企业管理领域，让长沙卷烟厂名声在外的却是近几年该厂实行的“一张纸制度”，即给集团领导的汇报材料只能是一张纸，上面直截了当地写明“题目、问题、方案、机遇、风险、结论和审批”。后来长沙卷烟厂将“一张纸制度”逐渐归纳提炼为“简约管理”四个字。简约管理得以实现，少不了信息系统的支撑。2004年4月5日的《每周电脑报》对长沙卷烟厂“一张纸制度”的背后做了介绍。

(1) BPR与简约理念不谋而合

为了推行简约管理的理念，长沙卷烟厂（下文简称“长烟”）决策层决定在2001年开展“企业业务流程重组（BPR）及实施ERP系统”项目，并将其作为长烟2001年度战役性工作的重中之重。其实这项决策也是IT促成的。2000年，长烟曾成立了一个7人IT整合项目小组，对企业内部14个信息系统进行整合。小组成员发现，企业目前开发和应用的多个管理信息系统之间，思路、参数各不相同，就像一个个信息孤岛，彼此找不到接口，无法兼容，造成资源的共享程度低、重复建设、重复工作。于是他们在报告中提出：要对企业整体的管理流程进行流程优化重组，而这与总裁卢平女士期望的“简约管理”理念不谋而合。

长烟在BPR的过程中，以面向流程的设计理念和简约的原则，对全厂的组织结构进行全新的变革。打破了按职能划分部门的旧模式，以核心业务流程为基础重新组建了11个中心，并明确了八大集团职能管理部门。在设计的51个核心业务流程中，减少和简化了流程中非增值的部分，对增值部分进行增加或强化，缩短了流程流转的时间，从根本上理顺了核心业务流程。主导生产部分由五个车间按流程整合为三个，管理人员由两套变为一套，精简

30多个管理干部，定员按最先进的配比设置。

(2) ERP年效益近3000万

通过ERP系统的运用，长烟2001年11月份的辅料库存资金从年初的9744万元降低到8018万元，降幅达18%；采购计划的编制由原来的5个工作日，降低到现在的2～3个工作日；财务付款的计划性与准确性较以前提高15%左右。通过分析，长沙卷烟厂估算ERP系统每年产生的效益是2950万元人民币。

由于长沙卷烟厂已经规范的一些流程以软件程序的方式固化下来，使得流程所涉及岗位员工的工作更加规范高效，降低了人为因素的影响，从而在管理手段上减少了违规操作现象的发生。同时，ERP系统为管理人员提供了超出原来传统环境下无法提供的数据和方便快速的查找工具。原来管理部门分析和判断所使用的数据是一层层统计和汇总而来的，信息过滤和处理较多，真实性反映不足，并且这些数据都是静态的且相对孤立。应用ERP后，管理人员可以直接得到最原始的数据，更可以通过对数据和数据之间的相关性分析，得出更为科学的结论。

通过应用ERP系统，长沙卷烟厂还围绕财务管理在其他主要业务流程之间建立了一个重要的基本信息平台，将计划管理、采购管理、原烟及辅料库存、生产制造、成品销售、财务进行系统地整合，将计划、库存、采购、销售等信息以一定的数据格式录入到系统中，实现了核心业务流程的自动化处理，将每个作业实时地反映出来，从而使物流、资金流、信息流能集成统一，对降低采购和库存成本、提高生产及采购计划的科学性、加强对财务状况的实时监控和对生产经营的实时管理打下了坚实的基础。

(3) BI使决策更灵活

BPR和ERP系统的实施使长烟的流程得以优化，而2003年底正式投入使用的商务智能（BI）系统则为该厂的决策水平提供了保障。随着我国加入WTO，中国烟草业面临着严峻的挑战，国内烟草市场竞争的日趋激烈、消费需求的日趋多样性，使得国内市场的竞争已由原来的产品质量的竞争，逐步转到品牌整体效能（品牌形象、产品质量等）的竞争，谁能快速地对消费者的需求做出反应，谁就能在市场竞争中占据有利的位置，如何把白沙的品牌做强做大，是企业长期生存和发展的关键所在，如何将信息化运用到企业的品牌建设中，如何利用信息化手段提高信息收集、处理与利用的速度以及对市场变化的快速反应能力，是企业发展的重中之重。

2003年，长沙卷烟厂通过市场信息采集处理系统推进了其区域滚动销售（ARS）战略。作为决策支持系统的一部分，长烟的市场信息采集处理系统可以深入到用户的终端，起到疏通渠道和实现掌控终端服务的作用。该系统的上线也改变了原来各地业务人员的工作水平和工作方式，现在的销区人员只要通过系统的采集通道，就可以将每天的信息结果整理汇总到销售总部，统一信息数据上报形式，信息采集速度甚至超过了当地销售公司掌握信息的速度，实现了从陪客户喝酒聊天的营销业务人员到指导客户销售投放的企业营销代表的转变。

“ERP系统以准确的数据见长，但ERP系统没有竞争对手的情报信息。而在市场销售这一块，ERP系统只认钱是否到账，厂里的产品才算销出去。但是在分析市场和进行决策时，如果客户订单已经下了，如付款复印件传了过来，商务智能系统和决策支持系统就可以把销售额统计进去”，长沙卷烟厂信息部部长余军如此评价商务智能系统的灵活性。

(4) 引入预警和提醒机制

长烟的市场信息采集处理系统在整体设计和构思方面，充分考虑营销人员的要求，并从人性化方面考虑让用户能便利使用，对于重要信息的及时预警提醒机制，系统可同时提供两种通知方式：电子邮件通知、手机短信通知，确保用户在任何地点都能及时得到重要消息。该机制主要体现在录入检验、警戒线预警、趋势预警和业务提醒四个方面。企业的营销高层领导在系统的提醒和分类下，能够及时准确地得到市场销售分析结果，从而能够更早地决策和处理，使他们变为由指导、策划、控制事无巨细的监管者到实现规范管理的简约管理指挥员。

(5) 结束语

无论是“一张纸制度”还是“简约管理”的思想，其背后的信息化建设核心则是“一切统一于争夺市场”。长沙卷烟厂的信息化经历了三个阶段：1987～1993 年是起步阶段；1993～2000 年是全面发展的阶段，该厂投入 150 多万美元部署了 SSA 的 MRPⅡ系统；从 2000 年开始，长沙卷烟厂把信息化定位在支撑管理、提升整体效率的阶段，该厂引入了 Oracle 的 ERP 系统和 IBM 的商务智能系统。

对于在 BPR 和 ERP 的实施过程中遇到的阻力，长沙卷烟厂总裁卢平女士认为，信息化是人文项目，而不仅仅是技术项目，所谓的人文项目就是要利用信息化的契机，重塑企业的核心文化。2004 年，长沙卷烟厂在信息系统方面投入比前几年更多的资金进行网络、主机和存储等多个系统的升级、扩容，并扩大了 ERP 系统的实施范围。

【案例思考与分析题】

(1) 长沙卷烟厂信息化历程具有哪些特征？

(2) 根据案例分析 ERP 与决策支持软件（如 BI）的关系？

(3) 分析长沙卷烟厂接下来可能进行的信息化项目？

习　题

(1) 决策问题的类型有哪些？请举例说明它们之间的差异。

(2) 不同决策风格的决策者对决策支持的需求不同，请分析其中主要的差异。

(3) DSS 是何种背景下发展起来的？具有哪些主要特征。

(4) DSS 的用户主要有哪几类？他们对于 DSS 人机对话子系统的功能需求如何？

(5) DSS 的模型主要有哪几种存储方式？

(6) 模型库、数据库与方法库等子系统是 DSS 的三个部件，请描述它们的相互关系。

(7) 传统 DSS 与智能 DSS 都是人机系统，但两者中机器方所起的作用有所不同，请指出它们的区别。

(8) 与传统决策支持系统相比，智能决策支持系统在系统结构上有怎样的改变？增加的部件起到什么作用？

(9) 与个人决策支持系统相比，群体决策支持系统在系统结构上有怎样的改变？增加的部件起到什么作用？

(10) 请描述 BI 系统的一般结构，并简要分析 BI 与 DSS 之间的异同和联系。

12 知识管理系统

12.1 知识管理系统——信息管理系统的新阶段

自从 20 世纪 50 年代计算机用于数据处理以来，基于计算机的信息系统得到了越来越广泛的应用。目前，大到国家政府机关办公，小到个人事务处理，都在依赖信息系统支持业务处理，提高工作效率。信息系统从 20 世纪 60 年代产生以来，经历了电子数据处理、管理信息系统、决策支持系统和专家系统几个阶段。在每一阶段中，信息系统都发挥了应有的作用。然而今天在知识经济浪潮的冲击下，传统的信息系统已无法支持知识作为生产要素的使用，更难以满足人们对知识创新的需求。

著名管理大师德鲁克曾经在《后资本主义社会》中指出人们正在进入“知识社会”，在这个社会中最“基本的经济资源”不再是资本、自然资源和劳动力，而应该是知识。1996 年经济与合作发展组织（OECD）发表了题为《以知识为基础的经济》的报告，自此国内外掀起了研究讨论知识经济的热潮。根据当前比较一致的理解，知识经济是建立在知识和信息的生产、分配和有效使用基础上的经济，它与农业经济、工业经济不同，知识作为第三种资源，将成为经济社会发展的首要资源，成为真正的资本和首要的财富。在知识经济时代，社会经济生活的中心都要归结到知识生产上面。

知识经济时代的信息系统不仅要管理信息，更要管理知识，为组织成员提供创新条件，最大限度地发挥组织的知识潜力。众所周知，创新不仅仅是处理客观信息，更要依靠一种内在的、通常是高度主观的洞察力、直觉和组织成员个人的感觉，它要将每个成员蕴藏的知识，即隐性知识，转化为可以由组织所共享的显性知识。知识管理系统能够将组织成员纳入管理范围之内，为其提供创新所必需的知识，通过规定的知识创新步骤、设计好的知识表达规范格式来引导成员将其隐性知识显性化。传统的信息系统无法实现对知识有效的识别、获取、开发、分解、使用、存储和共享，也难以提供显性知识和隐性知识转化和共享的途径。

新的时代需要新型的信息系统，知识管理系统应运而生。知识经济对信息系统提出的时代要求是知识管理系统产生的大背景。知识管理系统作为信息系统发展的新阶段，目前仍是一个新的研究领域。但随着管理理论和信息技术的发展，尤其是人们观念的更新，知识管理系统将会逐渐完善与成熟起来，在未来知识竞争的舞台上必将大显身手。

12.2 知识及其管理

12.2.1 知识的定义、分类和层次

（1）知识的定义

由于知识的复杂性，自古以来各界对知识的理解就不尽相同。作为哲学重要分支的认识论认为知识就是认识（意识）；知识是经验的结果；知识是对意识的反映；知识是观念的总

和；知识是人类大脑对客观规律的反映。在信息论中，对于知识的广泛理解是从知识与数据和信息的比较中得到的。数据被认为是“有关事件的一些离散的、互不关联的客观事实”；信息是被赋予一定意义且相互联系的事实，“是产生变化的数据”；知识则是经过对信息的推理、验证，得出的概念、经验和系统化规律，知识比数据和信息更贴近行动。经济学认为知识是人类劳动的产品；知识是一种资本。

许多学者也给知识下了定义。德鲁克将知识定义在信息之上，认为“我们现在所说的知识是在行动中有效的信息，着重于效果的信息。效果在人体之外，在社会和经济中，或在知识本身的提高之中”，“知识是改变事物或人的信息——该信息可成为行动的根据，可使个人（或机构）有能力采取不同的和更有效的行动”。野中郁次郎认为“知识是验证个人信念接近于‘真实’的人际动态过程”。Woolf 认为“知识是用于解决问题的结构化信息”。Turban 给出的知识定义是“知识是用于解决问题或者决策的经过整理的易于理解和结构化的信息。” Beckman 认为“知识是人类对数据及信息的一种逻辑推理，它可以提升人类的工作、问题解决及学习的绩效”。Davenport 指出“知识是一种有组织的经验、价值观、相关信息及洞察力的动态组合，它所构成的框架可以不断地评价和吸收新的经验和信息。它产生并且应用于有知识的人们的头脑。在组织机构中，它不但存在于组织的文件或档案之中，还存在于组织的过程、实践与惯例之中”。

各类词典也给出了知识的定义。《韦氏词典》（Webster，1997 年）给出的知识定义是“知识是通过实践、研究、联系、调查获得的事实或状态的认识，是对科学、艺术或技术的理解，包括人类获得的关于真理和原理的认识总和”。《现代汉语词典》（2002 年增补本）的知识定义是“人们在改造世界的实践中所获得的认识和经验的总和”。《辞海》（1980 年）的知识定义是“知识是人们在社会实践中积累的经验，从本质上讲，知识属于认识范畴”。

（2）知识的分类

从不同的角度，依据不同的标准，可以将知识分为不同类别。目前有将知识分为感性知识和理性知识，显性知识和隐性知识，以及 OECD 分类方法等。

从知识的可呈现性上，可将知识分为显性知识和隐性知识两大类。显性知识是可以形式化、制度化、能用语言传递的知识，具有规范化、系统化的特点，易于沟通和分享，显性知识的载体是书籍、文档、数据库等。隐性知识是那些表现形式不是很清楚而且不能明确记录的知识，常以专业技能的形式存在于个人的行为中，隐性知识是高度个性化的知识，具有难以规范化的特点，因此不易传递给他人。波兰尼认为，隐性知识的所谓“隐性”，是指尚未被言语或者其他形式表述的知识，隐性知识是“尚未言明的”、“难以言传的”、尚处于“缄默”状态的知识。在波兰尼看来，隐性知识是个人的、由情景限定的、很难正式表述和交流。隐性知识在转化为显性知识之前，它的传播范围非常有限，主要是通过人与人之间的相互接触传播，同时，隐性知识在干中才能学到，通过实践不断积累，由于它难以表述，因此传播代价非常昂贵。1995 年，野中郁次郎和竹内广隆在其所著的《创造知识的公司》一书中，将隐性知识与显性知识的差异进行了比较。认为显性知识一旦成为社会公共知识，可以以很低的成本在大范围内传播。隐性知识一旦成为机构的显性知识，就会成为机构的财富。

显性知识与隐性知识的比较见表 12.1。

表 12.1 显性知识与隐性知识的比较

显性知识	隐性知识
正式的，可编码的	非正式的，不能编码的
公司的文档：包括报告、公司政策、操作手册、白皮书、标准过程等	公司的价值，远景和文化
存放于数据库、书籍、杂志、期刊中	根植于人的头脑，存在于组织员工的记忆中
易于用信息技术进行管理	难以用信息技术进行管理

在 OECD 发表的《以知识为基础的经济》的报告中，为了有利于经济分析，把知识分成四类。第一类是知道是什么的知识（Know-what），指关于事实方面的知识。第二类是知道为什么的知识（Know-why），指原理与规律性的知识。第三类是知道怎样做的知识（Know-how），指做某些事的技巧，诀窍与能力。第四类是知道是谁的知识（Know-who），这涉及谁与所做的事有关的信息，包含了特定的社会关系。这四类知识的获取有不同的途径，Know-what 和 Know-why 类知识属于显性知识，可以通过读书、参加讲座、检索数据库等方式获得；而另外两类 Know-how 和 Know-who 知识属于隐性知识的范畴，主要植根于人们的日常实践中，需要干中学才能获得。

（3）组织知识的层次

在一个组织中，根据知识拥有的主体的不同，可将知识分为个人知识、团队知识和组织知识三个层次。个人知识指个人拥有的知识，包括个人掌握的显性知识和个人拥有的技能和各种能力。团队知识指团队拥有的知识，包括团队的工作目标、规章制度、团队文档等团队的集体知识及团队中成员的个人知识。组织知识指组织的集体知识（如组织目标、组织文化、组织所拥有的专利、组织制度、组织的各种文档等）及组织中的团队和个人所拥有的知识。组织知识的层次见图 12.1。

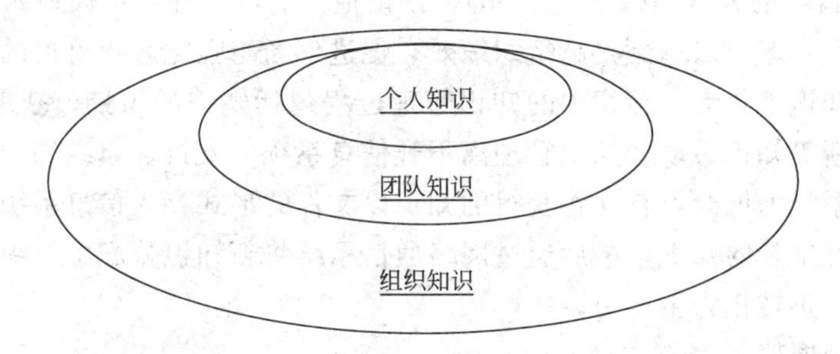

图 12.1 组织知识的层次

12.2.2 知识管理的概念、框架和过程

知识是企业在未来“知识社会”竞争力的来源，但知识必须在有一定管理技巧的人员的管理下，通过有效的知识获取、选择、组织、存储、共享、利用、创新等过程，适时借助信息科技之力，才能发挥知识的价值，这些相关的活动就可以称之为知识管理。近几年由于经济发展的需要和管理实践的发展，知识管理开始从信息资源管理中脱颖而出，逐渐成为一个新的管理领域。

（1）什么是知识管理

知识管理（Knowledge Management，KM）的概念最早于 1986 年由 Wiig 在联合国国际劳工组织在瑞士的一次会议中提出。其后近 20 年的时间里，知识管理研究热潮持续兴起，人们从不同视角定义知识管理。

Wiig认为，知识管理是为最大化企业知识相关的效率及知识资产的回报，企业系统地、显性地、审慎地建立、更新与应用知识的过程。日本学者野中（Nonaka）认为，知识管理要求致力基于任务的知识创新、传播并具体体现在产品、服务和系统中。美国德尔福集团创始人之一卡尔·费拉保罗认为：知识管理就是通过知识共享，运用集体的智慧，提高企业的应变能力和创新能力，为企业实现显性知识和隐性知识共享提供新途径。美国生产力与质量研究中心（APQC）认为：知识管理是指为了提高企业竞争力而对知识进行识别、获取和充分发挥其作用的过程。管理学大师德鲁克于1988年发表的《新型组织的出现》一文中认为"知识管理"包括两方面的含义：一是对信息资源的管理，从这一点上看，它是信息资源管理的深化与发展；二是对人的管理，知识不只来源于编码化信息，还有很重要的一部分来源于人脑中的未编码的知识，即隐性知识，这一点很有意义，因为归根结底，指导人们最终做出决策和付诸于行动的往往是这些隐性的知识。

虽然对知识管理的概念理解各异，但众多不同的定义都体现出这样的思想，知识管理是一种全新的管理理念，涉及人、技术手段和组织三个维度，通过一定的知识管理过程实现知识创新，提高组织竞争力。知识管理的核心是知识创新；知识管理的对象是知识和知识的使用者——人；知识管理的工具是信息技术；知识管理的目的是把知识作为最重要的资源并作为提高组织竞争力的关键；知识管理的职能是知识发现、知识创造、知识共享和知识运用；知识管理的特点是重视知识对创新的贡献、重视对知识进行科学合理地整合和共享、重视如何将知识有效地运用到组织的各个环节中。知识管理的过程就是实现知识创新的过程。

知识管理是在组织知识战略的指导下，通过对组织知识的识别、选择、存储、分发，共享和应用，改进组织的创造能力；通过和组织业务过程、管理和决策活动的结合，实现将最恰当的知识（Proper Knowledge）在最恰当的时间（Proper Time）、最恰当的地点（Proper Place）传递给最恰当的人（Proper Person），以使他们能够更好、更快地做出决策，提高组织的应变能力和生产率，以达到提高组织绩效、促进创新与强化客户价值的目的。知识管理的对象是知识和知识工作者，组织中的知识管理过程包括知识的识别、获取、选择、存储、共享、应用、创新等知识活动。知识管理离不开信息系统的支持，组织知识管理过程的基本活动都要在信息系统上展开，首先将获得的知识以文件的形式存入信息系统中，然后将知识分类、组合，以产生新的知识，最后通过网络通信系统将新知识分配给组织成员，供组织成员使用，使知识真正转化为生产力。

（2）知识管理框架

组织的知识管理要在组织知识战略的指导下进行，组织的知识管理过程是组织知识管理的核心，支持组织知识共享和创新的技术平台是组织知识管理的技术基础，组织文化和组织结构是组织知识管理的环境。组织知识管理的框架见图12.2。

（3）知识管理过程

知识管理过程是组织知识管理的核心。Ruggles（1997年）建立了一种知识获取→知识编码和存储→知识传递→知识利用→新知识创造的基于知识生命周期的知识管理过程。通过建立这样的知识管理过程，人们可以考察知识管理系统对每阶段知识的影响。Lee所构建的知识管理过程包括知识获取、知识开发、知识共享、知识利用四个子过程。Wiig认为知识管理过程包括四个环节：知识的创新与来源、知识的编辑与传播、知识的吸收、知识的应用与价值实现。Prost认为知识管理过程包括知识的识别、知识的获取、知识的开发与创造、

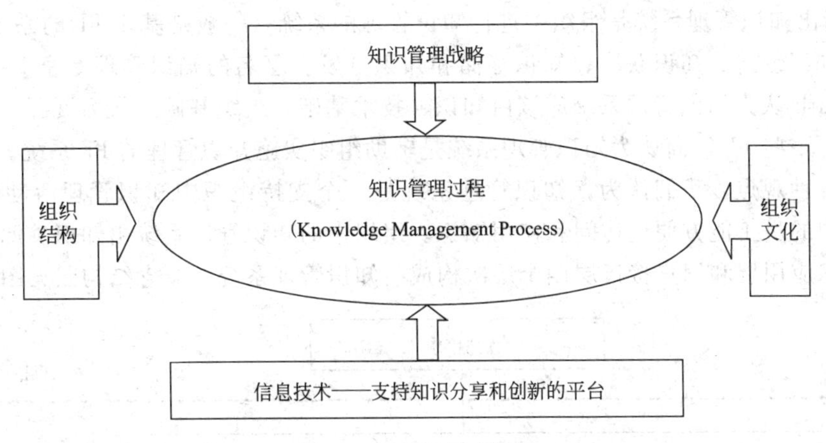

图 12.2 知识管理框架

知识的共享与传播、知识的使用、知识的保存等。Dibella 认为知识管理过程是一系列组织学习阶段的循环，主要活动包括知识获取、知识的吸收、知识的利用。

组织的知识管理过程起始于知识识别，通过知识识别，明确组织所拥有的知识，比较组织的知识需求，找到组织的知识缺口。如果组织的知识缺口可以通过外部知识获取得到，则组织可进行知识获取，否则组织要在内部组织团队进行知识创造以弥补组织的知识缺口。组织获取或创造的知识，通过知识选择筛选出对组织有用的知识，将这些知识进行分类组织后存储在组织的知识库中，组织通过知识的分发实现知识的共享，分发给员工的知识被员工在业务处理中进行应用，支持员工的工作，体现知识的价值。组织的知识管理过程见图 12.3。

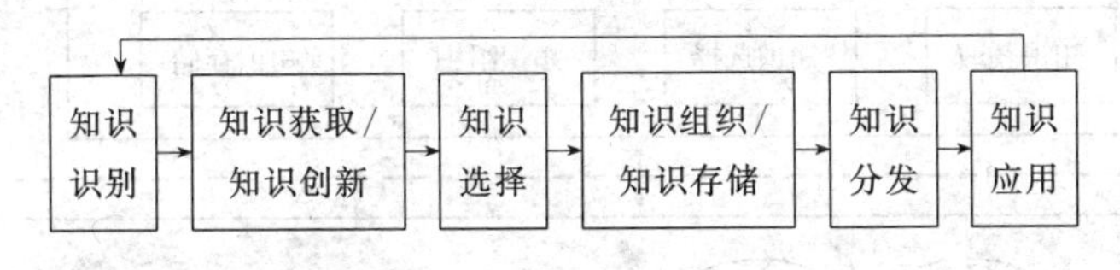

图 12.3 知识管理过程

12.3 知识管理系统的概念及构成

知识管理系统（Knowledge Management System，KMS）是实现知识管理的计算机软件系统，负责完成信息到知识的转化、知识的组织和分发，是一个对知识进行创造、捕获、整理、传递、共享，进而创造出新的知识的完整的管理系统。整个系统以服务于人为中心，一切活动都是为了能将最有效的知识提供给需要的人。

有效的知识管理系统应该能够以综合的方式利用隐性和显性知识，满足企业发展和客户服务的需求。对于组织而言，存在于员工头脑中的经验知识属于隐性知识，在组织知识中的比重非常大，对组织的发展也至关重要，但不易进行显性化。组织内部知识显性化就是将这些隐性知识转化为可以交流和共享的显性知识的过程。

12.3.1 知识管理系统的概念

知识管理系统近几年层出不穷，从 IBM、微软这样的跨国巨头到国内一些小的 IT 公司，都开发了相关的知识管理系统产品。目前关于知识管理系统的定义还很不统一。

Wekidia 指出知识管理系统是组织中进行知识管理的系统（一般是基于 IT 的系统），它支持组织中的知识创造、知识获取、知识存储和知识分发。著名的知识管理专家 Peter Meso 和 Robert Smith 认为知识管理系统应该由知识、技术基础、组织基础、人力资源、文化五部分资源组成，一些 IT 厂商认为知识管理系统是辅助组织实施知识管理的 IT 系统。

综合各种观点，我们认为，知识管理系统是一个支持组织中知识管理活动的 IT 系统，它使组织中的员工能方便地访问和使用知识。组织中的知识管理系统由知识资源层，知识处理层，知识应用层和用户接口层四个层次构成。知识管理系统的概念结构图见图 12.4。

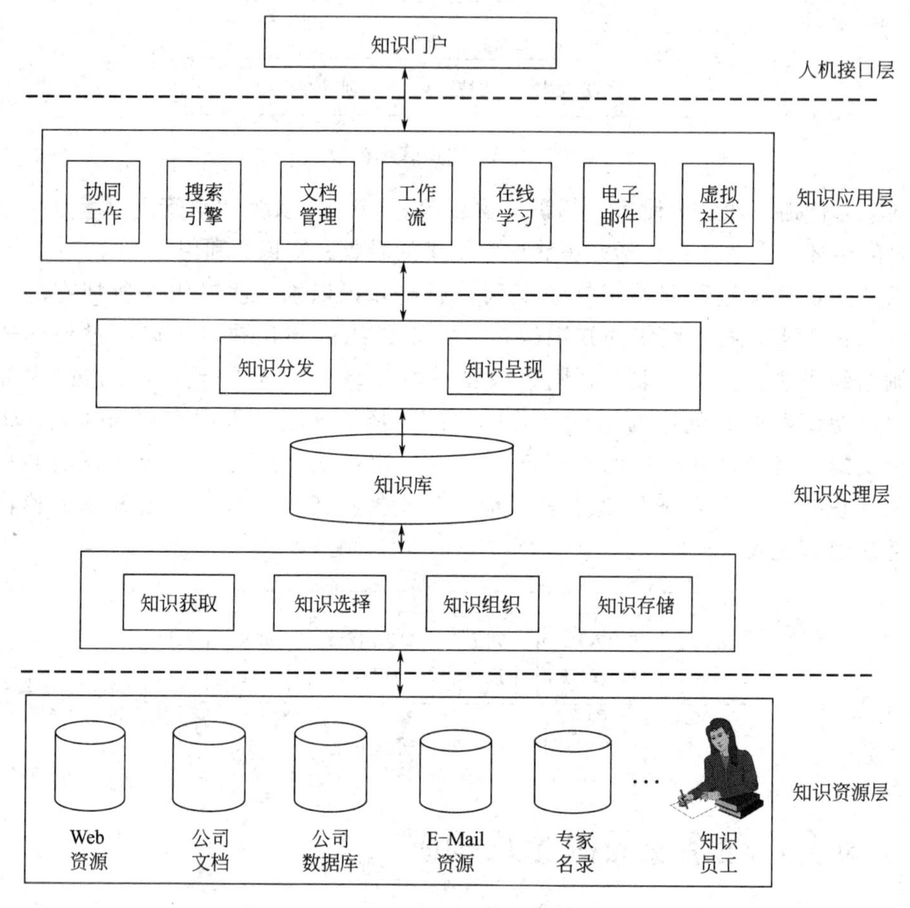

图 12.4　知识管理系统概念结构图

12.3.2　知识管理系统的构成

知识管理系统应具有整合知识资源，促进知识转化，扩大知识储备，实现知识与人的连接的效用。在整合知识资源方面，知识管理系统应具备对分散在企业内部业务流程、信息系统、数据库以及企业与合作伙伴、顾客之间的业务流程中的知识资源进行优化选择，组织存储的能力。在促进知识转化、扩大知识储备方面，知识管理系统应作为知识交流的媒介，促进隐性知识与显性知识之间的相互转化，在转化过程中使知识得以增值、创新，并且将转化中经过验证的、有价值的知识存储起来。这样一方面可以避免因为人员调离而造成的知识流失，另一方面可以在更大范围内实现知识共享。在实现知识与人的连接方面，知识管理系统应实现人向知识的连接、知识向人的连接及需求知识的人与拥有知识的人的连接。人向知识的连接可以基于智能搜索引擎技术实现。而利用“推技术”则可以实现知识向人的连接，将知识主动推荐给用户，使知识被利用的机会大大提高并减少用户主动寻找挖掘知识的工作量，提高工作效率。人是最大的知识资源，良好的专家网络图可以有效地连接知识需求者与知识拥有者，以促进知识转移。

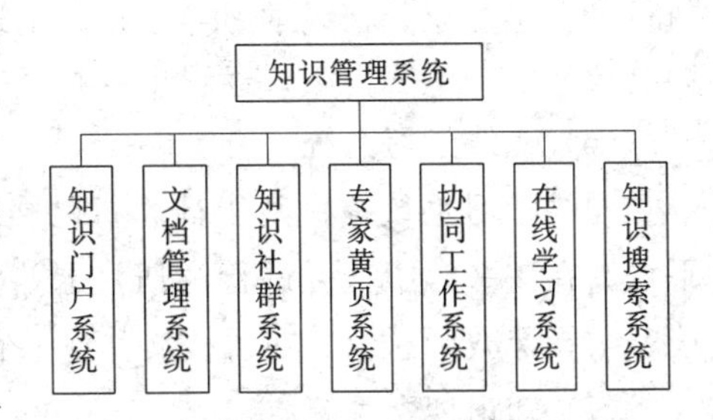

图 12.5 一个知识管理系统的子系统构成

知识管理系统作为支持知识管理过程的 IT 系统，由一些子系统构成。知识管理系统的子系统一般包括：知识门户系统、文档管理系统、知识社群系统、专家黄页系统、在线学习系统、知识搜索系统等。一个知识管理系统的子系统构成见图 12.5。

(1) 知识门户系统

知识门户（Knowledge Portal，KP）是访问组织知识资源的统一入口，员工可以通过它方便地了解组织的最新消息、检索自己工作中所需要的知识。通过知识门户系统，员工可以实时地与工作团队中的其他成员取得联系、寻找到能够提供帮助的专家或者快速连接到相关的知识内容。知识门户系统是一个平台，该平台是知识采集、知识加工、知识发布等的集成，它使组织各部门员工之间的知识共享和信息交流更加流畅。这里的“知识”不仅包括数据库、文档、企业过程等，还包括存在于员工头脑中的工作经验与专业技能等隐性知识。

(2) 文档管理系统

文档管理系统主要对企业经营活动（包括从报告、讨论到总结等）过程的文档电子化，并对这些文档建立全文检索。组织可利用文档管理系统进行文档的生命周期管理、分享权限管理、版本管理。提供文档检索功能、文档储存与调用流程管理与控制等机制，便于组织文档的管理和查阅。

(3) 知识社群系统

隐性知识的共享需要组织内的员工建立良好的关系，需要充分的信任才能有效地进行。知识的创造需要思想的碰撞和交流才能激发大家的思维，而这一切，社区是一个很好的方式。知识社群系统通过建立专业技术与知识领域为主的讨论区、专栏区、留言板、聊天室、视频会议等机制，让组织内部的知识工作者能够通过选择特定的专业领域，与其他具有相同专业领域或对该专业领域有兴趣的跨部门员工，进行互动，通过交流探讨获取新知识，激发思维，进行知识的创新。

(4) 专家黄页系统

专家黄页系统的作用在于方便员工找到专家，与专家进行接触和交流，所以在专家黄页系统中不仅要记录每个专家的擅长领域，还要记录专家的个性、爱好等信息。在一个组织内，哪些人能列入专家黄页，一方面要靠领导们去发现和决定，另一方面，系统也可以把在知识库或者实践社区中对某一领域知识贡献比较大的人自动加到专家黄页中。在组织内，每个职位的人中间都有“高手”，他们就是各自领域的专家，在专家黄页中也要给他们留下位置。另外，组织的专家黄页，不仅需要包括组织内的专家，而且需要有组织外与组织相关的专家。

(5) 协同工作系统

协同工作系统是一个提供电子文档交换、声音传递、影像传输，以完成非面对面的项目执行、多边会议、在线学习等远距离沟通的平台，例如BBS、讨论区、留言板、聊天室、视频会议系统、电子白版、远程项目管理等。

（6）在线学习系统

在线学习系统提供基于计算机网络的WWW学习模式，在线学习系统是一个网络学习平台，在该平台中，可进行注册登录、进入教室、课程选择、影音视频教学、数字教材研读、与授课教师讨论、在线提交作业、在线课程评价、同学互动研讨、课后出卷等活动。

（7）知识搜索系统

知识搜索系统主要提供知识的快速搜索，利用知识搜索系统中的智能搜索引擎，可进行按照分类、关键字、多重条件的全文检索，让使用者在庞大的知识库中，能快速定位到所需要的知识。

12.4 知识管理系统的信息技术和平台

12.4.1 知识管理系统的信息技术

知识管理系统离不开信息技术，知识管理系统功能必须依靠信息技术来实现，没有信息技术的支撑，知识管理系统便如空中楼阁。目前随着现代信息技术的快速发展和知识管理系统的深入应用，用于知识管理系统的信息技术越来越多（图12.6）。这些信息技术支持知识编码、组织、存储、交流、共享、应用、创新等。

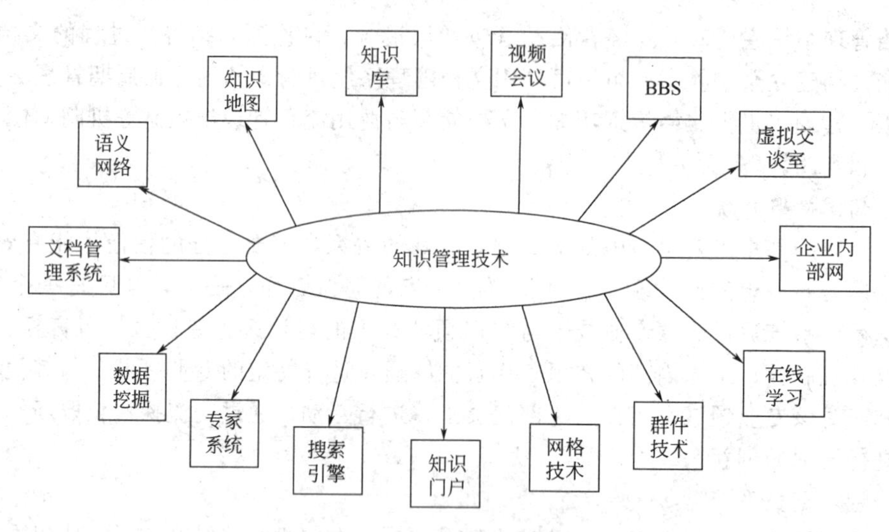

图12.6 知识管理系统的信息技术

（1）信息技术支持知识编码、组织和存储

支持知识编码、组织和存储的信息技术有语义网络、知识地图和知识库等。语义网络是一个以本体为基础的具有语义特征的网络，是能使计算机真正理解数据语义的技术，通常用于知识编码。在语义网络中，不仅可以定义概念，而且可以定义概念之间丰富的语义关系。知识地图用地图的方式标明组织中何处、何人拥有什么样的知识。知识地图常用于知识组织。通过知识地图，员工可迅速找到相关的知识和咨询专家。构建知识地图理想的情况是让知识地图指出企业所有的知识所在，但这不仅耗费巨大，常常很难做到。因此，知识地图设计的关键是要在知识地图中反映出对组织的业务或流程有关键作用的知识。知识库是一种特殊的信息库，其元数据是知识以及知识产生、应用的相关语境和经验参考。知识库不仅包括知识条目，还存储与之相关的事件、使用情况、来源线索等相关信息。知识库收集了各种经验、备选的技术方案以及各种用于支持决策的知识，并对知识进行分类存储，可为知识员工提供行动参考和决策支持。著名的施乐公司实施了一个名为“Eureka”的知识管理项目，建立知识库方便分布在各地的维修技术人员在为客户提供维修服务的过程中共享知识。在维修中碰到的问题远远超出了服务手册的范围，要自己想办法解决，员工碰到这种问题而自己无法解决时进入知识库查看获得相关帮助。据估算该项目使公司用于零部件和雇员的开支减少5%。30%的员工向知识库贡献了自己的技术知识，85%的技术人员经常查询这些技术诀窍。

(2) 信息技术支持知识交流和共享

BBS、虚拟交谈室、视频会议、群件、网格等信息技术可支持知识的交流和共享。公司会议室一直被公认是有效的获取知识的场所，员工通过面对面的交谈贡献自己的知识，同时获得自己不具备的各种知识，从而推动问题的解决。但空间的差异性限制了这种方式的广泛应用。建立基于Internet的虚拟交谈室，BBS和视频会议，可以使员工突破时间和空间的限制发表意见、参与讨论。在讨论结束后，还可由系统自动形成文档。群件技术是一个协同群体合作工作的工具，群件中包括信息共享、电子会议、日程安排、群件文档、数据库、电子邮件、工作流自动化。群件能支持与协同团队工作，促进团队成员的交流合作和资源共享，提高团队工作效率。典型的群件有Lotus Notes。

网格能对组织的知识成果进行全面的梳理与组织，构建起开放的、互动的知识体系，并确定各个知识单元之间的逻辑关系。利用网格技术建成一个基于“知识元”而相互关联的、标准化的、实时交互的知识服务平台，并通过标准化将各种动态更新的知识信息数据库关联起来。这种基于网格技术而生成的知识管理系统称为知识网格（Knowledge Grid）。知识网格是一个智能互联环境，它能使用户或虚拟角色有效地获取、发布、共享和管理知识资源，并为用户和其他服务提供所需要的知识服务，辅助实现知识创新、协同工作、问题求解和决策支持。知识网格在知识管理中的应用使得知识交流与共享方式多样化，使得知识管理主体通过可视化来共享有效组织和提炼的知识，从而缩短知识表示和知识可视化之间的鸿沟，达到知识管理的智能化。

(3) 信息技术支持知识的分发

企业内部网、知识门户、搜索引擎等信息技术可支持知识的分发。企业内部网是建立在因特网技术上的企业内部网络，在企业的业务中通过利用一般的因特网工具或主要技术，企业可以很容易地交流、传递信息，而且还可以大大促进整个企业内的项目协作。知识门户是访问组织知识资源的统一入口，员工可以通过它方便地了解组织的最新消息、检索自己工作中所需要的知识。知识门户是一种应用或设备，它建立了用户与知识之间的联系。通过提供个人化和自适应的交互手段，帮助用户方便地找到需要的知识或知识载体并与之交流。知识门户可以集成已有的应用和技术，帮助用户主动发现知识，或通过分析用户的使用习惯和兴趣，向用户推荐相关知识或知识载体。知识门户帮助用户管理和组织相关的知识资源和智力资源，自动寻找这些资源的关联关系，为用户提供快捷准确的知识导航和交流环境。

（4）信息技术支持知识的获取和应用

文档管理系统、搜索引擎、知识门户等都支持知识的获取和应用。文档管理系统是一种基于后台数据库的软件系统，该数据库可以索引和跟踪非结构化的文档资料。文档管理系统能监控文档访问的安全性，记录对文件的检索。文档管理系统提供一种有效的手段将纸质文档电子化，加强访问管理，方便检索，同时允许多用户同时并发读写，便于组织文档的管理和查阅。搜索引擎能根据用户的特定需求从信息的海洋中找出可能有用的相关知识。随着技术的发展使网络搜索引擎已经开始具有智能，采用模糊算法和模糊技术，根据用户对各项搜索结果的使用频率，自动更新搜索结果。除了获取企业外部知识外，搜索引擎还能辅助员工检索企业内部知识。

（5）信息技术支持知识创新

支持组织知识创新的信息技术有数据挖掘、在线学习（E-Learning）、专家系统等。数据挖掘（Data Mining）是知识发现过程的一个重要步骤，它从存放在数据库、数据仓库或其他信息库中的大量的、不完全的、有噪声的、模糊的、随机的实际应用数据中，提取隐含在其中的、人们事先不知道的、但又潜在有用的信息和知识的过程。数据挖掘要求的数据源必须是真实的、大量的、含噪声的，而且发现的是用户感兴趣的知识，发现的知识要可接受、可理解、可运用。除了针对数据库的数据挖掘，还有针对大量文档信息的文档挖掘，从中找出对用户有价值的信息和知识。在线学习（E-Learning）是通过网络进行学习的一种全新的学习方式，学员可通过网络上的教学资源进行自主学习。在网络学习环境中，汇集了大量数据、档案资料、程序、教学软件、兴趣讨论组、新闻组等学习资源，形成了一个高度综合集成的知识资源库。专家系统是一个计算机程序，该程序用于解决专门领域中需要由专家来解决的问题，利用专家系统可实现专门知识的重用。专家系统通过对专家知识的形式化描述与存储，配合适当的知识推理机制，可解决某些领域中需要由专家来解决的问题。

12.4.2 知识管理系统平台

目前，许多IT厂商都提供了知识管理系统平台，任何一个知识管理平台都蕴含着知识管理的理念和方法，目前用的较多的有Lotus知识管理平台和Microsoft的知识管理平台。下面对Microsoft的知识管理平台进行简要的介绍。

Microsoft公司认为，知识管理的主要目的是把企业的知识资本送交给那些知识工作者用于每天的各种决策，而这些决策结合起来就决定了一个企业的成功或失败。从技术角度看，微软的知识管理观可以定位为“在任何时候、任何地点以任何设备来搜索、获取或呈送存在于人脑中的隐性知识，存在于信息中的显性知识及存在于数据中的潜在知识”。

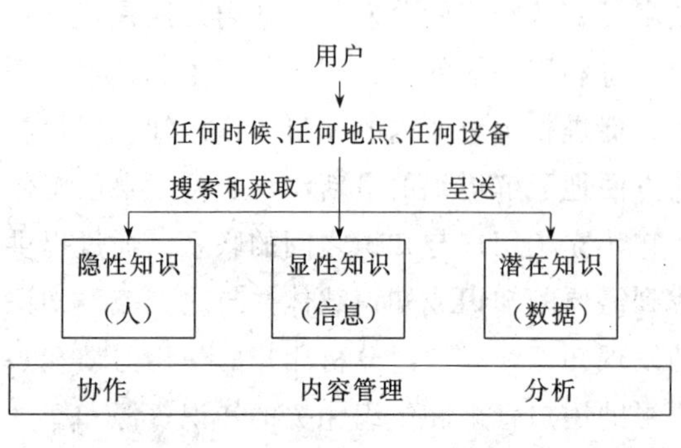

图 12.7　Microsoft 的总体知识管理观

Microsoft公司的总体知识管理观见图12.7。

Microsoft公司在知识管理产品应用上，强调其开放性，认为对于公司的每一个业务问题，知识管理应该根据公司所需要解决的问题而选择正确的技术来展开。Microsoft 知识管理的主要模块包括信息发送与合作、完整的内部网、团体小组专家、门户与搜索、内容管理、实时协作等。在这些模块的基础上，Microsoft 公司建立了三层体系结构的知识管理平台，Jerry Honeycutt（2001 年）在其论著《微软的知识管理策略》（《Microsoft Knowledge Management Strategies》）中给出了 Microsoft 公司知识管理平台的描述（图 12.8）。

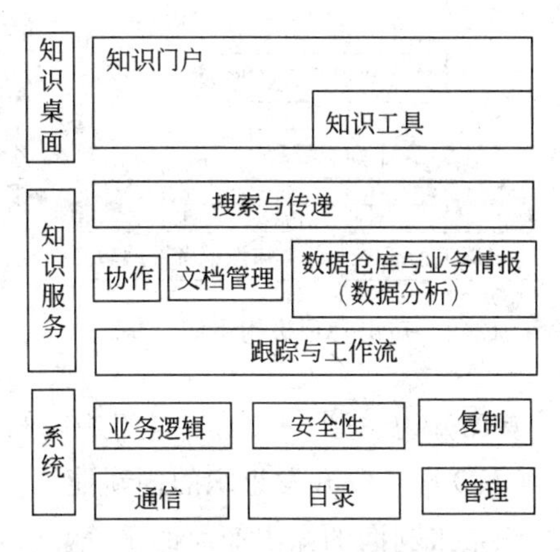

图 12.8 Microsoft 知识管理平台

Microsoft 公司知识管理平台由以下五项主要元件组成。

① 知识桌面（Knowledge Desktop）：以 Microsoft Office XP/2000 提供给组织成员一个与组织知识资产互动的窗口，以动态联结的方式与组织数据仓储、知识库相连，并具有协同运作与文件管理的能力，并且通过网络，使用者可以与组织内任何知识工作者联系。

② 知识服务（Knowledge Service）：知识服务可集中管理组织的核心知识，并确保这些资产的传递与持续追踪，以维持组织业务的稳定运行。

③ 协同工作（Cooperative Work）：利用 Microsoft Office 与 Exchange Server 的整合，进行协同工作。例如共享文档、任务分派、相互讨论。通过 NetMeeting 进行多媒体的沟通，可让使用者彼此合作进行知识创新。

④ 内容管理（Content Management）：内容管理指的是使用者能通过知识管理平台，撷取整理并组织在集中式知识库中的经验文件及构思资料，使组织能够有效进行文档共享，并可以存取一些直觉知识。

⑤ 数据分析（Data Analyze）：利用数据仓库与分析工具如 Data Transformation Services、Microsoft OLAP Services 等，促使组织内的知识工作者了解组织中的一些综合的和深层次的信息，掌握整个组织的运营状况。

12.5 组织中的知识管理机构

在组织中推行知识管理，不但需要员工们懂得知识管理的理念，而且要通过知识管理系统来使之变为现实。如何实现企业的知识管理系统，往往是企业知识主管和高层领导所关心的重要问题。近年来，由于信息技术的进步和 IT 产品的大量出现，现在许多 IT 厂商都推出了知识管理系统平台，不少人认为知识管理系统就是一个现成的可以买来使用的软件包。但是，目前这些 IT 厂商的知识管理平台都是仅仅提供了一个可以进行进一步开发的工具，要实现组织的知识管理系统，不但要掌握这些工具，而且要对自己将要设计的系统具有清晰的认识。除此以外，还必须懂得通过什么样的途径，才能够减少失败的概率，有效地完成所规划的知识管理系统。

组织一旦认识到知识管理的重要性，下一步的工作就是寻找合适的人选来承担知识管理的重任。放眼知识产品形成的过程，知识管理角色的工作覆盖了从宏观到微观的各个层面。

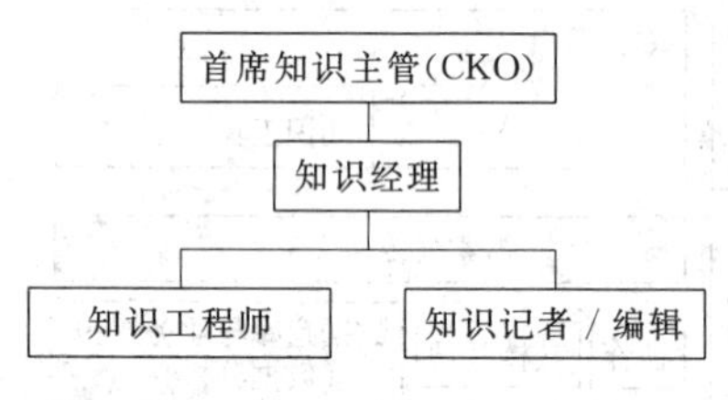

图 12.9　知识管理机构组织结构图

知识管理的角色应包括三类：宏观控制的首席知识主管（Chief Knowledge Officer，CKO），中层指导的知识经理，以及微观操作的知识工程师和知识记者/编辑。这些角色构成了知识产品的建筑师。

一个组织中知识管理机构的组织结构图见图 12.9。

知识管理机构各角色职责如下。

（1）首席知识主管（CKO）

首席知识主管（CKO）是组织内知识管理的最高负责人，CKO 是知识型组织的领导人才，CKO 肩负着开发组织的创新能力，并能领导组织设法将组织的智力资产最终转化为能给组织带来利润的知识产品的重任。

首席知识主管的职责主要包括以下几方面。第一，CKO 要协助首席执行官（CEO）建立组织的知识战略及有关知识管理战略的优先级别。第二，规划组织知识管理的信息基础结构。包括综合的技术基础结构，如技术支持环境的建立、知识管理工具的选择等；人力基础结构，如人力资源的发展机制、智力知识库的建立和维护等；环境基础结构，如连接于国际商业环境的知识网络和知识组织（团队）等。第三，协助 CEO 在组织内营造一种知识共享、知识创新的组织文化。配合组织的高层管理团队出台一系列激励机制，促进以知识导向开展工作。第四，了解和熟悉本企业的生存与发展环境以及本企业自身的发展特点与要求，建立最切合实际的组织知识产品体系。第五，妥善管理组织的智力资产，监督和保证知识库中知识的内容质量、深度、风格与本组织的发展一致，其中包括知识与信息的更新和保证知识库设施的正常运行。

（2）知识经理

知识经理的角色类似于项目经理。他们应该熟悉项目计划、项目内容、技术管理、技术方法和技术新动态等。知识经理可由专人担任，也可由部门经理或项目经理兼任，配合 CKO 的工作。

知识经理的主要职责包括以下几方面。第一，丰富组织知识产品的结构。知识经理要利用自己从事业务和项目的专业知识和经验，配合 CKO 完善组织知识产品体系中每一项知识产品的具体结构，丰富知识产品的内容。第二，建立项目知识产品的框架。知识经理通过参与开展项目的第一手资料，寻找、发现、建立新的实用的知识产品及其框架，完善组织的知识产品体系。第三，知识经理要能把组织的知识产品应用到项目实施中去，开拓组织知识产品的市场。第四，知识经理要借助于对业务项目的直接参与控制经验，及时地对知识产品进行更新维护，对知识产品进行更新换代。

（3）知识工程师

对于实施知识管理的组织来说，必须拥有一些既懂 IT 技术，又懂管理的复合型人才。知识工程师就是这样的人才。

知识工程师的职责包括以下几方面。第一，协助 CKO 进行组织知识管理系统的规划及组织知识管理系统基础设施的建设。第二，进行组织知识管理系统的需求分析，结合组织的业务运作流程，分析各主要业务的核心知识需求及各主要业务中的知识运作过程；对组织中的知识库进行规划和设计。第三，对知识库中的知识进行维护，保障知识库和知识系统高效稳定地运作。第四，与业务人员保持良好的沟通和联系，为业务人员对知识管理系统的使用提供指导。

(4) 知识记者/编辑

在与知识管理有关的工作中，最具有吸引力的新角色就是知识记者/编辑。知识记者/编辑必须擅长取材并能对知识结构进行整理。

知识记者/编辑的主要职责包括以下几方面。第一，利用媒体、文档、项目资料、网络技术等中介获得较为直接的显性知识，与此同时，以自己特有的敏感和直觉从有关的事件、人物、信息中获得隐性知识。第二，对获取的显性知识和隐性知识，通过吸收理解，整理成以多种直观的、通俗易懂的、规范化的形式表达的可为其他人所用的显性知识。第三，将知识整理并规范化成适合在知识库中存放的形式，并能及时地对组织的知识进行更新和编辑。第四，要多与知识拥有者进行沟通，说服他们整理贡献自己的知识，为他们提供方便的知识共享环境。

在所有这些知识管理机构的角色中，CKO 是其中最重要的角色。从个人必须具备的业务素质来看，CKO 不仅是在某个方面表现出色的人，而且是具备综合素质的人。

首先，CKO 要具有综合的技能。美国新泽西州 Probe 咨询公司的股东 Bob Guns 完成了一份有关 CKO 的研究报告。通过分析美国 52 名最出色的 CKO 的相关信息，发现典型 CKO 的职业背景与传统的日本经理人很相似，他们更趋向于在各种不同的职能领域内摸爬滚打，积累深厚的行业经验。这反映出 CKO 要具有深厚的行业经验知识、分析问题的全局思路和解决问题的沟通能力等全方位的综合技能。

其次，CKO 要具有跨学科的知识背景。作为企业的知识主管，CKO 是企业中的领导人才，肩负着开发组织的知识创新能力，发挥集体创造力的重任，因此 CKO 必须既懂知识与知识管理理论，又懂知识管理有效实施和运用的信息技术，还要有丰富的管理理论和实践方面的知识。

最后，CKO 要具有很强的个性品质、影响力和良好的协调与沟通能力。伦敦商学院信息管理教授 Michael Earl 和访问学者 Ian Scott 的心理测试和研究表明：CKO 的文化背景虽然各异，但他们的许多个性特征是类似的，不同于其他的行政管理人员，他们表现出很强的个人素养。CKO 必须是有影响力的人，他们必须依靠他们的沟通技巧、协调能力、领导能力、乐于承担风险等许多优秀的品质去开展工作。

12.6 知识管理系统的未来趋势

21 世纪是知识经济时代，组织管理也正在由对实物的管理转向对知识的管理，单纯的金融资本或物质资源作为组织生存发展资本的时代已经一去不复返，知识管理作为组织崭新的管理模式，如何卓有成效地进行知识管理、如何灵活运用资金流、物流、人才流、知识流已经成为现代组织管理创新与发展最为重要的问题。正如原通用电气公司首席执行官 Jack Welch 所讲的：“一个组织机构获取知识以及将知识快速转化为行动的能力是其最终的竞争优势”。从这个角度讲，未来组织综合能力的体现不仅仅是组织的人、财、物，还有组织的知识，这必然会给人们带来一种崭新的以信息知识为核心的管理模式——知识管理。

如果没有强大的知识管理系统的支持，组织将很难有效实施知识管理。知识管理技术是构建知识管理系统的基础，也是实现知识管理的强大推动力。知识管理的各种功能及服务最终都还得依靠知识管理系统来实现。随着知识管理作为一种管理实践真正走进中国的各类组织中，并在近几年蓬勃发展的基础上，中国的知识管理系统发展将呈现以下趋势。

（1）知识管理系统将真正渗入到各行各业

未来几年，进行知识管理实践的行业、组织将越来越多，除了传统的企业组织进行知识管理外，将会有越来越多的政府机构、行业协会、项目组织、虚拟社团等实施知识管理系统。

（2）知识管理与单独的业务模块的结合

在某些行业和某些企业，整个组织层面的知识管理系统的实施存在着较大的难度。这些组织将会侧重于对组织影响最大的市场营销、研发、投资和外部环境等局部的知识管理系统实践。通过局部业务的知识管理获取比较直接的效益，最后再考虑整个组织的知识管理实践。

（3）将出现更多的知识管理系统和咨询服务提供商。

随着知识管理市场规模的扩大，越来越多的知识管理系统和咨询服务提供商将加入这个领域。除了一部分机构为新成立的外，大部分此类机构为转型而来，这些厂商的优势是对某个或某几个行业的认识较深，但缺陷在于对知识管理的理解不够到位，自身尚没有真正的知识管理实践经验，因而提供的产品和服务的质量堪忧。

（4）个人知识管理系统成为知识工作者的选择

大部分知识工作者的职业寿命都要长于其所服务的组织的寿命，加之中国处于各项改革深入的时期，各类组织的不确定性因素很多，因而处于较大竞争压力和市场压力下的知识工作者将自然的选择通过个人知识管理系统提升自我的竞争力。

（5）知识管理系统的研究和人才培养工作走向深入

未来几年，站在不同角度，从不同视角对知识管理系统进行的研究工作将进一步深入，将有更多的研究机构、专家学者从事知识管理系统方面的研究。同时，知识管理系统的人才培养工作也将更深入，将会有越来越多的高校开设知识管理课程，除此而外，亦会有越来越多的硕士研究生和博士研究生进行知识管理系统方面的研究工作。

（6）知识管理系统成为当今组织的基础设施

知识管理系统不是独立存在的，随着人们对知识管理系统理解的深入，知识管理系统将成为企业管理中的一项基础设施，通过战略管理、营销管理、项目管理、人力资源管理等组织各方面的管理职能展现出来。更多的管理者认识到知识作为战略性资源的价值，在各项日常的管理实践中有意识的去做知识管理系统的工作。

知识管理是信息资源管理的拓展与深化，美国学者 D. A. 马夏德（Marehand）曾于 20 世纪 80 年代中期提出将信息管理分为四个发展阶段，其中第三阶段是信息资源管理阶段，而第四阶段就是知识管理阶段。知识管理除管理信息和信息技术外，更重要的是通过对知识的管理，将知识管理和人的管理融为一体，重在对隐性知识的载体——人的管理。组织知识管理的有效实施必须依靠知识管理系统，可以预见，随着知识经济时代的到来，知识管理系统必将发挥越来越大的作用，知识管理系统有很好的发展前景。

本章小结

本章主要讲授知识的概念、分类和层次。知识管理的概念、框架和知识管理过程。知识管理系统的概念，知识管理系统的构成，支持知识管理的信息技术，知识管理系统平台，组织中的知识管理机构等。这些内容的要点和相互关系见图12.10。

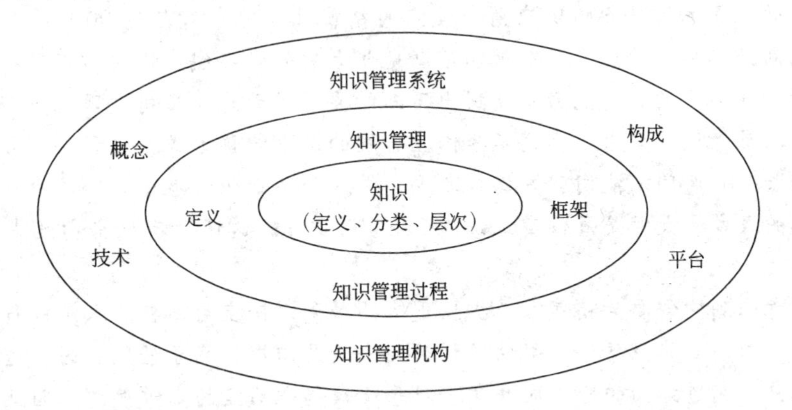

图 12.10 知识管理系统

知识有多种定义，综合起来说知识是一种有组织的经验、价值观、相关信息及洞察力的动态组合，它所构成的框架可以不断地评价和吸收新的经验和信息。它起源并且作用于有知识的人们的头脑。在组织机构中，它不但存在于组织的文件或档案之中，还存在于组织的过程、实践与惯例之中。知识有多种分类法，根据知识的可呈现性可将知识分为显性知识和隐性知识两类。OECD将知识分为Know what、Know why、Know how、Know who四类。一个组织中的知识分为个人知识、团队知识、组织知识三个层次。知识与数据、信息既有联系又有区别。

知识管理是一种全新的管理理念，涉及人、知识管理的技术手段和组织三个维度，通过一定的知识管理过程实现知识创新，提高组织竞争力。组织的知识管理要在组织知识战略的指导下进行，组织的知识管理过程是组织知识管理的核心，支持组织知识共享和创新的技术平台是组织知识管理的技术基础，组织文化和组织结构是组织知识管理的环境。组织的知识管理过程包括知识识别、知识获取/知识创新、知识选择、知识组织、知识存储、知识分发、知识应用等知识活动。

知识管理系统是一个支持组织中知识管理活动的IT系统，它使组织中的员工能方便地访问和使用知识。组织中的知识管理系统由知识资源层，知识处理层，知识应用层和用户接口层四个层次构成。知识管理系统一般包括知识门户系统、文档管理系统、知识社群系统等子系统。支持知识管理的信息技术有语义网络、知识地图、知识库、视频会议、群件、数据挖掘等。现在有许多IT厂商提供知识管理系统平台，典型的平台有Microsoft的知识管理平台。组织中知识管理机构中的主要角色有首席知识主管、知识经理、知识工程师和知识记者/编辑，在所有这些角色中，首席知识主管是最重要的角色。

案例分析：佳宝科技有限公司利用内联网进行销售人员培训

佳宝科技有限公司是中国计算机软硬件及服务的著名公司之一，公司总部位于著名的上海张江的“硅谷”。近几年来随着公司业务的快速增长，公司董事长兼首席执行官越来越感到培养一支训练有素的销售队伍是公司发展的关键。作为一家领先的为企业内联网和网上交易提供硬件、软件等方面服务的供应商，佳宝的销售收入现在有超过90%是由开发出来还不超过一年的新产品提供的。它正在试图不断地扩大它的产品线，同时缩短每种产品的生命周期。这也对加强公司的销售能力不断提出了新的要求。于是，公司发现几乎不可能快速有效的培训销售人员来适应要求，再也不能依靠传统的课堂培训方式，这种培训方式往往使销售人员必须很长一段时间不能同客户保持联系，差旅和住宿费用也很高。集中在总部对销售人员进行培训的成本．大约是每位员工每周2225元，当然这还没有包括由此丧失的销售机会成本。

佳宝同时意识到它需要为销售人员提供更多的培训，佳宝对新销售人员进行各种培训的时间一共持续一周，而其他类似公司的培训时间一般是四周，高于佳宝公司。这样佳宝的销售人员在和客户打交道方面的能力同其竞争对手比较起来明显的不够熟练。因此怎样帮助公司的销售人员，在保证不和客户断绝联系的前提下发展其知识和技巧已变得非常重要。

最近，佳宝科技有限公司利用其强大的公司内联网JiabaoWEB（具有10多台内部Web服务器和25万多网页），建立了提高销售人员知识和能力的知识管理培训系统，并取名为JiabaoTAN系统，以此来再造其销售业务以加强竞争力。最新的统计表明，通过10多个网络Web服务器支持着二十五万多个网页来分发公司的文件，每年可以节省文件分发费用25万元。现在公司在这方面的花费仅相当于原来的5%。通过这种方式，不但节省了很多费用，而且通过在线提供产品目录和技术信息等服务可以加强公司与客户之间的联系。

通过在JiabaoWEB管理下的有着美观和易用界面的网络，将存放在内联网上的销售信息培训，销售支持资源，竞争策略和一系列其他方面的内容都连接起来。作为一种交互作用、基于网络、课程管理和销售支持系统，JiabaoTAN系统的特点是提供基于分布式学习结构的分布交互作用、即时学习、在线课程管理和销售的支持服务。该系统利用Java语言编写培训软件，通过存储在各区域销售公司服务器上的销售教学软件，对分布在世界各地的公司销售人员实施远程教学和信息服务，从而改变了过去那种集中培训、被动接受的旧模式，销售人员可以随时随地根据个人需要进行学习和信息利用。

此外，JiabaoTAN系统还扮演了即时知识支持系统的角色，系统内的产品目录和技术信息使得销售人员在接听用户电话咨询时，能够快速准确地获取相关信息，以满足客户的需要，并增进了与客户的良好关系。

利用内联网进行销售人员培训方面的回报，主要体现在大大增强了销售人员的工作效率，同时培训费用却大大减少。通过减少将员工集中到公司总部的差旅费用和人员费用，每年可以为公司节省出大约425万元。一些无形的收益也是非常巨大的。JiabaoTAN作为一种实时的知识和信息支持服务系统，能够使销售人员在接到一位客户的电话订货时就可以很快地获得关键信息。而且，佳宝公司的销售人员并不需要为了接受培训而整周和客户断绝联系。他们可以在自己的办公桌或家里通过网络以自学的方式接受培训。正如佳宝的总裁王中和所指出的：“这种方式的真正价值是保证了和客户的联系，并能立即为他们解决问题或提供服务，这种隐含的潜在的收益是无法用金钱简单计算的，但是它确实非常重要。”

【案例思考与分析题】

(1) 佳宝公司的知识管理培训系统 JiabaoTAN 有哪些主要功能？佳宝公司的知识管理培训系统 JiabaoTAN 为销售人员提供哪些知识和信息服务？

(2) 您认为 JiabaoTAN 系统能否提供销售人员隐性知识的分享和学习，为什么？若要很好地支持销售人员隐性知识的分享，JiabaoTAN 系统应做哪些扩展？

(3) 利用内联网对销售人员进行销售知识培训给佳宝公司的销售人员带来哪些好处？给佳宝公司带来哪些好处？

习 题

(1) 什么是知识？知识是如何分类的，这些分类有何意义？

(2) 一个组织中的知识是有层次的。组织中的知识分为哪几个层次？各层次知识之间的关系如何？

(3) 什么是知识管理？组织知识管理过程包括哪些主要的知识活动？

(4) 请简述知识管理过程及作用。

(5) 知识管理系统概念、结构如何？

(6) 知识管理系统一般包括哪些子系统？

(7) 知识管理中用到的信息技术有哪些？如果不采用任何信息技术，可以有效地进行知识管理吗？

(8) 组织知识管理机构中有哪些角色？这些角色的职责如何？

(9) 首席知识主管（CKO）的素质要求有哪些？

(10) 简述知识管理系统的未来发展趋势。

参考文献

[1] Huang W，Wei K K，Watson R. 管理信息系统（MIS）：背景、核心课程、学术流派及主要国际学术会议与刊物评介．管理科学学报，2003.
[2] Jerry Honeycutt. 微软知识管理策略．夏兆彦，向璐，孙岩译．北京：清华大学出版社，2001.
[3] Kersten Gregory E，Noronha Sunil J. WWW-based negotiation support：design，implementation，and use. Decision Support Systems，1999，25：135-154.
[4] Laudon K C，Laudon JP. 管理信息系统——管理数字化公司第8版．周宣光译．北京：清华大学出版社，2005.
[5] Marakas G M. 21世纪的决策支持系统．朱岩，肖勇波译．北京：清华大学出版社，2002.
[6] Skyrme D，Amidon D. Creating the knowledge-based business. Business Intelligence，1997.
[7] Thomas H Davenport，Laurence Prusak. Working knowledge. Harvard Business School Press，1998.
[8] Turban E，Aronson J E，Liang T P. Decision support systems and intelligent systems. 7th Ed. Prentice Hall，2005.
[9] Inmon W H. 数据仓库．王志海等译．北京：机械工业出版社，2000.
[10] Whitten J L，Bentley，L D，Dittman K C. System Analysis and Design Methods. Fifth Edition. 北京：高等教育出版社，McGraw-Hill Companies，2001.
[11] 彼德·F·德鲁克等．知识管理．杨开峰等译．北京：中国人民大学出版社，2004.
[12] 高阳．计算机网络原理与实用技术．长沙：中南工业大学出版社，1998.
[13] 黄梯云，李一军等．管理信息系统．第3版．北京：高等教育出版社，2005.
[14] 黄梯云．智能决策支持系统．北京：电子工业出版社，2001.
[15] 卡尔·夏皮罗，哈尔·瓦里安．信息规则——网络经济的策略指导．张帆译．北京：中国人民大学出版社，2000.
[16] 李昌武，凌志浩，李飞．计算机硬件技术基础．北京：电子工业出版社，2004.
[17] 李东，蔡剑．决策支持系统与知识管理系统．北京：中国人民大学出版社，2005.
[18] 刘仲英．管理信息系统．北京：高等教育出版社，2006.
[19] 王珊，陈红．数据库系统原理教程．北京：清华大学出版社，2000.
[20] 王珊．数据仓库技术与联机分析处理．北京：科学出版社，1998.
[21] 王众托．企业信息化与管理变革．北京：中国人民大学出版社，2001.
[22] 王众托．知识系统工程．北京：科学出版社，2004.
[23] 沃伦·麦克法兰，理查德·诺兰，陈国清．IT战略与竞争优势．北京：高等教育出版社，2003.
[24] 乌家培．信息社会与网络经济．长春：长春出版社，2002.
[25] 夏敬华，金昕．知识管理．北京：机械工业出版社，2003.
[26] 薛华成．管理信息系统．第4版．北京：清华大学出版社，2003.
[27] 杨路明，巫宁等．客户关系管理理论与实务．北京：电子工业出版社，2004.
[28] 杨志华，钱军．知识管理．南京：东南大学出版社，2002.
[29] 钟义信．信息科学原理．福州：福建人民出版社，1988.
[30] 钟义信．信息与信息化——知识、方法、应用．北京：中国经济出版社，1995.